공기업 합격
추가 학습자료

KB172560

해커스공기업 인강 2만원 할인쿠폰

AA46 5775 3755 WH3M

해커스잡 사이트(ejob.Hackers.com) 접속 후 로그인 ▶
사이트 우측 상단 [나의정보] 클릭 ▶ [나의 쿠폰] 클릭 ▶
[쿠폰/수강권 등록]에 쿠폰(인증)번호 입력 후 이용

- 이벤트 강의/프로모션 강의 적용 불가, 쿠폰 중복할인 불가
- 본 쿠폰은 한 ID당 1회에 한해 등록 및 사용 가능합니다.
- 3만원 이상 강의 결제 시 적용 가능

무료 취업자료
고빈출 상식

해커스잡 사이트(ejob.Hackers.com) 접속 후 로그인 ▶
사이트 메인 상단 [무료강의/자료 - 무료 취업자료] 클릭 ▶ [고빈출 상식 키워드] 클릭하여 이용

* 이 외 쿠폰 관련 문의는 해커스공기업 고객센터(02-537-5000)로 연락 바랍니다.

해커스
한 권으로 끝내는
공기업 기출
일반상식 이 특별한 이유!

용어의 뜻이 단번에 이해되는
핵심 설명

146

온디맨드 ★★★
On-Demand

인천국제공항공사

정보통신기술(ICT)을 통해 소비자의 다양한 수요에 맞춰 즉각적으로 제품 및 서비스를 제공하는 경제 활동

🔍 **더 알아보기**
온디맨드의 기반과 사례

기반	모바일 기술·디바이스 공급의 대중화, 온라인과 오프라인을 연결해 주는 O2O(Online to Offline) 환경의 조성
사례	카카오택시, 배달의 민족, 에어비앤비 등

✅ **기출**
수요가 모든 것을 결정한다는 신조어는?
: 온디맨드

📋 **사용 예시**
카카오모빌리티는 이용자가 셔틀버스를 상시 이용할 수 있는 온디맨드형 카카오T 셔틀을 본격적으로 가동한다고 밝혔다.

해커스
한 권으로 끝내는
공기업 기출 일반상식

바로 풀어보며 실전 감각 익히는
기출 동형 문제

백신 문제

코로나19 백신의 종류를 묻는 문제

2021.06.12. 한국수력원자력 필기 응시자 후기 중

한국수력원자력

31 코로나19 백신 중 바이러스 벡터 백신은?

① 아스트라제네카   ② 화이자

③ 시노팜   ④ 노바벡스

출제
포인트
반영

해커스공기업 강의판매 1위

2019년 1월~2020년 2월 해커스공기업 '공기업 취업 0원 합격패스' 매출액 기준

공기업 취업
0원 합격패스

• 제세공과금 본인 부담/미션 달성 시

모든 공기업 채용 전형, 단 하나로 합격 가능!

왕소빈   윤종혁   김소원   복지훈   김태형   최수지   김동민

공공기관 채용박람회 공식 초빙 강사진 직강

수강료 최대
300% 현금 환급

현금
환급

• 300% 환급 미션 달성 시 제세공과금 본인 부담

공기업 취업 꿀팁
자료집 16종 무료

무료

• PDF

NCS 시간단축 스킬
3초 풀이법 강의

무료

[윤종혁] 2022/2021/2019/2017/2016/2015 공공기관 채용박람회 공식 초빙 / [김소원] 2022/2019/2017/2016/2015 공공기관 채용박람회 공식 초빙
[김태형] 2022/2021/2019/2017/2015 공공기관 채용박람회 공식 초빙 / [복지훈] 2022/2017 공공기관 채용박람회 공식 초빙
[최수지] 2017 공공기관 채용박람회 공식 초빙 / [김동민] 2022 공공기관 채용박람회 공식 초빙 / [왕소빈] 2022 공공기관 채용박람회 공식 초빙

상담 및 문의전화

인강 02-537-5000
학원 02-566-0028

해커스공기업 ▼   public.Hackers.com

공기업 취업 인강 0원 수강 ▶

해커스
한 권으로 끝내는
공기업 기출
일반상식

해커스공기업

목차

52

해커스 한 권으로 끝내는 공기업 기출 일반상식
구성 미리보기

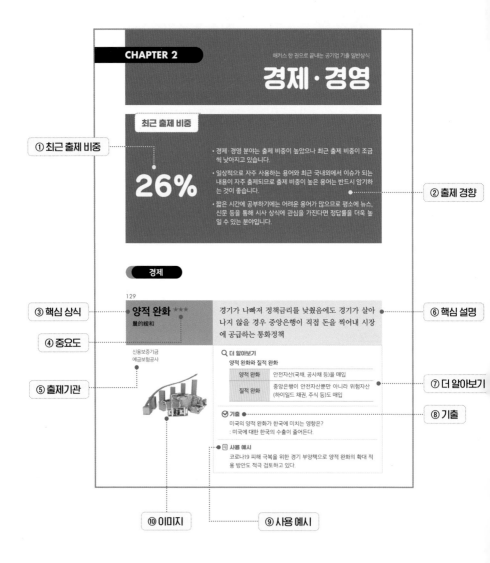

CHAPTER 2

해커스 한 권으로 끝내는 공기업 기출 일반상식

경제·경영

최근 출제 비중

26%

① 최근 출제 비중

② 출제 경향

- 경제·경영 분야는 출제 비중이 높았으나 최근 출제 비중이 조금씩 낮아지고 있습니다.
- 일상적으로 자주 사용하는 용어와 최근 국내외에서 이슈가 되는 내용이 자주 출제되므로 출제 비중이 높은 용어는 반드시 암기하는 것이 좋습니다.
- 짧은 시간에 공부하기에는 어려운 용어가 많으므로 평소에 뉴스, 신문 등을 통해 시사 상식에 관심을 가진다면 정답률을 더욱 높일 수 있는 분야입니다.

경제

129

③ 핵심 상식

양적 완화 ★★★
量的緩和

④ 중요도

⑤ 출제기관

신용보증기금
예금보험공사

⑥ 핵심 설명

경기가 나빠져 정책금리를 낮췄음에도 경기가 살아나지 않을 경우 중앙은행이 직접 돈을 찍어내 시장에 공급하는 통화정책

🔍 **더 알아보기**
양적 완화와 질적 완화

양적 완화	안전자산(국채, 공사채 등)을 매입
질적 완화	중앙은행이 안전자산뿐만 아니라 위험자산 (하이일드 채권, 주식 등)도 매입

⑦ 더 알아보기

⑧ 기출

🗨 **기출**
미국의 양적 완화가 한국에 미치는 영향은?
: 미국에 대한 한국의 수출이 줄어든다.

📋 **사용 예시**
코로나19 피해 극복을 위한 경기 부양책으로 양적 완화의 확대 적용 방안도 적극 검토하고 있다.

⑩ 이미지

⑨ 사용 예시

① 최근 출제 비중	분야별 최근 출제 비중을 파악할 수 있습니다.
② 출제 경향	분야별 출제 경향 및 학습법을 파악할 수 있습니다.
③ 핵심 상식	출제 확률이 높은 핵심 상식을 확인할 수 있습니다.
④ 중요도	자주 출제되는 핵심 상식을 파악할 수 있습니다.
⑤ 출제기관	핵심 상식이 어떤 기업에서 출제되었는지를 확인할 수 있습니다.
⑥ 핵심 설명	핵심만 담은 설명으로 반드시 알아야 할 내용만 암기할 수 있습니다.
⑦ 더 알아보기	핵심 상식과 관련된 상식을 함께 학습할 수 있습니다.
⑧ 기출	핵심 상식이 실제 시험에서 어떻게 출제되었는지 출제 포인트를 파악할 수 있습니다.
⑨ 사용 예시	핵심 상식이 실제로 어떻게 쓰이는지 예문을 통해 확인할 수 있습니다.
⑩ 이미지	핵심 상식의 뜻을 이미지와 함께 학습할 수 있습니다.

공기업 일반상식을 한 권으로 끝내는 심화 학습 코너

상식을 내 것으로 만드는
Ponit Quiz

상식 심화 학습을 위한
상식 Up 완성 용어

상식 고득점을 위한
틈새 공략 Plus 상식

상식 마무리를 위한
최종 점검 기출 동형 문제

공기업 취업의 모든 것, **해커스공기업**
public.Hackers.com

최신 시사 상식 100선

최신 시사 상식은 공기업 일반상식 시험에서의 비중은 작을 수 있으나 고득점을 위해 반드시 알아두어야 하며, 공기업·언론사·일반 기업 취업을 희망한다면 필기시험뿐만 아니라 논술·면접 대비를 위해 공부해둘 필요가 있습니다. 최근 가장 화제가 된 이슈 중 출제 확률이 높은 시사 상식으로 선별하였으니 꼼꼼히 읽으면서 최신 이슈를 파악해보세요.

국민비서 ★★★

출처: 행정안전부

개인별 행정정보를 개인 맞춤형으로 알려주는 서비스(= 구삐)

🔍 **더 알아보기**

인공지능(AI) 기술 기반으로 네이버·카카오톡·토스 등 국민이 자주 이용하는 민간채널을 통해 코로나19 백신 접종과 교통, 교육, 건강 3개 분야에 대한 7종 알림 서비스를 제공한다.

🗒 **사용 예시**

국민비서를 사칭한 백신접종 안내 피싱 메일이 유포된 사례가 확인됐다.

데이터 댐 ★★★
data dam

물을 가두는 댐처럼 한 곳으로 모은 데이터를 재구성한 집합 시스템

🔍 **더 알아보기**

디지털뉴딜의 핵심 사업으로, 공공·민간 데이터를 수집·가공해 산업 전반에 활용할 수 있도록 한다.

한국판 뉴딜

디지털뉴딜, 그린뉴딜, 휴먼뉴딜, 지역균형뉴딜 4개의 축으로 추진되는 대규모 재정정책

메가시티 ★★★
megacity

핵심 도시를 중심으로 인접 도시들을 기능적으로 묶어 하나의 일일생활권으로 연결한 도시 권역

🔍 **더 알아보기**

부산·울산·경남을 하나로 묶는 동남권 메가시티 구상이 대표적이며, 최근에는 대전·세종·충북·충남을 아우르는 충청권 메가시티 구상이 논의되고 있다.

🗒 **사용 예시**

BRT(간선급행버스) 노선을 추가 개설하여 메가시티 조성이 더욱 탄력을 받을 것으로 보인다.

생활SOC ★★★

보육 · 의료 · 복지 · 교통 · 문화 · 공원 · 시설 등 일상생활에서 국민의 편익을 증진시키는 모든 시설

Q 더 알아보기

일상생활에서 국민의 편익을 증진시킨다는 점에서 사회간접자본(SOC)과는 다른 개념이며, 넓은 의미에서 일상생활의 기본 전제가 되는 안전과 기초 인프라 시설까지 포괄한다.

사회간접자본(SOC)

통신 · 전력 · 교육 · 사회제도 등과 같이 생산 활동에 직접적으로 사용되지는 않으나 간접적으로 생산 활동에 기여하는 자본

국가수사본부 ★★★
國家搜査本部

경찰의 수사 업무를 총괄하는 경찰청 산하 독립 수사기구

Q 더 알아보기

고위공직자범죄수사처가 수사하는 고위공직자범죄와 검찰이 직접 수사하는 6대 범죄(부패범죄, 공직자범죄, 선거범죄, 대형참사, 경제범죄, 방위사업법죄)를 제외한 수사를 맡는다.

☰ 사용 예시

국가수사본부가 '국가경찰과 자치경찰의 조직 및 운영에 관한 법률(경찰법)'을 설립 근거로 2021년 1월 1일 출범하였다.

공인탐정제도 ★★

일정한 인원을 선발하여 그들에게만 탐정업을 허용하는 제도

Q 더 알아보기

현재 한국을 제외한 경제협력개발기구(OECD) 회원국(35개국)이 운영 중이며, 한국은 2020년 민간자격증 발급을 허용해 탐정업을 합법화하였다.

☰ 사용 예시

우리나라는 약 1만여 명이 탐정업에 종사하는 것으로 추정되는데 **공인탐정제도**를 비롯하여 통일된 윤리규정 등 최소한의 지침이 없어 불법행위가 우려된다.

임대차 3법 ★★★
賃貸借 三法

전월세 시장의 안정을 위해 도입한 전월세신고제 · 전월세상한제 · 계약갱신청구권제와 관련된 법

Q 더 알아보기

임대차 3법 세부 내용

전월세신고제	30일 이내에 지자체에 임대차 계약 정보를 신고
전월세상한제	임대료 상승폭을 직전 계약 임대료의 5% 내로 하되, 지자체가 조례로 상한 지정
계약갱신청구권	세입자에게 1회의 계약갱신요구권을 보장해 현행 2년에서 4년(2+2)으로 계약 연장 보장

전월세신고제 ★★

전월세 거래 시장의 투명한 정보 공개를 위해 전월세 계약 시 30일 이내에 지방자치단체에 의무적으로 신고하는 제도

Q 더 알아보기

수도권과 광역시, 세종시, 도의 시 지역에 있는 주택임대차보호법을 적용받는 모든 주택 중 보증금 6천만 원, 월세 30만 원 이상의 전월세 거래를 대상으로 한다.

홈보디 경제 ★★
homebody economy

코로나19로 인한 봉쇄로 주로 집에 있는 사람들에게서 발생된 다양한 경제활동

Q 더 알아보기

포틀래치 경제(potlatch economy)
자산이 많은 개인이나 기업이 이익의 일부를 사회에 돌려줌으로써 빈부 격차를 줄이는 데 기여하는 경제활동

🗐 사용 예시

미국에서 홈보디 경제가 가장 눈에 띄게 나타나는 분야는 음식 배달 분야이다.

셀피노믹스 ★★
selfinomics

'개인(self)'과 '경제학(economics)'을 합성한 신조
어로, 개인 콘텐츠를 만드는 사람(유튜버, 인스타그
래머, 틱톡커 등)들의 독립적인 경제활동

Q 더 알아보기

크리에이터(creator)
유튜브, 인스타그램 등과 같은 플랫폼에 자신이 제작한 동영상을
업로드하는 1인 인터넷 방송인을 말하며, 인터넷 방송인에는 스트
리머·BJ 등도 포함됨

사이버 렉카(cyber wrecker)
교통사고 현장에 잽싸게 달려가는 렉카처럼 온라인 공간에서 이슈
가 생길 때마다 재빨리 짜깁기한 영상을 만들어 조회수를 올리는
이슈 유튜버

📋 사용 예시

개인의 재능이 곧 돈이 되는 셀피노믹스 시대가 왔다.

D2C ★★★
Direct to Customer

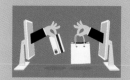

온라인을 통해 기업이 유통업자의 플랫폼을 거치지
않고 제품을 소비자에게 직접 판매하는 방식

Q 더 알아보기

비즈니스 거래 유형

B2B	기업과 기업 간의 거래
B2C	기업과 소비자 간의 거래
C2C	소비자와 소비자 간의 거래

디지털마케팅(digital marketing)
스마트폰 등 인터넷 기반의 온라인 광고로 소비자에게 제품과 서
비스를 알리고 판매하는 마케팅

📋 사용 예시

한 스포츠 용품 브랜드는 D2C를 핵심 전략으로 내세우며, 기존의
유통플랫폼에 대한 의존도를 서서히 줄이면서 자사몰을 통해 고객
과의 접점을 맺기 시작했다.

012

빅배스 ★★
big bath

부실 부분을 한 회계연도에 모두 반영하여 부실로 인한 위험요인을 한꺼번에 제거하는 회계기법으로, 기업의 CEO 교체기에 전임자의 부실을 털어내는 경영전략

🔍 **더 알아보기**

분식회계
회사의 실적을 좋게 보이게 하기 위해 회사의 자산이나 이익 등을 조작하는 것

📑 **사용 예시**

조선업체들이 철강가격 인상분을 대규모 충당금으로 설정하면서 빅배스에 나서 올해 2분기에 대규모 적자를 낸 조선 3사가 턴어라운드에 성공할지 관심이 모아졌다.

013

밈 주식 ★
meme stock

온라인상에서의 이슈와 소문을 통해 개인투자자가 관심을 갖게 되는 주식

🔍 **더 알아보기**

게임스톱 대첩
미국 온라인 커뮤니티의 게시판에서 정보를 공유하며 게임스톱을 사들인 개인투자자가 이 종목을 공매도한 월가 헤지펀드로부터 2021년 1월 말에 항복을 받아낸 사건

014

테이퍼링 트레이드 ★★★
tapering trade

경기 둔화 가능성이 있는 경우 주식과 원자재를 매도하고 장기채권을 매수하는 형태의 거래

🔍 **더 알아보기**

리플레이션 트레이드(reflation trade)
경기 상승 가능성이 있는 경우 장기채권을 매도하고 주식을 매수하는 형태의 거래

📑 **사용 예시**

지난 6월 FOMC에서 미 경기 정점 논란이 더해지면서 주식, 원자재를 매도하고 장기국채를 매입하는 테이퍼링 트레이드가 시작됐다.

지속가능연계 채권 ★★
Sustainability-Linked Bond

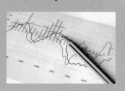

기업의 환경 · 사회 · 지배구조(ESG) 목표치와 연동하여 금리가 달라지는 채권

Q 더 알아보기

ESG채권 유형

SRI채권	채권별로 목적사업이 있고 목적범위 내에서만 자금을 사용하도록 관리되는 채권
SLB채권	발행자가 사전에 정한 지속가능목표에 따라 채권 금리가 결정되는 채권

녹색채권(green bond)
친환경 · 신재생에너지 사업에 대한 투자재원을 마련하기 위해 발행하는 채권

📋 사용 예시

정부가 전 세계적인 메가트렌드로 떠오른 환경 · 사회 · 지배구조(ESG) 투자 활성화를 위해 지속가능연계채권 도입을 검토했다.

임베디드 금융 ★★
embedded finance

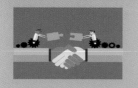

비금융회사가 금융회사의 금융기능을 자사 플랫폼에 내장하여 고객들의 편리성을 향상시키는 금융 생태계

Q 더 알아보기

임베디드 금융 참여자

비금융회사	네이버, 카카오와 같이 대규모 고객 접점을 가진 회사
금융회사	은행, 증권사 등 금융기능을 제공하는 회사
핀테크기업	비금융회사와 금융회사를 연결하는 회사

그림자 금융(shadow banking system)
은행과 비슷한 역할을 하지만 중앙은행의 감독을 받지 않는 금융회사를 말하며, 투자은행, 사모펀드, 헤지펀드 등을 통칭

📋 사용 예시

언택트 문화가 대세로 자리 잡으면서 임베디드 금융이 확산됨에 따라 국내 금융사들의 역할과 경쟁력을 높여야 한다는 주장이 제기되고 있다.

최신상식

해커스 한 권으로 끝내는 공기업 기출 일반상식

그린플레이션 ★★★
greenplation

'친환경(green)'과 '물가상승(inflation)'의 합성어로, 전 세계적인 친환경 정책에 따라 친환경 산업구조로 바뀌는 과정에서 발생하는 원자재 가격 상승

🔍 더 알아보기
친환경 정책에 따라 가격이 올라간 화석 연료 등에 투자하는 것을 그린플레이션 투자라고 한다.

붐 · 스태그 · 슬럼플레이션

붐플레이션 (boom + inflation)	호황일 때의 인플레이션
스태그플레이션 (stagnation + inflation)	침체일 때의 인플레이션
슬럼플레이션 (slump + inflation)	불황일 때의 인플레이션으로, 스태그플레이션보다 정도가 심함

📋 사용 예시
전 세계적인 그린플레이션 심화로 천연가스 가격이 급등하면서 국내 가스 관련주가 강세를 보이고 있다.

탄소국경세 ★★★
carbon border tax

이산화탄소 배출이 많은 국가에서 생산 · 수입되는 제품을 수출할 때 적용받는 무역 관세로, 탄소 배출이 많은 국가에 일종의 페널티를 주는 것

🔍 더 알아보기
핏포 55(fit for 55)
EU가 2030년 EU의 평균 탄소 배출량을 1990년의 55% 수준까지 줄이기 위해 2021년 7월 14일 발표한 탄소배출 감축 계획안

📋 사용 예시
유럽의 환경정책 싱크탱크 샌드백과 E3G는 한국이 2035년 부담해야 할 유럽연합(EU)의 탄소국경세가 4,700억 원에 달할 것이라고 분석했다.

달러인덱스 ★★★
U.S. Dollar index

세계 주요 6개국 통화에 대한 미국 달러화의 평균적인 가치를 보여주는 지표

🔍 더 알아보기
세계 주요 6개국 통화
유럽 - 유로, 일본 - 엔, 영국 - 파운드, 캐나다 - 캐나다달러, 스웨덴 - 크로네, 스위스 - 스위스프랑

🗒 사용 예시
미국 국채수익률 급등으로 인하여 달러화 가치가 달러인덱스 기준으로 지난해 11월 초 이후 최고치까지 치솟았다.

비트코인 블루 ★★
bitcoin blue

대표적인 가상화폐인 '비트코인(bitcoin)'과 '우울감(blue)'의 합성어로, 가상화폐에 투자한 사람들이 불안, 우울 등의 감정을 느끼는 현상

🔍 더 알아보기
비트코인 레드(bitcoin red)
가상화폐 투자로 인한 우울감에서 한발 더 나아가 분노를 느끼는 현상

🗒 사용 예시
비트코인에 투자한 20대가 최근 비트코인 가격폭락으로 인해 심리적 불안감을 호소하는 비트코인 블루 현상이 나타나고 있다.

코로나 레드 ★
corona red

코로나19 사태의 장기화로 인해 생겨난 우울이나 불안 등의 감정이 분노로 폭발하는 현상

🔍 더 알아보기
코로나 블루를 넘어선 상태이며, 더 심해지면 코로나 블랙으로 이어질 수 있다.

코로나19로 인한 감정 변화를 일컫는 용어

코로나 블루	코로나19 사태로 각종 통제를 받으면서 느끼는 우울감
코로나 블랙	코로나19 사태의 장기화로 인해 느끼는 좌절·절망

위드 코로나 ★
with corona

코로나19의 완전 종식 불가능을 전제로 백신 접종을 늘리고 방역체계를 구축하는 방식으로, 코로나19 와의 공존을 준비해 독감처럼 관리하는 예방 대책

🔍 **더 알아보기**
우리 정부는 위드 코로나 대신 '단계적 일상회복'을 공식 용어로 사용하였다.

📋 **사용 예시**
델타 바이러스 등 강력한 변이 바이러스 출현으로 돌파감염이 발생하면서 코로나19 사태가 장기화되자 위드 코로나 전략이 대두되었다.

사회적 거리두기 ★
social distancing

코로나19 유행 당시 지역사회 감염을 차단하기 위해 실시하였던 정부의 권고 수칙

🔍 **더 알아보기**
2022년 4월 18일을 기점으로 전면 해제되었다.

집단면역 ★
herd immunity

집단 내의 다수가 감염이나 예방접종을 통해 면역을 가져 전염병으로부터 간접적인 보호를 받는 상태

🔍 **더 알아보기**
일반적으로 어떤 감염병에 대한 면역을 가진 사람이 일정 수준 이상이 되면 집단면역을 얻어 감염병 유행이 멈추게 된다.

돌파감염 ★
breakthrough infection

백신별 권장 횟수 접종 완료 후 14일 이상 경과한 뒤에 확진된 사례

🔍 더 알아보기
기존 백신을 우회하는 변이 바이러스로 인해 백신 최종 접종자가 새로운 감염에 노출됐을 가능성이 있어서 변이 확산 가능성을 엿볼 수 있는 지표로 여겨진다.

🗒 사용 예시
돌파감염은 코로나19 외에 수두, 대상포진바이러스, 볼거리 등 다양한 질병의 예방접종을 마친 환자들에게서 발견된다.

아나필락시스 ★★
anaphylaxis

항원과 항체 면역 반응이 원인이 되어 발생하는 심각한 알레르기 반응

🔍 더 알아보기
특정 식품이나 약물 등 원인 물질에 노출된 후 짧은 시간 내에 전신에 일어나며, 아나필락시스 쇼크로 인해 사망하는 경우도 있다.

🗒 사용 예시
약물 부작용으로 아나필락시스 반응이 심각해 백신 접종이 어려운 사람들이 있다.

보복소비 ★★
revenge spending

재난이나 질병 등 외부 요인으로 위축됐던 소비가 한꺼번에 폭발적으로 증가하는 현상

🗒 사용 예시
2020년 코로나19 확산으로 급감했던 소비가 폭발적으로 증가한 것은 보복소비 때문인 것으로 평가된다.

네온스완 ★★★
neon swan

상식적으로 절대 발생이 불가능한 위험 상황으로, 사실상 대처가 불가능하고 블랙스완보다 더 위협적인 상태

🔍 더 알아보기
동물 이름을 딴 경제 용어

화이트스완	반복되는 위기로 예측할 수 있지만 대응하지 못해 문제가 발생한 상태
그레이스완	예측할 수 있지만 뚜렷한 해결책이 없는 상태
블랙스완	발생 가능성이 낮아 예측할 수 없고 대응이 불가능하며 한 번 나타나면 엄청난 파급력을 갖는 상태
회색코뿔소	충분히 인지할 수 있지만 간과하기 쉬운 경제적인 위험요소나 상황
하얀코끼리	활용가치는 없으나 관리비용만 많이 소요되는 무용지물
검은코끼리	엄청난 충격을 줄 사건이라는 것을 모두가 알고 있지만 모른 척하며 해결하지 않는 문제
방 안의 코끼리	누구나 알고 있지만 그 누구도 먼저 말하지 못하는 크고 무거운 문제

그린스완 ★★★
green swan

기후변화로 인한 경제·금융위기 혹은 경영 환경의 급변

🔍 더 알아보기
발생 가능성은 낮아 예측할 수 없지만 엄청난 파급력을 갖는 '블랙스완'에서 유래한 개념이다.

🗒 사용 예시
BIS(국제결제은행)는 블랙스완과 다른 그린스완이라는 용어를 만들어 새로운 금융위기를 경고했다.

가안비 ★
價安費

'가격 대비 안전'의 약자로, 비용을 더 지불하더라도 안전과 건강을 우선적으로 고려하는 소비 경향

🔍 더 알아보기

살균램프, 초음파세척기 등 고가의 안전제품 판매 증가가 대표적인 사례이며, 안전을 위해 기존에는 고려하지 않던 물건이나 서비스를 구매한다는 점에서 가성비나 가성비와 차이가 있다.

가성비와 가심비

가성비	가격 대비 성능을 중시하는 소비
가심비	가격 대비 심리적 만족감을 중시하는 소비

📄 사용 예시

코로나19 사태 후 공중보건과 안전에 대한 경각심이 사회 전반으로 확산되면서 가안비를 추구하는 소비가 증가했다.

영포티 ★★★
young forty

이전 세대의 40대와 달리 젊게 살고 싶어 하는 1972년 전후 출생한 40대

🔍 더 알아보기

1990년대 X세대라 불렸으며, 고령화로 전 세대의 중위 연령이 되면서 젊은 세대로 자리 잡았다. 트렌드에 밝고, 왕성한 소비력과 합리적 태도를 가졌으며, 집단주의보다는 자유와 개성을 중시하는 개인주의적 성향을 가진 것이 특징이다.

자본주의 키즈 ★★

어릴 때부터 자본주의 요소를 자연스럽게 받아들여 돈과 소비에 편견이 없고 재무관리와 투자에 적극적인 MZ세대

🔍 더 알아보기

MZ세대와 IMF 경제위기 이후 자본주의 논리에 익숙해진 기성세대 모두가 자본주의 키즈로 분류되며, 모바일을 우선적으로 사용하고 고가의 상품을 고민 없이 소비하는 성향이 있다. 또한 집단보다는 개인의 행복을 추구하고 상품보다는 경험을 중시하는 특징이 있다.

MZ세대
1980년대 초반부터 2000년대 초반에 출생한 밀레니얼 세대와 1990년대 중반부터 2000년대 초반 사이에 태어난 Z세대를 통칭

033

락다운 세대 ★
lockdown 世代

코로나19가 고용과 교육에 미친 심각한 영향으로, 경제적으로 고립된 청년층

🔍 **더 알아보기**
락다운(lockdown)
코로나19가 전 세계적으로 퍼지면서 공공 방역 조치로 인해 국가별로 고립되고 일상에서 멀어지는 현상

034

영츠하이머 ★★
youngzheimer

'젊음(young)'과 '알츠하이머(alzheimer)'의 합성어로, 디지털 기기의 과도한 사용으로 20~30대 젊은 세대에게 나타나는 건망증 증세

🔍 **더 알아보기**
과도한 스마트폰 사용으로 인한 뇌 기능 퇴화, 블랙아웃(음주로 인한 단기기억상실), 우울증과 스트레스 등이 주요 원인이다.

035

MMORPG ★
Massive Multiplayer
Online Role Playing Game

대규모의 사용자들이 온라인으로 연결되어 동시에 같은 가상의 공간을 즐기면서 특정한 역할을 수행하는 롤 플레잉 게임(= 다중접속역할수행게임)

🔍 **더 알아보기**
MMORPG는 캐릭터의 성장, 역할 수행, 상호 작용, 시간의 연속성이라는 특징이 있다.

MORPG
MMORPG에서 대규모라는 뜻의 'Massive'를 뺀 게임으로, 접속자 수에 따라 MMORPG와 MORPG로 구분

판호
중국 내 게임 서비스 허가권

📄 **사용 예시**
'검은사막 모바일'은 펄어비스가 지난 2018년 2월에 출시한 MMORPG이다.

네카라쿠배 ★★

국내 대표 IT 기업인 네이버, 카카오, 라인, 쿠팡, 배달의민족의 앞 글자만 따서 만든 용어

Q 더 알아보기

기업명 관련 용어

네카라쿠배당토	국내 대표 IT 기업인 네카라쿠배 + 당근마켓, 토스
TGIF	스마트폰 대중화로 급부상한 트위터, 구글, 아이폰, 페이스북
FAANG	미국 IT 업계를 선도하는 페이스북, 아마존, 애플, 넷플릭스, 구글
BAT	글로벌 IT 기업으로 성장한 중국의 3대 IT 기업인 바이두, 알리바바, 텐센트

目 사용 예시

취업준비생들 사이에서 연봉이 높고 복지가 좋은 네카라쿠배가 선망의 회사로 떠오르고 있다.

벼락거지 ★

개인소득에는 별다른 변화가 없음에도 주식과 부동산 등 외부 요인들의 가격이 급등하면서 상대적으로 빈곤해진 사람들

Q 더 알아보기

코로나19로 인한 경제 위기가 심화된 이후 주식과 부동산을 활용한 재테크에 나서지 않은 사람들이 위축된 경제적인 지위와 상황에 대한 상대적 박탈감을 느끼고 있다.

관련 용어

빚투	'빚내서 투자한다'의 줄임말로, 대출을 받아 주식에 투자하는 것
부동산 블루	치솟는 집값으로 인한 우울증
포모증후군	자신만 뒤처지거나 소외되는 것에 대한 불안 증상

최신상식

해커스 한 권으로 끝내는 공기업 기출 일반상식

빈곤의 덫 ★★
poverty trap

소득이 증가한 빈곤층이 기존에 누리던 사회 보장·세제 혜택 등 정부 지원을 받을 수 없게 되어 결국 빈곤에서 벗어나지 못하는 사회 시스템의 모순(= 빈곤의 함정)

Q 더 알아보기
빈곤의 악순환(vicious circle of poverty)
빈곤의 덫이 3대 이상 지속되는 경우로, 낮은 소득으로 투자가 안 되고 생산력이 저하되어 다시 소득 감소를 가져오는 악순환

수평적 폭력 ★

계층 사회에서 피지배 계급이 지배 계급으로부터 압박과 공격을 받아 쌓인 증오를 같은 피지배 계급에게 푸는 현상(= 수평적 투쟁)

Q 더 알아보기
수직적 폭력
지배 계급이 피지배 계급에게 수탈과 폭력을 가하는 현상

🗐 사용 예시
한국영화 최초로 아카데미 작품상, 감독상, 국제영화상, 각본상을 수상한 영화 <기생충>은 대저택에 사는 박 사장 부부에게 기생해서 사는 하층민 간의 수평적 투쟁을 담아 세계적으로 화제를 모았다.

케렌시아 ★★★
querencia

'피난처'라는 뜻의 스페인어로, 바쁜 일상에 지친 현대인이 안정을 취할 수 있는 자신만의 장소나 공간

Q 더 알아보기
'나 홀로'와 '욜로(YOLO)'의 합성어로, 현재 자신의 행복을 우선시하는 '홀로'가 트렌드가 되면서 더욱 주목받고 있다.

나만의 장소

맨 케이브 (man cave)	가족과 떨어진 남자만의 동굴 또는 작업실
쉬 셰드 (she shed)	여자만의 작업실 또는 취미공간

041

홈족 ★★★
home族

집에서 주로 시간을 보내며 취미나 여가생활까지 즐기는 사람들

🔍 **더 알아보기**

주거 트렌드

홈트	집에서 혼자 하는 운동
홈카페	집에서 카페처럼 즐기는 활동
홈뷰티	집에서 미용기기 등으로 스스로 하는 피부관리
기타	홈퍼니싱, 홈케어, 홈쿠킹 등

042

문센족 ★

문화센터의 약자인 '문센'과 '족(族)'의 합성어로, 퇴근 후 문화센터에서 자기개발이나 취미생활 강좌를 수강하는 사람들

🔍 **더 알아보기**

코로나19가 확산됨에 따라 백화점이나 쇼핑센터들이 소수정예, 비대면 강좌 강화 등 안전하게 문화생활을 즐길 수 있는 수업환경을 조성하고 있다.

가취관
'가벼운 취향 위주의 관계'의 약자로, 부담 없이 만나고 쉽게 헤어지는 관계를 선호하는 MZ세대의 성향을 반영한 신조어

📋 **사용 예시**

최근 설문조사에 따르면 직장인 10명 중 3명은 자신을 문센족이라고 생각하는 것으로 나타났다.

043

워케이션 ★★
worcation

'일(work)'과 '휴가(vacation)'의 합성어로, 휴가지에서도 업무를 인정하는 근무형태

🔍 **더 알아보기**

재택근무가 보편화되면서 휴가지에서 일하고 퇴근 후에는 관광을 즐길 수 있는 장기 여행을 찾는 사람들이 늘고 있다.

플랫폼 노동 ★★★
platform labor

디지털 플랫폼을 바탕으로 노동력이 거래되는 새로운 고용형태

Q 더 알아보기

코로나19 사태 이후 배달앱이 활성화됨에 따라 플랫폼 노동 수요도 크게 증가하였다. 음식배달 외에도 대리운전, 반려동물 돌봄, 심부름, 교육 등 다양한 분야에 걸쳐 있다.

N잡러와 긱 워커

N잡러	본업 외에도 부업이나 취미 등 여러 개(N)의 직업을 가진 사람들
긱 워커	배달, 대리운전 등 온라인 중개 플랫폼을 통해 일거리를 구하는 노동자

시세션 ★★
shecession

'여성(she)'과 '경기침체(recession)'의 합성어로, 코로나19로 인한 여성들의 대량실직

Q 더 알아보기

맨세션(mancession) · 히세션(hecession)
'남성(man · he)'과 '경기침체(recession)'의 합성어로, 2008년 글로벌 금융위기 때 경기 위축으로 인한 남성들의 대량실직

🗐 사용 예시

장기화되는 사회적 거리두기와 셧다운으로 인해 시세션이 가속화되고 있다.

고스팅 ★
ghosting

정상적으로 퇴근한 이후 다음날부터 출근하지 않고 귀신처럼 연락이 두절되는 현상

Q 더 알아보기

연인 관계가 이별 통보 없이 하루아침에 중단되는 현상을 뜻하기도 한다.

🗐 사용 예시

밀레니얼 세대 구직자들은 어색한 면담보다 예고 없이 일을 그만두고 연락하지 않는 고스팅을 선호해 논란이 되고 있다.

크립토재킹 ★★★
cryptojacking

'암호화폐(cryptocurrency)'와 '납치(hijacking)'의 합성어로, 해커가 PC에 악성코드를 설치하여 암호화폐를 채굴하도록 만든 후 채굴된 암호화폐를 자신의 전자지갑으로 전송하는 신종 사이버 범죄

Q 더 알아보기

크립토재킹을 예방하기 위해서는 검증되지 않은 웹사이트 접속을 삼가고, 백신 프로그램을 사용하거나 채굴 프로그램을 차단하는 기능이 있는 웹 브라우저를 이용해야 한다.

소비기한 ★★★
use-by date

표시된 보관 조건을 준수했을 경우 소비자가 식품을 먹어도 안전에 이상이 없는 식품 소비의 최종 기한

Q 더 알아보기

정부는 지속 가능한 먹거리 생산과 소비를 위해 유통기한 표시제를 폐지하고, 식품 소비기한 표시제를 2023년부터 도입하였다.

유통기한과 소비기한

유통기한 (sell-by date)	상품이 시중에 유통될 수 있는 기한(안전한 섭취 기간의 60~70%)
소비기한 (use-by date)	소비자가 소비 혹은 섭취할 수 있는 기한(안전한 섭취 기간의 80~90%)

람사르 습지 ★★
Ramsar wetlands

출처: 문화재청

전 세계적으로 습지로서의 중요성을 인정받아 람사르 협약에 의해 지정된 습지

Q 더 알아보기

우리나라의 람사르 습지로는 경기 고양시 소재 장항 습지, 대암산 용늪, 창녕 우포늪, 신안 장도 산지 습지 등 24곳이 있다.

람사르 협약

'물새 서식지로서 중요한 습지보호에 관한 협약'으로, 람사르협회가 람사르 습지를 지정·등록하여 보호함

目 사용 예시

유네스코 세계유산에 새로 등재된 '한국의 갯벌'은 총 4곳이며, 모두 습지보호지역이고 일부가 람사르 습지이다.

백신 ★
vaccine

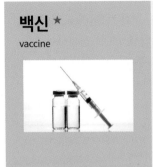

인간을 비롯하여 동물들이 특정한 질병에 대한 면역체계를 인위적으로 활성화시키기 위해 주입하는 의약품

🔍 더 알아보기
코로나19 백신 종류

바이러스 벡터 백신	아스트라제네카, 얀센이 있으며, 표면항원 유전자를 다른 종류의 바이러스 주형에 넣어 체내에 주입하여 표면항원 단백질 생성을 통한 면역반응을 유도함
mRNA 백신	화이자, 모더나가 있으며, 바이러스 유전정보를 담은 메신저 리보핵산(mRNA)을 체내에 주입하여 면역반응을 유도함
불활화 백신	시노팜이 있으며, 바이러스에 별도의 처리를 거쳐 병원성을 불활성화한 상태로 만들어서 체내에 주입하여 면역반응을 유도함
재조합 백신	노바벡스가 있으며, 유전자재조합을 통해 만든 바이러스의 표면항원 단백질을 체내에 직접 주입하여 면역반응을 유도함
그 외	DNA 백신(미국 이노비오), 바이러스 유사입자 백신(인도 혈청연구소) 등

📋 사용 예시
유효기간이 지난 백신을 접종한 사례가 크게 늘고 있다.

방역패스 ★
vaccine pass

코로나19 백신 미접종자의 다중이용시설 이용을 제한하는 조치

🔍 더 알아보기
'접종증명·음성확인제도' 또는 '백신패스'라고도 한다. 코로나19 감염 위험을 막아 의료체계의 과부하를 막기 위한 목적으로 시행되었으나, 오미크론 변이 확산 이후 확산세가 둔화되고 코로나19가 장기화되면서 전 세계적으로 폐지되거나 축소되었다.

📋 사용 예시
이탈리아의 '그린패스', 프랑스의 '헬스패스'는 이름만 다를 뿐 방역패스와 동일한 용어이다.

052

백신 여권 ★
vaccine passport

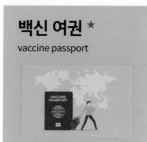

해외 출입국을 위한 코로나19 백신 접종 완료 증명서

Q 더 알아보기
코로나19 백신 접종자의 자유로운 해외 왕래를 보장하기 위해 도입
되었으며, 아이슬란드가 도입한 이후 전 세계적으로 확산되었다.

053

백신
내셔널리즘 ★
vaccine nationalism

코로나19 백신 확보 과정에서 나타난 자국 우선주
의 현상

Q 더 알아보기
미국, 영국 등 일부 선진국은 코로나19 사태 초기부터 선제적으로
백신을 확보해 접종도 상당 부분 진행하였지만, 저개발 국가들은
백신 확보에서 소외되어 심각한 양극화를 초래하였다.

🗐 사용 예시
유럽연합(EU)이 코로나19 백신의 역외 수출을 제한하는 수출허가
제 도입을 추진하면서 백신 내셔널리즘 확산이 우려된다.

054

백신 스와프 ★
vaccine swap

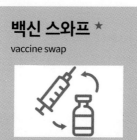

통화 스와프에 빗대어 표현한 말로, 백신 수급이 넉
넉한 국가에게 백신을 우선 빌린 후 나중에 확보한
백신으로 갚는 방식

Q 더 알아보기
통화 스와프(currency swap)
외환이 부족한 국가와 여유로운 국가가 현재 환율에 따라 필요한
만큼의 돈을 상대국과 교환하고, 일정 기간이 지난 후에 미리 약정
된 환율로 원금을 재교환하는 거래

🗐 사용 예시
한국과 영국이 코로나19 백신 상호 공여 약정을 체결하여 100만
회분 이상의 백신 스와프를 합의했다.

055

트래블 버블 ★★
travel bubble

'여행(travel)'과 '버블(bubble)'의 합성어로, 코로나19 방역우수국가들이 서로 여행을 허용하는 협약(여행 안전권역)

Q 더 알아보기

트래블 버블이 합의되면 2주간의 의무 격리가 면제되는 등 입국 제한조치를 완화한다.

🗐 사용 예시

싱가포르와 트래블 버블이 체결되어 싱가포르 여행이 가능해졌다.

056

남북공동연락 사무소 ★★★
南北共同連絡事務所

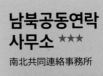

남북한 간 상시적 연락, 협의 및 교류 협력의 확대 지원에 관한 사무를 관장하는 통일부의 소속기관

Q 더 알아보기

판문점 선언에 따라 2018년 9월 14일 개성공단 내에 설치되었으며, 대북전단 살포 등에 대한 남한당국의 대응을 문제 삼아 2020년 6월 16일 북한이 폭파하였다.

057

한반도 운전자론 ★
Korean Peninsula Driver Theory

한반도 문제는 당사자인 남북한이 주도적으로 해법 을 찾아 나가야 한다는 문재인 대통령의 대북정책

Q 더 알아보기

담대한 구상
북한과의 비핵화 협상을 주요 골자로 하는 윤석열 대통령의 대북 정책

핵 · 경제 병진노선 ★★

핵무기를 바탕으로 체제 안정과 경제 성장을 이루 겠다는 북한의 국가 전략

🔍 더 알아보기

북한이 2021년 1월 노동당 규약에서 '핵 병진노선'을 빼고 '자력갱 생 경제건설'이라는 문구를 새로 넣은 것으로 확인되어 '군사'보다 '경제'를 강조하는 경향을 보였다.

KF-21 보라매 ★★★

출처: 방위사업청

국내 기술로 자체 생산한 최초의 전투기

🔍 더 알아보기

한국의 지형을 고려해 개발되었으며, F-22, F-35와 달리 완전한 5세대 전투기가 아니라서 부분적인 스텔스 성능을 가진 4.5세대 전투기로 분류된다. 20년이 넘는 개발기간 끝에 2021년 4월 9일 KF-21 시제기 출고식이 개최되었다.

🗒 사용 예시

대국민 공모를 통해 'KF-21'을 고유명칭으로 결정하고, 공군의 상 징으로 통용되는 '보라매'를 통상명칭으로 정했다.

누리호 ★★★
KSLV-2(Korea Space Launch Vehicle-II)

출처: 한국항공우주연구원

국내 기술로 개발한 3단 액체로켓으로, 2021년 6월 개발되어 2021년 10월 21일에 발사된 대한민국 최 초의 저궤도 실용위성 발사용 로켓

🔍 더 알아보기

1차 발사 시 3단 엔진 연소시간이 예상대비 짧아 위성의 정상 궤도 안착에는 실패했지만, 2022년 2차 발사, 2023년 3차 발사에 성공 하였으며 마지막 6차 발사는 2027년까지 예정되어 있다.

🗒 사용 예시

누리호는 30여 년간 쌓은 한국 우주항공 기술의 결정체로 평가된다.

오커스 ★

AUKUS

미국 · 영국 · 호주 3개국 안보협의체

Q 더 알아보기

호주(Australia), 영국(UK), 미국(US)의 국호 첫 글자 및 이니셜에서 따온 명칭이다. 2021년 9월 15일 공식 출범했으며, 미국과 영국이 호주의 핵추진잠수함 개발을 공동 지원하는 것이 핵심이다. 이에 호주가 프랑스 방위산업체와 추진한 디젤잠수함 도입 계약을 파기하자 프랑스가 미국과 호주 주재 대사를 소환하는 등 강력하게 반발하였다.

📋 사용 예시

중국과 프랑스가 오커스 동맹을 비난하며 국제사회 갈등이 고조되었다.

쿼드 ★★★

Quad

미국 · 일본 · 인도 · 호주 4개국 안보 회담

Q 더 알아보기

'Quadrilateral Security Dialogue'의 약칭으로, 미국과 미국의 핵심 동맹국으로 구성된 비공식 안보회의체이며 중국의 패권주의를 견제하는 성격을 갖고 있다.

대항적 다자협력기구

상하이협력기구 (SCO)	중국 · 러시아 · 우즈베키스탄 · 카자흐스탄 · 키르기스스탄 · 타지키스탄 6개국 안보협력기구
집단안보조약기구 (CSTO)	러시아 · 벨라루스 · 아르메니아 · 카자흐스탄 · 키르기스스탄 · 타지키스탄 6개국 안보조약기구

📋 사용 예시

쿼드는 한국 · 베트남 · 뉴질랜드 3개국을 더한 쿼드 플러스를 구상하기도 했으며, 최근 미국이 한국의 쿼드 참여를 요청하여 관심이 집중되었다.

파이브 아이즈 ★★
Five Eyes

미국 · 영국 · 캐나다 · 호주 · 뉴질랜드 영어권 5개국 기밀정보 동맹체

🔍 더 알아보기
공산권과의 냉전에 대응하기 위해 미국과 영국이 비밀 정보교류 협정을 맺은 것이 시초이며, 세계 최대 규모의 통신정보감청시스템인 에셜론을 통해 전 세계 통신망을 취합한 정보를 공유하는 것으로 알려져 있다.

📋 사용 예시
최근 한국의 파이브 아이즈 참여에 대한 법안이 미국 의회를 통과하면서, 중국이 크게 반발하고 있어 논란이 되고 있다.

블루 웨이브 ★
blue wave

푸른색을 상징으로 하는 미국 민주당이 대통령 선거와 상 · 하원 선거에서 모두 승리해 백악관과 의회를 장악한 상황

📋 사용 예시
미국 대선에서 조 바이든 후보가 승리하고 민주당이 상원과 하원 모두 과반 이상을 차지하면서 본격적인 블루 웨이브가 나타났다.

2개의 100년 ★★
兩個一百年

샤오캉 사회를 실현하는 중국 공산당 창당 100주년(2021년 7월 1일)과 사회주의 현대화 국가를 구현하는 중국(중화인민공화국) 건국 100주년(2049년 10월 1일)

🔍 더 알아보기
중국은 2020년까지 전면적인 샤오캉 사회를 목표로 경제정책을 시행해 국내총생산(GDP)과 도시 · 농촌지역 1인당 소득을 두 배로 늘렸다.

샤오캉(小康) 사회
공자의 『예기(禮記)』에 나오는 이상 사회인 대동(大同) 사회로 가는 중간 단계로, 모든 국민이 의식주를 걱정하지 않는 안락한 사회

공동부유 ★★★
共同富裕

'인민이 함께 잘 살자'는 뜻으로, 최근 시진핑 중국 국가주석이 강조하며 중국 공산당이 내걸고 있는 경제 정책의 슬로건

🔍 더 알아보기

1978년 개혁개방 이후 성장에 중점을 둔 덩샤오핑의 '선부론'을 앞세웠으나, 최근 중국 경제정책의 초점이 부의 분배로 이동했다.

중국의 경제이념

공부론 (共富論)	모든 인민에게 균등하게 부가 배분되어야 한다는 마오쩌둥(毛澤東, 1893~1976)의 경제이론
선부론 (先富論)	일부가 먼저 부유해진 뒤 이를 확산한다는 덩샤오핑(鄧小平, 1904~1997)의 경제이론

탕핑족 ★★
身尙平

'바닥에 평평하게 누워있기'라는 뜻으로, 취업이나 결혼 등에 소극적인 중국의 젊은 세대

🔍 더 알아보기

중국에서 열심히 일해봤자 나아질 게 없다면 차라리 아무것도 안 하겠다는 자포자기한 탕핑족이 늘고 있다.

N포세대
연애, 결혼, 출산, 내 집 마련 등을 포기한 한국의 젊은 세대

🗐 사용 예시

무기력한 탕핑족의 급속한 확산으로 소비가 기대만큼 살아나지 않고 있어 중국 공산당의 위기감이 커지고 있다.

링링허우 ★★★
零零後

중국에서 2000~2009년 출생한 세대

🔍 더 알아보기

바링허우(八零後, 80년대생)와 주링허우(九零後, 90년대생) 이후 등장한 세대로, 어린 시절부터 모바일 문화에 익숙할 뿐 아니라 자국에 대한 자부심이 강한 특징을 갖고 있다.

🗐 사용 예시

높은 소비 잠재력을 가진 세대인 링링허우는 아직 자금력은 부족하지만, 엔터테인먼트나 문화산업 등을 중심으로 영향력을 강화하고 있다.

홍범도 ★★★
洪範道

출처: 전쟁기념관,
한국문화정보원

1920년 봉오동 전투와 청산리 전투에서 활약한 일제강점기 독립운동가

🔍 **더 알아보기**

일제강점기 대한독립군 총사령관, 대한독립군단 부총재 등을 역임했으며, 2021년 8월 15일 카자흐스탄에서 세상을 떠난 지 78년 만에 유해가 봉환되어 대전현충원에 안장되었다.

🗐 **사용 예시**

영화 <봉오동 전투>는 대장이었던 홍범도보다 그의 밑에서 싸웠던 군사들의 이야기에 초점을 맞춰 봉오동 전투를 색다른 시선으로 담아냈다.

리처드 용재 오닐 ★★
Richard Yongjae O'Neill

출처: 한국소리문화의전당

그래미상을 수상한 한국계 미국인 비올리스트

🔍 **더 알아보기**

과거 TV 프로그램 <무릎팍도사>와 <인간극장>에 출연해 따뜻한 인간미와 특유의 강인함으로 대중의 사랑을 받았으며, 뉴욕에 거주하면서 예술에 대한 그의 업적과 공로를 인정받아 뉴욕시 의회로부터 명예로운 시민상을 받았다.

🗐 **사용 예시**

제63회 그래미 어워드 '베스트 클래식 기악 독주' 부문에서 한국계 미국인 비올리스트 리처드 용재 오닐이 2전 3기 만에 수상의 영예를 안았다.

이건희 컬렉션 ★★

출처: 국립현대미술관

고(故) 이건희 삼성그룹 회장이 평생 수집해온 문화재와 미술품 컬렉션

🔍 **더 알아보기**

금동보살입상(국보 제129호), 겸재 정선의 인왕제색도(국보 제216호), 덕산 청동방울(국보 제255호) 등 문화재 2만여 건은 국립중앙박물관에 기증되었고, 김환기, 박수근, 이중섭, 클로드 모네, 파블로 피카소, 마르크 샤갈을 비롯한 국내외 거장들의 근현대미술 작품 1천 600여 점은 국립현대미술관에 기증되었다.

아트테크 ★★
art-tech

'예술(art)'과 '재테크'의 합성어로, 미술품을 공동 구매해 매매 차익이나 부가 수익을 내는 투자

🗒 **사용 예시**

디지털·IT 기술·플랫폼에 익숙한 MZ세대 사이에서 아트테크 열풍이 불면서 국내 미술시장이 주식·부동산·가상화폐에 이은 새로운 투자처로 주목받고 있다.

카운터 트렌드 ★★
counter trend

한쪽으로 쏠림이 심화되면 동시에 이를 거부하는 반작용이 나타나는 현상

🔍 **더 알아보기**

남과 다른 선택을 하고 싶은 심리적인 본성, 반복적인 마케팅 노출로 누적된 피로 등의 이유로 발생하며, 디지털 문화 확산과 대비되는 아날로그 감성 트렌드, 웰빙 푸드에 대척점이 있는 먹방 등이 대표적이다.

🗒 **사용 예시**

카운터 트렌드는 발생 초기에는 동조 범위가 넓어 트렌드로 착각할 가능성이 있기 때문에 발생한 이유를 분석해 비즈니스 전략을 세워야 한다.

항한류 ★★
抗韓流

한국 대중문화 열풍에 대한 부정적인 인식으로 인한 중국의 반한류 현상

🔍 **더 알아보기**

한류 관련 용어

한한령(限韓令)	사드 배치 보복조치로 적용된 중국의 한류 차단정책
혐한류(嫌韓流)	일본의 한류 차단정책
혐한(嫌韓)	한국 혹은 한류문화를 혐오하는 현상

🗒 **사용 예시**

그동안 한류 콘텐츠 수출은 해당국의 자국 문화산업 손상 등의 부작용을 낳으면서 항한류·혐한류와 같은 반한류 현상이 생겼다.

팬더스트리 ★★★
fandustry

'팬(fan)'과 '산업(industry)'의 합성어로, 거대한 팬덤을 기반으로 한 산업

Q 더 알아보기

케이팝의 인기가 전 세계로 확산되면서 팬더스트리의 경제적 가치가 커졌다.

팬슈머(fansumer)
'팬(fan)'과 '소비자(consumer)'의 합성어로, 생산과정에 참여해 상품이나 브랜드를 키워내는 소비자

🗐 사용 예시

대표적인 팬더스트리의 예로는 음반 구매, 콘서트 관람, 팬클럽 활동, 관련 콘텐츠 시청 등이 있다.

포맷 수출 ★★

영화, 드라마, 예능 등 콘텐츠의 기본 콘셉트나 제작 방식, 구성 등의 수출

Q 더 알아보기

영상 콘텐츠의 포맷이 해외로 팔려 리메이크되는 것으로, 국내 콘텐츠의 포맷 수출은 'K포맷(K-Format)'이라고 부른다.

🗐 사용 예시

중국과 동남아로 한정되던 포맷 수출이 점차 아시아를 넘어 미국과 유럽으로 확산되고 있다.

오징어 게임 ★★★
Squid Game

전 세계 1억 1100만 가구가 시청해 넷플릭스 서비스 국가 중 1위를 차지한 9부작 시리즈 드라마

Q 더 알아보기

영화 <도가니>, <남한산성> 등을 연출한 황동혁 감독이 메가폰을 잡았으며, 456억 원의 상금이 걸린 의문의 서바이벌에 참가한 사람들이 목숨을 걸고 극한의 게임에 도전하는 이야기를 담았다.

🗐 사용 예시

<오징어 게임>이 유튜브 조회 수에서 미국 HBO 역대 최고 드라마로 평가받는 <왕좌의 게임>을 넘어서고, 시즌 2 제작이 확정되면서 인기를 다시 한번 입증했다.

숏폼 콘텐츠 ★★★
short-form contents

언제 어디서든지 잠깐 동안 즐길 수 있는 짧은 길이의 영상

Q 더 알아보기

몇 초 단위부터 10분 내외의 영상까지 다양하며, 모바일 기기와 영상에 익숙한 MZ세대가 주 소비자로 자리 잡으며 활발하게 소비되고 있다.

미드폼 콘텐츠(mid-form contents)
숏폼 콘텐츠보다 조금 긴 25분 안팎의 드라마 및 60분 안팎의 영화 동영상 콘텐츠

🗒 사용 예시

이동 중이나 쉬는 시간 등 짧은 시간에 빠르게 볼 수 있는 숏폼 콘텐츠에 대한 수요가 높아지면서 광고 영상의 길이도 점차 짧아지고 있다.

핀플루언서 ★★
finfluencer

'금융(finance)'과 '인플루언서(influence)'의 합성어로, 소셜미디어를 통해 금융 관련 정보와 조언을 제공하는 사람들

Q 더 알아보기

MZ세대가 주식 및 부동산 시장에 몰리면서 동시에 핀플루언서가 급부상하였다.

뒷광고 ★★★

유명 인플루언서들이 광고비를 받은 사실을 밝히지 않고 자신이 직접 구매한 것처럼 하는 광고

Q 더 알아보기

영향력이 큰 인플루언서들이 광고비나 제품 등의 협찬을 받은 사실을 숨긴 채 제품을 홍보했다는 점에서 소비자를 기만하는 행위로 볼 수 있으며, 공정거래위원회가 '추천·보증 등에 관한 표시·광고 심사지침' 개정안을 시행하면서 뒷광고가 전면 금지되었다.

081

캔슬 컬처 ★
cancel culture

소셜미디어(SNS)상에서 자신과 생각이 다른 사람에 대한 팔로우를 제외시키는 온라인 문화현상

Q 더 알아보기
인종이나 젠더(gender) 등 소수자 차별 문제와 함께 확산됐으며, 특히 유명인이나 공적 지위에 있는 사람 혹은 사회적 영향력이 큰 사람이 논쟁이 될 만한 행동이나 발언을 했을 때 해당 인물에 대한 팔로우를 취소하고 외면하는 행동방식이 대표적이다.

팔로우(follow)
누군가를 따른다는 뜻으로, 자신을 다른 사람의 팔로워로 등록해 그 이용자의 글을 보는 행위

082

디지털 휴먼 ★★
digital human

인간과 유사한 모습을 한 3D 가상 인간

Q 더 알아보기
메타버스가 화두로 떠오르면서 활용도가 높아져, 방송이나 엔터테인먼트에서부터 금융, 교육, 유통 등으로 확장되고 있다. 과거에는 막대한 제작비용과 시간이 소요됐지만, 최근 AI, CG 기술의 발전으로 제작이 쉬워졌다.

가상 인플루언서(virtual influencer)
실제 존재하는 인물이 아니라 마케팅을 목적으로 디지털로 생성된 가상의 인간

🗐 사용 예시
최근 메타버스 산업이 기대를 모으고 있는 가운데 싸이더스 스튜디오 엑스 '로지', 삼성전자 '네온', LG전자 '김래아' 등 다양한 디지털 휴먼들이 가상 인플루언서로 활동하고 있다.

083

불쾌한 골짜기 ★
uncanny valley

로봇이나 인간이 아닌 캐릭터 등을 볼 때 인간과 닮을수록 호감도가 높아지지만, 일정 수준이 되면 오히려 불쾌감을 느낀다는 이론

🗐 사용 예시
최근 TV 광고에 디지털 휴먼이 등장하면서 불쾌한 골짜기에 대한 우려가 나오고 있다.

084

딥페이크 ★★★
deepfake

'딥 러닝(deep learning)'과 '가짜(fake)'의 합성어로, 인공지능(AI) 기술을 이용해 특정 인물의 얼굴이나 신체 등을 특정 영상에 합성한 편집물 또는 편집기술

🔍 **더 알아보기**

유명인뿐 아니라 일반인들도 명예훼손과 왜곡, 낙인의 대상이 될 수 있어, 우리나라에서는 '성폭력 범죄의 처벌 등에 관한 특례법'에 따라 딥페이크 음란물을 제작 및 유포할 경우 5년 이하 징역 또는 5천만 원 이하의 벌금을 받게 된다.

페이크 뉴스(fake news)
뉴스의 형태를 띠고 있지만 교묘하게 조작된 거짓 뉴스

085

포택트 ★★★
fortact

'~를 위한(for)'과 온라인을 통한 연결이라는 의미의 '온택트(ontact)'의 합성어로, 비대면 1 대 1 맞춤형 서비스

🔍 **더 알아보기**

온택트(ontact)
온라인을 활용한 외부와의 '연결(on)'과 비대면을 의미하는 '언택트(untact)'의 합성어로, 온라인을 통해 대면하는 방식

📋 **사용 예시**

코로나19 여파가 장기화되면서 금융권이 비대면을 뜻하는 언택트에서 소통을 더한 온택트로, 다시 1 대 1 맞춤형 서비스를 의미하는 포택트 시대로 진화하고 있다.

086

오하운 ★

'오늘 하루 운동'의 약자로, 운동이 일상화된 문화

📋 **사용 예시**

최근 젊은 층을 중심으로 운동 후 'SNS 오하운', '오하운챌린지'라고 적고 SNS에 글을 게시하는 챌린지가 유행이다.

087

플로깅 ★★
plogging

줍는다는 뜻의 스웨덴어 '플로카 우프(plocka upp)'와 영어 '조깅(jogging)'의 합성어로, 조깅을 하면서 쓰레기를 줍는 환경운동

🗐 **사용 예시**
소비자들의 환경 의식 수준이 높아지면서 산책하며 쓰레기를 줍는 플로깅을 활용한 기업 마케팅이 확산되고 있다.

088

러시아올림픽 위원회 ★
Russia Olympic Committee

러시아 선수들이 올림픽, 월드컵 등 국제 대회에 참가할 때 국가명 대신 사용하는 명칭

🔍 **더 알아보기**
2020년 12월 도핑 샘플 조작으로 스포츠중재재판소가 2년간 러시아의 주요 국제 스포츠대회 참가를 제한하는 징계를 확정하여 러시아 선수단은 2020 도쿄올림픽에 '러시아(Russia)' 대신 '러시아올림픽위원회(ROC)' 이름으로 출전해 경기 내내 유니폼·깃발·단체명 등에 국호와 국기, 국가를 사용할 수 없었다. 도쿄 하계올림픽을 시작으로 2022년 베이징 동계올림픽, 2022년 카타르 월드컵 축구대회 등에도 적용되었다.

🗐 **사용 예시**
러시아올림픽위원회는 금메달을 획득하더라도 국가 대신 차이콥스키의 피아노 협주곡 제1번의 일부를 틀었다.

089

탈레반 ★★★
Taliban

아프가니스탄을 장악한 이슬람 수니파 무장 정치조직

🔍 **더 알아보기**
파슈토어로 '학생'이라는 뜻으로, 1994년 아프가니스탄 남부 칸다하르에서 결성되어 아프가니스탄의 80%를 장악했으나, 9·11 테러 사건의 주범인 오사마 빈 라덴의 신병 인도를 거부해 정권이 붕괴되었다.

🗐 **사용 예시**
탈레반은 지난 4월 미군이 철군을 발표하고 아프가니스탄을 떠나기 시작한 지 3개월여 만에 아프간 정부의 항복을 받아냈다.

반도체 산업 ★★
semiconductor industry

전자산업의 근간을 이루고 있으며, 반도체를 제조하고 판매하는 산업

Q 더 알아보기

반도체 산업의 구분

IDM	종합 반도체 기업으로, 설계부터 제작, 검사 및 포장까지 모두 진행하는 업체
Fabless	반도체 생산 설비 없이 설계를 전문으로 하는 회사로, Foundry 회사에게 제조를 위탁함
Foundry	반도체 제조를 전문으로 하는 회사로, Fabless 업체로부터 주문을 받아 제작함
OSAT (Packaging & Test)	완성된 Wafer의 조립 및 검사를 전문으로 하는 업체

라이다 ★★★
Light Detection And Ranging

전파 대신 빛을 사용하여 레이저 펄스를 발사한 후 레이저가 주위 물체에서 반사되어 돌아오는 시간, 주파수 등을 측량해 거리와 물체의 형상을 이미지화하는 기술

Q 더 알아보기

자율주행 자동차의 핵심 기술로 각광받고 있으며, 핸드폰 등의 전자기기에도 사용된다.

로봇 프로세스 자동화 ★★
Robotic Process Automation

사람이 수행하는 비즈니스, 노동 등의 업무를 로봇이나 소프트웨어를 통해 대체하는 기술

Q 더 알아보기

비대면 경향이 뚜렷해지면서 기술의 활용도가 증가하고 있으며, AI 기술과의 융합을 통해 보다 다양한 업무에 사용되고 있다.

📄 사용 예시

발·송전 설비 정비 전문회사가 로봇 프로세스 자동화 시스템인 RPA 도입을 확대해 전사 디지털 업무 혁신을 가속화한다.

093

에지 컴퓨팅 ★★★
edge computing

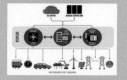

이용자 단말기 내부나 근처에서 데이터를 실시간으로 처리하는 기술

🔍 **더 알아보기**

기존의 클라우드 컴퓨팅과 같이 모든 데이터를 중앙 집중식 데이터 센터에서 처리하지 않으며, 데이터 전송이 적어 보안성이 뛰어나다. 초연결 시대의 핵심 기술로 전망된다.

클라우드 컴퓨팅
인터넷 서버를 통해 데이터 저장, 콘텐츠 사용 등 IT 관련 서비스를 한 번에 사용할 수 있는 컴퓨팅 환경

094

버진 갤럭틱 ★
Virgin Galactic

2021년 7월 세계 최초로 민간 우주여행을 성공시킨 미국의 민간 우주탐사 기업

🔍 **더 알아보기**

버진 갤럭틱의 우주선

2세대	VSS Unity
3세대	VSS Imagine

그 외 미국의 민간 우주탐사 기업
스페이스 X, 블루오리진

🗒 **사용 예시**

7월 11일 버진 갤럭틱의 'VSS 유니티' 우주 비행기가 미국 뉴멕시코주에서 고도 80km 이상 우주 가장자리까지 날아올랐다.

095

잠수함발사 탄도미사일 ★★
Submarine Launched Ballistic Missile

잠수함에 탑재되어 수중에서 발사 가능한 탄도미사일

🔍 **더 알아보기**

대한민국은 2021년 9월 도산안창호함에서 시험 발사를 성공하여 세계 8번째 SLBM 개발에 성공했다.

SLBM 보유국
미국, 러시아, 영국, 프랑스, 인도, 중국, 북한, 대한민국

북한의 SLBM
북극성 3호(2019년 10월 시험 발사), 북극성 4호(2020년 공개), 북극성 5호(2021년 공개)

총유기탄소 ★★
Total Organic Carbon

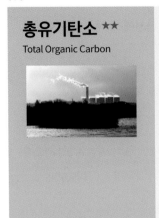

물속에 함유되어있는 유기탄소의 총량을 의미하는 수질의 오염 정도를 나타내는 지표

🔍 더 알아보기
화학적 산소요구량(COD, Chemical Oxygen Demand)
수질을 평가하는 주요 지표 중 하나로, 물속의 유기물 등 오염물질을 산화제로 산화 분해하여 정화하는 데 요구되는 산소량
생화학적 산소요구량(BOD, Biochemical Oxygen Demand)
수질을 평가하는 주요 지표 중 하나로, 물속의 유기물 등 오염물질을 미생물이 산화 분해하여 정화하는 데 요구되는 산소량

🗒 사용 예시
총유기탄소 처리효율 향상을 위해 8곳의 공공하·폐수처리시설에 대하여 현장 기술지원을 실시한다.

테크래시 ★★★
tech-lash

'기술(technology)'과 '반발(backlash)'의 합성어로, IT 기업의 과도한 성장과 영향력으로 인해 생겨난 IT 기업에 대한 반발심

🔍 더 알아보기
빅테크(bigtech)
구글, 애플, 아마존, 페이스북 등의 대형 IT 기업으로, 우리나라에서는 온라인 플랫폼 제공 기업으로 금융시장에 진출한 네이버, 카카오 등의 기업을 지칭

🗒 사용 예시
빅테크 기업들의 과도한 영향력을 우려하는 테크래시가 올해에는 세계적으로 더욱 거세질 것으로 전망된다.

프롭테크 ★★
proptech

'부동산(property)'과 '기술(technology)'의 합성어로, 인공지능(AI), 빅데이터, 가상현실(VR), 블록체인 등의 IT 기술이 부동산 서비스에 접목된 것

🗒 사용 예시
전통적인 중개 방식에서 벗어나 반값 중개 수수료를 내세우고 VR 영상으로 매물을 둘러보는 등 다양한 프롭테크 업체들이 늘고 있다.

메타버스 ★★★
metaverse

'가상세계(meta)'와 '현실세계(universe)'의 합성어로, 현실과 가상의 경계가 모호해져 현실과 동일하게 사회적 · 경제적 · 문화적 활동이 이루어지는 가상의 3차원 세계

🔍 더 알아보기
1992년 닐 스티븐슨의 사이버펑크 소설 『스노 크래시(Snow Crash)』에서 처음 등장한 개념으로, 5G 상용화와 함께 가상현실(VR) · 증강현실(AR) · 혼합현실(MR) 등을 구현할 수 있는 기술이 발전하고, 코로나19로 비대면 · 온라인 추세가 확산되면서 주목받고 있다.

메타버스 사례

제페토	네이버제트(Z)가 운영하는 증강현실 아바타 서비스
도깨비 (DokeV)	2022년에 출시된 메타버스 기반 MMORPG 게임

📋 사용 예시
한 기업이 디지털 · IT 부문 신입행원 임명장 수여식을 메타버스 플랫폼을 활용해 실시했다.

다크웹 ★★
dark web

익명성 보장 및 IP 추적이 불가능하도록 개발되어 특수한 프로그램을 통해서만 접근이 가능한 웹

🔍 더 알아보기
일반적인 검색 엔진으로는 접근이 불가능하고, 불법적인 일에 활용되는 경우가 많다.

웹 관련 용어

표면웹 (surface web)	일반적인 검색으로 사용자가 접할 수 있는 웹
심층웹 (deep web)	회사의 내부망이나 개인 e-mail, 개인 클라우드와 같이 특정 장벽으로 막혀 있는 웹
토르(tor)	미국 정부가 만든 다크웹

📋 사용 예시
다크웹을 통한 거래에 대한 과세 방안이나 블록체인 기술 도입 등 신기술에 대한 국세 행정에 대해 논의하는 시간을 가졌다.

최신상식

해커스 한 권으로 끝내는 공기업 기출 일반상식

앞에서 학습한 상식을 문제를 풀면서 바로 점검해보세요!

01 개인별 행정정보를 개인 맞춤형으로 알려주는 서비스는?

① 국민비서   ② 개인비서

③ 정부24   ④ 전자신문고

02 의료, 복지, 공원 등 일상생활에서 국민의 편익을 증진시키는 모든 시설은?

① 국민기본권   ② 기초인프라

③ 생활SOC   ④ 최소복지

03 경찰의 수사 업무를 총괄하는 경찰청 산하 독립 수사기구는?

① 고위공직자범죄수사처   ② 국가수사본부

③ 대검찰청   ④ 중대범죄수사청

04 글로벌 투자자들이 미국의 경기 둔화 가능성과 장기간의 높은 인플레이션 전망치를 모두 고려하는 경우에 실행하는 거래는?

① 캐리 트레이드   ② 빅쇼트

③ 테이퍼링 트레이드   ④ 공매도

05 전 세계가 친환경 산업구조로 바뀌는 과정에서 발생하는 원자재 가격 상승 현상은?

① 붐플레이션 ② 슬럼플레이션
③ 스태그플레이션 ④ 그린플레이션

06 임베디드 금융의 직접 참여자와 가장 거리가 먼 것은?

① 기획재정부 ② 금융회사
③ 비금융회사 ④ 핀테크기업

07 상식적으로 절대 발생이 불가능한 위험 상황은?

① 그레이스완 ② 네온스완
③ 블랙스완 ④ 화이트스완

08 안전을 위해 기존에는 고려하지 않던 물건이나 서비스를 구매하는 소비 경향은?

① 가성비 ② 나심비
③ 가심비 ④ 가안비

09 배달대행앱이나 대리운전앱 같은 디지털 플랫폼을 기반으로 이루어지는 새로운 고용형태는?

① 긱 노동   ② 온디맨드 노동

③ 디지털 노동   ④ 플랫폼 노동

10 전 세계를 대상으로 중요 습지를 보호하기 위한 협약은?

① 교토 협약   ② 바젤 협약

③ 람사르 협약   ④ 리우 환경협약

11 코로나19 방역을 철저히 한 국가들이 의무 격리를 면제하는 등 조치를 통해 서로 여행을 허용하는 협약은?

① 콜드체인   ② 트래블 버블

③ 코로나 레드   ④ 코로나 블루

12 최근 미군을 몰아내고 아프가니스탄을 장악한 이슬람 수니파 무장 조직은?

① IS   ② 보코하람

③ 탈레반   ④ 헤즈볼라

13 미국과 미국의 핵심 동맹국으로 구성된 비공식 안보회의체는?

① 쿼드(Quad) ② 파이브 아이즈(Five Eyes)

③ 지소미아(GSOMIA) ④ 오커스(AUKUS)

14 봉오동 전투와 청산리 전투에서 활약했으며, 78년 만에 카자흐스탄에서 유해가 봉환된 일제 강점기 독립운동가는?

① 김좌진 ② 안중근

③ 안창호 ④ 홍범도

15 메타버스가 화두로 떠오르면서 다양하게 활용되고 있는 3D 가상 인간은?

① 디지털 휴먼 ② 사이버 휴먼

③ 머신 러닝 ④ 휴머노이드

16 미술품을 공동 구매해 매매 차익이나 부가 수익을 내는 투자는?

① 데카르트 ② 아트테크

③ 아트펀딩 ④ 아트플랫폼

17 모바일 기기로 언제 어디서나 즐길 수 있는 1~10분 이내의 짧은 영상은?

① OTT ② UCC
③ 숏폼 콘텐츠 ④ 스낵 컬처

18 러시아 선수들이 국제 대회에 참가할 때 국가명 대신 사용하는 명칭은?

① CIS ② ROC
③ RUS ④ USSR

19 해커가 일반인의 PC에 악성코드를 설치하여 암호화폐를 채굴하도록 만든 후 채굴된 암호화폐를 자신의 전자지갑으로 전송하는 신종 사이버 범죄는?

① 크립토재킹 ② 사이버불링
③ 사이버슬래킹 ④ 사이버스쿼팅

20 IT 기업들의 과도한 성장에 따라 나타나는 사회적 악영향에 대한 반발을 의미하는 단어로, 빅테크의 성장과 영향력에 대해 광범위하고 강한 반감이 일어나는 현상은?

① 프롭테크 ② 테크핀
③ 백래시 ④ 테크래시

정답 17 ③ 18 ② 19 ① 20 ④

공기업 취업의 모든 것, **해커스공기업**
public.Hackers.com

공기업 취업의 모든 것, **해커스공기업**
public.Hackers.com

핵심 공략 상식 1180선

CHAPTER 1

정치

최근 출제 비중

10%

- 출제 비중이 높았으나 최근에는 출제 비중이 조금씩 낮아지고 있는 영역입니다.
- 정치 제도는 내용을 이해하면 문제를 푸는 데 지장이 없으나 그밖의 정치 용어는 개념을 정확히 알고 있어야 문제를 풀 수 있으므로 용어와 설명 모두 암기하는 것이 중요합니다.

정치·행정

001

국가의 3요소 ★★

일정 영토 내 국민에 대해 통제 권력을 행사하는 권력기구인 국가가 구비해야 하는 요소

🔍 **더 알아보기**

3요소

국민	국적을 가진 국가 구성원 개개인과 정치적 결합체로서 국민 전체
주권	국가 의사를 최종 결정하는 최고 권력
영토	국가의 주권이 미치는 영륙, 영공, 영해의 영역

002

야경국가 ★
夜警國家

국민체육진흥공단

국가의 역할은 국방, 치안유지 확보, 최소한의 공공사업에 국한되며 나머지는 개인의 자유에 맡겨야 한다는 18~19세기 자유방임주의 국가관

🔍 **더 알아보기**

경찰국가(警察國家)
강력한 국가권력을 바탕으로 국민의 자유와 권리가 제한되던 17~18세기 유럽의 절대전제군주국가

003

국가연합 ★
國家聯合

유럽연합, 동남아시아국가연합 등이 대표적이며, 조약 체결로 결합하여 구성하고 있는 각 국가가 국제법상 주체가 되는 복수의 주권 국가들의 연합

🔍 더 알아보기

연방국가(federated states)
미국, 캐나다, 영국연방, 독일연방 등이 대표적이며, 2개 이상의 지방이 연합헌법을 통해 결합하여 연방국가만이 국제법상 주체가 되는 하나의 국가

004

한국판 뉴딜 ★★★
Korea Newdeal

디지털뉴딜, 그린뉴딜, 휴먼뉴딜, 지역균형뉴딜을 네개의 축으로 분야별 투자와 일자리 창출을 통해 경제회복을 하기 위한 국가 프로젝트

🔍 더 알아보기

주요 내용

디지털뉴딜	D·N·A(Data, Network, AI) 생태계 강화, 비대면 인프라 고도화, 메타버스 등 초연결 신산업 육성, 사회간접자본(SOC) 디지털화
그린뉴딜	탄소중립 추진기반 구축, 도시·공간·생활 인프라 녹색전환, 저탄소·분산형 에너지 확산, 녹색산업혁신 생태계구축
휴먼뉴딜	사람투자, 고용·사회 안전망, 청년정책, 격차해소
지역균형뉴딜	한국판 뉴딜 지역사업, 지자체 주도형 뉴딜사업, 공공기관 선도형 뉴딜사업

005

크레덴다 ★
credenda

권력의 정당성과 합리성에 대해 피지배자에게 동의하도록 하기 위해 인간의 이성에 호소하는 합리성의 상징

🔍 더 알아보기

미란다(miranda)
정서적 공감의 유대를 강화하기 위해 인간의 심리에 호소하는 일체화의 상징

006

사회계약설 ★★★
社會契約說

한국소비자원

국가는 자유롭고 평등한 개인 간의 계약에 의해 성립되어 국가 권력과 시민의 권리 사이에 제한을 두며 균형을 유지한다는 주장

Q 더 알아보기
주요 사회계약설 주장 학자

홉스	성악설을 주장하며 자연 상태를 만인의 만인에 대한 투쟁이라고 보았고, 절대군주제 국가를 지향
로크	백지설을 주장하며 자연 상태를 자유롭고 평등하여 정의가 지배하는 것으로 보았고, 제한군주제 국가를 지향
루소	성선설을 주장하며 자연 상태를 자유·평등이 보장된 평화로운 상태로 보았고, 국민주권·직접민주주의 국가를 지향

✓ 기출
만인의 만인에 대한 투쟁을 말한 사회계약론자는?
: 홉스

시민혁명 ★★★
市民革命

한국마사회

절대 왕정을 거치며 성장한 시민계급이 봉건권력을 타도하고 자유와 평등의 원리에 입각한 근대사회를 이룩하려 한 역사적 사건

Q 더 알아보기
3대 시민혁명

영국 명예혁명	1688년 찰스 2세와 제임스 2세의 전제 정치를 타도하기 위해 일어난 의회 중심의 입헌 군주제 전통을 확립한 혁명
미국 독립혁명	1776년 보스턴 차 사건을 계기로 일어난 미국 13주 식민지가 영국으로부터 독립한 혁명
프랑스 대혁명	1789년 절대 군주의 억압에 항거하기 위해 일어난 근대 시민사회 형성의 계기가 된 혁명

보스턴 차 사건
영국의 과도한 세금 징수에 반발한 북아메리카 식민지 주민들이 인디언으로 위장해 보스턴에 정박해 있던 배를 습격해 홍차 상자를 바다에 버린 사건

삼권분립 ★★★
三權分立

KBS
서울교통공사

국가의 권력을 입법·사법·행정의 삼권으로 분리하고 이를 별개의 독립기관에 분담시켜 국가권력의 집중과 남용을 방지하는 정치조직 원리

🔍 더 알아보기
우리나라 헌법은 국회에 입법권, 대통령을 수반으로 하는 정부에 행정권, 법관으로 구성된 법원에 사법권을 부여한다고 규정하였다.

🗒 사용 예시
삼권분립은 민주 사회를 위한 기본적인 원칙이며, 입법·사법·행정 어느 한 쪽의 무단 독주를 제어하기 위한 장치이다.

009

삼부요인 ★
三府要人

삼권분립의 원칙에 따라 입법·행정·사법권을 가지고 있는 각 부의 대표

🔍 더 알아보기
정부 주요 행사에서 삼부요인에 헌법재판소장, 중앙선거관리위원장을 더해 오부요인이라는 명칭을 사용하고 있지만, 정식 명칭은 아니다.

삼부의 대표

입법부	국회의장
행정부	국무총리
사법부	대법원장

🗒 사용 예시
제헌절 경축 행사에 참석한 삼부요인이 애국가를 제창하였다.

권한대행 ★★
權限代行

국가기관 또는 국가기관 구성원의 권한을 다른 국가기관 또는 다른 국가기관 구성원이 대행하는 일

🔍 더 알아보기
우리나라는 대통령이 궐위되거나 사고로 국무를 수행할 수 없으면 국무총리가 그 권한을 대행한다.

🗒 사용 예시
시장이 갑작스럽게 사퇴하여 권한대행이 행정업무를 처리하게 되었다.

대통령제 ★★★
大統領制

한국환경공단

삼권분립을 기초로 국민의 자유와 권리를 최대한 보장하고 대통령을 국민이 뽑는 현대 민주국가의 정부

🔍 더 알아보기

역대 대한민국 대통령

1~3대	이승만	4대	윤보선	5~9대	박정희
10대	최규하	11~12대	전두환	13대	노태우
14대	김영삼	15대	김대중	16대	노무현
17대	이명박	18대	박근혜	19대	문재인

012

대통령의 권한 ★★★
大統領權限

형사상의 소추(訴追)를 받지 않으며 국가원수 또는 행정부의 수장으로서의 권한 행사

🔍 더 알아보기

대통령의 권한

국가 원수	긴급 처분·명령권, 계엄선포권, 국민투표 부의권
행정부 수반	행정에 관한 최고 결정권 및 지휘권, 법률 집행권, 국가 대표 및 외교에 관한 권한, 정부 구성권, 공무원 임명권, 국군 통수권, 재정에 관한 권한, 영전 수여권
입법권	국회 임시회의 집회 요구권, 국회 출석 발언권, 헌법 개정에 관한 권한, 법률안 제출권과 거부권 및 공포권, 명령 제정권
사법권	위헌 정당 해산 제소권, 사면·감형·복권에 관한 권한

의원내각제 ★★
議院內閣制

내각책임제 또는 의회정부제라고도 하며, 권력의 융합을 바탕으로 의회가 내각을 조직·해산하는 권리를 가지는 정부

🔍 더 알아보기

이원적정부제(二元的政府制)
집행권을 대통령과 국무총리에 분할하여 대통령이 통치권을 행사하고 국무총리가 행정권을 행사하는 의원내각제와 대통령제가 결합된 정부

📄 사용 예시
일본은 의원내각제를 채택하여 집권 여당의 총재가 총리가 된다.

양원제 ★★★
兩院制

의회가 상원과 하원으로 구성되어 각 합의체의 의사가 일치할 때 의회의 의사로 간주하는 제도

Q 더 알아보기

단원제(單院制)
의회가 하나의 합의체로 구성되어 의회의 지위가 강화되고 책임 소재가 명확한 제도

目 사용 예시
미국은 양원제를 채택하여 시행하고 있는 나라 중 하나이다.

015

정기국회 ★
定期國會

한국문화예술위원회

국회법에 따라 매년 9월 1일 정기적으로 소집되는 국회

Q 더 알아보기

임시국회(臨時國會)
정기국회와 별도로 국회 재적의원 1/4 이상 혹은 대통령의 요구로 개최되는 국회

국회 동의가 필요한 경우
대법원장 · 국무총리 · 감사원장 등의 임명, 조약의 체결 · 비준, 선전포고 및 강화, 일반사면, 국채 모집, 예비비 설치, 국군의 해외파병, 외국군대의 국내 주둔 등

⊘ 기출
정기국회가 열리는 시기는?
: 9월 1일

국회 본회의 ★★★
國會本會議

국회의 의사를 최종 결정하는 회의

Q 더 알아보기

국회 본회의 원칙

정족수의 원칙	재적의원 1/5 이상 출석 시 개원 가능
회의공개의 원칙	국회 회의는 공개가 원칙이며 이를 통해 정책 결정의 민주성과 공정성 확보
회기계속의 원칙	의결되지 못한 안건은 다음 회의에서 심의하여 동일한 안건 제출 방지
일사부재의의 원칙	부결된 안건은 같은 회기 중 다시 발의하거나 제출 불가

의결정족수 ★★★
議決定數

방송통신위원회
서울시설공단
서울특별시농수산식품공사
한국남동발전
한국마사회
한국수력원자력

의결이 성립하는 데 필요한 구성원의 찬성표 수로, 재적인원 과반수의 출석과 출석인원 과반수의 찬성으로 의결

🔍 더 알아보기
특별정족수

과반수 출석, 2/3 이상 찬성	법률안 재의결, 번안동의 의결
1/3 이상 발의, 과반수 찬성	국무총리·국무위원의 해임 건의
과반수 발의, 2/3 이상 찬성	대통령 탄핵소추

018

인사청문회 ★★
人事聽聞會

경기도공공기관열린채용

대통령이 임명한 행정부 고위 공직자의 자질과 능력을 국회에서 검증받는 제도

🔍 더 알아보기
인사청문회 대상

국회 임명 동의 필요	국무총리, 감사원장, 대법원장 및 대법관, 헌법재판소장, 국회에서 선출하는 헌법재판소 재판관 및 중앙선거관리위원회 위원
국회 인준 절차 없음	국무위원, 국가정보원장, 검찰총장, 국세청장, 경찰청장, 합동참모의장, 한국은행 총재, 특별감찰관 또는 한국방송공사 사장 등

캐스팅보트 ★★
casting vote

세종시설관리공단
인천교통공사
포항시설관리공단
한국전력공사

의회의 의결에서 의결수가 동일한 때에 의장이 가지는 결정권 혹은 제3당이 그 결과를 좌우하는 경우를 나타내는 말

🔍 더 알아보기
우리나라 국회는 의결수가 동일할 때 부결되므로 국회의장의 캐스팅보트를 인정하지 않는다.

🗐 사용 예시
미국 대선의 캐스팅보트이자 최대 격전지인 플로리다에서 양쪽 후보의 지지율 격차가 좁혀지고 있다.

필리버스터 ★★★
filibuster

'약탈자'라는 스페인어에서 유래한 말로, 의회에서 장기간 토론 등의 합법적 수단으로 의사 진행을 방해하는 행위

🔍 더 알아보기

우리나라의 필리버스터는 2012년 국회선진화법을 통해 부활했으며, 재적의원 1/3 이상이 특정 안건에 대해 무제한 토론 요구 시 의장은 이를 실시해야 하고 의원 한 명당 한 번 토론할 수 있으나 더 이상 토론할 의원이 없거나 재적의원 3/5 이상이 종결 찬성하면 마무리된다.

필리버스터의 예
장시간 연설, 규칙발언 연발, 의사진행 또는 신상발언 남발, 요식 및 형식적 절차 이행, 각종 동의안 및 수정안 연속 제의, 출석 거부, 총퇴장

📄 사용 예시

여야가 첨예하게 대립하고 있는 가운데 필리버스터가 사흘째 이어지고 있다.

국정감사 ★★★
國政監査

정기국회 집회일 전 감사 시작일부터 30일 이내의 기간에 국회가 국정 전반에 관해 행하는 정기 감사

🔍 더 알아보기

국정조사(國政調査)
특정 사안을 대상으로 재적위원 1/4 이상의 조사 요구가 있을 때 행하는 수시 감사

면책특권 ★★★
免責特權

국회의원이 국회에서 직무상 행한 발언과 표결에 관해 국회 밖에서 책임지지 않는다는 특권

🔍 더 알아보기

불체포특권(不逮捕特權)
현행범인 경우를 제외하고 회기 중 국회의 동의 없이 체포·구금되지 않으며, 회기 전 체포·구금된 때에는 국회의 요구를 통해 회기 중에 석방되는 특권

✅ 기출

국회에서의 발언과 표결에 관해 법적 책임을 지지 않는 국회의원의 특권은?
: 면책특권

정치

핵심상식

해커스 한 권으로 끝내는 공기업 기출 일반상식

교섭단체 ★★

交涉團體

HUG주택토지보증공사

원활한 국회 운영을 목적으로 중요한 안건을 협의하기 위해 20인 이상의 의원으로 구성된 단체

🔍 **더 알아보기**

국회의원 20인 이상이 소속된 정당이 하나의 교섭단체가 될 수 있으며, 다른 교섭단체에 속하지 않는 국회의원 20인 이상으로도 교섭단체를 구성할 수 있다.

🗒 **사용 예시**

그 당은 의원들의 집단 탈당으로 인해 의석이 많이 줄어들어 원내 교섭단체조차 구성하지 못하게 되었다.

024

정당제도 ★

政黨制度

정치적 신념을 같이하는 사람들이 국민의 지지를 토대로 정치적 활동을 하는 제도

🔍 **더 알아보기**

여당과 야당

여당	대통령중심제는 대통령을 배출한 정당이 여당, 의원내각제는 다수의석의 정당이 여당
야당	대통령중심제는 대통령을 배출하지 못한 정당이 야당, 의원내각제는 소수의석의 정당이 야당

당3역 ★

黨三役

NIS국가정보원

각 정당의 중추적인 역할을 하는 원내대표, 사무총장, 정책위원회 의장

🔍 **더 알아보기**

당3역의 역할

원내대표	국회 교섭단체를 대표하여 소속의원들을 통솔하고 협상하는 등 당을 대표하여 활동
사무총장	당 조직 관리, 당직자 관리, 일상 업무 집행 등 총괄
정책위원장	정책위원회를 대표해 당의 정책 협의 및 조정

✅ **기출**

정당의 중추적인 역할을 하는 당3역이 아닌 사람은?
: 대표 비서실장

중앙선거관리 위원회 ★★
中央選擧管理委員會

국민체육진흥공단

선거와 국민투표의 공정한 관리, 정당에 관한 사무를 담당하는 헌법상 독립 기관

Q 더 알아보기

대통령 임명 3인, 국회 선출 3인, 대법원장 지명 3인으로 구성되며, 위원장은 구성원들이 선거로 뽑는다.

주요 업무

선거 및 국민투표 관리	선거운동 관리, 선거 관리 사무, 국민투표 사무, 선거사범에 대한 불기소처분의 경우에 대한 재정 신청권
정당 사무 관리	정당의 창당 등록의 신고·공고·취소 등의 사무, 선관위에 기탁된 정치자금과 국고보조금을 기탁하고 각 정당에 배분하는 사무
규칙제정권	법령 범위 안에서 선거 관리·국민투표 관리·정당 사무에 관한 규칙 제정

📋 사용 예시

중앙선거관리위원회는 선거권 연령이 낮아짐에 따라 선거운동에 대한 가이드라인을 마련하여 발표했다.

선거의 4대 원칙 ★
選擧四代原則

현대 민주국가가 선거제로 채택하는 4대 원칙

Q 더 알아보기

4대 원칙 종류

보통선거	일정한 연령에 달한 국민에게 재산, 교육, 종교, 성별, 사회적 신분에 관계없이 누구에게나 선거권을 주는 제도
평등선거	모든 선거권자는 누구나 가치가 동등한 1인 1표의 투표권을 가지는 제도
직접선거	선거인이 직접 후보자에게 투표하는 제도
비밀선거	선거인이 어떤 후보자에게 투표했는지 모르게 하는 제도

자유선거(自由選擧)
선거인이 외부의 영향을 받지 않는 자유의사에 따른 선거권 행사를 보장하는 제도

정치
핵심상식
해커스 한 권으로 끝내는 공기업 기출 일반상식

선거구 제도 ★★★
選擧區制度

한전KPS

대표자를 선출할 수 있는 지리적 단위를 설정하는 제도

🔍 더 알아보기
현재 우리나라는 소선거구제(253석)와 비례대표제(47석)를 함께 운용하고 있다.

선거구제 종류

소선거구제	한 선거구에서 최다 득표자 1명을 선출하는 다수대표제
대선거구제	한 선거구에서 2명 이상 선출하는 소수대표제
중선거구제	한 선거구에서 2~6명을 선출하여 대선거구제에 속하나 소선거구제와 같은 투표 방식 사용

다수대표제(多數代表制)
한 선거구에서 최다 득표자를 당선자로 하는 선거 제도

✅ 기출
한 선거구에서 1명의 당선자만 뽑는 제도는?
: 소선거구제

📋 사용 예시
선거구에서 대표자를 뽑는 방식에 따라 선거구 제도 또한 달라진다.

029

게리맨더링 ★★★
gerrymandering

aT한국농수산식품유통공사
포항시시설관리공단
한국환경공단
한전KPS

특정 정당이나 후보자에게 유리하도록 선거구를 임의로 불합리하게 획정하는 것

🔍 더 알아보기
1821년 미국 매사추세츠주 주지사 E. 게리가 새로운 상원의원 선거지역을 자기 당인 공화당에 유리하도록 분할한 것이 샐러맨더(불도마뱀) 모양과 같아 반대당이 게리맨더(Gerry + mander)라고 비난한 데서 유래되었다.

선거구 법정주의(選擧區法定主義)
선거구를 임의로 획정함으로써 생길 수 있는 폐단을 막기 위해 선거구를 법률로 정하는 제도

✅ 기출
특정 정당에 유리하도록 선거구를 획정하는 행위는?
: 게리맨더링

📋 사용 예시
게리맨더링을 막기 위해 우리나라에서는 선거구를 법률로 정해놓았다.

030

비례대표제 ★★★
比例代表制

한국에너지공단

사표가 많이 발생하는 다수대표제나 소수대표제의 단점을 보완하기 위해 도입된 것으로, 각 정당의 득표수에 비례하여 당선자를 결정하는 제도

🔍 더 알아보기

준연동형 비례대표제(準連動形比例代表制)
정당 득표율과 지역구 선거 결과를 연동하는 연동형 비례대표제의 하나로, 21대 국회에서 비례대표 47석 중 30석에만 '연동형 캡(상한선)'을 적용하여 연동률이 50%인 준연동형 비례대표제를 적용함

📋 사용 예시

우리나라에 비례대표제가 처음 도입된 것은 제6대 국회의원 총선거이다.

031

보궐선거 ★★
補闕選擧

HUG주택도시보증공사
근로복지공단
수원문화재단

당선인이 임기 중 범법 행위로 유죄 판결을 받았거나 사망, 사퇴 등의 이유로 그 자격을 상실하여 궐위가 생긴 때 실시하는 선거

🔍 더 알아보기

재선거(再選擧)
당선인이 임기 전 사망하거나 부정선거를 저질러 당선이 무효로 되었을 때 혹은 선거 결과 당선자가 없을 때 다시 실시하는 선거

📋 사용 예시

보궐선거는 선거법에 어긋나지 않게 당선된 국회의원인 경우, 재선거는 선거 자체에 문제가 있거나 당선자가 없는 경우에 다시 한 번 선거를 치르는 것이다.

032

매니페스토 ★★★
manifesto

전남신용보증재단
한국수력원자력
한국언론진흥재단
한국환경공단

목표, 예산, 우선순위, 추진 일정 등 구체적인 수치 목표를 제시하는 선거 공약

🔍 더 알아보기

매니페스토 운동(manifesto vision)
과거를 솔직하게 반성하고 새로운 미래를 위한 구체적 약속을 문서와 같은 공개적인 방식으로 선언하는 민주시민운동

📋 사용 예시

매니페스토 실천본부에서는 매년 공약 이행 내용 평가를 통해 우수 사례 경진대회를 개최한다.

033

레임덕 ★★
lame duck

국민연금공단
부산교통공사
인천교통공사

임기 만료를 앞둔 공직자에게 나타나는 지도력 공백 현상을 다리를 저는 오리에 비유한 표현

🔍 **더 알아보기**

원래 빚을 갚지 못해 시장에서 제명된 증권거래인을 가리키는 경제용어였으나, 19세기 미국에서 정치 용어로 사용되면서 현재의 의미가 되었다.

데드덕(dead duck)
레임덕보다 더 심각한 권력공백현상으로, 정치생명이 끝난 사람, 가망 없는 인사 또는 실패했거나 실패할 것이 확실한 정책을 죽은 오리에 비유한 표현

📋 **사용 예시**

역대 정권들은 각종 권력형 비리로 인해 집권 말에 예외 없이 레임덕에 빠졌다.

로그롤링 ★
logrolling

한국도로공사
한국언론진흥재단

선거운동을 도와주고 그 대가를 받거나 이권을 얻는 투표 거래 행위

🔍 **더 알아보기**

통나무(log)를 협력해서 굴리는 모습에서 유래되었다.

📋 **사용 예시**

로그롤링은 정치권에서 이익을 추구하기 위해 빈번하게 발생하는 행위이다.

포퓰리즘 ★★★
populism

aT한국농수산식품유통공사
인천교통공사

선거에서 표를 의식해 경제 논리에 반하는 선심성 정책을 펴는 등 대중의 인기에만 영합하려는 정치 형태

🔍 **더 알아보기**

인기영합주의, 대중주의라고도 하며, 국내 수요를 창출하기 위한 적자예산 운용, 소득 재분배를 위한 명목임금 상승과 가격 및 환율 통제 등의 예가 있다.

📋 **사용 예시**

미국 트럼프 대통령은 국경 장벽 설치와 이주민 추방 같은 포퓰리즘 정책을 통해 당선될 수 있었다.

오픈 프라이머리 ★
open primary

미국에서 일반 유권자를 상대로 투표해 대의원을 뽑는 방식으로, 각 정당 후보자를 당 지도부나 당원이 결정하지 않고 일반 국민에게 직접 선출하도록 하는 국민참여 경선 제도

KAC한국공항공사
방송통신심의위원회
세종시시설관리공단
한국장애인고용공단

Q 더 알아보기

코커스(caucus)
미국에서 대통령 선거의 정당별 후보를 선출하기 위해 각 정당의 당원들이 당 대회를 통해 전당 대회의 대의원을 뽑는 경선 제도

⊘ 기출

일반 국민들도 참여하는 정당 경선 제도는?
: 오픈 프라이머리

037

미국 대통령 선거 방식 ★

국민이 대통령 선거인단을 선출하고 대통령 선거인단이 대통령을 선출하므로 형식상 간접선거이며, 대통령 선거인단은 반드시 자신이 속한 정당의 대통령 후보에 투표하므로 내용상 직접선거

Q 더 알아보기

슈퍼 화요일(Super Tuesday)
미국 대통령 선거 기간 중 대통령 후보자를 지명하는 권한을 가진 대의원을 가장 많이 선출하는 날로, 이날의 결과에 따라 대세의 윤곽이 드러난다.

직접민주주의 ★★★
direct democracy

유권자가 직접 정치 결정에 참여하는 정치 체계

Q 더 알아보기

직접민주주의의 요소

국민투표	중대한 정치적 사안이나 헌법 개정을 의회가 아닌 국민이 직접 결정하는 제도
국민발안	일정한 법안을 국민이 제안하는 제도
국민소환	공직자가 부적격할 때 임기 만료 전이라도 투표로 해임하는 제도

039

란츠게마인데 ★
Landsgemeinde

한국정보화진흥원

스위스의 일부 주에서 매년 한 번씩 주민들이 광장에 모여 주의 중요한 일을 결정하는 직접민주정치 형태

Q 더 알아보기
스위스의 글라루스주와 아펜첼이너로덴주에서 시행하고 있다.

040

국민투표 ★★
國民投票

국가의 중대한 사항에 대해 주권자인 국민이 직접 투표에 참여함으로써 국민의사를 결정하는 제도

Q 더 알아보기
국민투표의 종류

레퍼렌덤	헌법이나 법률안의 입법 과정에 국민이 직접 참여하는 것
플레비사이트	국가의 중대한 의사 결정에 국민이 직접 참여하는 것

📋 사용 예시
스위스 국민투표에서 이슬람 여성들의 니캅이나 부르카를 금지하는 안이 51.2%의 찬성으로 통과되었다.

041

국민소환제 ★★★
國民召還制

대구시설관리공단

선거로 선출된 대표 중에서 문제가 있는 사람을 임기가 끝나기 전 국민투표로 파면시키는 제도

Q 더 알아보기
지방자치단체의 직접민주주의 제도

주민소환제	문제가 있는 선거직 공무원을 임기 중 주민투표를 통해 해직시킬 수 있는 제도
주민소송제	지방자치단체의 위법한 재무회계행위에 대해 지역주민이 개인의 권리나 이익의 침해와 무관하게 법원에 시정을 청구할 수 있는 제도

📋 사용 예시
일하는 국회를 만들기 위해 국민의 80% 이상이 국회의원 국민소환제 도입을 찬성했다.

교차투표 ★
cross voting

의회에 제출된 의안 표결 시 의원이 소속한 정당의 당론과 상관없이 자신의 태도나 판단에 의해 하는 투표

🔍 **더 알아보기**

우리나라는 2002년 국회법을 개정하여 '의원은 국민 대표자로서 소속 정당 의사에 기속됨이 없이 양심에 따라 독립해 투표한다'라 는 조항을 명문화하였다.

📋 **사용 예시**

지지하는 후보와 지지하는 정당이 다르거나 정당 선택지가 많아지 면서 일부 선거구에서 교차투표가 발생하였다.

스윙보터 ★
swing voter

지지하는 정당과 정치인이 정해져 있지 않고 선거 등에서 투표 당시의 정치 상황과 이슈에 따라 투표 하는 유권자

🔍 **더 알아보기**

부동층(floats)
투표할 때 지지하는 특정 정당이 없는 집단

📋 **사용 예시**

지난 총선부터 50대가 선거 결과를 좌우하는 스윙보터로 떠오르 고 있다.

스핀닥터 ★★
spin doctor

한국소비자원
한국언론진흥재단

언론 인터뷰나 대국민 여론 조정을 담당하며 국민 여론을 정책에 반영하도록 설득하거나 정책을 국민 들에게 설명하여 납득시키는 정치 홍보 전문가

🔍 **더 알아보기**

1984년 뉴욕타임스가 대통령 선거 관련 사설에서 처음 사용한 표 현으로, 정치적 목적으로 사건을 조작·왜곡할 수 있다는 것을 보 여준다.

📋 **사용 예시**

진실과 관계없이 미리 짜놓은 방향에 맞게 보도하는 언론은 스핀 닥터에 지나지 않는다는 비판을 받는다.

정치

핵심상식

해커스 한 권으로 끝내는 공기업 기출 일반상식

폴리페서 ★★
polifessor

한국국토정보공사
한국산업인력공단

'정치(politics)'와 '교수(professor)'의 합성어로, 자신의 학문적 성취를 바탕으로 현실 정치에 적극 참여하는 교수

🔍 더 알아보기
정치 관련 합성어

폴리테이너 (politainer)	'정치인(politician)'과 '연예인(entertainer)'의 합성어로, 대중적인 인지도를 선거에 활용하는 연예인 출신 정치인
폴리널리스트 (polinalist)	'정치(politics)'와 '언론인(journalist)'의 합성어로, 언론인 경력을 바탕으로 정치에 진출한 인물

매카시즘 ★★
McCarthyism

한국폴리텍대학

정치적 반대세력을 공산주의자로 매도하려는 태도

🔍 더 알아보기
1950년대 미국을 휩쓴 반공주의로, 미국 공화당 상원위원 조셉 매카시(Joseph Ramond McCarthy)가 국무부의 진보 인사들을 공산주의자라고 주장한 발언에서 비롯되었다.

네카시즘(NetCarthyism)
인터넷과 매카시즘의 합성어로, 인터넷 공간에서 문제가 되고 있는 특정인에 대한 집단 마녀사냥 현상

✅ 기출
1950년대 미국에서 발생한 반공주의 열풍은?
: 매카시즘

마키아벨리즘 ★
Machiavellism

KAC한국공항공사
공무원연금공단
서울시설공단

이탈리아 르네상스 시대의 사상가 마키아벨리가 『군주론』에서 주장한 사상으로, 목적을 위해 수단을 가리지 않는 정치적 사고

🔍 더 알아보기
군주론(Il Principe)
국가·군주·군사 등에 관한 역사적 고찰을 담아 1532년 출간된 마키아벨리의 저서

네포티즘 ★
Nepotism

'조카(nephew)'와 '편애(favoritism)'의 합성어로, 자기 친척에게 관직·지위 등을 부여하는 친족중용주의 혹은 족벌주의

한국농어촌공사
한국서부발전

Q 더 알아보기

10~11세기 로마 교황이 자신의 사생아를 네포스(nepos)라 칭하고 중요한 자리에 등용한 데서 유래되었으며, 현대에도 정치계의 비리 혹은 재계의 족벌경영 등의 문제로 이어지고 있다.

目 사용 예시

기업 회장이 자신의 친척을 계열사 사장으로 선임하여 네포티즘 논란이 불거졌다.

쇼비니즘 ★★
Chauvinism

조국의 이익과 영광을 위해 수단과 방법을 가리지 않는 광신적 애국주의

KAC한국공항공사
인천교통공사

Q 더 알아보기

나폴레옹을 신처럼 숭배한 니콜라 쇼뱅(Nicolas Chauvin)의 이름에서 유래되었다.

징고이즘(Jingoism)
맹목적 애국주의라고도 하며, 1877~1878년 러시아 - 터키 전쟁 때 영국의 대러시아 강경책을 노래한 애국 속가에서 유래된 말로, 타집단에 대한 적대적·자기중심적 심리상태

目 사용 예시

최근 중국 네티즌들의 사이버 폭력에 대해 과도한 애국주의가 쇼비니즘으로 변질될 우려가 있다는 비판이 나오고 있다.

언더독 효과 ★★
underdog effect

강자가 지배하는 세상에서 약자에게 연민을 느끼며 약자가 강자를 이기기를 바라는 심리 현상

부천시협력기관
영상물등급위원회

Q 더 알아보기

1948년 미국 대선 때 사전 여론조사에서 뒤지던 민주당의 해리 트루먼 후보가 공화당의 토머스 듀이 후보를 제치고 당선된 데서 유래한 말로, 스포츠 경기에서 응원하는 팀이 없을 때 약자를 응원하는 현상이나 선거에서 불리한 후보에게 동정표가 쏠리는 현상을 예로 들 수 있다.

브래들리 효과(Bradley effect)
선거 전의 여론조사에서 높은 지지율의 비(非)백인 후보가 실제 선거에서는 득표율이 낮게 나오는 현상

핵티비즘 ★★★
Hacktivism

'해커(hacker)'와 '행동주의(activism)'의 합성어로, 정치·사회적인 목적을 위해 자신과 노선을 달리하는 특정 정부나 단체, 기업 등의 웹 사이트를 해킹하는 행위

한국장애인고용공단

🔍 **더 알아보기**

핵티비스트(hacktivist)
'해커(hacker)'와 '행동주의자(activist)'의 합성어로, 컴퓨터 해킹을 투쟁 수단으로 사용하며 자신들의 주장을 펼치는 새로운 형태의 행동주의자

📋 **사용 예시**

핵티비즘의 주요 사례로 2010년 위키리크스가 미국 외교 기밀문서를 유출한 사건이 있다.

예산안 심의 절차 ★★★
豫算案審議節次

한국농어촌공사

제출 → 회부 → 상임위원회 예비심사 → 예산결산특별위원회 종합심사 → 본회의 심의·의결 → 정부 이송 및 공고

🔍 **더 알아보기**

예산 편성 제출권은 정부가 맡고, 예산안을 심의·확정하는 권한은 국회가 담당하도록 되어 있다.

세부 내용

제출	정부가 회계연도 개시 120일 전까지 국회에 예산안 제출
회부	국회의장은 예산안을 소관 상임위원회에 회부하고 소관 상임위원회는 예비심사를 하여 국회의장에게 보고
본회의 심의·의결	심사를 거친 예산안은 본회의에서 재적위원 과반수의 출석과 찬성으로 회계연도 개시 30일 전까지 의결

✅ **기출**

국회 의결을 요구하는 예산안의 회계연도 기한은?
: 30일 전

📋 **사용 예시**

시민들이 내는 세금이 함부로 낭비되지 않도록 하기 위하여 엄격한 예산안 심의 절차를 거치고 있다.

추가경정예산 ★★
追加更正豫算

대한장애인체육회
산업연구원
영화진흥위원회

본예산과 별도로 예산 성립 후에 생긴 부득이한 사유로 인해 이미 성립된 예산에 변경을 가하는 예산

🔍 **더 알아보기**

예산의 종류

본예산	정부에서 최초 편성 후 국회의 의결을 얻어 확정·성립된 기본 예산
수정예산	정부가 예산안을 국회에 제출한 후 국회가 심의하는 동안 수정하여 제출하는 예산
준예산	예산이 법정 기한 내에 국회의 의결을 받지 못할 때 전년도 예산에 준하여 집행하는 잠정적 예산

📄 **사용 예시**

정부는 코로나19로 침체된 소비 수요 확산을 위한 관광산업 지원을 포함한 추가경정예산을 편성했다.

영기준예산 ★
zero based budget

국민체육진흥공단

매년 모든 사업의 예산 항목에 대하여 타당성을 영(zero)을 기준으로 엄밀히 분석해 예산을 편성하는 제도

🔍 **더 알아보기**

장점과 단점

장점	예산의 방만화·낭비 방지, 탄력적인 재정 운영 가능
단점	많은 시간 소요, 객관적인 우선순위 결정의 어려움

성인지예산 ★★
gender sensitive budget

예산 편성 및 집행 과정에서 남녀별로 미치는 효과가 다르다는 점을 고려해 차별 없이 혜택을 누릴 수 있도록 국가 예산을 배분하는 제도

✅ **기출**

예산 편성과 집행 과정에서 남성과 여성의 요구를 고르게 감안하는 제도는?
: 성인지예산

📄 **사용 예시**

성인지예산을 적절한 사업에 분배하기 위해 많은 노력이 필요하다.

정치

핵심상식

해커스한 권으로 끝내는 공기업 기출 일반상식

시퀘스터 ★
sequester

재정적자 누적을 막기 위해 시행하는 미국 정부의
예산 자동 삭감 제도

Q 더 알아보기
법률에서는 법원의 재산 가압류 절차, 재정에서는 일괄 삭감을 뜻
한다.

팁 사용 예시
시퀘스터가 중산층을 약화시킨다는 이유로 시퀘스터 폐지를 요구
하는 움직임이 있다.

에듀파인 ★★★
EduFine

'교육(education)'과 '재정(finance)'의 합성어로, 전
국 국·공립 유치원과 사립 초·중·고교에서 사용되
고 있는 국가관리 회계시스템

Q 더 알아보기
교육기관이 에듀파인에 입력한 모든 예산과 결산의 상세 내용을
교육당국이 실시간으로 확인할 수 있어 입력 과정 등에서 발생할
수 있는 부정을 방지한다.

팁 사용 예시
일부 사립 유치원의 비리가 공개된 후 회계 투명성을 높이기 위해
사립 유치원도 에듀파인을 의무화하였다.

법전 ★★
法典

국가가 제정한 통일적·체계적인 성문법

Q 더 알아보기
세계 3대 법전

함무라비 법전	BC 1750년경 제정된 가장 오래된 성문법
로마 대법전	529~534년 제정된 공법과 사법의 분리를 통해 근대 법정신의 바탕이 된 법전
프랑스 민법전	1804년 제정된 근대 민법전의 모범이 된 법전

팁 사용 예시
함무라비 법전과 같은 디지털 법전 완성이 임박하였다.

059

마그나 카르타 ★★★
Magna Carta

왕의 권력을 제한하고 국민의 권리를 지키기 위해 체결한 영국 입헌 정치의 시발점이자 근대 헌법의 토대가 된 약정서

Q 더 알아보기

1215년 영국왕 존이 귀족의 강압에 의해 승인한 국민의 자유와 권리를 지키는 가장 중요하고 기본적인 문서로서 교회의 자유, 봉건적 부담의 제한 등의 내용을 포함한다.

060

대한민국 헌법 ★★★
大韓民國憲法

1987년 10월 27일 개정 · 공포된 대한민국 최고의 기본법

Q 더 알아보기

전문(前文)을 비롯하여 총강, 국민의 권리의무, 국회, 정부, 법원, 헌법재판소 등 10장으로 나뉜 본문 130조 및 부칙 6조로 구성된다.

061

국민의 의무 ★
國民義務

헌법에 규정되어 국민이 국가에 대하여 져야 하는 기본적 의무

Q 더 알아보기

국민의 의무 종류

4대 의무	국방의 의무, 근로의 의무, 교육의 의무, 납세의 의무
6대 의무	국방의 의무, 근로의 의무, 교육의 의무, 납세의 의무, 환경보전의 의무, 공공복지에 적합한 재산권 행사의 의무

062

행정심판 ★★★
行政審判

한국산업단지공단

약식 쟁송절차로 진행하며, 행정청의 위법 · 부당한 처분이나, 공권력의 행사 · 불행사 등으로 침해받은 국민의 권리나 이익을 구제하는 제도

Q 더 알아보기

행정소송(行政訴訟)
행정심판과는 달리 법원을 통한 정식 소송절차를 통해 국민의 권리나 이익을 구제하는 제도

헌법재판소 ★★★
憲法裁判所

GH경기주택도시공사
국민연금공단
신용보증재단중앙회

최고 실정법 규범인 헌법에 관한 분쟁이나 의의를 사법적 절차에 따라 해결하는 특별재판소

🔍 더 알아보기

법관의 자격을 가진 9명의 재판관으로 구성되며, 헌법재판소장은 재판관 중에서 국회 인사청문회와 국회의 동의를 얻어 대통령이 임명한다.

헌법재판소의 권한

위헌법률심판	법원의 제청으로 6인 이상 찬성하면 해당 법률은 효력 상실
탄핵심판	국회의 소추로 6인 이상 찬성하면 공직으로부터 파면
정당해산심판	정부의 제소로 6인 이상 찬성하면 해당 정당 해산
기관쟁의심판	해당 기관의 제소로 7인 이상 출석하여 과반수 이상 찬성하면 권한의 의무와 한계 조정
헌법소원심판	국민의 헌법 소원으로 6인 이상 찬성하면 이에 대해 심판

📋 사용 예시

헌법재판소가 고위공직자범죄수사처의 설립과 운영 근거를 정한 법률에 대해 합헌 결정을 내렸다.

탄핵소추 ★★
彈劾訴追

대구시설관리공단
한국마사회
한국서부발전

고위공무원이 헌법이나 법률을 위반했을 때 국회에서 그들의 위법을 고발하는 절차

🔍 더 알아보기

사법기관에서 소추·처벌이 곤란한 대통령·국무총리·국무위원·행정 각 부의 장·헌법재판소 재판관·법관·중앙선거관리위원회 위원·감사원장·감사위원, 기타 법률이 정한 공무원 등을 대상으로 한다.

✅ 기출

다음 중 국회 탄핵소추 대상이 아닌 것은?
: 국회의장

📋 사용 예시

탄핵소추는 국회 재적의원 1/3 이상의 발의가 있어야 하며, 재적의원 과반수의 찬성이 있어야 의결된다. 다만, 대통령의 경우 국회 재적의원 과반수의 발의와 재적의원 2/3 이상의 찬성이 있어야 의결된다.

헌법불합치 ★★

憲法不合致

실질적으로 위헌 상태가 결정되었으나 법률의 공백을 방지하기 위해 효력 기한을 명시하고 입법 개선을 촉구하는 결정

🔍 더 알아보기

헌법재판소의 변형 결정

한정합헌 (제한합헌)	해석에 따라 위헌이 될 수 있으나 헌법과 조화될 수 있는 방향으로 축소 해석
한정위헌	심판의 대상인 법조문의 해석 중 헌법과 조화될 수 없는 내용을 한정하여 위헌으로 결정
일부위헌	심판의 대상인 법조문은 그대로 두고 특정 사안에 적용하는 경우 위헌으로 결정
부분위헌	심판의 대상인 법조문 중 문제가 된 부분만을 위헌으로 결정
입법촉구	아직은 위헌이라 볼 수 없지만 위헌 가능성이 큰 법률에 대한 개정이나 보완 등의 입법을 촉구하는 결정

🗒 사용 예시

헌법재판소의 낙태죄에 대한 헌법불합치 결정에 따른 후속 조치로 형법·모자보건법 개정안이 발의되었다.

유권해석 ★★

有權解釋

국민연금공단

학자에 의해 행해지는 학리해석과 달리, 권한 있는 국가기관에 의한 법의 해석

🔍 더 알아보기

유권해석의 종류

입법해석	국회의 입법을 통해 이루어지며 가장 구속력이 강한 해석
사법해석	법원이 판결의 형식으로 행하며 주로 대법원의 판례에 의해 판례법이 형성됨
행정해석	행정 관청이 법을 집행하는 과정에서 내리며 주로 사전적 감독 방법인 훈령(관청 상호 간의 명령)을 통해 이루어짐

🗒 사용 예시

법령에 모든 세부 사항을 규정할 수 없기 때문에 각 정부 부처는 담당하는 법령을 일차적으로 유권해석한다.

정치

핵심상식

해커스 한 권으로 끝내는 공기업 기출 일반상식

빅브라더 ★★★
big brother

언론중재위원회
한국농어촌공사

정보를 독점하여 사회를 통제하는 국가 권력 또는 사회 체계

🔍 더 알아보기
영국 소설가 조지 오웰의 소설 『1984』에서 유래되었다.

🗒 사용 예시
아마존이 개인 생체 데이터까지 확보함에 따라 '데이터 빅브라더'의 등장이라는 우려가 나오고 있다.

판옵티콘 ★★
panopticon

공무원연금공단

감시자가 노출되지 않아 감시자 없이도 죄수가 스스로 자신을 감시한 원형감옥

🔍 더 알아보기
영국 철학자 제레미 벤담이 제안하였으며, 프랑스 철학자 미셸 푸코는 『감시와 처벌』에서 현대의 컴퓨터 통신망과 데이터베이스가 판옵티콘처럼 개인의 사생활을 감시하는 장치로 활용된다고 비판하였다.

✅ 기출
미셸 푸코가 CCTV 같은 사생활 감시 장치를 비판한 용어는?
: 판옵티콘

🗒 사용 예시
인터넷이 감시와 통제가 만연한 디지털 판옵티콘으로 작용한다는 우려가 나오고 있다.

뉴거버넌스 ★
New Governance

한국수력원자력
한국중부발전

전통적으로 계층제에 의존하던 거버넌스와 달리 공공문제를 해결하기 위해 정부와 시장·시민사회가 자발적으로 협력하는 국정 운영 관리 체제

🔍 더 알아보기
석유 파동(oil shock)
원유 값이 급등하여 세계 경제에 타격을 준 뉴거버넌스 출현의 계기가 된 사건

🗒 사용 예시
이번 포럼에서 문화도시로의 발전 방향을 소개하면서 뉴버거넌스 도시라는 호평을 받았다.

도덕적 해이 ★★★
moral hazard

정보를 가진 당사자가 정보의 불균형 상황을 자신에게 유리하게 이용하거나 바람직하지 않은 행위를 하는 현상

신용보증재단중앙회
한국수력원자력

🔍 **더 알아보기**

역선택(逆選擇)
정보의 불균형으로 인해 부족한 정보를 가진 쪽이 불리한 의사결정을 하여 경제적 비효율이 발생하는 상황

🗒 **사용 예시**

증권사가 고위험 해외선물옵션을 권하면서 위험성 안내는 소홀히 하여 도덕적 해이가 심각하다는 문제가 제기되었다.

딥 스로트 ★★
deep throat

휘슬블로어(whistle-blower)라고도 하며, 기업이나 정부기관 내에 근무하는 내부자로서 조직의 불법이나 부정거래에 관한 정보를 신고하는 사람

🔍 **더 알아보기**

1972년 미국 워터게이트 빌딩의 민주당 본부에 도청 장치를 설치하다 붙잡힌 괴한 사건에 닉슨 대통령이 연관되었다는 정보를 제공한 정보제공자를 지칭하던 말에서 유래되었다.

✅ **기출**

내부 고발자를 딥 스로트라 부르는 계기가 된 사건은?
: 워터게이트 사건

🗒 **사용 예시**

중요 문서가 유출되어 경찰이 수사에 착수하면서 고위 관리들이 딥 스로트로 의심받았다.

스모킹 건 ★★★
smoking gun

범죄·사건·가설 등을 증명하는 데 있어서의 결정적 단서

구리시농수산물공사
한국농어촌공사

🔍 **더 알아보기**

영국 작가 아서 코난 도일의 추리소설 셜록 홈즈 시리즈 중 하나인 『글로리아 스콧』에 나온 대사에서 유래되었다.

🗒 **사용 예시**

공정거래위원회는 총수 일가의 일감 몰아주기 의혹에 대한 스모킹 건을 찾지 못해 무혐의로 결론지었다.

정치
핵심상식
해커스 한 권으로 끝내는 공기업 기출 일반상식

073

죄형법정주의 ★★★
罪刑法定主義

국가 형벌권의 확장과 자의적인 행사로부터 국민의 자유와 인권을 보장하기 위해 범죄의 종류와 처벌 내용은 미리 성문의 법률에 규정되어 있어야 한다는 원칙

공무원연금공단
한국보훈복지의료공단

✅ 기출
죄형법정주의가 보장하고자 하는 것은?
: 국민의 자유와 인권

074

법적용 우선순위 ★★★
法適用優先順位

상위법 우선의 원칙, 특별법 우선의 원칙, 신법 우선의 원칙, 법률 불소급의 원칙을 바탕으로 우선순위에 따라 법을 적용하는 원칙

방송통신심의위원회
한국산업인력공단

🔍 더 알아보기
각 원칙의 내용

상위법 우선의 원칙	상위법을 하위법보다 우선
특별법 우선의 원칙	특별법을 일반법보다 우선
신법 우선의 원칙	동일한 법 사이에서 신법을 우선
법률 불소급의 원칙	새로 재정·개정된 법률이 효력을 가지기 전 소급 적용할 수 없음

✅ 기출
동등한 법일 경우 새로 제정된 법을 우선 적용한다는 원칙은?
: 신법 우선의 원칙

075

기소독점주의 ★★
起訴獨占主意

공소를 제기할 수 있는 권한을 국가기관인 검사만 갖도록 하는 형사소송법상의 원칙

🔍 더 알아보기
기소편의주의(起訴便宜主義)
공소의 제기를 검사의 재량에 맡기고 기소유예를 인정하는 제도
재정신청(裁定申請)
기소독점주의와 기소편의주의에 의한 폐단을 막기 위해 모든 고소 범죄를 대상으로 특정범죄사건에 대한 검사의 불기소처분에 불복하여 타당성을 가려 달라고 직접 법원에 신청하는 제도

권리남용금지의 원칙 ★★
權利濫用禁止原則

민법 제2조 2항으로, 정당한 권리 행사로 보이지만 실질적으로는 권리의 본래 목적이나 사회성·공공성에 반하는 권리 행사 행위는 인정하지 않는다는 원칙

Q 더 알아보기
신의성실의 원칙(信義誠實原則)
권리의 행사와 의무의 이행은 신의에 좇아 성실히 하여야 한다는 것으로 권리남용금지의 원칙과 더불어 민법을 지배하는 대원칙

일사부재리의 원칙 ★★
一事不再理原則

부산경제진흥원
한국소비자원

어떤 사건에 대하여 확정판결을 받은 후에는 동일한 사건에 대해 거듭 심판하지 못한다는 형사소송법상의 원칙

Q 더 알아보기
무죄추정의 원칙(無罪推定原則)
유죄 판결이 확정될 때까지 피고인 또는 피의자를 무죄로 추정하는 원칙

형벌 ★★★
刑罰

한국에너지공단

범죄자에게 과하는 법익 박탈

Q 더 알아보기
박탈되는 법익의 종류에 따라 생명형·신체형·자유형·명예형·재산형 등으로 구별한다.

구속적부심 ★★
拘束適否審

KBS
근로복지공단

법원이 구속의 적법성과 필요성을 판단하여 타당하지 않으면 구속된 피의자를 석방하는 제도

Q 더 알아보기
보석
보증금을 받고 구속 중인 피의자를 석방하는 제도로, 기소 후에 석방한다는 점에서 기소 전에 석방하는 구속적부심과 구별됨

✓ 기출
구속의 적법성을 심사하는 기관은?
: 법원

범죄의 성립요건 ★
犯罪成立要件

범죄가 법률적으로 성립하기 위한 요건

한국수력원자력

Q 더 알아보기

범죄의 성립요건

구성요건해당성	행위가 법률로 정한 범죄의 구성요건에 해당되어야 함
위법성	전체 법질서로부터 부정적인 행위라는 판단이 가능해야 함
책임(유책)성	행위자에 대해 사회적으로 비난이 가능해야 함

소멸시효 ★
消滅時效

권리를 행사하지 않는 상태가 일정 기간 계속된 때 권리 소멸의 효과를 생기게 하는 제도

서울시설공단
주택도시보증공사
한국마사회

Q 더 알아보기

기간별 소멸시효

5년	상사채권과 공법상의 채권
10년	일반채권과 판결 등에 의해 확정된 채권
20년	기타 재산권

공소시효 ★★
公訴時效

검사가 일정 기간 공소를 제기하지 않고 형사사건을 방치할 때 국가의 공소권이 소멸되는 제도

대구시설공단

Q 더 알아보기

범죄별 공소시효

배제	살인죄
25년	사형에 해당하는 범죄
15년	무기징역 또는 무기금고에 해당하는 범죄
10년	장기 10년 이상의 징역 또는 금고에 해당하는 범죄
7년	장기 10년 미만의 징역 또는 금고에 해당하는 범죄
5년	장기 5년 미만의 징역 또는 금고, 장기 10년 이상의 자격정지 또는 벌금에 해당하는 범죄
3년	장기 5년 이상의 자격정지에 해당하는 범죄
1년	장기 5년 미만의 자격정지, 구류·과료 또는 몰수에 해당하는 범죄

기소유예 ★★
起訴猶豫

경기신용보증재단

범죄자의 전과나 피해자의 피해 정도, 피해자와의 합의 내용, 반성 정도 등을 검사가 판단해 기소를 하지 않는 제도

🔍 **더 알아보기**

선고유예(宣告猶豫)
범행이 경미한 범인에게 일정한 기간 형의 선고를 유예하고, 그 기간을 사고 없이 지내면 형의 선고를 면하게 하는 제도

집행유예(執行猶豫)
범죄자에게 형을 선고할 때 그 정상을 참작하여 일정 기간 형의 집행을 유예하는 제도

📄 **사용 예시**
동종 범죄로 기소유예 처분을 받은 전력이 있는 A 씨는 이번에도 기소유예 처분을 받았다.

상소 ★★★
上訴

재판의 확정 전 상급 법원에 취소나 변경을 통한 구제를 구하는 불복 신청

🔍 **더 알아보기**

상소의 종류

항소	제1심 판결에 불복하여 상급법원에 상소
상고	제2심 판결에 불복하여 대법원에 상소
항고	법원의 결정·명령에 대해 상소

✅ **기출**
1심 판결에 대해 2심 법원에 상소하는 불복 신청은?
: 항소

국민참여재판 ★★★
國民參與裁判

대구광역시시설관리공단
부산경제진흥원

법률 전문가가 아닌 일반인이 배심원으로 형사재판에 참여하여 피고인의 유무죄에 관한 평결과 형벌에 관한 의견을 내면 재판부가 참고해 판결을 선고하는 제도

✅ **기출**
만 20세 이상 국민 중 무작위로 선정된 배심원들이 형사재판에 참여하는 제도는?
: 국민참여재판

정치
핵심상식
해커스 한 권으로 끝내는 공기업 기출 일반상식

086

즉결심판 ★★
卽決審判

한국산업단지공단

경미한 범죄에 대해 경찰서장의 서면 청구가 있을 때 정식 형사소송 절차를 거치지 않는 약식재판

🔍 더 알아보기
현재 한국에서 실시하고 있는 즉결심판은 도로교통법 위반과 경범죄처벌법 위반이 대부분이다.

📋 사용 예시
남의 집 초인종을 누르고 도망친 10대들이 즉결심판에 넘겨졌다.

087

긴급피난 ★
緊急避難

자기 또는 타인의 법익을 보호하고 위난 상태를 피하기 위해 정당화 사유로 인정되는 행위

🔍 더 알아보기
형법상 위법성 조각 사유
범죄 행위에 대한 위법성을 배제하는 특별한 사유로, 형법상 정당행위, 정당방위, 긴급피난, 자구행위, 피해자의 승낙의 5가지로 규정

088

미필적 고의 ★★
未必的故意

부산시설공단
한국수력원자력

자기의 행위로 인한 어떤 범죄 결과의 발생 가능성을 인식하였음에도 행위를 행하고 결과를 받아들이는 심리 상태

📋 사용 예시
경찰은 사설 구급차량의 환자 이송을 막은 택시기사에게 미필적 고의에 의한 살인 혐의 적용 여부를 검토하였다.

089

반의사불벌죄 ★★★
反意思不罰罪

대구시설공단
부산경제진흥원

피해자가 가해자의 처벌을 원하지 않는다면 공소를 제기할 수 없는 범죄

🔍 더 알아보기
폭행죄, 존속폭행죄, 협박죄, 존속협박죄, 명예훼손죄 등이 해당된다.

✅ 기출
다음 중 반의사불벌죄가 아닌 것은?
: 저작권법 위반

090

친고죄 ★★
親告罪

한국농어촌공사
한국마사회
한국소비자원

피해자의 고소나 고발이 있어야만 공소를 제기할 수 있는 범죄

🔍 더 알아보기
모욕죄, 비밀침해죄, 저작권법 위반 등이 해당된다.

091

배임죄 ★
背任罪

국립공원공단
한국마사회

타인을 위하여 그 사무를 처리하는 자가 불법적으로 이익을 취득하거나, 제3자로 하여금 이를 취득하게 하여 본인에게 재산상 손해를 가하는 죄

🔍 더 알아보기
횡령죄(橫領罪)
타인의 재물을 보관하는 사람이 그 재물을 횡령하거나 반환을 거부하는 범죄

📋 사용 예시
노동조합을 와해하기 위해 노무법인에 자문을 받으며 회삿돈 약 10억 원을 준 기업 회장이 배임죄로 처벌받았다.

092

수뢰죄 ★
受賂罪

공무원이나 그에 해당하는 사람이 그 직무에 관하여 뇌물을 받거나 요구·약속한 때에 성립하는 범죄

🔍 더 알아보기
알선수뢰죄(斡旋收賂罪)
공무원의 지위를 이용해 금품을 받고 다른 사람의 직무에 관해 잘 처리해주도록 알선한 죄

093

미란다 원칙 ★★★
Miranda warning

한국환경공단

검찰과 경찰이 피의자를 연행할 때 반드시 이유와 변호인단 선임권, 진술거부권 등 피의자의 권리를 고지해야 한다는 원칙

📋 사용 예시
피의자에게 미란다 원칙을 미리 고지하지 않았다는 이유로 무죄 판결을 내렸다.

플리바게닝 ★★
plea bargaining

피의자가 자신의 죄를 자백하거나 타인에 대해 증언하는 대신 형량을 낮춰주는 제도

KAC한국공항공사
방송통신심의위원회
언론중재위원회

🔍 **더 알아보기**

미국은 수사 · 기소 · 재판 최종심에 드는 비용의 절감을 위해 활용하고 있으며, 영국, 프랑스, 스페인 등 일부 국가에서도 제한적으로 채택하고 있다.

인 두비오 프로 레오(in dubio pro reo)

피고인의 유죄를 확실히 입증하지 못할 경우 되도록 피고인에게 유리하게 판결하는 형사소송법상의 원칙

법적 나이 ★★★

각 법에 따라 법에서 보장하는 권리를 행사하거나 제한되는 연령

대구시설공단
영화진흥위원회

🔍 **더 알아보기**

연령별 권리

14세 이상	형사 책임
18세 이상	대통령 · 국회의원 선거권, 국민투표 · 주민투표권, 자동차 운전면허
19세 이상	민법상 성년
25세 이상	국회의원 · 지방자치단체장 · 지방의회의원 피선거권
40세 이상	대통령 피선거권

촉법소년 ★★★
觸法少年

형벌을 받을 범법행위를 하였으나 형사책임이 없기 때문에 보호처분을 받는 10세 이상 14세 미만의 소년

🔍 **더 알아보기**

소년법 적용 대상

범죄소년	형벌법령에 위반되는 행위를 하였고 형사책임이 있는 14세 이상 19세 미만의 소년
범법소년	형벌법령에 위반되는 행위를 하였으나 어떤 처벌도 하지 않는 10세 미만의 소년
우범소년	범죄나 비행을 저지를 우려가 있는 10세 이상 19세 미만의 소년

친족 ★
親族

한국마사회
한국장애인고용공단

자신의 8촌 이내 혈족, 4촌 이내 인척, 배우자 등 혼인과 혈연을 기초로 하여 상호 간에 관계를 가지는 사람

Q 더 알아보기

인척(姻戚)
자신의 혈족의 배우자, 배우자의 혈족, 배우자의 혈족의 배우자 간의 신분관계

친양자제도 ★
親養者制度

서울신용보증재단
한국거래소

양자와 친부모의 관계가 소멸되고 양자를 양부모의 친자와 동일하게 간주하는 제도

☑ 기출

양자를 친자와 동일하게 간주하는 제도는?
: 친양자제도

현대 민법 3대 원칙 ★★★
親族民法四代原則

자본주의의 발달에 따라 근대 민법의 기본 원리를 수정한 민법 원칙

Q 더 알아보기

3대 원칙의 내용

소유권 공공복리의 원칙	개인의 소유권은 법에 의해 보장되지만, 공공복리를 위해 권리 행사가 제한될 수 있음
계약 공정의 원칙	사회 질서에 반하고 공정하지 못한 계약은 법의 보호를 받을 수 없음
무과실 책임의 원칙	과실이 없어도 일정한 상황에 대해서는 관계되는 자에게 책임을 물을 수 있음

근대 민법 3대 원칙
사유재산권 존중의 원칙(소유권 절대의 원칙), 사적 자치의 원칙(계약 자유의 원칙), 과실 책임의 원칙(자기 책임의 원칙)

☑ 기출

공공복리를 위해 개인의 소유권을 제한할 수 있다는 민법 원칙은?
: 소유권 공공복리의 원칙

정치

핵심상식

해커스 한 권으로 끝내는 공기업 기출 일반상식

잊힐 권리 ★★★
right to be forgotten

KBS
방송통신심의위원회

인터넷 이용자가 인터넷상의 자신과 관련된 각종 정보에 대한 삭제를 요구할 수 있는 권리

🔍 **더 알아보기**

유럽연합(EU) 최고법원인 유럽사법재판소가 2014년 판결을 통해 인정하였으며, 우리나라는 방송통신위원회가 2016년 인터넷 자기 게시물 접근배제요청권 가이드라인을 공개하였다.

물권 ★★
物權

직접성 · 지배성 · 배타성을 가지며 특정 물건을 직접 지배함으로써 이익을 얻는 권리

🔍 **더 알아보기**

물권은 본권과 점유권으로 나뉘며 본권은 소유권과 제한물권으로 나뉜다. 제한물권은 용익물권과 담보물권으로 나뉘며 용익물권에는 지상권, 지역권, 전세권이 있다. 담보물권은 법정담보물권과 약정담보물권으로 나뉘며 법정담보물권에는 유치권이 있고 약정담보물권에는 질권, 저당권이 있다.

📄 **사용 예시**

계약은 내용에 따라서 물권 계약, 채권 계약 등으로 구분된다.

용익물권 ★
用益物權

타인의 토지 혹은 건물을 일정한 범위 내에서 일정 기간 사용 · 수익할 수 있는 권리

🔍 **더 알아보기**

용익물권의 종류

지상권	타인의 토지에 건물, 기타의 공작물이나 수목(樹木)을 소유하기 위하여 그 토지를 사용할 수 있는 물권
지역권	자기의 편익을 위하여 타인의 토지를 일정한 방법으로 지배 · 이용하는 물권
전세권	전세금을 지급하고 타인의 부동산을 일정 기간 그 용도에 따라 사용 · 수익한 후 그 부동산을 반환하고 전세금의 반환을 받는 권리

✅ **기출**

다른 사람의 토지를 빌려 건물을 세울 수 있는 민법상 권리는?
: 지상권

유치권 ★★
留置權

다른 사람의 물건을 점유하게 된 사람이 그 물건으로 인하여 생긴 채권이 있을 때 그 채권을 변제받을 때까지 그 물건을 계속 점유할 수 있는 권리

한국농어촌공사
한국마사회

🔍 **더 알아보기**
담보물권의 종류

유치권(留置權)	점유로 공시되므로 등기가 불필요한 담보물권
질권(質權)	채무자가 제공한 동산 또는 재산권을 점유하고, 우선변제권이 있는 담보물권
저당권(抵當權)	점유 없이 채권의 담보로 제공된 부동산에 대해 우선변제권이 있는 담보물권

점유권 ★
占有權

물건을 실제로 가지고 있는 사람이 그 물건에 대해 가지는 권리

한국보훈복지의료공단

🔍 **더 알아보기**
본권(本權)
실제 지배 여부를 불문하고 물건을 정당하게 지배할 수 있는 권리

지식재산권 ★★★
知識財産權

인간의 지적 창작물에 대한 권리

한국농어촌공사

🔍 **더 알아보기**
지식재산권의 종류

저작권	문화, 학술, 예술의 범위에 속하는 창작물에 대한 권리
산업재산권	기술적 창작을 한 사람이 일정 기간 가지는 독점적 권리(특허권, 실용신안권, 디자인권, 상표권)

✅ **기출**
산업재산권 중 특허권의 보호 기간은?
: 20년

📄 **사용 예시**
한국 브랜드에 대한 외국 브랜드의 지식재산권 침해가 증가하고 있다.

퍼블리시티권 ★★★
Right of Publicity

유명인이 자신의 성명이나 초상을 상업적으로 이용하는 것을 허락하는 권리

언론중재위원회
한국농어촌공사

Q 더 알아보기

재산상 손실이 발생할 경우 권리를 침해당한 것으로 보아 손해배상 청구가 가능하다.

초상권(肖像權)
본인의 동의 없이 초상이 사진, 그림, 스케치 등으로 공표되지 않을 권리

📋 사용 예시

한 유명 가수가 소속되어 있는 소속사에서 해당 가수의 퍼블리시티권 침해에 대해 면밀히 대응하겠다고 밝혔다.

카피레프트 ★★★
copyleft

저작물을 공유하여 콘텐츠의 창조적 재생산을 유도하는 열린 저작권 운동

KBS
신용보증재단중앙회

Q 더 알아보기

카피라이트(copyright)
저작자가 자신이 창작한 저작물에 대해서 갖는 권리

✓ 기출

저작권에 대항해 자유로운 정보 공유를 주장하는 운동은?
: 카피레프트

📋 사용 예시

스웨덴은 카피레프트를 바탕으로 하는 코피미즘을 종교로 공식 인정하였다.

FRAND ★★
Fair, Reasonable And Non-Discriminatory

특허 사용료를 지불하면 누구나 표준특허를 사용할 수 있다는 원칙

Q 더 알아보기

'공정함(Fair)'을 '합리(Reasonable)'에 포함시켜 'RAND'라고도 한다.

📋 사용 예시

한 기업이 경쟁 기업에게 FRAND를 위반하여 특허를 침해했다고 소송을 걸었다.

김영란법 ★★★

우리나라 최초의 여성 대법관인 김영란 당시 국민권익위원회 위원장이 발의한 '부정청탁 및 금품 등 수수의 금지에 관한 법률'

Q 더 알아보기

네이밍 법안

김용균법	'위험의 외주화'를 방지하는 산업안전보건법 개정안
조두순법	미성년자 대상 성범죄자의 출소 이후 전자발찌 부착 기간을 연장하는 법률 개정안
윤창호법	음주운전자에 처벌 수위를 높인 법률 개정안

유치원 3법
유치원의 비리를 막기 위해 마련된 유아교육법·사립학교법·학교급식법 개정안

일몰법 ★★★
日沒法

필요 없어진 법률이나 규제가 없어지지 않는 폐단을 막기 위해 일정 기간이 지나면 효력이 자동으로 없어지도록 하는 제도

한국산업인력공단

Q 더 알아보기
일출법(日出法)
사업·조직 신설 억제를 위해 신설 요구가 있을 때 입법기관이 엄격하게 심사하도록 정한 법

불고불리의 원칙 ★
不告不理原則

법원은 원고가 심판을 청구한 때에만 심리를 개시할 수 있고 심판을 청구한 사실에 대해서만 심리·판결하는 원칙

Q 더 알아보기
소추(訴追)
형사소송법상 사건에 관하여 재판을 요구하거나 탄핵을 발의하는 일

🗎 사용 예시
대법원은 최종심 선고기일에서 불고불리의 원칙을 언급하며 검찰의 상고를 기각하고 무죄를 확정하였다.

112

고위공직자 범죄수사처 ★★★
高位公職者犯罪搜查處

공수처라고도 하며, 대통령·국회의원 등 고위공직자 및 그 가족의 비리를 수사·기소하는 독립기관

더 알아보기
특별검사제
공정성을 확보하기 어려운 사건에 제삼자인 특별검사를 임명해 독자적인 수사권·기소권을 주는 제도

사용 예시
고위공직자범죄수사처 설치로 검찰의 정치 권력화를 막고자 한다.

113

디지털 포렌식 ★★
digital forensic

디지털 기기에 남은 각종 정보를 수집·분석하여 범죄 단서를 찾는 과학 수사기법

더 알아보기
디가우징(degaussing)
하드디스크를 디가우저(degausser) 장치에 넣어 자기장을 이용해 드라이브에 저장된 데이터를 복구할 수 없도록 물리적으로 삭제하는 기술

사용 예시
나날이 발전하는 스미싱 범죄 수법에 대한 2차 피해를 막기 위해 디지털 포렌식을 이용한 첨단 수사 기법이 주목받고 있다.

114

프로파일러 ★★
profiler

범인의 성격과 특성 또는 행동유형을 분석해 범행 동기 혹은 은신처 등을 밝히고 심리적 전략을 통해 자백을 이끌어내는 범죄심리분석 수사관

더 알아보기
주로 증거가 불충분하여 일반적인 수사기법으로 해결하기 어려운 연쇄살인 사건이나 범행 동기가 불분명하고 상식적이지 않은 범죄 사건 해결에 투입된다.

사용 예시
프로파일러는 연쇄살인 사건을 수사하는 데 큰 역할을 하고 있다.

징벌적 손해배상제 ★★★
懲罰的損害賠償

처벌적 손해배상이라고도 하며, 가해자의 불법 행위에 대해 피해자가 입은 손해액보다 훨씬 더 많은 손해 배상액이나 과징금을 부과하는 제도

Q 더 알아보기

전보적 손해배상제(compensatory damages)
보상적 손해배상제라고도 하며, 가해자가 피해자에게 끼친 손해에 상응하는 액수만을 보상하게 하는 제도

冃 사용 예시

가짜뉴스에 대한 책임 추궁을 위해 언론사에 징벌적 손해배상제를 도입하는 것을 고려하고 있다.

프로포폴 ★★★
propofol

하얀 색깔로 인해 우유주사라고도 하며, 주로 의료용으로 쓰이나 오남용 시 중독될 수 있어 2011년부터 마약류로 지정된 수면마취제

Q 더 알아보기

마약류 물질

향정신성의약품	오남용하면 인체에 심각한 위해가 있어 반드시 의사의 처방전이 있어야 사용할 수 있는 의약품
마약	미량으로도 강력한 진통·마취 작용을 지녀 사용 중단 시 격렬한 금단 현상을 일으킬 수 있어 엄격하게 사용이 제한된 물질

가스라이팅 ★★
gaslighting

타인의 상황이나 심리를 조작해 스스로 의문을 품게 하여 타인에 대한 지배력을 강화하는 심리적 조작 혹은 사기 행위

Q 더 알아보기

1938년 영국에서 공연된 <가스등(Gas Light)>이라는 연극에서 유래되었으며, 이러한 행위를 하는 사람을 '가스라이터(gaslighter)'라고 한다.

冃 사용 예시

최근 우울증을 앓고 있는 사람을 대상으로 한 가스라이팅 범죄가 증가하고 있다.

성희롱 ★★★
性戱弄

성과 관련된 언동으로 상대방에게 불쾌감을 주는 행위

Q 더 알아보기

우리나라는 남녀고용평등과 일·가정 양립 지원에 관한 법률, 국가 인권위원회법, 성발전기본법에 성희롱 방지 조항을 규정하고 있다.

📋 사용 예시

직장 내 성희롱 근절을 위해 정부는 성희롱 교육을 필수적으로 이수할 것을 권고하였다.

미투 운동 ★★★
Me Too Campaign

KBS
부산교통공사
전남신용보증재단

성범죄 피해 사실을 사회관계망서비스(SNS)를 통해 사회적으로 고발하여 심각성을 알리는 운동

Q 더 알아보기

2017년 할리우드 유명 영화제작자 하비 와인스틴의 성추문을 폭로하면서 대중화되었고, 우리나라는 2018년 서지현 검사가 검찰 내 성폭력 실상을 고발하면서 확산되었다.

침묵을 깬 사람들(The Silence Breakers)
미국 시사주간지 타임이 선정한 2017년 '올해의 인물'로, 미투 운동 등 성폭력 피해 사실을 공개하고 사회 변화를 이끌어낸 불특정 다수의 폭로자들

📋 사용 예시

2018년 미투 운동이 시작된 이후 성폭력의 처벌을 강화하는 법안이 잇따라 추진되고 있다.

펜스룰 ★★
Pence rule

방송통신심의위원회

성추행 등의 문제가 될 수 있는 행동을 사전에 차단하기 위해 여성과의 접촉 자체를 멀리하는 행동

Q 더 알아보기

2002년 미국 부통령 마이크 펜스가 인터뷰에서 "아내 외의 여자와는 단둘이 식사하지 않는다."라고 말한 것에서 유래되었다.

📋 사용 예시

비서실에 여성 직원을 없애는 펜스룰 조치를 취한 사실이 알려지면서 비판이 이어지고 있다.

121

그루밍 성범죄 ★★★
grooming crime

피해자에게 호감을 얻거나 피해자와 돈독한 관계를 쌓는 등 피해자를 심리적으로 지배한 상태에서 성적으로 학대하거나 착취하는 성범죄

Q **더 알아보기**

의사와 환자, 교사와 학생, 성직자와 신도 등의 관계에서 많이 발생하며, 미성년자인 경우 적용할 처벌 근거 조항이 있지만 성인의 경우 성립 자체가 어렵다는 문제가 있다.

사용 예시

인터넷의 발달에 따라 증가하고 있는 온라인 그루밍 성범죄에 대한 대책을 마련해야 한다.

122

양심적 병역거부 ★★★
良心的兵役拒否

개인의 신앙이나 양심상의 이유로 병역이나 집총 등의 직·간접적 참여를 거부하는 행위

Q **더 알아보기**

2019년 4월부터 '종교적 신앙 등에 따른 병역거부'라는 용어로 변경하여 사용하고 있으며, 2020년 6월 30일부터 양심적 병역거부자들이 36개월간 교정시설에서 합숙 복무를 하는 대체복무 제도를 시행하고 있다.

123

리니언시 ★★★
Leniency

한국장학재단

담합에 가담한 기업이 자진신고를 하면 처벌을 경감 혹은 면제해 주는 제도

Q **더 알아보기**

1순위 신고 기업은 과징금 100%를 면제하고, 2순위 신고 기업은 과징금 50%를 경감한다.

✓ **기출**

담합에 가담한 기업이 처음으로 자진신고하면 주어지는 혜택은?
: 과징금 100% 면제

사용 예시

대법원이 담합 증거를 충분히 확보한 상태에서 담합에 가담한 업체가 자신해 신고를 했다면 리니언시를 인정할 수 없다고 판결하였다.

124

범죄인 송환법 ★★
犯罪人送還法

범죄인 인도 조약을 체결하지 않은 국가에도 범죄인을 송환할 수 있도록 한 홍콩의 범죄인 인도 법안

Q 더 알아보기
반중인사나 인권운동가를 중국 본토로 송환할 수 있어 2019년 홍콩 민주화 운동의 계기가 되었다.

目 사용 예시
범죄인 송환법 반대 시위가 격화하는 가운데 홍콩 행정 수반이 범죄인 송환법 공식 철회를 발표하였다.

125

사이버 망명 ★★★
cyber asylum

KBS

자유로운 인터넷 이용에 제한을 받아 검열을 피해 국내법의 효력이 미치지 못하는 해외 서버에서 인터넷을 사용하는 행위

Q 더 알아보기
망명(亡命)
정치적 탄압 혹은 핍박을 받던 사람이 다른 나라로 국적을 옮기는 행위

目 사용 예시
검찰과 경찰이 수사를 위해 사이버 검열을 해왔다는 사실이 밝혀지면서 국내 메신저에서 해외 메신저로 옮겨가는 사이버 망명이 늘어났다.

126

붉은 깃발법 ★
Red Flag Act

한국장학재단

1865년 영국 빅토리아 여왕 때 마차 사업을 보호하기 위해 만들어진 세계 최초의 도로교통법

Q 더 알아보기
영국이 가장 먼저 자동차 산업을 시작했으나 붉은 깃발법으로 인해 자동차 산업의 퇴조를 불러와 시대착오적 규제를 상징하는 말로 쓰이게 되었다.

⊘ 기출
영국 빅토리아 여왕 때 만들어진 적기조례로 인해 경쟁국가에 뒤처지는 결과를 낳은 산업은?
: 자동차 산업

도로교통법 ★
道路交通法

도로 위의 안전과 원활한 통행을 확보하기 위해 규정된 법률

Q 더 알아보기

교통사고처리특례법(交通事故處理特例法)
1982년 1월 1일 처음으로 시행되었으며, 과실로 교통사고를 일으킨 운전자에 대해 형사처벌 등의 특례로 인정하는 법률

目 사용 예시

도로교통법은 필요에 따라 법이 강화되거나 바뀌기 때문에 운전자들은 변경된 도로교통법에 관심을 가질 필요가 있다.

명예훼손 ★
名譽毀損

상대의 명예를 훼손시킬만한 행위나 소문을 퍼트려 사회적 인격에 대한 평가를 침해하는 것

Q 더 알아보기

형법상 명예훼손죄가 성립하기 위해서는 사회적 평가, 즉 외부적 명예가 훼손되어야 하며 불특정 다수가 인지할 수 있는 상황에서 허위사실 또는 사실을 적시하여야 한다.

目 사용 예시

한 연예인의 사생활과 관련된 기사를 쓴 기자가 명예훼손 혐의로 피소되었다.

앞에서 학습한 상식을 문제를 풀면서 바로 점검해보세요!

01 선거로 선출된 공직자를 임기 중 국민이 직접 파면하는 제도는?

① 국민발안   ② 국민소환

③ 국민소송   ④ 국민투표

KAC한국공항공사 금융감독원

02 악의적이고 반사회적인 행위에 대해 실제 피해보다 훨씬 큰 손해배상을 부과하는 제도는?

① 집단소송   ② 위헌법률심판

③ 징벌적 손해배상제   ④ 플리바게닝

한국소비자원 한국폴리텍대학

03 인간이 자유와 권리를 보장받기 위해 계약을 맺고 국가를 구성했다는 사상은?

① 민주주의   ② 공리주의

③ 천부인권사상   ④ 사회계약설

04 다음 중 현대 민법 3대 원칙이 아닌 것은?

① 계약 공정의 원칙   ② 소유권 공공복리의 원칙

③ 사적 자치의 원칙   ④ 무과실 책임의 원칙

05 형사책임이 없어 범법행위를 해도 보호처분만 받는 소년은?

① 촉법소년   ② 범법소년

③ 우범소년   ④ 범죄소년

근로복지공단   부천시협력기관통합채용

06 국회의 동의가 필요 없는 것은?

① 국군의 해외파병   ② 대통령의 탄핵소추
③ 국무총리 임명   ④ 국채 모집

07 한 번 부결된 안건은 같은 회기 중 다시 제출할 수 없다는 국회 회의 원칙은?

① 회기계속의 원칙   ② 다수결의 원칙
③ 일사부재의의 원칙   ④ 일사부재리의 원칙

경기도공공기관열린채용

08 국회 인사청문회 대상이 아닌 공직자는?

① 국무총리   ② 대법원장
③ 헌법재판소장   ④ 국회의장

09 국회 교섭단체를 구성하는 데 필요한 최소한의 인원은?

① 10인   ② 20인
③ 50인   ④ 100인

광주광역시도시공사   구미시설공단   국립공원공단   방송통신심의위원회   한국농어촌공사

10 국회에서 합법적인 수단으로 의사 진행을 방해하는 행위는?

① 레임덕   ② 게리맨더링
③ 캐스팅보트   ④ 필리버스터

정답   01 ②   02 ③   03 ④   04 ③   05 ①   06 ②   07 ③   08 ④   09 ②   10 ④ aT한국농수산식품유통공사 　인천교통공사

11　대중적 인기만 추구하는 정치는?

① 포퓰리즘　　　　　　　　② 매카시즘

③ 쇼비니즘　　　　　　　　④ 매니페스토

12　다음 중 직접민주주의의 요소가 아닌 것은?

① 국민투표　　　　　　　　② 국민소환

③ 국민발안　　　　　　　　④ 국민심의

13　국민이 직접 법률안을 제안하는 직접민주주의 제도는?

① 국민투표　　　　　　　　② 국민소환

③ 국민주권　　　　　　　　④ 국민발안

14　행정청의 부당한 처분으로 침해받은 국민의 권리를 구제하는 제도는?

① 즉결심판　　　　　　　　② 행정심판

③ 행정소송　　　　　　　　④ 국민참여재판

15　조직의 불법이나 비리를 신고하는 내부 고발자는?

① 딥 스로트　　　　　　　　② 도덕적 해이

③ 판옵티콘　　　　　　　　④ 폴리페서

방송통신심의위원회 한국산업인력공단

16 법의 효력에 관한 원칙으로 옳지 않은 것은?

① 상위법은 하위법에 우선한다.
② 국내법은 국제법에 우선한다.
③ 신법은 구법에 우선한다.
④ 특별법은 보통법에 우선한다.

KAC한국공항공사

17 항소심에 불복해 대법원에 심사를 구하는 것은?

① 상소 ② 상고
③ 항소 ④ 항고

18 저작물의 공유를 유도하는 저작권 운동은?

① 정치적 올바름 ② 로그롤링
③ FRAND ④ 카피레프트

KAC한국공항공사 언론중재위원회

19 범인이 유죄를 인정하면 형량을 감해주는 제도는?

① 플리바게닝 ② 죄수의 딜레마
③ 불고불리의 원칙 ④ 미란다 원칙

20 국민투표권을 행사할 수 있는 법적 나이는?

① 14세 이상 ② 15세 이상
③ 18세 이상 ④ 20세 이상

정답 11 ① 12 ④ 13 ④ 14 ② 15 ① 16 ② 17 ② 18 ④ 19 ① 20 ③

문제를 풀면서 학습한 상식을 점검하였다면 상식 Up 완성 용어를 빠르게 훑어보면서 상식 수준을 한 단계 더 높여보세요!

파킨슨 법칙
Parkinson's law

공무원의 수가 업무량과 관계없이 증가한다는 법칙

석패율제
惜敗率制

낙선한 후보 중 득표율이 가장 높은 후보를 비례대표로 뽑는 선거 제도

시정연설
施政演說

대통령이 의회에서 예산편성과 국정에 관해 설명하는 연설

그리드락
gridlock

양측의 의견이 서로 팽팽히 맞서 정책이 추진되지 못하는 상황

국세
國稅

국가의 경비 충당을 위해 국민에게 부과 · 징수하는 세금

지방세
地方稅

지방자치단체의 경비 충당을 위해 주민에게 부과 · 징수하는 세금

엽관제
獵官制

정당에 대한 공헌이나 인사권자와의 관계에 따라 공무원을 임용하는 관행

스케이프고트
scape goat

국민의 불만을 다른 방향으로 돌려 증오나 반감을 해소시키는 정책

정당명부제도
政黨名簿制度

지역구 국회의원 후보와 정당에 한 표씩 행사하는 1인 2표 선거 제도

컨벤션효과
convention effect

정치 이벤트 이후 정당의 지지율이 대폭 상승하는 현상

행정법의 기본원칙
行政法基本原則

자기구속의 원칙, 비례의 원칙, 신뢰보호의 원칙, 부당결부금지의 원칙

규제혁신 5법
規制革新五法

새로운 제품과 서비스 출시 시 일정 기간 규제를 완화하는 법

매트릭스 조직
matrix organization

서로 다른 부서원이 모여 특정 프로젝트를 수행하는 조직 구조

아나키즘
anarchism

모든 국가권력, 자본, 종교 등의 지배를 거부하는 사상

엘리트주의 elitism	소수 엘리트가 다수를 지배해야 한다는 이론
문민정부 文民政府	군인 출신이 아닌 대통령이 통치하는 정부
개방형 직위제 開放型職位制	정부 내 직책을 민간인에게도 개방하는 제도
과두제 寡頭制	소수가 사회 권력을 독점하고 행사하는 정치 체제
결선투표 決選投票	일정 득표율을 얻은 후보가 없을 때 상위 후보 2명에 대해 다시 하는 투표
민영화 民營化	국가가 운영하던 분야를 민간에 이전하는 것
삼심제 三審制	한 사건에 세 번까지 심판받을 수 있는 제도
소수 집단 우대정책 小數集團優待政策	소수 집단에 대한 차별을 바로잡기 위한 정책
여성할당제 女性割當制	사회 각 분야의 인력 중 일정 비율 이상을 여성에게 할당하는 제도
헝 의회 hung parliament	과반 의석을 차지한 정당이 없는 의회 상태
공천 公薦	정당이 공직선거 후보를 추천하는 것
독소조항 毒素條項	법률이나 공식 문서에서 본래 의도하는 바를 제한하는 내용
시국 선언문 時局宣言文	나라의 시대 상황에 우려를 표명하고 해결을 촉구하는 글
선택적 거부권 選擇的拒否權	집행부가 법안의 일부 조항에 거부권을 행사할 수 있는 권한
옴부즈맨 제도 ombudsman	국회가 임명한 조사관이 공무원의 부정을 조사·감시하는 제도
미시적 분리 微視的分離	정책으로 인한 이익은 소수에 집중되고 비용은 불특정 다수가 부담하는 상황

경제·경영

최근 출제 비중

26%

- 경제·경영 분야는 출제 비중이 높았으나 최근 출제 비중이 조금씩 낮아지고 있습니다.
- 일상적으로 자주 사용하는 용어와 최근 국내외에서 이슈가 되는 내용이 자주 출제되므로 출제 비중이 높은 용어는 반드시 암기하는 것이 좋습니다.
- 짧은 시간에 공부하기에는 어려운 용어가 많으므로 평소에 뉴스, 신문 등을 통해 시사 상식에 관심을 가진다면 정답률을 더욱 높일 수 있는 분야입니다.

경제

129

양적 완화 ★★★
量的緩和

신용보증기금
예금보험공사

경기가 나빠져 정책금리를 낮췄음에도 경기가 살아나지 않을 경우 중앙은행이 직접 돈을 찍어내 시장에 공급하는 통화정책

🔍 더 알아보기
양적 완화와 질적 완화

양적 완화	안전자산(국채, 공사채 등)을 매입
질적 완화	중앙은행이 안전자산뿐만 아니라 위험자산(하이일드 채권, 주식 등)도 매입

✅ 기출
미국의 양적 완화가 한국에 미치는 영향은?
: 미국에 대한 한국의 수출이 줄어든다.

🗒 사용 예시
코로나19 피해 극복을 위한 경기 부양책으로 양적 완화의 확대 적용 방안도 적극 검토하고 있다.

더블 딥 ★★★
doubledip

국민체육진흥공단
방송통신심의위원회

경기침체 후 경기가 잠시 회복되었다가 다시 침체되는 현상

☑ 기출
이중침체를 의미하는 것은?
: 더블 딥

🗒 사용 예시
코로나19 사태가 다시 확산되면 한국의 수출에도 악영향을 미치면서 더블 딥이 나타날 수 있다.

구독경제 ★★★
購讀經濟

HF한국주택금융공사

신문 구독의 발전된 형태로, 정기적으로 약정된 금액을 주고 제품이나 서비스를 받는 것

🔍 더 알아보기
구독경제의 예

VOD 콘텐츠	넷플릭스의 영화, 애니메이션 등에 대한 정액 서비스
식품 배송	청정·친환경 농산물에 대한 정기배송 서비스

☑ 기출
다음 중 구독경제에 해당하는 것은?
: 넷플릭스 VOD

🗒 사용 예시
1인 가구의 증가에 따라 식품·유통업계에서도 고객이 원하는 날짜와 주기에 맞춰 정기배송해 주는 구독경제가 인기를 끌고 있다.

유동성함정 ★★
流動性陷穽

국민연금공단
한국소비자원

정부가 유동성 공급을 늘려 시장에 현금이 많은데도 투자·생산·소비가 늘지 않고 경기침체에서 벗어나지 못하는 상황

🔍 더 알아보기
통화유통속도(通貨流通速度)
일정한 기간 한 단위의 통화가 거래에 사용되는 횟수

☑ 기출
금리를 아무리 낮춰도 경기부양 효과가 없는 것은?
: 유동성함정

경제·경영

핵심상식

해커스 한 권으로 끝내는 공기업 기출 일반상식

133

기회비용 ★★★
機會費用

HF한국주택금융공사
국민체육진흥공단

어떤 선택으로 인해 포기한 기회 중 가장 큰 가치를 갖는 기회 혹은 기회가 갖는 가치

🔍 더 알아보기

비용의 종류

명시적 비용	내 지갑에서 지출되는 비용
암묵적 비용	내 지갑에 들어올 돈이 들어오지 않는 경우 그 금액
매몰 비용	돈을 지출하고 난 후에 다시 회수할 수 없는 비용

✅ 기출
무엇인가를 선택함으로써 포기해야 하는 것은?
: 기회비용

134

골디락스 ★★
Goldilocks

용인도시공사

경제가 높게 성장하는데도 불구하고 물가가 상승하지 않는 이상적인 상태

🔍 더 알아보기

골디락스 가격(Goldilocks pricing)
상품판매자가 고가, 중간가, 저가의 상품을 함께 전시해 놓고 소비자가 중간가 상품을 사도록 유도하는 마케팅 기법

📋 사용 예시
신종 바이러스에도 불구하고, 실업률이 낮아짐에 따라 미국 경기의 골디락스 국면이 지속되고 있다.

135

욜디락스 ★★
Yoldilocks

국민연금공단

젊은 노인층인 욜드 세대가 주도하는 이상적인 경제 성장

🔍 더 알아보기

욜드(YOLD)
'젊은(young)'과 '늙은(old)'의 합성어로, 1946~1964년 태어난 베이비부머 세대가 주도하는 젊은 노인층

📋 사용 예시
한국의 베이비붐 세대는 2030년에 1,000만 명을 넘어설 것으로 예상되어 욜디락스의 동력으로 주목받고 있다.

그레셤의 법칙 ★★
Gresham's law

경기도일자리재단
광주도시관리공사

가치가 서로 다른 화폐가 동일한 명목 가치를 지닌 화폐로 통용되면 가치가 높은 화폐는 사라지고 가치가 낮은 화폐만 유통된다는 이론

🔍 **더 알아보기**
레몬 시장(Market for Lemons)
정보의 비대칭성으로 인해 성능과 품질이 저급한 재화나 서비스가 거래되는 시장

✅ **기출**
그레셤의 법칙이 성립될 수 있는 시장은?
: 레몬 시장

리디노미네이션 ★★
redenomination

한국원자력환경공단

통화의 액면가를 낮추는 정책

🔍 **더 알아보기**
리디노미네이션의 장단점

장점	지하경제 양성화, 자국 통화가치 상승, 내수 경기 부양
단점	물가 상승, 화폐교환에 따른 비용 부담

✅ **기출**
리디노미네이션의 효과와 거리가 먼 것은?
: 물가 하락

📋 **사용 예시**
짐바브웨는 2006년 8월 자국 통화인 짐바브웨 달러 화폐단위를 1,000대 1로 낮추는 리디노미네이션을 실행하였다.

카페라테 효과 ★★
caffe latte effect

서울시설공단

카페라테 한 잔에 드는 비용처럼 일상의 작은 지출을 줄여 목돈을 만들 수 있다는 재테크 개념

🔍 **더 알아보기**
시가렛 효과(cigarette effect)
하루 담뱃값을 꾸준히 모으면 목돈을 만들 수 있다는 재테크 개념

📋 **사용 예시**
매월 연금저축펀드에 일정액을 넣으면 카페라테 효과로 거액의 노후자금을 만들 수 있다.

피셔 효과 ★★★
Fisher Effect

HF한국주택금융공사
국민연금공단

시중의 명목금리가 실질금리와 예상 물가 상승률의 총합과 같다는 이론

🔍 **더 알아보기**
피셔 방정식

명목금리	물가 상승률 + 실질금리
실질금리	명목금리 - 물가 상승률

✅ **기출**
물가 상승률이 2%, 실질금리가 3%일 경우 명목금리는?
: 5%

코로노미쇼크 ★★
coronomy shock

'코로나19'와 '경제(economy)'의 합성어로, 코로나19로 인한 소비심리 위축, 생활고 증가, 자영업자와 기업의 매출 급감 등의 경제적 타격

🔍 **더 알아보기**
팬데믹(pandemic)
세계보건기구(WHO)가 선포하는 1~6단계 전염병 등급 중 최고 등급으로 세계적으로 전염병이 대유행하는 상태

📄 **사용 예시**
코로노미쇼크로 어려움을 겪고 있는 중소기업을 돕기 위해 강소기업 연구 · 개발(R&D) 지원 기업 20곳을 선정하였다.

가계부실 위험지수 ★★★
Household Default Risk Index

원리금상환비율(DSR)과 부채/자산비율(DTA)을 결합하여 산출하는 가계의 부실위험 측정 지표

🔍 **더 알아보기**
가계부실위험지수(HDRI)가 100을 넘으면 위험가구로 분류된다.
가계생활지수
가정의 경제적 문제에 관해 느끼는 어려움을 지수로 산출한 것으로, 지수값이 100을 넘으면 경제적으로 여유가 있다는 것이고, 100 이하면 경제적 여유가 없다는 것을 뜻함

📄 **사용 예시**
지난해 전체 부채 보유가구의 가계부실위험지수 평균값은 52.0에서 56.2로 증가해 가계 부문의 위험도가 상승했다.

필립스 곡선 ★★
Phillips curve

예금보험공사

물가 상승률과 실업률은 반비례한다는 것을 나타내는 곡선

Q 더 알아보기

베버리지 곡선(Beveridge curve)
빈 일자리와 실업은 반비례한다는 것을 나타내는 곡선

⊙ 기출

실업의 증가율과 명목임금의 상승률 간의 경제적 관계를 나타낸 그래프는?
: 필립스 곡선

긱 이코노미 ★★
gig economy

기업이 직원이 필요할 때마다 계약직 혹은 임시직으로 사람을 고용하는 경향이 커지는 현상

Q 더 알아보기

일과 삶의 균형을 중시하고, 집단에 소속되는 것을 꺼려하는 젊은 이들의 성향이 반영된 경제형태이다.

유연근무제(flexitime)
노동자가 일하는 시간과 장소를 유연하게 사용할 수 있는 제도

目 사용 예시

최근 다양한 디지털 플랫폼의 활성화로 보다 유연한 고용 경제 형태인 긱 이코노미가 각광받고 있다.

언택트 ★★★
untact

부정어 'un'과 '접촉(contact)'의 합성어로, 사람과 사람이 직접 접촉하지 않는 비대면 접촉

Q 더 알아보기

언택트 마케팅(untact marketing)
키오스크, VR 쇼핑 등 첨단 기술을 활용해 상품 거래가 이루어지도록 하는 비대면 마케팅

온택트(ontact)
'연결(on)'과 '언택트(untact)'의 합성어로, 온라인을 통해 대면하는 방식

目 사용 예시

채용 트렌드가 언택트로 변화하면서 기존 임직원과의 대면 면접보다 AI 면접과 화상면접 등에 익숙해질 필요가 있다.

경제·경영

핵심상식

해커스 한 권으로 끝내는 공기업 기출 일반상식

애그플레이션 ★★
agflation

농산물의 가격이 상승함에 따라 일반 물가도 함께 오르는 현상

🔍 **더 알아보기**

애그플레이션 억제 방법
인구정책 시행, 식량 무기화 금지, 과도한 곡물 비축 자제, 곡물을 활용한 대체 에너지 개발 제한 등

인플레이션의 종류

스태그플레이션	경기 불황 상태에서도 물가가 계속 상승하는 상태
리플레이션	디플레이션에서 벗어나 심한 인플레이션까지는 이르지 않은 상태
슬럼플레이션	경기 불황 상태에서 발생하는 인플레이션으로, 스태그플레이션보다 경기 침체가 더욱 심각한 상태

📋 **사용 예시**
자연재해로 생필품이 부족해질 것을 예상한 소비자가 사재기에 나서면 애그플레이션이 나타날 수 있다.

온디맨드 ★★★
On-Demand

인천국제공항공사

정보통신기술(ICT)을 통해 소비자의 다양한 수요에 맞춰 즉각적으로 제품 및 서비스를 제공하는 경제 활동

🔍 **더 알아보기**

온디맨드의 기반과 사례

기반	모바일 기술·디바이스 공급의 대중화, 온라인과 오프라인을 연결해 주는 O2O(Online to Offline) 환경의 조성
사례	카카오택시, 배달의 민족, 에어비앤비 등

✅ **기출**
수요가 모든 것을 결정한다는 신조어는?
: 온디맨드

📋 **사용 예시**
카카오모빌리티는 이용자가 셔틀버스를 상시 이용할 수 있는 온디맨드형 카카오T 셔틀을 본격적으로 가동한다고 밝혔다.

기본소득제 ★★★
基本所得制

방송통신심의위원회

조건 없이 사회구성원 모두에게 최소의 생활비를 지급하는 보편적 복지제도

Q 더 알아보기
재난기본소득(災難基本所得)
재난 상황에서 위축된 경기를 극복하기 위해 일시적으로 지급하는 기본소득

⊘ 기출
기본소득제도에 대한 설명 중 틀린 것은?
: 선택적 복지의 한 형태이다.

目 사용 예시
국회 기본소득연구포럼은 기본소득제 도입을 위한 정책 로드맵 구축과 실행방안 연구를 설립 목적으로 하는 연구단체이다.

기펜재 ★★
Giffen goods

경기콘텐츠진흥원
한국마사회

가격의 상승(하락)이 수요의 상승(하락)을 가져오는 재화

Q 더 알아보기
정상재와 열등재

정상재	소득이 증가하면 수요도 증가하는 재화
열등재	소득이 증가하면 수요가 감소하는 재화

⊘ 기출
가격 하락이 수요량의 감소를 가져오는 재화는?
: 기펜재

공유경제 ★★★
共有經濟

이미 생산된 재화나 서비스를 다수의 사람이 공유하여 쓰는 협력 소비경제

Q 더 알아보기
공유경제 사례

한국	쏘카(차량 공유), 따릉이(자전거 공유)
세계	우버(차량 공유), 에어비앤비(숙박 공유)

目 사용 예시
공유경제의 성장으로 공유자전거 등 퍼스널 모빌리티 시장이 빠르게 확산하고 있다.

경제·경영

핵심상식

해커스 한 권으로 끝내는 공기업 기출 일반상식

낙수 효과 ★★
落水效果

한국장애인고용공단

대기업·고소득층의 경제 성장이 중소기업·서민층의 경제 성장에 영향을 미쳐 국가 전체의 경제 성장에 긍정적인 영향을 미친다는 이론

🔍 **더 알아보기**
분수 효과(噴水效果)
중산층·서민층의 소비 증대가 기업 부문의 생산 및 투자 활성화로 이어져 경기를 부양시키는 효과가 있다는 이론

✅ **기출**
경제에서 선도 부문의 성과가 후발 부문으로 유입되는 효과는?
: 낙수 효과

🗐 **사용 예시**
SK바이오팜이 공모에 크게 흥행하면서 상장을 준비하는 다른 기업들로 낙수 효과가 이어지고 있다.

래퍼 곡선 ★★
Laffer curve

한국정책금융공사

세율이 일정 한계 이상으로 올라가면 노동 의욕이 줄어들어 오히려 조세 수입이 감소하게 된다는 것을 나타내는 역 U자형 곡선

🔍 **더 알아보기**
미국의 경제학자 아서 래퍼가 식당에서 정치인들과 식사를 하면서 냅킨에 그린 것으로 전해지고 있다.

✅ **기출**
래퍼 곡선에 따르면 세율과 조세 수입의 관계는?
: 역 U자형

GDP 디플레이터 ★★
GDP deflator

HF한국주택금융공사

국내에서 생산되는 모든 재화와 서비스 가격을 반영하는 종합적 물가지수

🔍 **더 알아보기**
GDP 디플레이터 계산
명목 GDP(명목 국내총생산)를 실질 GDP(실질 국내총생산)로 나눈 값에 100을 곱하여 계산

✅ **기출**
명목 GDP가 110이고 실질 GDP가 100이라면 GDP 디플레이터는?
: 110

현대통화이론 ★★★
Modern Monetary Theory

지나친 인플레이션만 없다면 경기 부양을 위해 화폐를 계속 발행해도 된다는 이론

Q 더 알아보기

경제학계에서는 화폐를 대량으로 발행하여 재정적자를 확대하면 급격한 물가상승을 불러올 수 있다고 비판한다.

단기특정금전신탁(Money Market Trust)
MMF(Money Market Fund)의 단점을 보완한 단기 수시입출금 상품

📋 사용 예시

현대통화이론이 판타지에 가깝다는 비판이 이어지고 있다.

BSI ★★★
Business Survey Index

경기 동향을 파악하고자 기업 활동의 실적과 계획, 경기 동향에 대한 기업들의 판단과 예측을 조사하여 지수화한 지표

한국남부발전
한국환경공단

Q 더 알아보기

소비자동향지수(Consumer Survey Index)
장래의 소비 · 지출 계획이나 경기 전망에 대한 소비자들의 설문조사 결과를 지수로 환산해 나타낸 지표

✅ 기출

기업가들의 경기판단을 지수화한 지표는?
: BSI

📋 사용 예시

한국은행이 발표한 7월 BSI 조사 결과에 따르면 이달 전체 산업의 업황 BSI는 60으로 전월 대비 4포인트 상승했다.

구축 효과 ★★
驅逐效果

경기 부양을 위한 정부의 재정지출 확대가 민간 투자를 감소시키는 현상

서울시설공단

Q 더 알아보기

승수 효과(multiplier effect)
정부 지출이 증가하면 그 금액보다 많은 수요가 창출되는 현상

📋 사용 예시

구축 효과는 만원 버스에 정부 부문이 추가로 탑승한 경우 그만큼 민간 부문이 하차하여야 하는 것으로 비유할 수 있다.

경제 · 경영

핵심상식

해커스 한 권으로 끝내는 공기업 기출 일반상식

슈바베 법칙 ★★
Schwabe theory

소득이 높아질수록 주거비용 지출액이 많아지지만 가계지출액 전체에서 차지하는 주거비용 비율은 점차 낮아진다는 이론

국립공원공단

🔍 **더 알아보기**

세이의 법칙(Say's law)
공급이 스스로 그만큼의 수요를 창출한다는 법칙

📋 **사용 예시**
슈바베 법칙에서 슈바베 지수가 25%를 넘으면 빈곤층에 속한다.

출구전략 ★★★
出口戰略

경기침체기에 완화했던 경기 부양 정책을 서서히 원래대로 거두는 정책

HF한국주택금융공사

🔍 **더 알아보기**

입구전략과 일드 캡

입구전략	경기침체 시 금리를 인하하고 통화 공급을 늘리는 정책
일드 캡	금리 급등을 차단하기 위한 채권금리의 상한선을 정하는 조치

✅ **기출**
출구전략과 가장 관계 깊은 것은?
: 금리 인상

📋 **사용 예시**
호주가 또다시 기준금리를 인상하면서 출구전략을 가속화하고 있다.

트릴레마 ★★
trilemma

물가 안정, 경기 부양, 국제수지개선 중 어떤 것을 택해도 나쁜 결과가 발생하는 삼중고의 상황

🔍 **더 알아보기**

삼위일체 불가능 이론(Impossible trinity)
한 국가가 독자적 통화정책과 환율 안정, 자유로운 자본이동의 세 가지 목표를 모두 쟁취할 수는 없다는 이론

📋 **사용 예시**
평창올림픽 이후 한반도에 임시 평화체제가 만들어지면서 한국 정부는 트릴레마에 직면했다.

회색코뿔소 ★
gray rhino

IBK기업은행

충분히 예상할 수 있음에도 불구하고 간과하고 있는 위험 요인

🔍 **더 알아보기**
퍼플카우(purple cow)
보는 순간 화젯거리가 될 만한, 사람들의 시선을 확 잡아끄는 제품이나 서비스

📄 **사용 예시**
2018년 이후 중국 경제의 성장률보다는 신용 위기라는 회색코뿔소에 주목해야 한다는 분석이 나왔다.

베블런 효과 ★★
Veblen effect

KDB산업은행
한국장학재단

상품 가격이 급등해도 과시욕 등의 이유로 상품의 수요가 줄어들지 않고 오히려 증가하는 현상

🔍 **더 알아보기**
스놉 효과와 명품족

스놉 효과	어떤 제품을 대부분의 사람이 갖고 있으면 자신은 남과 다르다는 것을 증명하기 위해 해당 제품을 더 구매하지 않는 소비 현상
명품족	세계적인 고가의 고급 브랜드를 일상적으로 소비하는 'L세대(Luxury-generation)'라고도 불리는 사람들

✅ **기출**
베블런 효과와 관련된 소비 형태는?
: 과시적 소비

브이노믹스 ★★
V-nomics

'바이러스(virus)'와 '경제(economics)'의 합성어로, 코로나19가 바꾸어 놓은 경제

🔍 **더 알아보기**
레이어드 홈(Omni-layered homes)
집의 역할이 일과 여가 등 새로운 기능들이 더한 공간으로 진화한 것

📄 **사용 예시**
브이노믹스 시대가 도래하면서 홈오피스, 홈카페 등 주거공간의 패러다임이 확대되고 있다.

경제 · 경영

핵심상식

해커스 한 권으로 끝내는 공기업 기출 일반상식

톱니 효과 ★★
ratchet effect

한 번 올라간 소비 수준이 쉽게 후퇴하지 않아 소득이 높았을 때 익숙해진 소비 패턴이 소득이 낮아져도 변하지 않는 현상

인천국제공항공사
한전KPS

Q 더 알아보기

디드로 효과(Diderot Effect)
1개의 물건을 사면 그 물건에 어울릴 만한 물건을 계속 사들여 또 다른 소비로 이어지는 현상

✓ 기출

한번 올라간 소비 수준이 쉽게 감소하지 않는 효과는?
: 톱니 효과

대체재 ★★★
代替財

상호 간에 연관성이 커서 한 재화가 다른 재화의 효용을 대체할 수 있는 재화

국민연금공단

Q 더 알아보기

보완재(補完財)
버터와 빵, 냉커피와 얼음, 프린터와 잉크 등과 같이 어느 한쪽 재화의 수요가 증가하면 다른 한쪽 재화의 수요도 같이 증가하는 재화

✓ 기출

커피와 홍차의 관계는?
: 대체재 관계

📄 사용 예시

일본 불매운동으로 무신사 스탠다드가 유니클로의 대체재로 소비되었다.

CRB 지수 ★★★
Commodity Research Bureau Index

국제적인 상품가격 조사 회사인 CRB사가 만든, 원자재 값의 하루 동향을 한눈에 볼 수 있는 상품가격지수이자 물가의 움직임을 판단하는 지표

한전KPS

Q 더 알아보기

BDI 지수(발틱운임지수)
영국의 발틱 해운거래소가 산출하는 세계 해운 시황을 대표하는 건화물 시장 운임지수

✓ 기출

원자재 가격의 동향을 확인할 수 있는 지수는?
: CRB 지수

K자형 회복 ★

코로나19 사태 이후 경제의 양극화가 극심해지는 현상으로, 경제가 회복되기는 하지만 경제주체들의 부익부 빈익빈 현상이 심화되는 상황

서울신용보증재단

Q 더 알아보기

U자형 회복
경기가 급상승하는 V자형과 침체가 장기간 지속되는 L자형의 중간 형태로 완만한 경기회복을 의미

⊘ 기출
고소득층은 침체에서 빨리 회복하나 저소득층은 회복이 더디거나 침체되는 상황을 의미하는 것은?
: K자형 회복

目 사용 예시
구매관리자지수에서 경기전망이 낙관적인 대기업과 달리 소기업들은 비관적으로 나타나 K자형 회복 현상이 뚜렷할 것으로 보인다.

경영

워크셰어링 ★★
work sharing

노동자들의 급여를 삭감하지 않고 고용도 유지하는 대신 근무시간을 줄여 새로운 일자리를 만드는 제도

HF한국주택금융공사
한국마사회
한국문화예술위원회

Q 더 알아보기
'일자리 나누기', '시간분할제', '대체근로제'라고도 불린다.

目 사용 예시
인공지능과 로봇의 발전과 함께 워크셰어링이 대량 실업 사태의 대안으로 떠오르고 있다.

퍼플 잡 ★
purple job

'보라색(purple)'과 '일(job)'의 합성어로, 근로시간과 근로장소를 자신의 형편에 따라 유동적으로 선택하는 근로방식

Q 더 알아보기

쏠드족(sold)
'smart'와 'old'의 합성어로, 건강하고 경제력이 있는 스마트한 50~60대 시니어를 말하며, 금융사의 핵심고객층으로 부상함

경제 · 경영

핵심상식

해커스 한 권으로 끝내는 공기업 기출 일반상식

법정관리 ★★
法定管理

부산경제진흥원

기업이 스스로는 회사를 회생시키기 어려울 만큼 빚이 많을 경우 법원에서 지정한 제삼자가 자금을 비롯한 기업 활동 전반을 대신 관리하는 기업회생 제도

Q 더 알아보기
워크아웃(workout)
기업과 금융기관이 서로 협의하여 진행하는 기업개선작업(기업구조조정작업)

⊘ 기출
다음 중 기업회생 제도는?
: 법정관리

IPO ★★★
Initial Public Offering

한국산업인력공단

외부 투자자가 공개적으로 주식을 살 수 있도록 기업이 자사의 주식과 경영 명세를 시장에 공개하는 것

Q 더 알아보기
IPO의 장단점

장점	자금 조달, 기업 홍보 효과
단점	경영권 분산 위험

⊘ 기출
대규모 자금을 조달받기 위한 기업공개는?
: IPO

🗐 사용 예시
최근 국내 증시가 유례없는 활황세를 나타내고 있어 IPO 시장은 더욱 뜨거워질 것으로 보인다.

리쇼어링 ★★★
reshoring

저렴한 인건비나 유리한 시장을 찾아 해외로 나갔던 회사들이 다시 자국으로 되돌아오는 현상

Q 더 알아보기
오프쇼어링(off-shoring)
비용 절감 등의 이유로 기업이 해외로 나가는 현상

🗐 사용 예시
중소벤처기업부가 리쇼어링을 촉진하는 자동화 공정 연구개발에 최대 10억 원을 지원하기로 했다.

윈도드레싱 ★★
window dressing

경기콘텐츠진흥원
새마을금고

자산운용사의 펀드매니저들이 보유주식의 결산기를 앞둔 시점에서 보유종목의 종가관리를 통해 펀드 수익률을 끌어올리는 것

🔍 **더 알아보기**

윈도드레싱의 방법과 목적

방법	수익률 마이너스 종목 처분, 특정 종목 집중 매수 등
목적	펀드매니저의 성과 관리 및 연봉 협상을 유리하게 함

포이즌 필 ★★★
poison pill

NH농협
한국마사회
한국무역보험공사

임금 인상 등의 방법을 통해 의도적으로 비용 지출을 늘려 매수자에게 손해를 볼 것이라는 판단이 들게 함으로써 매수 포기를 유도하는 전략

🔍 **더 알아보기**

적대적 M&A
상대 기업의 동의 없이 회사의 경영권을 빼앗아가는 기업 인수 합병 방식

✅ **기출**
적대적 M&A 방식은?
: 포이즌 필

🗐 **사용 예시**
정부는 외국계 투자자본의 적대적 M&A를 방어하기 위한 수단으로 포이즌 필 도입을 추진하기로 하였다.

규제 샌드박스 ★★★
規制 sandbox

금융감독원

신산업 · 신기술 분야에서 새로운 제품이나 서비스를 내놓을 때 일정 기간 기존의 규제를 면제 또는 유예시켜주는 제도

🔍 **더 알아보기**

포괄적 네거티브 규제
신제품 · 신기술의 시장 출시를 먼저 허용하고 필요하면 사후에 규제하는 것

✅ **기출**
핀테크 육성을 위한 가장 적절한 제도는?
: 규제 샌드박스

재무제표 ★★
財務諸表

국민연금공단
한국남동발전

기업경영에 따른 재무 상태와 현황을 파악하기 위해
회계원칙에 따라 간단하게 표시한 재무 보고서

🔍 더 알아보기

재무제표의 구성

재무상태표	일정 시점 현재 기업의 재무(자산, 부채, 자본)의 상태를 보여주는 재무제표
손익계산서	일정 기간 기업의 성과(수익과 비용)를 보여주는 재무제표
자본변동표	일정 기간 자본금 · 자본잉여금 · 자본조정 · 이익잉여금 등의 변동 내역을 기록한 재무제표
현금흐름표	일정 기간 기업의 현금흐름(현금 유입과 유출)을 나타내는 재무제표

✅ 기출

재무제표의 구성은?
: 재무상태표, 손익계산서, 자본변동표, 현금흐름표

📋 사용 예시

주식 투자를 하려면 재무제표를 볼 줄 알아야 한다.

크리슈머 ★★
cresumer

대전도시철도공사
한국전기안전공사

상품을 사는 데 그치는 것이 아니라 제품 기획이나
판매 활동에도 적극적으로 참여하는 창조적 소비자

🔍 더 알아보기

소비자의 종류

프로슈머	상품 제조과정에 깊이 참여하는 생산적 소비자
블루슈머	경쟁자가 없는 블루오션에 존재하는 소비자
블랙컨슈머	보상금 등을 목적으로 기업에 의도적으로 악성 민원을 제기하는 소비자

✅ 기출

창조적 소비자를 의미하는 신조어는?
: 크리슈머

📋 사용 예시

최근 기업들이 크리슈머를 대상으로 하는 펀(fun) 마케팅에 주력하고 있다.

체리피커 ★★
cherry picker

국립공원공단
부산경제진흥원

구매 혜택 등 자신의 실속만 챙기고 기업 매출에는 거의 도움이 되지 않는 영악한 소비자

🔍 **더 알아보기**
메타슈머(metasumer)
기존의 제품을 자신의 개성과 취향에 맞게 변형하여 사용하는 소비자

📑 **사용 예시**
신규 계좌 개설 혜택만 누리는 체리피커가 문제가 되고 있다.

디마케팅 ★★★
demarketing

HF주택금융공사
한국보훈복지의료공단

기업이 고객의 수요를 의도적으로 줄이는 마케팅 기법

🔍 **더 알아보기**
노이즈 마케팅(noise marketing)
고의적 구설수를 이용해 인지도를 높이는 마케팅 기법

✅ **기출**
"흡연은 폐암의 원인이 됩니다."와 같은 마케팅 기법은?
: 디마케팅

📑 **사용 예시**
실손의료보험의 손해율이 130%대에 이르면서 손해보험사들이 디마케팅을 벌이고 있다.

니치마케팅 ★★
niche marketing

경기콘텐츠진흥원
한국마사회
한전KPS

시장의 빈틈을 공략하여 점유율을 유지하는 틈새시장 마케팅

🔍 **더 알아보기**
매스마케팅과 앰부시마케팅

매스마케팅	대량유통과 대량판매를 추구하는 마케팅
앰부시마케팅	교묘히 규제를 피해 가는 마케팅

✅ **기출**
시장세분화를 통한 특정 소비집단을 대상으로 하는 판매 전략은?
: 니치마케팅

경제·경영
핵심상식
해커스 한 권으로 끝내는 공기업 기출 일반상식

코즈마케팅 ★★★
cause marketing

기업의 경제적 이익과 환경, 기아, 보건 등 공익을 동시에 추구하는 마케팅 방식

🔍 더 알아보기

공정무역 커피(Fair trade Coffee)
공정무역 커피는 제3세계 빈국의 가난한 커피농가에 합리적인 가격을 직접 지불하여 사들이는 커피

📋 사용 예시

가치 소비 트렌드와 맞물려 코즈마케팅이 주목받고 있다.

마케팅믹스 ★★
marketing mix

한국장애인고용공단

기업이 표적 시장에서 마케팅 목표의 달성을 위해 사용하는 4가지의 실질적인 마케팅 요소

🔍 더 알아보기

마케팅믹스의 4P

Product(제품)	장비의 차별화를 통한 고객 만족
Price(판매가격)	고소득층을 위한 고가 정책 전략
Place(유통경로)	최신 유통 장비의 도입으로 고객 신뢰 확보
Promotion(판매촉진)	Before Service 전략의 판촉 활동 등

✅ 기출

마케팅믹스의 4P에 해당하지 않는 것은?
: Position

SWOT ★★★
Strength, Weakness,
Opportunities, Threats

경기문화재단
인천교통공사

기업의 내부 환경과 외부 환경을 분석하여 이를 토대로 경영 전략을 수립하는 기법

🔍 더 알아보기

SWOT의 내부 환경과 외부 환경

내부 환경	강점(Strength), 약점(Weakness)
외부 환경	기회(Opportunity), 위협(Threat)

✅ 기출

다음 중 SWOT 분석 요소가 아닌 것은?
: Situation

매칭그랜트 ★★
matching grant

기업의 임직원이 비영리단체나 기관에 후원금을 지원하면 기업에서 이 후원금과 똑같은 금액을 1:1로 매칭하여 조성하는 사회공헌기금 프로그램

한국KPS

Q 더 알아보기

스톡그랜트(stock grant)
유능한 인재를 영입하기 위해 스톡옵션(주식매입 선택권) 대신 회사 주식을 직접 무상으로 주는 인센티브 방식

✓ 기출

임직원이 지원하는 기부금만큼 기업에서도 기부하는 제도는?
: 매칭그랜트

파레토 법칙 ★★★
Pareto's law

인구의 20%가 전체 부의 80%를 차지한다는 이론 (80:20 법칙)

KAC한국공항공사

Q 더 알아보기

롱테일 법칙(Long Tail Theory)
역파레토 법칙으로, 80%의 주목받지 못하는 다수가 20%의 핵심적인 소수보다 더 큰 가치를 창출하는 현상

✓ 기출

80:20 법칙은?
: 파레토 법칙

☰ 사용 예시

백화점과 같은 오프라인 유통업체에서는 상위 20%의 고객이 전체 매출의 80%를 차지한다는 파레토 법칙을 황금률로 여긴다.

에코플레이션 ★★
eco-flation

환경적 요인(가뭄, 산불 등)으로 인해 소비재 가격이 높아져 발생하는 인플레이션

IBK기업은행
한국소비자원

Q 더 알아보기

에코 세대(Echo generation)
1979~1992년에 태어나 경제적으로 풍족한 환경에서 성장하여 교육 수준이 높고 2010년 이후 영향력 있는 소비 주체로 부상한 세대

☰ 사용 예시

소비재의 가격 상승으로 인한 에코플레이션은 서민 경제에 큰 부담을 준다.

185

피보팅 ★★
pivoting

기존에 진행하던 사업아이템을 접고 새로운 사업방향으로 전환하는 것

🔍 **더 알아보기**

피보팅 사례
기존의 위지아 서비스를 접고 카카오톡으로 사업방향을 전환한 카카오

관련 용어

레드오션	경쟁포화상태의 시장
블루오션	레드오션에서 벗어난 새로운 시장
그린오션	친환경 요소를 경쟁기반으로 하는 시장

186

오픈 이노베이션 ★★
open innovation

기업이 필요로 하는 기술과 아이디어를 외부(대학, 연구소 등)에서 조달해 새로운 제품을 만들어내는 것

🔍 **더 알아보기**

특히 제약업계에서 신약개발 시간과 비용을 줄이고 성공 확률을 높인다는 점에서 대세로 떠올랐다.

187

디지털세 ★★★
digital tax

IBK기업은행
금융감독원

페이스북, 아마존 등 플랫폼 기업의 자국 내 디지털 매출에 대하여 법인세와는 별도로 매출의 일정 비율을 세금으로 징수하는 것

🔍 **더 알아보기**

구글세와 로봇세

구글세	다국적 기업에 세금을 부과하는 방안
로봇세	로봇의 노동에도 세금을 부과하는 방안

✅ **기출**
다음 중 디지털세와 거리가 먼 것은?
: 토빈세

📋 **사용 예시**
미국이 유럽 국가들의 디지털세 도입에 대한 보복으로 우선 프랑스 제품에 대한 고율의 관세 부과 계획을 밝혔다.

5G ★★★
5th Generation

최대 전송 속도가 20Gbps에 이르는 이동통신 기술

Q 더 알아보기

초고속성과 초저지연성, 초연결성을 통해 4차 산업혁명의 핵심 기술인 가상현실, 자율주행, 사물인터넷 기술 등을 구현한다.

目 사용 예시

정부와 이동통신기업들이 5G 이동통신 활성화를 위한 투자에 힘을 모으기로 약속했다.

디지털 노마드 ★★★
digital nomad

'첨단기술(digital)'과 '유목민(nomad)'의 합성어로, 첨단장비를 가지고 시간과 장소에 구애받지 않고 일하는 사람

Q 더 알아보기

긱 워커(gig worker)

디지털 플랫폼(온라인)을 통해 단발성 업무를 찾아 수행하는 비정규직 프리랜서

目 사용 예시

재택 근무하는 직장인이 증가함에 따라 디지털 노마드 생활이 일상으로 확대되는 추세이다.

리테일테크 ★★
Retailtech

유통사업에 정보통신기술(ICT)을 접목한 것

SH서울주택도시공사

Q 더 알아보기

리테일테크의 예

키오스크(무인 계산대), 아마존고(자동 계산) 등

✓ 기출

리테일테크와 관계가 적은 것은?

: 유인 계산대

目 사용 예시

셀프매장과 같은 다양한 리테일테크를 집약한 미래형 유통 매장이 등장하고 있다.

경제·경영

핵심상식

해커스 한 권으로 끝내는 공기업 기출 일반상식

소셜커머스 ★★
social commerce

SNS를 통한 전자상거래의 일종으로, 일정 수 이상의 구매자가 모집되는 경우 가격을 대폭 할인하여 판매하는 방식

부산교통공사
한국마사회

🔍 **더 알아보기**
오픈마켓(open market)
다수의 판매자와 구매자가 온라인상으로 거래를 수행할 수 있는 전자적 가상시장

✅ **기출**
SNS를 이용한 공동구매방식은?
: 소셜커머스

규모의 경제 ★★★
規模經濟

규모를 확대할수록 경제적으로 유리해지는 것으로, 생산량이 늘어남에 따라 평균 비용이 줄어드는 현상

국민연금공단
남양주도시공사
한국마사회

🔍 **더 알아보기**
범위의 경제
한 기업이 2종 이상의 제품을 함께 생산할 경우 각 제품을 다른 기업이 각각 생산할 때보다 평균 비용이 줄어드는 현상

✅ **기출**
생산 규모의 확대에 따른 생산비 절약 또는 수익향상의 이익을 의미하는 용어는?
: 규모의 경제

립스틱 효과 ★★
lipstick effect

경기불황일 때 저가임에도 소비자를 만족시켜줄 수 있는 상품이 잘 판매되는 현상

대구시설공단

🔍 **더 알아보기**
넥타이 효과(necktie effect)
경기불황일 때 남성들이 넥타이와 같은 패션 소품을 더 찾는 현상

✅ **기출**
불황 속에 나타나는 소비 효과는?
: 립스틱 효과

패닉바잉 ★★
panic buying

공포에 빠져 가격에 상관없이 물량을 매입하려는 일종의 공황구매 현상

🔍 더 알아보기

패닉바잉 사례
부동산시장 불안으로 인한 서울 30대의 아파트 매수 증가현상

좌초자산
석탄과 같이 시장환경의 급변으로 자산가치가 하락해 상각하거나 부채로 전환되는 자산

🗐 사용 예시
집값 폭등으로 인한 2030세대의 패닉바잉과 포모증후군으로 주택을 소유한 개인과 다주택자가 일제히 늘어났다.

금융

금융시장 ★★★
金融市場

IBK기업은행
경기콘텐츠진흥원
국민건강보험

자금의 거래가 이루어지는 장 또는 그 과정

🔍 더 알아보기

단기금융시장과 장기금융시장

단기금융시장	콜시장, 환매조건부채권매매시장, 양도성예금증서시장, 기업어음시장, 전자단기사채시장 등
장기금융시장	주식시장, 채권시장, 자산유동화증권시장 등

직접금융시장과 간접금융시장

직접금융시장	투자자가 투자자 명의로 직접 자금수요자에게 자금 공급
간접금융시장	예금자가 금융기관 명의로 간접적으로 자금수요자에게 자금 공급

✓ 기출
우리나라의 장기금융시장과 거리가 먼 것은?
: 기업어음시장

🗐 사용 예시
정부는 금융시장의 불안을 해소하기 위해 통화 정책을 탄력적으로 운용하고 있다.

경제·경영

핵심상식

해커스 한 권으로 끝내는 공기업 기출 일반상식

금융투자상품 ★★
金融投資商品

투자성(원금 손실 가능성)이 있는 금융상품

한국마사회

🔍 **더 알아보기**

금융투자상품의 분류

증권	채무증권, 지분증권, 수익증권, 파생결합증권, 증권예탁증권, 투자계약증권
파생상품	장내파생상품(선물, 옵션), 장외파생상품(선도, 스와프)

금융투자업
이익을 얻을 목적으로 계속적이거나 반복적인 방법으로 행하는 투자매매업, 투자중개업, 집합투자업, 투자자문업 등의 업무

전환사채 ★★★
轉換社債

일정한 조건에 따라 주식으로의 전환권이 인정되는 사채

HUG주택도시보증공사

🔍 **더 알아보기**
일반적으로 지급 이자가 회사채보다 낮으며 전환권을 행사하면 사채가 소멸하고 주식이 발행된다.

✅ **기출**
전환사채의 특징으로 적절한 것은?
: 전환사채의 지급 이자는 일반적으로 회사채보다 낮다.

📋 **사용 예시**
소프트웨어 개발 업체가 전환사채 발행을 통해 운영 자금을 마련하였다.

교환사채 ★★
交換社債

채권을 보유한 투자자가 일정 시일 경과 후 발행사가 보유 중인 다른 회사 주식으로 교환할 수 있는 권리가 붙은 사채

🔍 **더 알아보기**

전자단기사채(電子短期社債)
기업들이 만기 1년 미만의 단기자금을 조달하기 위해 전자 방식으로 발행하는 단기채권

199

성장주 ★★★
growth stock

한국거래소

현재의 기업가치 대비 성장성이 높은 주식

Q 더 알아보기
일반적으로 고PER, 고PBR, 저배당의 특징이 있다.

가치주
일반적으로 저PER, 저PBR, 고배당의 특징이 있는 현재의 기업가치 대비 저평가된 주식

✅ 기출
성장주의 특징과 거리가 먼 것은?
: 고배당

📄 사용 예시
H 투자증권은 빅테크 기업들과 같은 대형 성장주는 이번 하반기부터 높아진 기저효과 때문에 성장성이 둔화될 가능성이 높다고 내다봤다.

200

파생결합펀드 ★★★
Derivative Linked Fund

주식 이외의 기초자산과 연계되어 가격 변동에 따라 수익이 결정되는 파생결합증권에 투자하는 펀드

Q 더 알아보기
파생결합증권(Derivative Linked Securities)
기초자산의 가격 · 이자율 · 지표 · 단위 또는 이를 기초로 하는 지수 등의 변동과 연계하여 미리 정해진 방법에 따라 지급하거나 회수하는 금전 등이 결정되는 권리가 표시된 증권

201

헤지펀드 ★★★
Hedge Fund

부산도시공사
한국농수산식품유통공사

파생금융상품을 활용하여 최소한의 손실로 최대한의 이익을 얻는 것을 목표로 하는 사모펀드

Q 더 알아보기
헤지펀드의 장단점

장점	다양한 전략으로 고수익 추구 가능
단점	레버리지 · 부채 · 파생상품 등을 이용하므로 큰 위험성

✅ 기출
헤지펀드에 대한 설명 중 적절한 것은?
: 일반적으로 사모펀드 형태로 판매된다.

디그로싱 ★★
De-grossing

자산가격이 급락하는 시기에 헤지펀드와 기관투자자 등이 보유포지션을 정리하고 현금화하는 것

Q 더 알아보기
숏 스퀴즈(short squeeze)
주식을 공매도했던 투자자들이 주가가 상승하자 숏 포지션(short position)의 손실을 줄이기 위해 매수하는 것

🖹 사용 예시
숏 스퀴즈에 몰린 헤지펀드들의 디그로싱으로 급락했던 IT 대형 기술주들은 모두 크게 반등했다.

주택담보대출 규제제도 ★★★
住宅擔保貸出規制制度

국민건강보험

LTV, DTI, DSR 등

Q 더 알아보기
주택담보대출

LTV (Loan to Value Ratio)	높을수록 대출 가능 금액이 높아짐
DTI (Debt to Income)	낮을수록 대출 상환능력을 높게 판단
DSR (Debt Service Ratio)	낮을수록 대출 상환능력을 높게 판단

COFIX ★★★
Cost of Fund Index

IBK기업은행
NH농협

은행이 기준금리에 자금 조달 비용을 반영해 산출하는 주택담보대출의 금리 기준

Q 더 알아보기
COFIX의 산출기관과 산출기준

산출기관	은행연합회
산출기준	매달 한 번씩 국내은행의 정기 예·적금, 상호부금, 주택부금, 양도성예금증서(CD), 환매조건부채권 금리 등을 가중평균하여 산출

✓ 기출
은행의 자금 조달 비용을 반영한 주택담보대출 기준금리는?
: COFIX

205

주택연금 ★★★
住宅年金

HF한국주택금융공사

주택을 담보로 연금을 지급받을 수 있는 역모기지론 상품

🔍 **더 알아보기**

주택연금은 세제혜택이 있으며, 합리적으로 상속을 받을 수 있다는 장점이 있으나, 가입비가 있고 중도해지 시에는 손해가 발생한다는 점이 단점으로 꼽힌다.

모기지론과 역모기지론

모기지론	주택을 담보로 대출금을 한꺼번에 받음
역모기지론	주택을 담보로 대출금을 연금 형태로 받음

206

퇴직연금 ★★
退職年金

인천국제공항공사

노동자의 노후보장을 위하여 기업이 퇴직급여를 금융회사에 맡기고 기업 또는 노동자의 지시에 따라 운용하는 기업연금의 일종

🔍 **더 알아보기**

퇴직금제도와 퇴직연금제도

퇴직금제도	회사가 부도나면 노동자는 실업하는 것뿐만 아니라 퇴직금을 받지 못할 위험이 있음
퇴직연금제도	회사가 부도나면 노동자는 금융기관으로부터 적립된 퇴직연금을 받을 수 있음

📋 **사용 예시**

200조 원 규모의 퇴직연금 시장에서 점유율 1위 자리를 지켰다.

207

스튜어드십 코드 ★★
Stewardship Code

국민연금이나 자산운용사와 같은 기관투자자의 주주권 행사를 적극적으로 유인하기 위한 자율적인 지침

🔍 **더 알아보기**

주주평등의 원칙

주주가 소유하는 주식 수를 기준으로 평등 대우를 하는 상법상의 원칙

📋 **사용 예시**

국민연금이 스튜어드십 코드를 도입한 지 2년이 지났지만 여전히 제도 이행에는 미흡하다는 지적이 제기되었다.

공매도 ★★★
short stock selling

주가하락이 예상되는 경우 주식을 매도한 뒤 주가가 하락하면 동일종목을 매수하여 차익을 챙기는 매매 방식

한국거래소

🔍 **더 알아보기**

공매도의 종류

무차입 공매도	주식을 보유하지 않은 상태에서 주식을 먼저 매도
차입 공매도	다른 기관에서 주식을 빌린 후 매도

숏 커버링(short covering)
공매도한 주식을 되갚기 위해 주식을 다시 매수하는 것으로, 일반적으로 공매도는 주가하락요인으로 작용하지만, 숏 커버링은 주가상승요인으로 작용함

✅ **기출**
다음 중 공매도에 대한 설명으로 옳은 것은?
: 우리나라는 차입공매도만 가능하다.

📄 **사용 예시**
화장품 대장주인 국내 기업이 중국 규제로 인한 공매도 우려로 주가가 불안해지고 있다.

자금세탁방지 제도 ★★★
資金洗濯防止制度

국내외적으로 이루어지는 불법 자금의 세탁을 적발 · 예방하기 위하여 규정한 제도

🔍 **더 알아보기**

자금세탁방지제도의 구성

고객확인제도	금융거래 시 실명, 주소 등 확인
의심스러운 고객 보고제도	의심스러운 고객은 금융정보분석원에 보고
고액현금거래 보고제도	고액현금거래자를 금융정보분석원에 보고

레그테크(regtech)
'규제(regulation)'와 '기술(technology)'의 합성어로, 금융회사의 내부통제와 법규준수를 쉽게 할 수 있도록 해 주는 정보기술

📄 **사용 예시**
금융위원장은 가상자산 사업자와 P2P 금융업자의 자금세탁방지 의무 부과를 정비하겠다고 밝혔다.

BIS
자기자본비율 ★★★
BIS capital adequacy ratio

금융감독원

은행의 건전성과 안정성 확보를 목적으로 은행의 위험 자산에 대해 일정 비율 이상의 자기 자본을 보유하도록 하는 제도

Q 더 알아보기

예대율(預貸率)
은행이 보유하고 있는 예금 잔액 대비 대출 잔액의 비율

✓ 기출

은행의 재무건전성을 위하여 금융당국이 규제하는 기준은?
: BIS 자기자본비율

目 사용 예시

가파른 대출증가세와 코로나19 금융지원 장기화에 따라 은행의 BIS 자기자본비율 기준 총자본비율이 2분기 연속 하락했다.

Fed ★★★
Federal Reserve System

언론중재위원회

기준금리를 결정하는 등 국가의 통화금융정책을 시행하는 미국 중앙은행제도

✓ 기출

미국의 기준금리를 결정하는 기관은?
: Fed

目 사용 예시

코로나19 충격에 대응하기 위해 미국 Fed는 기준금리를 제로금리 수준으로 전격 인하하였다.

VIX ★★
Volatility Index

코스콤
한국수력원자력

시카고옵션거래소(CBOE)에서 거래되는 S&P500 지수옵션의 변동성을 나타내는 지표

Q 더 알아보기

VIX와 투자심리
S&P500 지수옵션의 변동성이 커질 것이라는 기대심리가 높아질수록 VIX 지수는 올라가며, 변동성 확대에 대한 기대가 크다는 것은 그만큼 투자자들의 심리가 불안하다는 것을 의미

目 사용 예시

8월 10일 VIX가 코로나19 범유행 이전 수준인 20포인트 초반까지 하락했다.

시뇨리지 ★★
seigniorage

NH농협

화폐의 액면가에서 화폐 제조 · 유통 비용을 뺀 차익

🔍 **더 알아보기**
중앙은행이 갖는 독점적 발권력에 의해 발생한다.

실적장세 ★★★
實績場勢

경기가 회복되어 각 기업의 실적이 향상되면서 주가가 상승하는 장세

🔍 **더 알아보기**

강세장

금융장세	금리하락, 주가상승
실적장세	경기회복, 기업실적 향상, 주가상승

약세장

역금융장세	금리상승(인플레이션 우려), 주가하락
역실적장세	금리와 주가가 모두 하락

유동성장세(流動性場勢)
경기불황 말기에 정부의 금리인하로 증가한 시중에 풀린 유동자금이 주식시장으로 들어와 주가가 상승하는 장세

📄 **사용 예시**
증권가는 유동성장세가 끝나고 본격적인 실적장세로 접어들 것이라 전망하고 있다.

프로그램 매매 ★★
program trading

코스콤
한국거래소

주식을 15종목 이상 대량 거래하는 기관투자자들이 일정한 전산 프로그램에 따라 주식 바스켓을 만들어 거래하는 것

🔍 **더 알아보기**
프로그램 매매의 유형

차익거래	현물(주식)과 선물을 동시에 거래하는 프로그램 매매
비차익거래	현물(주식)만 거래하는 프로그램 매매

📄 **사용 예시**
프로그램 매매는 차익, 비차익을 합산해 733억 원 순매도를 기록했다.

서킷 브레이커 ★★
circuit breaker

국민건강보험

주식시장이 큰 폭으로 하락할 때 일시적으로 매매를 정지시키는 제도

Q 더 알아보기

서킷 브레이커 발동 조건과 효과

조건	코스피(또는 코스닥) 지수가 전일 종가 대비 8% 이상, 15% 이상, 20% 이상 하락하여 1분간 지속된 경우
효과	주식매매 20분간 전면 중단, 이후 10분간은 호가만 접수해 단일가격으로 거래 체결

자산유동화 증권 ★★★
資産流動化證券

HF한국주택금융공사

부동산, 유가증권, 주택저당채권, 매출채권 등과 같은 자산을 담보로 발행되는 증권

Q 더 알아보기

ABCP(자산담보부 기업어음)
유동화 전문회사인 특수목적회사(SPC)가 매출채권, 부동산 등의 자산을 담보로 발행하는 기업어음

✓ 기출

자산유동화증권의 담보대상은?
: 부동산, 유가증권, 주택저당채권, 매출채권 등

目 사용 예시

카드사가 미화 5억 달러 규모의 자산유동화증권을 발행했다.

ISA ★★★
Individual Savings Account

1개의 계좌에 다양한 금융상품을 편입하여 ISA에서 발생한 소득에 대해 비과세 혜택을 주는 상품

Q 더 알아보기

랩 어카운트(wrap account)
고객이 예탁한 재산에 대해 증권회사의 금융자산관리사가 고객의 투자 성향에 따라 적절한 운용 배분과 투자종목 추천 등의 서비스를 제공하고 그 대가로 일정률의 수수료를 받는 증권사의 자산관리상품

✓ 기출

다음 중 비과세 상품에 해당하는 것은?
: ISA

CDS ★★★
Credit Default Swap

채권을 발행한 기업이나 국가가 부도날 경우 원금을 돌려받을 수 있는 파생상품

한국거래소

🔍 **더 알아보기**
CDS 프리미엄(CDS premium)
부도 위험을 회피하는 데 들어가는 보험료 성격의 수수료

✅ **기출**
부도의 위험만 따로 떼어내어 사고파는 신용파생상품은?
: CDS

📋 **사용 예시**
2018년 8월 터키의 CDS 프리미엄이 리라화 급락에 따른 금융 위기 우려에 엿새 연속 오르며 10년 만에 최고치를 기록했다.

통화스와프 ★★
currency swap

계약일에 약정된 환율에 따라 해당 통화를 미래 일정 시점에서 상호 교환하는 장외파생상품 거래

NH농협
근로복지공단
서울시설공단

🔍 **더 알아보기**
통화스와프 협정(swap arrangement)
환율 안정을 위해 각 국가의 중앙은행끼리 자국의 통화를 서로 예치할 수 있도록 맺는 협정

✅ **기출**
우리나라와 통화스와프를 체결하지 않은 나라는?
: 일본

📋 **사용 예시**
우리나라가 미국과 600억 달러의 통화스와프 계약을 체결하면서 외국환거래 등 외환시장이 더욱 안정화될 전망이다.

4차 산업혁명 ★★★
四次産業革命

첨단 ICT가 경제·사회 전반에 융합되어 초연결·초지능 등의 혁신적인 변화가 나타나는 산업혁명

KORAIL한국철도공사
한국서부발전

🔍 **더 알아보기**
4차 산업혁명 주요 용어

인공지능(AI)	인간 두뇌와 같은 컴퓨터·모바일
사물인터넷(IoT)	사람과 사물을 연결하는 인터넷
가상현실(VR)	가상을 현실처럼 체험할 수 있는 기술
자율주행차	운전자 제어 없이 주행하는 자동차

디파이 ★★
Decentralized Finance

'탈중앙화(decentralized)'와 '금융(finance)'의 합성어로, 정부나 기업의 통제 없이 블록체인 네트워크 안에서 제공하는 탈중앙화된 금융시스템

Q 더 알아보기
ICO(Initial Coin Offering)
혁신적인 신생기업이 기술과 정보 등을 투자자들에게 공개하고 암호화폐를 이용하여 투자금을 조달하는 방법

目 사용 예시
미국 증권거래위원회(SEC) 위원장이 현행 증권법 규정으로도 SEC가 디파이 사업에 대한 규제권한을 갖고 있다고 주장했다.

로보어드바이저 ★★★
robo-advisor

컴퓨터를 사용한 자산운용 시스템으로, 특정 알고리즘을 통해 자동으로 개인별 포트폴리오를 제시하는 로봇 자산관리전문가

부산은행

Q 더 알아보기
휴먼어드바이저(human-advisor)
사람(private banker)이 고객 자산관리업무를 수행하는 것

☑ 기출
빅데이터를 특정 알고리즘으로 분석해 투자자에게 투자정보를 제공하는 시스템은?
: 로보어드바이저

目 사용 예시
자산 배분형 로보어드바이저가 펀드 투자의 대안으로 떠오르고 있다.

GDPR ★★
General Data Protection Regulation

2018년 5월 25일부터 시행된 유럽연합(EU)의 일반 개인정보보호법

Q 더 알아보기
기업의 개인정보 보호책임 강화, 정보 주체 권리 강화, 과징금 부과 등의 내용을 담고 있다.

目 사용 예시
프랑스 개인정보보호 당국은 11일 틱톡의 GDPR 위반 혐의에 대한 예비조사를 시작했다.

경제·경영

핵심상식

해커스 한 권으로 끝내는 공기업 기출 일반상식

225

웨이상 ★★★
微商

중국의 모바일 메신저로 상품을 홍보하고 판매하는 방식의 사업

🔍 **더 알아보기**

따이공(代购)
한국에서 물건을 대량 매입하여 중국에서 파는 중국인 보따리상

🗒 **사용 예시**
중국 모바일 결제 시스템의 보편화로 웨이상 시장이 급성장했다.

226

경상수지 ★★
經常收支

HF한국주택금융공사
전남신용보증재단
한국마사회

다른 나라와 상품·서비스를 수출입하면서 주고받은 외화의 차이를 나타낸 것

🔍 **더 알아보기**

경상수지의 분류

상품수지	반도체, 자동차 등의 상품 수출액과 수입액의 차이
서비스수지	관광, 교육 등의 서비스 수출액과 수입액의 차이
본원소득수지	노동소득이나 금융소득으로 외국에서 들어온 돈과 우리나라에서 나간 돈의 차이
이전소득수지	무상원조, 기부 등 대가 없이 들어온 돈과 나간 돈의 차이

227

탄력관세 ★★
彈力關稅

KAC한국공항공사
대전도시철도공사
한국산업인력공단

정부가 법률로 위임받아 실행관세율을 변경하는 관세 제도

🔍 **더 알아보기**

탄력관세의 목적과 조치

목적	특정상품의 수입이 급증하거나 농산물 등 가격변동을 가져오기 쉬운 국산품을 수입품으로부터 보호
조치	관세율의 변경을 포괄적으로 실시

🗒 **사용 예시**
정부는 현재 가격안정 등 지원 목적에 따라 생필품, 원자재 등 102개 품목에 대해 탄력관세를 한시적으로 적용하기로 했다.

FTA ★★
Free Trade Agreement

국가 간 무역 거래를 촉진하기 위해 무역 장벽을 완화 또는 철폐하여 물자나 서비스 이동을 자유화시키는 배타적인 무역 특혜를 부여하는 협정

NH농협
국민연금공단
부산교통공사

Q 더 알아보기

FTA의 장단점

| 장점 | 무역 활성화, 선진 자본 · 기술 도입, 일자리 창출 |
| 단점 | 농 · 축산업 등 국내 산업의 가격 경쟁력 약화 |

⊘ 기출

무역 거래의 제한조건을 완화하는 무역 특혜를 부여하는 협정은?
: FTA

공정무역 ★★
公正貿易

국제무역이 보다 공정하게 이루어지도록 생산자와 소비자의 상호 존중에 기반하여 생산자에게 유리한 조건으로 교역하자는 사회운동

NH농협
새마을금고

Q 더 알아보기

중개무역과 중계무역

| 중개무역 | 수출국과 수입국 사이에 제3국의 업자가 개입하여 거래를 알선 또는 주선함으로써 성립되는 무역 거래 |
| 중계무역 | 자국의 상인이 수입한 외국 물건을 국내에서 판매하지 않고 제3국에 수출하는 무역 거래 |

보호무역주의 ★★
保護貿易主義

자국의 이익을 위해 정부가 관세 · 비관세 장벽 등의 방법으로 외국 무역을 통제하고 관리해야 한다는 주장

한국보훈복지의료공단

Q 더 알아보기

자유무역주의(自由貿易主義)
국제무역에서 정부의 간섭을 최소화하는 이론으로 관세 장벽과 비관세 장벽의 철폐 주장

🗏 사용 예시

미 · 중 갈등과 코로나19로 인해 전 세계적으로 보호무역주의를 강화하고 있다.

경제 · 경영

핵심상식

해커스 한 권으로 끝내는 공기업 기출 일반상식

토빈세 ★★
Tobin tax

SGI서울보증
국립공원공단

투기 억제와 시장 안정을 위해 단기 외환거래에 부과하는 통화거래세금

Q 더 알아보기

토빈의 Q(Tobin's Q)
주식시장에서 평가된 기업의 시장가치(시가총액)를 기업 실물자본의 대체 비용(순자산가치)으로 나눈 것

⊘ 기출

핫머니의 유출입을 막기 위한 수단으로 등장한 세금은?
: 토빈세

🗒 사용 예시

외국인에게 토빈세를 도입해야 한다는 주장이 제기되고 있다.

비교우위론 ★★
比較優位論

한국환경공단

어떤 나라의 어떤 재화가 다른 나라의 재화에 비해 절대 우위에서 밀리더라도 생산의 기회비용을 고려하였을 때 상대적인 우위를 지닐 수 있다는 개념

Q 더 알아보기

절대우위론(絕對優位論)
동일한 자원을 이용해서 다른 생산자보다 더 많은 양의 상품을 생산하는 능력 또는 동일한 양의 상품을 생산하면서 자원을 더 적게 사용하는 능력

🗒 사용 예시

소비자의 54%가 국산 쌀을 고집하지 않고 가격이나 품질 등 비교우위를 따져 수입 쌀을 살 의사가 있는 것으로 조사됐다.

수출보험 ★★
輸出保險

한국수출보험공사

수출기업이 수출대금을 받지 못하거나 수출금융을 제공한 금융기관이 대출금을 회수하지 못하는 경우 그 손실을 보상해주는 정책보험 제도

Q 더 알아보기

수출보험의 보장 내용

신용위험	수입자의 신용 악화, 파산, 대금 지급 거절 등의 수출 불능 또는 수출대금 미회수 위험
비상위험	수입국에서의 전쟁·혁명·내란 등 당사자의 책임과 관계 없는 사유로 이행을 불가능하게 하는 위험

외국환평형기금 ★★
外國換平衡基金

국민연금공단

정부가 직·간접적으로 외환시장에 개입하여 외환의 매매조작을 하기 위하여 보유·운용되는 자금

Q 더 알아보기
외국환평형기금채권(外國換平衡基金債權)
외국환평형기금을 조달하기 위해 정부가 발행하는 채권으로, 원화 표시와 외화표시 두 가지 방법으로 발행

📋 사용 예시
정부는 계정성기금 중 하나인 공공자금관리기금 중 12조 원을 외국환평형기금에 쓰겠다는 계획을 발표했다.

SDR ★★
Special Drawing Rights

한국산업인력공단

국제통화기금 가맹국이 국제 수지가 악화할 때 담보 없이 필요한 만큼의 외화를 인출할 수 있는 권리

Q 더 알아보기
GDR(일반인출권)
국제통화기금(IMF)으로부터 기금할당액에 비례하여 일반적으로 사용될 수 있는 인출 권리로, GDR 사용은 자국 통화를 다른 가맹국의 통화와 교환하는 형식으로 처리

☑ 기출
국제통화기금으로부터 담보 없이 외화를 인출할 수 있는 권리는?
: SDR

📋 사용 예시
중국 런민은행은 IMF에 SDR을 발행해 187개 회원국에 유동성을 공급할 것을 요청했다.

J커브 효과 ★★
J-curve effect

부산도시공사

무역수지 개선을 위해 환율 상승을 유도하면 처음에는 무역수지가 악화하다가 상당 기간이 지난 후부터는 무역수지가 개선되는 현상

Q 더 알아보기
역 J커브 효과(逆 J-curve effect)
환율이 하락하는 초기에 수출이 잠시 증가하지만 결국 가격경쟁력이 약해져 수출이 감소하는 현상

☑ 기출
환율이 오르면 초기 무역수지가 악화하지만 시간이 지날수록 개선되는 현상은?
: J커브 효과

부메랑 효과 ★
boomerang effect

경기신용보증재단
부산경제진흥원

어떤 행동의 결과가 원래 목적을 벗어나 오히려 위협적인 결과로 다가오는 현상

🔍 **더 알아보기**

사회 현상의 종류

풍선 효과	한쪽의 문제를 해결하면 다른 쪽에서 새로운 문제가 불거지는 현상
방아쇠 효과	인간이 생태계에 인위적인 힘을 가하면 변화가 일어나고 그것이 연쇄적으로 확대되어 생태계가 파괴되는 현상

갈라파고스 증후군 ★★
Galapagos syndrome

방송통신심의위원회

기술이나 서비스 등을 국제 표준에 맞추지 못하고 자신들의 기술이나 방식만 고집하다가 세계 시장으로부터 고립되는 현상

🔍 **더 알아보기**

갈라파고스 증후군의 유래와 사례

유래	육지와 고립된 갈라파고스 제도에 외부종이 유입되어 고유종이 멸종한 것을 두고 붙여진 명칭
사례	1990년대 일본의 전자 산업이 내수 시장에만 치중하다가 세계 시장에서 고립된 경우

✅ **기출**
국제적 고립을 의미하는 것은?
: 갈라파고스 증후군

환율조작국 ★★
換率造作國

한국산업인력공단

미국이 매년 환율보고서를 통해 발표하는 것으로, 정부가 시장에 개입하여 환율을 조작하는 국가

🔍 **더 알아보기**

환율조작국의 세 가지 요건
현저한 대미 무역흑자, 상당한 경상흑자, 지속적인 한 방향 시장개입

📋 **사용 예시**
중국이 미국에 의해 환율조작국으로 지정되면서 우리나라를 비롯한 국제 외환시장이 출렁였다.

환율 ★★★
換率

서울시설공단
신용보증기금
한국산업인력공단

두 나라 사이의 화폐 교환 비율

Q 더 알아보기

환율 상승과 하락

환율 상승	수출업자나 해외펀드투자자가 유리해지나, 수입업자나 외화대출회사는 불리해짐
환율 하락	수입업자나 외화대출회사는 유리해지나, 수출업자나 해외펀드투자자는 불리해짐

직접 표시법과 간접 표시법

직접 표시법	외국 통화의 단위 가치를 자국 통화로 표시
간접 표시법	자국 통화의 단위 가치를 외국 통화로 표시

페그제 ★★
peg system

한국부동산원

자국의 통화가치를 특정 국가의 통화에 고정해 두고 정해진 환율로 교환을 약속한 고정환율제도

Q 더 알아보기

페그제의 장단점

장점	물가 안정, 무역 및 외국인 투자 증가
단점	통화가치가 자국의 경제력을 반영하지 못하면 국제 환투기 세력의 표적이 될 수 있음

변동환율제도(floating exchange rate)
환율이 외환시장의 수급에 따라 자유롭게 결정되도록 하는 제도로, 국제유동성 확보가 쉽다는 장점과 개발도상국은 환율 변동성이 커서 경제 교란 요인으로 작용할 수 있다는 단점이 있음

파리기후변화협약 ★
Paris Climate Change Accord

KAC한국공항공사
한국마사회

195개 선진국과 개발도상국 모두가 온실가스 감축에 동참하기로 한 최초의 세계적 기후협정

Q 더 알아보기

교토 의정서를 이어받은 신기후체제 국제조약으로, 2021년 이후의 새 기후변화 체제 수립을 위한 합의문이다.

파리기후변화협약 목표와 의무

목표	산업화 이전 수준 대비 지구 평균온도가 2℃ 이상 상승하지 않도록 온실가스 배출량을 단계적으로 감축
의무	참여하는 195개 당사국 모두 감축 목표 준수

경제 · 경영

핵심상식

해커스한 권으로 끝내는 공기업 기출 일반상식

Point Quiz

앞에서 학습한 상식을 문제를 풀면서 바로 점검해보세요!

01 금리를 낮춰도 경기가 살아나지 않아 중앙은행이 직접 통화를 공급하는 정책은?

① 양적 완화 　　　　　　　　　 ② 질적 완화

③ 테이퍼링 　　　　　　　　　　 ④ 긴축정책

02 기업이 직원이 필요할 때마다 계약직 혹은 임시직으로 사람을 고용하는 경제 형태는?

① 구독경제 　　　　　　　　　　 ② 공유경제

③ 온디맨드 　　　　　　　　　　 ④ 긱 이코노미

03 제품 기획이나 판매 활동에도 적극적으로 참여하는 창조적 소비자는?

① 프로슈머 　　　　　　　　　　 ② 크리슈머

③ 블루슈머 　　　　　　　　　　 ④ 체리피커

04 주식 이외의 기초자산과 연계되어 가격 변동에 따라 수익이 결정되는 상품은?

① DLF 　　　　　　　　　　　　 ② ELS

③ ETF 　　　　　　　　　　　　 ④ MMF

05 첨단장비를 가지고 시간과 장소에 상관없이 일하는 사람을 의미하는 신조어는?

① 긱 워커 　　　　　　　　　　　 ② 디지털 노마드

③ 하우스 노마드 　　　　　　　　 ④ 방콕족

06 사회구성원 모두에게 최소 생활비를 지급하는 제도는?

① 기본소득제   ② 선별적 복지제도

③ 뉴딜정책   ④ 온디맨드

07 중 · 서민층의 소비 증대가 경기 부양에 효과가 있다는 이론은?

① 낙수 효과   ② 분수 효과

③ 나비 효과   ④ 구축 효과

08 기업이 해외로 진출했다가 다시 본국으로 돌아오는 현상은?

① 리쇼어링   ② 오프쇼어링

③ 관성효과   ④ 워크셰어링

09 기업이 기술과 정보 등을 투자자들에게 공개하고 가상화폐를 받아 투자금을 조달하는 방법은?

① ISA   ② IRP

③ IPO   ④ ICO

10 M&A 전략과 가장 관계가 적은 것은?

① 공개매수   ② 포이즌 필

③ 황금낙하산   ④ 스튜어드십 코드

정답   01 ①   02 ④   03 ②   04 ①   05 ②   06 ①   07 ②   08 ①   09 ④   10 ④

11 기업이 고객의 수요를 의도적으로 줄이는 마케팅 기법은?

① 코즈마케팅   ② 노이즈 마케팅

③ 디마케팅   ④ 버즈마케팅

12 친환경 요소를 경쟁기반으로 하는 시장은?

① 그린오션   ② 레드오션

③ 블루오션   ④ 퍼플오션

13 성장주의 특징과 가장 거리가 먼 것은?

① 고PER   ② 저수익

③ 고PBR   ④ 저배당

14 투기 억제와 시장 안정을 위해 단기 외환거래에 부과하는 통화거래세금은?

① 토빈세   ② 구글세

③ 링크세   ④ 치킨세

15 예금은행의 자금 조달 비용을 반영하여 산출하는 주택담보대출 기준금리는?

① 콜금리   ② COFIX

③ 우대금리   ④ 가산금리

16 다음 중 주택담보대출 규제제도가 아닌 것은?

① LTV ② DTI
③ DSR ④ PER

17 헤지펀드와 기관투자자 등이 보유하고 있는 포지션을 정리하고 현금화하는 과정은?

① 공매도 ② 숏 커버링
③ 디그로싱 ④ 백워데이션

18 의도적으로 비용 지출을 늘려 매수자가 손해를 볼 것이라는 판단이 들게 함으로써 매수 포기를 유도하는 전략은?

① 포이즌 필 ② 스톡옵션
③ 규제 샌드박스 ④ 워크셰어링

19 기업경영에 따른 재무 상태와 현황을 표시한 보고서는?

① 예대율 ② 재무제표
③ 순자본비율 ④ CRB 지수

20 지구온난화 방지를 위해 온실가스 배출량을 감축하자는 국제협약은?

① 도쿄의정서 ② 파리기후변화협약
③ 우루과이라운드 ④ 난징조약

정답 11 ③ 12 ① 13 ② 14 ① 15 ② 16 ④ 17 ③ 18 ① 19 ② 20 ②

문제를 풀면서 학습한 상식을 점검하였다면 상식 Up 완성 용어를 빠르게 훑어보면서 상식 수준을 한 단계 더 높여보세요!

넛크래커 nut cracker	선진국과는 기술과 품질경쟁에서, 후발 개발도상국과는 가격경쟁에서 밀리는 현상
엥겔의 법칙 Engel's law	소득 수준이 낮을수록 생계비에서 차지하는 식료품 비율이 높다는 법칙
모디슈머 Modisumer	새로움을 추구하며 자신만의 방식으로 제품을 활용하는 소비자
칵테일 위기 cocktail of risk	다양한 악재가 동시다발적으로 일어나는 상황
데킬라 효과 tequila effect	한 국가의 금융 위기가 주변 국가로 확산하는 현상
모라토리엄 moratorium	국가·지방자치단체가 외부에서 빌린 돈의 상환을 미루는 것
어닝쇼크 earning shock	기업이 예상보다 저조한 실적을 발표하여 주가에 영향을 미치는 상황
펜트업 효과 Pent-up effect	억눌렸던 수요가 급속도로 살아나는 현상
역선택 Adverse Selection	정보의 비대칭으로 인해 불리한 선택을 하는 상황
빅맥지수 Big Mac index	각국의 통화가치를 맥도날드 빅맥 햄버거의 가격 기준으로 비교하는 지수
워크아웃 workout	부도 위기에 처했으나 회생시킬 가치가 있는 기업을 살려내는 작업
쇼루밍족 showroomer	오프라인에서 제품을 살펴보고 온라인에서 저렴한 가격에 구매하는 사람
유니콘 기업 unicorn	기업 가치가 10억 달러 이상인 비상장 스타트업 기업
소니보노법 Sony Bono law	저작권 보호 기간을 사후 50년에서 70년으로 연장하는 저작권법

소셜벤처 social venture	사회적 문제 해결을 위해 설립한 사회적 기업
바이럴마케팅 viral marketing	온라인에서 소비자들이 자연스럽게 정보를 퍼트리게 하는 마케팅
치킨세 chicken tax	미국이 자국으로 수입되는 소형트럭에 25%의 고율 관세를 적용하는 제도
백로 효과 snob effect	상품에 대한 소비가 증가하면 그 수요는 오히려 줄어드는 현상
ISM 지수 Institute for Supply Management	미국 공급자관리협회가 미국 내 특정 회사를 대상으로 매달 설문조사하여 산출하는 지수
링크세 Link tax	유럽연합(EU)에서 IT 플랫폼 사업자들이 언론사 뉴스를 링크할 때 지불하는 저작권료
빅테크 big tech	온라인 플랫폼을 통해 금융 시장 등 다양한 분야에 진출한 대형 IT 기업
아마존드 Amazonned	미국의 전자상거래 업체 아마존이 각종 사업에 진출하면서 시장질서가 파괴되는 상황
디커플링 decoupling	한 나라의 경제가 세계경제의 흐름과 달리 독자적인 흐름을 보이는 것
스트레스 테스트 Stress test	금융시스템의 취약성을 측정하여 안정성을 평가하는 것
벌처펀드 vulture fund	부실기업이나 부실채권에 투자하여 이익을 얻는 자금
신용스프레드 credit spread	국고채와 회사채 간 금리 차이
상장지수펀드 Exchange Traded Fund	주식처럼 거래할 수 있고 특정 주가지수에 따라 수익률이 결정되는 펀드
뱅크런 Bank Run	금융 위기로 고객들이 대규모로 예금을 인출하는 사태
XY 이론 XY Theory	경영자·관리자가 종업원을 대하는 인간관에 관한 이론
CMA Cash Management Account	예금을 어음이나 채권에 투자하고 그 수익을 고객에게 돌려주는 금융 상품

경제·경영

핵심상식

해커스 한 권으로 끝내는 공기업 기출 일반상식

사회

최근 출제 비중

20%

- 사회 분야는 넓은 범위를 다루는 편이므로 복지제도, 노동, 환경 협약 등 전반적으로 사회가 어떻게 변화했는지 파악하는 것이 중요합니다.
- 유사한 용어가 많으므로 '더 알아보기'를 통해 유사한 용어를 비교하며 학습해야 오답률을 낮출 수 있습니다.

사회

243

코로나19 ★★★
COVID-19

2019년 12월 중국 우한에서 처음 발생해 전 세계로 확산하고 있는 제1급 신종 감염병 증후군

Q 더 알아보기
감기 등 호흡기 질환을 유발하는 바이러스로, 잠복기는 2~14일 정도이며 주요 증상으로는 발열과 기침, 인후통, 호흡곤란 등이 있으며 심하면 사망에 이를 수 있다.

244

아노미 ★★
anomie

한국환경공단

사회적 규범이나 가치관이 붕괴됨에 따라 느끼게 되는 혼돈 상태 혹은 규제가 없는 상태

Q 더 알아보기
일탈행동(逸脫行動)
사회구성원들이 정상적인 것으로 인정하는 사회규범의 허용 한계를 벗어나는 행동

게젤샤프트 ★★★
gesellschaft

서로 같은 이익이나 목적을 달성하기 위하여 선택의 지에 의해 개방적으로 결합한 인위적이고 이해타산적인 이익사회

한국전력공사

Q 더 알아보기
게마인샤프트와 게노센샤프트

게마인샤프트 (공동사회)	가족, 부족과 같이 감성 또는 본능적 의지의 작용에 의해 자연적으로 결합된 집단
게노센샤프트 (협동사회)	학교와 같이 지배관계를 포함하지 않는 공동사회적 성격이 강한 집단

메트로폴리스 ★★
metropolis

전국적인 기반 위에 정치·경제·정보 등의 사회적 기능과 인구가 고도로 집중화된 대도시

국민체육진흥공단

Q 더 알아보기
메갈로폴리스와 테크노폴리스

메갈로폴리스	메트로폴리스가 띠 모양으로 연결된 거대한 도시 집중 지역
테크노폴리스	인구 15만 명 이상의 지방 도시 근교에 기술 중심의 기업 단지와 학구적 연구시설이 집중된 도시

✓ 기출
기술 중심 기업 단지와 학구적 연구시설이 집중된 인구 15만 명 이상의 도시는?
: 테크노폴리스

콤팩트시티 ★★
compact city

고밀도 도시 개발을 통해 주거·사무·쇼핑·문화시설을 밀집하여 도시 기능과 거주 기능을 집약한 도시 개발 형태

Q 더 알아보기
20세기 중반 이후 도시가 팽창하면서 도시 문제가 발생하였고 무분별한 환경 파괴가 복합적으로 발생하면서 여러 나라에서 지속가능한 개발을 지향하는 콤팩트시티의 실현을 국가 도시정책 목표로 설정하였다.

베드타운 ★
bed town

도심에서 근무하고 밤이 되면 돌아오는 사람들의 주거지 역할을 위해 주거와 소비기능 위주로 도심 외곽에 형성된 지역

한국보훈복지의료공단

Q 더 알아보기

위성도시(衛星都市)
서울 같은 중심 대도시 주변에 위치하면서 분당, 일산, 안양, 부천 등 경제·문화적으로는 중심도시의 영향권에 있는 독립된 도시

目 사용 예시
자족 시설 용지를 확보하여 베드타운이라는 오명에서 벗어나기 위한 도약의 발판을 마련했다.

스프롤 현상 ★★★
sprawl phenomena

도시가 급격히 팽창하고 부동산 가격이 급등하면서 도시 주변이 무질서하게 확대되는 현상

LH한국토지주택공사
평택도시공사

Q 더 알아보기

빨대 효과(straw effect)
고속철도나 고속도로 개통으로 인해 대도시가 주변 중소도시의 인구나 경제력을 흡수하는 현상

⊘ 기출
급속한 도시 팽창으로 인해 주변이 무질서하게 확대되는 현상은?
: 스프롤 현상

U턴 현상 ★★
도시 생활 부적응, 생활비 부담, 직장의 지방 전근 등의 이유로 대도시에 취직한 지방 출신자가 고향으로 돌아가는 노동력 이동 현상

Q 더 알아보기

J턴 현상과 I턴 현상

J턴 현상	대도시에서 생활하던 노동자가 고향과 가까운 중소 지방 도시에 취직하는 현상
I턴 현상	고향이 도시인 사람들이 출신지와 무관한 농촌에 정착하는 현상

目 사용 예시
도시 생활을 거부하는 이들의 증가로 U턴, J턴, I턴 등으로 귀농귀촌의 흐름이 변화하고 있다.

251

인구 공동화 현상 ★★★
人口空洞化現象

주민들이 도시 외곽으로 이동하여 도시 중심부의 상주 인구밀도가 감소하고 도시 주변의 인구가 증가하는 현상

Q 더 알아보기

도넛 현상(doughnut pattern)
인구 공동화 현상의 다른 이름으로, 도심지가 주거 공간으로 부적합하여 주민들이 도시 외곽으로 옮겨 가면서 도심지가 텅 비어 도넛과 같은 모양이 되는 것을 의미

252

님비 현상 ★★★
Not In My Back Yard

부산도시공사
한국보훈복지의료공단

사회적으로 필요한 혐오 시설이 자기 지역에 설치되는 것을 강력히 반대하는 현상

Q 더 알아보기

님투 현상과 바나나 현상

님투 현상	공직자가 자신의 임기 중에 혐오 시설 설치를 회피하려는 현상
바나나 현상	유해 시설 설치를 반대하는 지역이기주의 현상

253

핌피 현상 ★★★
Please In My Front Yard

부산도시공사

지역 발전에 도움이 되는 시설이나 기업을 적극적으로 자기 지역에 유치하려는 현상

Q 더 알아보기

핌투 현상(Please In My Terms Of Office)
공직자가 자신의 임기 중에 문화센터나 대규모 경기장 등 선호 시설을 유치하려는 행태

254

눔프 현상 ★
Not Out Of My Pocket

KAC한국공항공사
한국문화예술위원회

복지 확대는 찬성하지만 필요한 재원 증세에는 반대하는 현상

🗐 사용 예시

무상복지에 대한 요구에 비해 증세에 대한 반대가 심해 눔프 현상이 우리 사회를 지배한다는 비판이 나오고 있다.

젠트리피케이션 ★★★
gentrification

HF한국주택금융공사
IBK기업은행
소상공인시장진흥공단
한국문화예술위원회
한국소비자원
한국언론진흥재단

낙후된 도심 부근 주거 지역에 중산층 등 비교적 상위 계층의 사람들이 유입되면서 임대료가 오르고 기존 거주자 또는 임차인들이 내몰리는 현상

🔍 **더 알아보기**
지주계급 또는 신사계급을 뜻하는 '젠트리(gentry)'에서 유래하였다.

📄 **사용 예시**
대세 상권으로 떠오른 망리단길이 임대료 상승으로 인한 젠트리피케이션 현상과 코로나19 확산으로 인해 위기에 직면하였다.

디지털 디바이드 ★★★
digital divide

디지털이 보편화되면서 이를 잘 이용하는 계층은 지식과 소득이 늘어나는 반면, 그렇지 못한 계층은 발전하지 못해 경제 · 정치 · 사회 · 문화적 격차가 벌어지는 현상

🔍 **더 알아보기**
하우스 디바이드(house divide)
부동산 가격의 상승으로 인해 주택 유무, 집값의 격차에 따라 계층 격차가 벌어지는 현상

📄 **사용 예시**
최근 디지털 디바이드로 인한 비(非)디지털 세대 어르신들의 불편이 더 커지고 있다.

제로섬 사회 ★
zero-sum society

KBS
서울교통공사

자원 혹은 사회적 부의 총량이 일정하여 한 가지 문제를 해결하려 하면 다른 계층의 이해 충돌 및 반대에 부딪혀 문제를 해결하기 어려워지는 사회

🔍 **더 알아보기**
승자의 이득과 패자의 손실을 합치면 0이 되는 '제로섬(zero-sum)' 상황에서 유래하였다.

258

고령화 사회 ★★★
高齡化社會

농촌진흥청
포항시시설관리공단

총인구 중 65세 이상 인구 비율이 7% 이상인 사회

Q 더 알아보기
고령 사회와 초고령 사회

고령 사회	65세 이상 인구 14% 이상
초고령 사회	65세 이상 인구 20% 이상

✓ 기출
고령 사회는 전체 인구 중 65세 이상 인구가 얼마 이상인가?
: 14%

259

슬로시티 ★★
Slowcity

부산경제진흥원

느림의 미학을 기반으로 자연 생태 환경과 전통문화를 지키는 삶을 추구하는 사회 운동

Q 더 알아보기
슬로푸드(slow food)
전통적이고 다양한 방식으로 정성스럽게 만드는 음식

260

지니계수 ★★★
Gini's coefficient

NH농협은행
공무원연금공단
한국환경공단

빈부격차와 계층 간 소득분배의 불평등 정도를 나타내는 수치로, 0~1에서 1에 근접할수록 불평등해지는 것을 의미

Q 더 알아보기
로렌츠 곡선(Lorenz curve)
소득분포의 불평등 정도를 나타내는 곡선

261

십분위분배율 ★
十分位分配率

소득분배의 불평등 정도를 알아볼 수 있는 지표로, 0~2에서 0에 근접할수록 불평등해지는 것을 의미

Q 더 알아보기
앳킨슨 지수(Atkinson index)
앳킨슨이 창안한 불평등 정도를 측정한 지표

절대빈곤율 ★★
絕對貧困率

소득과 기초생활비를 비교하는 수치 중 하나로, 한 달 가처분소득이 법정 최저생계비에도 미치지 못하는 절대빈곤 가구의 비율

🔍 **더 알아보기**
가처분소득(可處分所得)
총소득 가운데 세금과 사회보장 부담금을 빼고 실질적으로 쓸 수 있는 돈

프로보노 ★
pro bono

포항시시설관리공단

각 분야 전문가들이 전문적 지식이나 서비스를 공익 차원에서 무료로 제공하는 활동

🔍 **더 알아보기**
프로보노의 예시
변호사의 무료 법률상담, 의사의 무료 의료봉사 등

🗒 **사용 예시**
식품업계에서 30년간 일한 김 씨는 은퇴 후 발달장애인들이 운영하는 사회적 기업을 돕는 프로보노 활동을 시작했다.

호스피스 ★★
hospice

수도권매립지관리공사

죽음을 앞둔 환자들이 편안하고 인간답게 임종을 맞도록 위안을 베푸는 봉사활동 또는 그런 일을 하는 사람

🔍 **더 알아보기**
요양병원(療養病院)
요양 환자 30인 이상을 수용할 수 있고 의료 서비스 제공을 목적으로 하는 의료기관

해비타트 ★★
Habitat

LH한국토지주택공사

전 세계 무주택 서민들의 주거 문제를 해결하기 위해 창설된 비영리 민간단체

🔍 **더 알아보기**
일반 건축비의 60% 정도의 가격으로 자원봉사자들에 의해 건설되며 완성된 주택은 무이자·비영리 원칙으로 무주택 가정에 판매된다.

그린피스 ★★★
Greenpeace

서울특별시농수산식품공사

세계 3대 민간환경단체의 하나로, 반핵과 자연보호 운동을 위해 설립된 환경단체

🔍 **더 알아보기**
세계 3대 민간환경단체
그린피스, 세계자연보호기금, 지구의 벗

국경없는의사회 ★★★
Medecins Sans Frontieres

서울신용보증재단

전 세계 분쟁 지역에서 구호 활동을 하는 국제 인도주의 의료 구호 단체

🔍 **더 알아보기**
1971년 설립되어 정부나 이념단체의 지원을 받지 않고 주로 개인 기부금으로 재정을 충당한다.

문재인 케어 ★★★

비급여 의료 항목을 급여로 전환하는 내용을 담은 문재인 정부의 건강보험 보장성 강화 대책

🔍 **더 알아보기**
미용·성형 등을 제외한 대부분의 의료비에 건강보험을 적용하는 것으로, 2017년 8월 9일 문재인 대통령이 직접 발표하였다.

잔여적 복지 ★
殘餘的福祉

사회적 취약계층만을 대상으로 일시적이고 보완적인 원조를 제공해야 한다는 입장의 복지정책

🔍 **더 알아보기**
제도적 복지
사회통합을 위해 소득 재분배기능으로 전 국민의 삶을 향상시켜야 한다는 입장의 복지정책

사회보장제도 ★
社會保障制度

언론중재위원회

실업이나 재해 등의 이유로 곤경에 처한 사람에게 국가가 최소한의 생활을 보장하는 제도

🔍 **더 알아보기**
사회보장제도의 6원칙
보편성, 형평성, 민주성, 연계성, 전문성, 공공책임

공공부조 ★★★
公共扶助

국민연금공단
한국농어촌공사

국가 및 지방자치단체가 생활 유지 능력이 없거나 생활이 어려운 빈곤층 국민의 최저생활을 보장하고 자립을 지원하는 경제적 보호제도

🔍 **더 알아보기**

공공부조의 장단점

장점	소득 재분배 효과
단점	조세 부담 가중, 근로 의욕 감퇴, 도덕적 해이

✅ **기출**

공공부조의 긍정적인 효과로 보기 어려운 것은?
: 근로 의욕 고취

사회보험 ★★★
社會保險

한국농어촌공사
한국보훈복지의료공단

국가의 책임하에 국민의 건강과 소득 보장을 위하여 강제적으로 가입하도록 하는 사회보장제도

🔍 **더 알아보기**

우리나라의 4대 사회보험
국민건강보험, 국민연금, 산업재해보상보험(산재보험), 고용보험

마이크로 크레디트 ★★
Microcredit

신협

자활 의지가 있으나 신용이 낮아 제도권 금융기관을 이용할 수 없는 저소득·저신용 계층을 지원하는 무담보 소액대출제도

✅ **기출**

저소득층의 자립을 위한 무담보 소액대출제도는?
: 마이크로 크레디트

그라민 은행 ★★★
Grameen Bank

서울신용보증재단

1983년 방글라데시의 무하마드 유누스 교수가 빈곤 퇴치의 일환으로 설립한 소액대출 은행

🔍 **더 알아보기**

방글라데시어로 '동네 또는 마을'이라는 뜻으로, 설립자인 무하마드 유누스와 그라민 은행이 2006년도 노벨 평화상 공동 수상자로 선정되었다.

차티스트 운동 ★★★
Chartist Movement

한국환경공단

1838~1848년 영국의 노동자층이 전개한 선거권 확대를 위한 민중 운동

🔍 **더 알아보기**
차티스트 운동의 영향으로 부유한 사람에게만 한정되었던 선거권이 점차 노동자, 농민, 여성들에게 확대되었다.

✅ **기출**
영국 노동자들의 참정권 확대 운동은?
: 차티스트 운동

베버리지 보고서 ★★★
Beveridge Report

경기문화재단
국민연금공단

영국 경제학자인 윌리엄 베버리지가 정부의 위촉을 받아 사회보장에 관한 문제를 조사 · 연구한 보고서

🔍 **더 알아보기**
5대 사회악
궁핍(want), 질병(disease), 무지(ignorance), 불결(squalor), 나태(idleness)

그리드 패리티 ★
Grid parity

서울특별시농수산식품공사
전남신용보증재단
한국전력공사
한국중부발전

석유 · 석탄 등 화석 에너지 발전 단가와 태양 · 풍력 등 신재생 에너지 발전 단가가 같아지는 균형점

🔍 **더 알아보기**
국제유가가 상승하고 태양전지 모듈 가격 하락 등 기술발전과 신재생 에너지 육성 정책에 따라 그리드 패리티 도달 시점이 빨라지고 있다.

네덜란드병 ★
Dutch disease

해양환경공단

석유 · 가스 등 자원개발로 일시적인 경기 호황을 누리다가 물가와 통화가치 상승으로 인해 국내 제조업 기반이 붕괴해 경제가 침체하는 현상

🔍 **더 알아보기**
1959년 북해유전의 발견으로 호황을 누렸지만, 이로 인한 통화가치 급등과 물가 상승 및 석유제품을 제외한 제조의 경쟁력 상실로 인해 극심한 경제적 침체를 맞이한 사례에서 유래되었다.

고리원전 1호기 ★★★
古里原電 一號機

2017년 가동 정지된 우리나라 최초의 원자력 발전소

한국수력원자력
한전KPS

🔍 **더 알아보기**

한국 원전 사고의 대부분이 고리 1호기에서 일어날 정도로 사고가 잦아 폐기를 주장하는 사람들이 많았으며, 이에 산업통상자원부에서 고리 1호기를 수명 연장 신청하지 못하고 2017년 가동 정지하였다.

원자력발전소 현황

운영	고리 2·3·4호기, 신고리 1·2·3·4호기, 월성 2·3·4호기, 신월성 1·2호기, 한빛 1·2·3·4·5·6호기, 한울 1·2·3·4·5·6호기 등 총 24기
영구정지	고리 1호기(2017년), 월성 1호기(2019년)

월성원전 1호기
1982년 가동을 시작해 2019년 가동 정지된 우리나라 최초의 가압중수로형 원자력 발전소

머피의 법칙 ★★
Murphy's law

일이 바라던 대로 풀리지 않고 오히려 나쁜 방향으로 꼬이는 상황

한국보훈복지의료공단

🔍 **더 알아보기**

샐리의 법칙과 줄리의 법칙

샐리의 법칙	자기에게 유리한 일이 우연히 계속 일어나는 상황
줄리의 법칙	간절히 바라던 일이 언젠가는 현실로 이루어진다는 법칙

가정간편식 ★★
Home Meal Replacement

기존의 냉장·냉동식품보다 신선도가 높고 단순한 조리 과정만 거치면 완성되는 간편 조리 즉석식품

🔍 **더 알아보기**

PB 상품(Private Brand products)
백화점 등 대형 소매업체에서 독자적으로 제작한 자체브랜드 제품

📄 **사용 예시**

가정간편식 차례상을 준비하는 소비자가 늘어나면서 가정간편식 제수용품 매출이 전년 대비 70% 증가하였다.

게임시간 선택제 ★★
selective shut down system

본인이나 부모의 요청으로 만 18세 미만 청소년의 게임접속을 차단하는 제도

🔍 **더 알아보기**

'선택적 셧다운제'로 불렸으나, 어감이 강압적이라는 이유에서 '게임시간 선택제'로 명칭이 변경되었다.

강제적 셧다운제(shutdown)
만 16세 미만 청소년의 오전 0시부터 오전 6시까지 심야시간 게임이용을 차단하는 제도로, 2022년 1월 1일부로 폐지

🗒 **사용 예시**

청소년들이 새벽 시간에 게임을 접속하지 못하게 막는 '강제적 셧다운제'가 폐지되고, 학부모가 시간을 결정하는 '게임시간 선택제'로 일원화된다.

레드존 ★
red zone

한국보훈복지의료공단

유흥업소 · 숙박업소 밀집 지역 등 유해환경으로부터 청소년을 보호하기 위해 통행을 금지 · 제한하는 구역

🔍 **더 알아보기**

블루존(blue zone)
청소년들이 안전하게 활동할 수 있도록 유해업소 단속을 강화하는 안전지대

산업재해 레드존
고용노동부가 지정 · 관리하는 산업재해 사망사고가 빈발한 지역

스쿨존 ★★★
school zone

국민연금공단
언론중재위원회

교통사고 위험을 막기 위해 유치원 · 초등학교 주변에 지정하는 어린이 보호구역

🔍 **더 알아보기**

학교 정문에서 300m 이내의 통학로로, 도로교통법에 따라 구역 내 주정차가 금지되고 차량 속도도 시속 30km 이내로 제한된다.

✅ **기출**

초등학교 주변에 지정되는 스쿨존의 차량 속도 제한 기준은?
: 시속 30km 이내

슬리핑 차일드 체크 ★
Sleeping Child Check

통학차량 운전기사가 내부 좌석을 확인하고 뒷좌석에 있는 벨을 눌러야 시동을 끄고 문을 닫을 수 있도록 하는 어린이 하차 확인 시스템

🔍 **더 알아보기**
현재 우리나라를 비롯하여 미국과 캐나다 등에서 시행되고 있다.

🗒 **사용 예시**
최근 운전기사의 부주의로 통학차량 안에 아동이 장시간 혼자 남겨져 있는 사례가 늘어나면서 슬리핑 차일드 체크의 필요성이 대두되고 있다.

법정 공휴일 ★★★
法定公休日

화성시문화재단

'관공서의 공휴일에 관한 규정(대통령령)'에 의해 공휴일이 된 날

🔍 **더 알아보기**
국경일(國慶日)
나라의 경사스러운 날을 기념하기 위해 '국경일에 관한 법률'에 의해 지정된 날

✅ **기출**
국경일이지만 법정 공휴일이 아닌 날은?
: 제헌절

대체휴일제 ★★★
代替休日制

공무원연금공단

공휴일이 휴일인 토·일요일과 겹치는 경우, 그 공휴일 다음 날인 월요일을 대체휴일로 보장하는 제도

🔍 **더 알아보기**
초기에는 설·추석 연휴와 어린이날에만 적용됐으나, 2021년 8월 15일부터 부처님오신날과 현충일, 성탄절을 제외한 모든 공휴일로 확대되었다.

분양가상한제 ★★★
分讓價上限制

주택 분양 시 주택 가격을 원가에 연동하여 책정하는 제도

🔍 **더 알아보기**
투기수요를 억제하고 집값을 안정시키기 위해 시행되었다.

주택임대차보호법 ★
住宅賃貸借保護法

aT한국농수산식품유통공사
HF한국주택금융공사
한국중부발전

국민 주거생활의 안정을 보장하기 위해 주거용 건물의 임대차에 관하여 민법에 대한 특례를 규정한 법률

🔍 **더 알아보기**
사회적 약자인 세입자를 보호하기 위해 주택임차인의 대항력과 보증금 우선변제권을 인정하고 임대차 기간 2년을 보장한다.

✅ **기출**
주택임대차보호법에서 보장하는 임대차 기간은?
: 2년

샹그릴라 증후군 ★★★
Shangri-La syndrome

늙지 않고 최대한 젊게 살고 싶은 중·장년층이 증가하면서 노화를 순응의 대상이 아닌 극복의 대상으로 인식하는 심리 현상

🔍 **더 알아보기**
샹그릴라(Shangri-La)
소설 『잃어버린 지평선』에서 영원한 젊음을 누릴 수 있는 지상낙원으로 묘사된 가상의 도시

가면 증후군 ★★
Imposter syndrome

aT한국농수산식품유통공사

유능한 사람이 자신의 업적이 운이라고 생각하여 언젠가 무능이 밝혀질까 불안해하는 심리 현상

🔍 **더 알아보기**
자신을 자격 없는 사람 또는 사기꾼(imposter)이라고 생각하기도 하여 사기꾼 증후군이라고도 불린다.

꾸바드 증후군 ★
Couvade syndrome

임신한 부인 대신에 남편이 구토, 식욕 상실 등 육체적·심리적 증상을 부인과 똑같이 겪는 현상

🔍 **더 알아보기**
'알을 품다'라는 뜻의 프랑스어 'Couver'에서 유래하였으며, 2007년 브래넌 박사가 임신한 아내를 둔 남성 282명을 대상으로 한 연구를 통해 입증하였다.

번아웃 증후군 ★★
Burnout syndrome

한 가지 일에 지나치게 몰두하던 사람이 신체적·정신적으로 극도의 피로감을 느껴 무기력증, 직무 거부 등에 빠지는 증후군

노원구서비스공단
방송통신심의위원회

Q 더 알아보기
슈퍼노바 증후군(Supernova syndrome)
목표를 향해 최선을 다해 살아온 사람이 성공한 후 갑작스럽게 허탈감을 느끼는 현상

⊘ 기출
하나에 지나치게 몰두하다가 극심한 피로감을 느끼는 증상은?
: 번아웃 증후군

스톡홀름 증후군 ★★★
Stockholm syndrome

인질이 인질범들에게 심리적으로 공감하거나 긍정적인 감정을 느끼는 비이성적인 현상

국민건강보험

Q 더 알아보기
리마 증후군(Lima syndrome)
인질범이 인질들에게 동화되어 공격적 태도가 약화하는 현상

파랑새 증후군 ★★★
Bluebird syndrome

현실에 만족하지 못하고 장래의 막연한 이상만을 추구하는 병적인 증상

KBS
한국농어촌공사

Q 더 알아보기
피터팬 증후군(Peter Pan syndrome)
나이가 들어도 사회에 적응하지 못하고, 책임을 지고 싶지 않은 어른아이와 같은 심리 상태

제노비스 신드롬 ★★★
Genovese syndrome

주위에 목격자가 많을수록 책임감이 분산되어 위험에 빠진 사람을 도와주지 않고 방관하는 현상

Q 더 알아보기
다른 이름으로 방관자 효과, 구경꾼 효과가 있다.

나르시시즘 ★
narcissism

한국농어촌공사

자기 자신에게 애착하는 현상

🔍 **더 알아보기**
그리스 신화에 나오는 자신의 모습에 반한 나르키소스라는 미소년의 이름에서 유래하였다.

루키즘 ★
lookism

한국사회적기업진흥원

외모에 지나치게 집착하는 외모지상주의로 인해 다이어트 강박증이나 성형 중독 등의 부작용을 일으키는 경향 혹은 그러한 사회 풍조

🔍 **더 알아보기**
2000년 8월 뉴욕타임스 칼럼니스트인 윌리엄 새파이어가 사용하면서 시작되었다.

📋 **사용 예시**
아이돌 평균 연령이 낮아지면서 이들의 외모를 동경하여 무리하게 다이어트를 하거나 화장을 하는 등 외모에 집착하는 루키즘에 대한 우려가 커지고 있다.

엘렉트라 콤플렉스 ★★
Electra complex

부천시협력기관통합채용
한국농어촌공사

딸이 아버지에게 애정을 갖고 어머니를 경쟁자로 인식하여 반감을 갖는 경향

🔍 **더 알아보기**
오이디푸스 콤플렉스(Oedipus complex)
아들이 아버지를 증오하고 어머니에게 무의식적인 성적 애착을 갖는 경향

데자뷰 ★★
deja vu

처음 보거나 경험하는 것을 이미 본 적이 있거나 경험했다고 느끼는 심리 상태 혹은 기시감

🔍 **더 알아보기**
자메뷰(jamais vu)
이미 보거나 경험한 것을 처음 보거나 경험한 것처럼 느끼는 기억 장애 혹은 미시감

바넘 효과 ★★
Barnum effect

기장군도시관리공단

보편적으로 가지고 있는 성격 특성을 자신만의 특성으로 믿으려는 심리적 경향

🔍 **더 알아보기**
관련 실험을 한 미국의 심리학자 포러의 이름을 따서 '포러 효과'라고도 한다.

📋 **사용 예시**
모호한 결과를 나타내는 혈액형 성격 테스트는 전형적인 바넘 효과의 결과물이다.

베르테르 효과 ★★★
Werther effect

부천시협력기관통합채용
한국장애인고용공단

유명인이나 선망하던 연예인이 죽고 나서 이들을 따라 자살을 시도하는 현상

🔍 **더 알아보기**
19세기 소설 『젊은 베르테르의 슬픔』이 인기를 끌면서 주인공처럼 자살하는 젊은이들이 급증하였고, 1974년 미국의 사회학자 필립스가 이런 현상을 '베르테르 효과'라고 명명하였다.

파파게노 효과 ★
Papageno effect

KBS
한국문화예술위원회
한국소비자원

자살 관련 언론 보도를 자제하는 것만으로도 자살률이 낮아지는 효과

🔍 **더 알아보기**
모차르트의 오페라 <마술피리>에 등장하는 새잡이꾼 파파게노가 세 요정들에 의해 자살충동을 극복한 일화에서 유래하였다.

파노플리 효과 ★★
Panoplie effect

대전도시철도공사
대한체육회
한전KPS

특정 상품을 구매하며 그것을 소비할 것으로 예상되는 계층 및 집단과 자신을 동일시하는 현상

🔍 **더 알아보기**
프랑스 철학자 보드리야르가 밝힌 개념으로, 상류층으로 신분 상승하고 싶은 마음이 명품 브랜드, 고급 커피 등의 구매로 이어지는 현상이 해당된다.

✅ **기출**
파노플리 효과를 밝힌 사람은?
: 보드리야르

스티그마 효과 ★★★
Stigma effect

다른 사람들에게 부정적인 낙인이 찍히면 실제로 행태가 나쁜 쪽으로 변하고 부정적인 인식이 지속되는 현상

한국환경공단

Q 더 알아보기

스티그마(stigma)는 '불에 달군 인두로 가축 몸에 찍는 낙인(烙印)'이라는 뜻으로, 처음 범죄를 저지른 사람에게 범죄자라는 낙인을 찍으면 결국 재범을 저지를 가능성이 높다는 낙인이론에서 유래되었다.

피그말리온 효과 ★★
Pygmalion effect

긍정적 기대가 있을 때 그 기대에 부응하는 긍정적 행태를 보이는 현상

국립공원공단
한국농어촌공사
한국환경공단

Q 더 알아보기

로젠탈 효과(Rosenthal effect)
성취에 대한 기대가 클수록 성공할 확률이 높아지는 현상

☑ 기출

칭찬은 고래도 춤추게 한다는 말과 관련된 용어는?
: 피그말리온 효과

자이가르닉 효과 ★
Zeigarnik effect

일이나 행동 등을 완성하지 못하거나 도중에 멈춘 경우 미련이 남아 마음속에서 쉽게 지우지 못하는 현상

Q 더 알아보기

므두셀라 증후군(Methuselah syndrome)
나쁜 기억은 지우고 좋은 기억만 남기려는 심리

링겔만 효과 ★★
Ringelmann effect

집단에 참여하는 개인의 수가 증가할수록 1인당 공헌도가 현격히 저하되는 현상

EBS

Q 더 알아보기

프랑스 농업 엔지니어 링겔만의 실험에서 유래하였으며, 집단이 커질수록 도덕적 해이의 강도가 높아지면서 발생한다.

플라시보 효과 ★★★
Placebo effect

효과 없는 가짜 약을 진짜 약이라고 알려주면 환자의 긍정적인 믿음으로 인해 증상이 호전되는 현상

서울신용보증재단
한국환경공단

🔍 **더 알아보기**
노시보 효과(Nocebo effect)
약효에 대한 불신으로 인해 진짜 약을 처방해도 약효가 나타나지 않는 현상

📋 **사용 예시**
실제로 플라시보 효과로 심리적·신체적인 병세가 호전된다는 연구 결과가 다수 발표되었다.

헤일로 효과 ★★
Halo effect

어떤 대상이나 사람에 대한 일반적 견해가 대상의 구체적인 특성을 평가하는 데 영향을 미치는 현상

한국전기안전공사
한전KPS

🔍 **더 알아보기**
헤일로(halo)는 '사물을 더욱 빛나게 하는 배경'을 말하며, 기업은 이러한 원리로 스타를 광고모델로 내세우는 스타마케팅을 한다.
초두 효과(Primacy effect)
인상 형성에 첫인상이 중요한 것처럼 초기 정보가 후기 정보보다 더 중요하게 작용하는 현상

📋 **사용 예시**
대형 쇼핑몰이 들어서면서 헤일로 효과로 인근에 있는 아파트 가격이 오르고 있다.

메디치 효과 ★★★
Medici effect

서로 다른 분야를 접목하여 혁신적 아이디어를 창출해 시너지를 만들어내는 경영방식

🔍 **더 알아보기**
르네상스 시대 학문과 예술 활동을 후원한 메디치 가문의 이름에서 유래하였다.

📋 **사용 예시**
금융산업에 블록체인기술이 결합하면서 메디치 효과로 인해 새로운 금융상품들이 속속 등장하고 있다.

312

베이비붐 세대 ★
baby boom generation

전쟁 이후 출산율이 급증한 가운데 사회적 · 경제적 안정 속에서 태어난 세대

🔍 **더 알아보기**

대표적인 베이비붐 세대

한국	1955~1963년 출생
미국	1946~1965년 출생

313

인턴 세대 ★★
intern generation

정규직으로 전환하지 못한 채 인턴을 전전하는 청년 구직자

🔍 **더 알아보기**

88만원 세대

2007년 비정규직 평균 임금이 약 88만 원인 것에서 나온 용어로, 정규직 직장을 구하지 못하고 비정규직을 전전하는 2007년 전후 20대

314

뉴실버 세대 ★
new silver generation

정년퇴직 후에도 활발한 구직활동과 여가활동을 하면서 사회적 · 경제적 영향력을 행사하는 고령자 세대

🔍 **더 알아보기**

와인 세대(WINE generation)

40대 중반에서 60대 중반의 기성세대

✅ **기출**

능동적인 노년층을 의미하는 용어는?
: 뉴실버 세대

315

액티브 시니어 ★★
active senior

은퇴 이후에도 적극적으로 소비하고 여가활동을 즐기며 하고 싶은 일을 찾아 능동적으로 도전하는 50~60대 세대

방송통신심의위원회

🔍 **더 알아보기**

머츄리얼리즘(maturialism)

'성숙한(mature)'과 '현실주의(realism)'의 합성어로, 적극적으로 자신을 위해 투자하는 중년의 소비 행태

바링허우 세대 ★★
八零後世代

한국보훈복지의료공단

'한 자녀 갖기' 정책 실시 이후인 1980년부터 태어난 중국의 젊은 세대

🔍 **더 알아보기**

주링허우 세대와 소황제 세대

주링허우 세대	중국의 개혁개방 정책으로 경제적으로 발전한 1990년 이후 태어난 세대
소황제 세대	중국의 산아제한 정책으로 외동으로 태어나 황제처럼 자란 세대

📋 **사용 예시**

중국의 대표적인 청년 세대로 꼽히는 바링허우 세대는 고속성장 시대를 거치면서 소비시장을 이끄는 주체가 되었다.

텐 포켓 ★★★
ten pocket

부모와 조부모는 물론 삼촌, 이모, 고모, 심지어 주변 지인까지 한 명의 자녀를 위해 소비하는 현상

🔍 **더 알아보기**

VIB(Very Important Baby)
아이를 위해 소비를 아끼지 않고 남에게 뒤지지 않게 키우려는 소비층

골드앤트족(gold aunt)
결혼 연령이 늦어지고 혼자 사는 사람들이 증가하면서 생긴 신조어로, 조카를 자신의 아이처럼 좋아하며 선물이나 필요한 것을 아끼지 않고 제공하는 사람들

골드키즈(gold kids)
하나뿐인 자녀를 최고로 키우려는 부모들에게 귀하게 대접받는 아이들

📋 **사용 예시**

저출산 기조와 맞물려 한 자녀에게 온가족의 관심이 몰리는 텐 포켓을 잡기 위한 제품이 잇따라 출시되고 있다.

인플루언서 ★★★
influencer

유튜브 · 페이스북 · 인스타그램 등의 SNS에서 수십만 명의 구독자를 보유하여 사회적 영향력이 큰 사람

🔍 **더 알아보기**

인플루언서 마케팅(influencer marketing)
인플루언서를 활용해 제품이나 서비스를 홍보하는 마케팅 기법

유커 ★
游客

부산도시공사
영화진흥위원회

여행업계에서 한국으로 여행 온 중국인 관광객을 부르는 표현

🔍 **더 알아보기**
'관광객'을 뜻하는 중국어 '游客(유객)'의 발음을 외래어 표기법에 따라 표기한 것이다.

소시오패스 ★★★
sociopath

평택도시공사
한국농어촌공사

자신의 성공을 위하여 수단과 방법을 가리지 않으며 잘못된 행동인 것을 알면서도 반사회적 행동을 저지르는 인격 장애

🔍 **더 알아보기**
사이코패스(psychopath)
윤리적 · 법적 개념이 없고 감정을 억제하지 못하는 반사회적 인격 장애

스몸비 ★★★
smombie

경기도공공기관열린채용

스마트폰을 보느라 주위를 살피지 않고 고개를 숙이고 걷는 사람

🔍 **더 알아보기**
'스마트폰(smartphone)'과 '좀비(zombie)'의 합성어로, 2015년 독일에서 처음 사용되었다.

📋 **사용 예시**
스마트폰을 보면서 걷는 스몸비로 인해 교통안전사고가 급증하고 있다.

노모포비아 ★★★
nomophobia

aT한국농수산식품유통공사
GH경기주택도시공사
KBS

잠시라도 휴대폰이 없으면 불안함을 느끼는 중독증

🔍 **더 알아보기**
강제로 휴대폰 사용에 제지를 가하면 초조해하거나 폭력적인 반응을 보인다.
디지털 디톡스(digital detox)
디지털 중독을 치료하기 위해 디지털 기기의 사용을 중단하고 심신을 치유하는 처방

딩크족 ★★★
Double Income No Kids

대한장애인체육회

의도적으로 자녀를 두지 않고 경제적으로 여유로운 삶을 추구하는 맞벌이 부부

Q 더 알아보기

딘트족(Double Income No Time)
경제적으로는 풍족하지만 소비할 시간이 없는 맞벌이 부부

딩펫족(DINKPET)
'딩크족(DINK)'과 '반려동물(pet)'의 합성어로, 자녀 대신 반려동물을 키우며 사는 맞벌이 부부

듀크족 ★★
Dual Employed With Kids

아이가 있는 맞벌이 부부

Q 더 알아보기

고소득·고학력자라는 특징이 있으며, 2000년대 초 미국의 경제 호황으로 육아에 관한 사회적 관심이 커지고 남녀 역할의 경계가 허물어지면서 등장하였다.

☰ 사용 예시

아기 전용 세탁기, 침구청소기 등 듀크족을 겨냥한 가전제품들이 눈길을 끌고 있다.

다운시프트족 ★★
downshifts

수입이나 사회적 지위에 집착하지 않고 여유 있게 삶의 만족을 찾으려는 사람들

Q 더 알아보기

슬로비족(slobbie)
현대생활의 빠른 속도에 따라가지 않고 주체성을 갖고 삶의 여유를 찾는 사람들

통크족 ★
Two Only No Kids

은퇴 이후 자녀의 부양을 거부하고 부부끼리 독립적으로 생활하는 노인 세대

Q 더 알아보기

체인지족(change)
전통적으로 고정되어 있던 남편과 아내의 역할을 바꾼 사람들

오팔족 ★★
Old People with Active Life

충북개발공사

탄탄한 경제력을 바탕으로 적극적이고 활동적인 삶을 사는 노인들

🔍 **더 알아보기**

우피족과 애플족

우피족	미리 벌어 놓은 돈으로 풍족한 노후생활을 보내는 노인들
애플족	활동적이며 자신의 삶에 자부심을 느끼고 탄탄한 경제력을 바탕으로 고급문화를 즐기는 노인들

✅ **기출**

다음 중 새롭게 등장한 노인 세대는?
: 오팔족

보보스족 ★★
bobos

수원문화재단

경제적으로 높은 소득을 올리면서도 사치 부리지 않고 자유로운 정신을 유지하는 1990년대 미국의 젊은 부자들

🔍 **더 알아보기**

욘족과 시피족

욘족	2000년대에 새롭게 부상한 엘리트층
시피족	트렌드를 따라가기보다 지적 개성을 바탕으로 합리적이고 실리적인 소비생활을 하는 젊은이들

로하스족 ★★★
Lifestyles of Health and Sustainability

수원문화재단

건강과 지속적인 성장을 추구하는 생활방식을 실천하려는 사람들

🔍 **더 알아보기**

웰빙족(well-being)
육체적, 정신적 건강의 조화를 통해 건강하고 행복한 삶을 추구하는 사람들

✅ **기출**

자신의 건강뿐만 아니라 사회적 책임도 고려하는 사람들을 뜻하는 용어?
: 로하스족

더피족 ★
duppies

소득에 연연하지 않고 삶의 질을 높일 수 있는 일을
하는 사람들

🔍 **더 알아보기**
리터루족(returoo)
결혼 후 분가했다가 부모 세대와 재결합해서 사는 자녀 세대

🗒 **사용 예시**
계속되는 취업난과 경제 불황으로 명문대를 졸업했지만 좋은 직장
보다는 정신적 안정을 최우선으로 하는 더피족이 증가하고 있다.

파이어족 ★★
Financial Independence
Retire Early

경기도공공기관열린채용

절약과 경제적 자립을 통해 30대 후반이나 40대 초
반 빠른 시기에 은퇴하려는 사람들

🔍 **더 알아보기**
2008년 금융위기 이후 사회생활을 시작한 밀레니얼 세대를 중심
으로 전 세계적으로 확산되었다.

✅ **기출**
극단적인 절약을 통해 빠른 은퇴를 준비하는 사람들을 뜻하는 용
어는?
: 파이어족

니트족 ★★★
Not in Education,
Employment or Training

IBK기업은행
국민건강보험

교육이나 훈련을 받지 않고 일도 하지 않으며 구직
활동도 하지 않는 청년 무직자

🔍 **더 알아보기**
트윗스터족과 프리터족

트윗스터족	독립할 나이가 된 성인임에도 직장 없이 불안정한 생활을 하는 사람들
프리터족	직장 없이 아르바이트나 파트타임으로 생활하는 사람들

🗒 **사용 예시**
코로나19로 인해 학업과 구직활동을 포기한 니트족이 처음으로 청
년 인구의 10%를 넘었다.

캥거루족 ★
kangaroo

자립할 나이가 되었는데도 취업을 하지 않거나 취업해도 독립적으로 생활하지 않고 부모에게 경제적으로 기대어 사는 젊은이들

aT한국농수산식품유통공사
해양환경공단

🔍 **더 알아보기**
헬리콥터 부모(helicopter parent)
성인이 되어서까지 자녀 주변을 맴돌면서 모든 것을 대신해주는 부모

코쿤족 ★★★
cocoon

외부 세상으로부터 도피하여 자신만의 공간에 머물려는 사람들

🔍 **더 알아보기**
사이버코쿤족(cybercocoon)
사이버 공간에서 필요한 정보를 얻어 모든 문제를 해결하고 정서적 만족감을 느끼는 세대

코쿠닝 현상 ★★★
cocooning syndrome

복잡한 현실 세계를 피해 안전하고 안락한 자신만의 공간으로 피하는 사회현상

한국장애인고용공단

🔍 **더 알아보기**
전통적 가치가 붕괴한 현대에 가족의 소중함을 되찾고 결속력으로 해소하려는 경향을 뜻하기도 한다.

📑 **사용 예시**
사회적 불안감이 커지면서 나만의 안식처에 머물려는 코쿠닝 현상이 심화되고 있다.

홈루덴스족 ★★
Home-Ludens

'집(home)'과 '놀이(ludens)'의 합성어로, 자신의 주거공간인 집에서 휴가를 즐기는 사람들

🔍 **더 알아보기**
홈캉스와 호캉스

홈캉스	집에서 휴가를 보내는 것
호캉스	호텔에서 휴가를 보내는 것

337

욜로족 ★★★
You Only Live Once

IBK기업은행

미래보다 현재의 행복을 중시하는 사람들

🔍 **더 알아보기**
욜로족의 소비는 충동구매와는 구별되며 주택마련, 노후대비보다 취미생활이나 자기계발에 관심을 둔다.

🗒 **사용 예시**
자신만의 즐거움을 추구하는 욜로족을 겨냥한 프리미엄 소형 가전 제품이 인기를 끌고 있다.

338

워라밸 ★★★
work-life balance

IBK기업은행

일과 생활이 조화롭게 균형을 유지하고 있는 상태 혹은 그런 가치를 추구하는 라이프스타일

🔍 **더 알아보기**
직장이나 직업을 선택할 때 고려하는 중요한 요소 중 하나로 떠오르면서 기업도 우수한 인재를 확보하기 위해 관련 제도를 도입하고 있다.

✅ **기출**
일과 생활의 균형을 추구하는 라이프스타일은?
: 워라밸

339

소확행 ★★★
小確幸

방송통신심의위원회

작지만 확실하게 실현 가능한 일상의 행복을 추구하는 삶의 경향

🔍 **더 알아보기**
소확행과 유사한 표현으로 덴마크의 '휘게(hygge)', 스웨덴의 '라곰(lagom)', 프랑스의 '오캄(au calme)' 등이 있다.

340

스몰럭셔리 ★★
small luxury

IBK기업은행

본인이 좋아하는 작은 물건이나 상품을 구매하며 행복감을 느끼는 현상

🔍 **더 알아보기**
구매하기 부담스러운 사치품 대신 화장품, 식료품과 같은 소비만족도가 높은 소모품을 구매하는 것을 의미하며, 불경기에 이와 같은 스몰럭셔리의 매출이 증가하는 현상을 보인다.

341

웰니스 ★
wellness

한국소비자원

'웰빙(well-being)'과 '건강(fitness)'의 합성어로, 신체적·정신적·사회적으로 건강한 상태

🔍 **더 알아보기**
2000년대 웰빙이 유행하면서 등장하였으며, 자신의 행복을 추구하기 위해 밝고 건강한 스타일의 패션 아이템을 선호하는 경향이 있다.

342

멀티 페르소나 ★
multi-persona

상황 또는 SNS 계정에 따라 발현되는 현대인의 다양한 정체성

🔍 **더 알아보기**
페르소나(persona)
심리학에서는 타인에게 비치는 외적 인격을 지칭하며, 영화에서는 영화감독 자신의 분신이자 특정한 상징을 표현하는 배우를 지칭

343

아이스버킷 챌린지 ★★★
Ice Bucket Challenge

루게릭병 환자를 돕기 위해 몸에 얼음물을 붓는 릴레이 기부 캠페인

🔍 **더 알아보기**
근위축성측색경화증(ALS)
운동세포만 선택적으로 파괴되는 질환으로, 미국의 전설적인 야구선수인 루 게릭(Lou Gehrig)의 이름을 따 루게릭병이라고 함. 아직 확실하게 효과가 입증된 치료제가 없으며 일반적으로 3~4년 이내에 사망에 이르나, 세계적인 물리학자 스티븐 호킹(Stephen William Hawking)이 50여 년간 생존하였음

344

노블레스 말라드 ★★★
noblesse malade

국민연금공단
한국산업단지공단

기득권 세력이 권력을 이용해 소위 갑질이라고 하는 부정부패를 저지르는 행위

🔍 **더 알아보기**
노블레스 오블리주(noblesse oblige)
사회지도층에게 요구되는 도덕적 의무

SPA ★★★
Specialty store retailer of
Private label Apparel

한국산업인력공단

기획·디자인·생산·유통·판매까지 전 과정을 제조 회사가 맡아 저렴한 가격에 제품을 공급하고 소비자의 요구를 빠르게 반영하는 의류 브랜드

Q 더 알아보기
패스트패션(fast fashion)
1~2주 단위로 최신 유행을 반영해 빠르게 제작하고 유통하는 패션 또는 패션 사업

⊙ 기출
의류회사가 직접 제조에서 유통까지 맡아 저렴한 가격대에 최신 유행 상품을 빠르게 공급하는 브랜드는?
: SPA

놈코어 ★★
normcore

'평범한(normal)'과 '철저한(hardcore)'의 합성어로, 평범함을 표방하지만 평범하지 않은 패션

Q 더 알아보기
꾸미지 않은 듯 평범한 느낌을 주지만 그 안에서 자기만의 멋을 표현하는 것으로, 의도적으로 일상적인 디자인의 널리 보급된 옷을 입는 경향이 있다.

🗐 사용 예시
놈코어가 유행하면서 '튀는 패션'을 꺼리는 풍조가 확산되고 있다.

노동

마찰적 실업 ★★★
摩擦的失業

NH농협
공무원연금공단
서울교통공사

노동자가 일자리를 찾기 위해 정보를 수집하는 동안의 노동의 수요와 공급의 일시적 불일치로 인한 실업

Q 더 알아보기
실업의 종류
마찰적 실업, 잠재적 실업, 구조적 실업, 기술적 실업, 경기적 실업, 실망 실업

건강보험
심사평가원 ★★
健康保險審査評價院

국민건강보험법에 의하여 정부의 기능을 위탁받아 요양 급여의 심사와 적정성 평가 업무를 수행하는 공공법인

Q 더 알아보기
의료수가(醫療酬價)
건강보험공단과 환자가 의사나 약사 등의 의료서비스 제공자에게 제공하는 돈

📋 사용 예시
현재 자동차보험은 건강보험심사평가원을 통해 보험금 청구가 이뤄지기 때문에 개인정보 유출의 위험이 거의 없다.

포괄수가제 ★★★
包括酬價制

국민연금공단

불필요하고 과다한 진료행위를 줄이기 위해 특정 질병에 대해 미리 정해진 진료비를 지급하는 제도

Q 더 알아보기
포괄수가제 대상
백내장 수술, 맹장 수술, 항문 수술, 편도 수술, 탈장 수술, 자궁 수술, 제왕절개 분만 등 7개 질병군

✓ 기출
다음 중 포괄수가제 대상이 아닌 것은?
: 항암치료

국민기초생활
보장제도 ★
國民基礎生活保藏制度

국민연금공단

중위소득을 바탕으로 국가가 빈곤계층에 주거, 교육, 의료 등 기본적인 생활을 보장하는 생산적 복지 구현을 위한 제도

Q 더 알아보기
2016년부터 중위소득을 기준으로 수급자를 선정하고 있다.
중위소득(中位所得)
전체 가구 중 소득순으로 순위를 매긴 후 정확히 가운데를 차지한 가구의 소득

✓ 기출
극빈층을 지원하는 국민기초생활보장제도의 선정 기준은?
: 중위소득

국민연금 ★★
國民年金

노령, 장애, 사망 등으로 인하여 소득 획득 능력이 없는 당사자 및 유족의 생활 보장을 위하여 매년 정기적으로 일정액의 금전을 지급하는 제도

국민연금공단
한국환경공단

🔍 **더 알아보기**
국민연금 소득대체율
국민연금 가입 기간을 40년으로 전제했을 때 국민연금 전체 가입자의 3년간 평균 소득월액과 대비한 국민연금 수령액의 비중

고용보험 ★★
雇傭保險

실직한 근로자에게 실업급여를 지불하고 사업주에게 교육 훈련 비용을 지원하는 제도

한국산업안전보건공단

🔍 **더 알아보기**
고용보험 대상
1인 이상의 근로자를 고용하는 모든 사업 또는 사업장

📋 **사용 예시**
고용노동부는 고용보험료와 산재보험료를 기간 내에 납부하지 못한 사업주의 부담을 줄이기 위해 연체금을 최대 5% 인하하였다.

차상위계층 ★★
次上位階層

기초생활보장 수급자(최하위계층) 바로 위의 저소득층

서울시설공단

🔍 **더 알아보기**
차상위계층의 범위와 지원

범위	중위소득 50% 이하
지원	생계 지원, 의료 지원, 주거 지원, 교육 지원, 이동통신 요금 감면 등

✅ **기출**
기초생활수급자는 아니지만 중위소득 50% 이하의 잠재적 빈곤계층은?
: 차상위계층

📋 **사용 예시**
코로나19로 인해 최하위계층에 정부 지원이 집중되어 상대적으로 차상위계층이 불평등 격차를 더 크게 느낀다는 연구 결과가 나왔다.

생산가능인구 ★
生産可能人口

국민연금공단
한국서부발전

경제활동이 가능한 만 15~64세에 해당하는 인구

Q 더 알아보기
경제활동인구와 비경제활동인구로 나뉘고, 15세 이상이라도 현역 군인, 공익근무요원, 교도소 수감자 등은 제외된다.

✅ 기출
생산가능인구 중 경제활동인구에 해당하는 사람은?
: 자영업자

고용률 ★★
雇傭率

실질적인 고용 창출 능력을 나타내는 것으로, 15세 이상 생산가능인구 중 취업자의 비율

Q 더 알아보기
실업률과 경제활동 참가율

실업률	경제활동인구 중 실업자의 비율
경제활동 참가율	15세 이상의 인구 중 경제활동인구의 비율

✅ 기출
생산가능인구 중 취업자가 차지하는 비율은?
: 고용률

노동3권 ★★★
勞動三權

KAC한국공항공사
서울교통공사

근로자의 인간다운 생활을 보장하기 위해 헌법상 보장하는 3가지 기본권

Q 더 알아보기
노동3권의 종류

단결권	근로자가 단결하여 노동조합 결성을 할 수 있는 권리
단체교섭권	노동조합이 근로자를 대표해 사용자 교섭을 할 수 있는 권리
단체행동권	근로자가 사용자에 대항하여 단체적 행동을 할 수 있는 권리

✅ 기출
노동3권 중 근로자가 노동조합을 만들 수 있는 권리는?
: 단결권

부당노동행위 ★★★
不當勞動行爲

한국수력원자력

헌법상 보장된 근로자의 노동3권 행사를 침해하는 사용자의 행위

🔍 더 알아보기
부당노동행위의 종류
근로자의 노동조합 가입에 관한 불이익, 황견계약, 노조와 단체교섭 거부, 노조에 대한 지배·개입 및 경비원조, 노조 활동 불이익 대우

노동쟁의 ★★★
勞動爭議

부산교통공사
한국보훈복지의료공단

근로조건의 결정에 관한 노동관계 당사자 간 주장의 불일치로 일어나는 분쟁상태

🔍 더 알아보기
노동쟁의의 종류
파업, 태업, 보이콧, 피케팅, 직장폐쇄

긴급조정권 ★★
緊急調整權

한국보훈복지의료공단

노동쟁의 행위가 국민에게 피해를 줄 우려가 있을 때 정부가 이를 제한할 수 있는 권리

🔍 더 알아보기
긴급조정권의 발동요건
1. 쟁의 행위가 공익사업에 관한 것인 경우
2. 쟁의 행위의 규모가 큰 경우
3. 쟁의 행위가 국민의 일상생활 및 경제활동을 위태롭게 할 경우

직장폐쇄 ★★
職場閉鎖

노사쟁의가 일어났을 때 사용자가 자기의 주장을 관철하기 위하여 공장·작업장을 폐쇄하는 사용자의 유일한 쟁의 행위

🔍 더 알아보기
사보타주(sabotage)
파업과 달리 형식적으로 일하는 척하면서 몰래 작업능률을 저하하는 노동자의 쟁의 행위

필수 공익사업 ★
必須公益事業

공익사업 중 업무의 정지 또는 폐지가 일상생활과 국민 경제를 위태롭게 하고 다른 업무로 대체하기 어려운 사업

KAC한국공항공사
한국마사회

🔍 더 알아보기
필수 공익사업의 종류
철도 사업, 도시철도 사업 및 항공운수 사업, 수도 사업, 전기 사업, 가스 사업, 석유정제 사업 및 석유공급 사업, 병원 사업 및 혈액공급 사업, 한국은행 사업, 통신 사업

비정규직 근로자 ★★
非定規職勤勞者

근로 방식, 고용 형태, 고용 지속성, 근로 시간 등에서 어느 한 가지라도 정규직과 다르게 전형적인 형태를 벗어난 근로자

국립공원공단

🔍 더 알아보기
비정규직 근로자의 종류
한시적 근로자, 시간제 근로자, 비전형 근로자

감정노동 ★★★
emotional labor

고객에게 맞추기 위해 감정을 억누르거나 자신이 느끼는 감정과 무관하게 직무를 요구받는 노동 형태

🔍 더 알아보기
스마일마스크 증후군(Smile mask syndrome)
밝은 모습을 유지해야 한다는 강박관념 때문에 얼굴은 웃지만 감정을 제대로 표현하지 못해 생기는 우울증

3D산업 ★★★
3D業種

광업·건축업·제조업 등 기피 현상이 나타나 심각한 인력난을 겪고 있는 어렵고(difficult), 더럽고(dirty), 위험한(dangerous) 분야의 산업

🔍 더 알아보기
4D산업
원거리(distant) 특성을 지니고 있는 원양업계 포함

3S업종
규모가 작고(small), 임금이 적고(small pay), 단순작업(simple work)의 특징 때문에 젊은 구직자들이 꺼리는 산업

근로기준법 ★
勤勞基準法

헌법에 따라서 근로조건의 기준을 정함으로써 근로자의 인간다운 생활을 보장하기 위해 제정된 법

한국산업안전보건공단

🔍 **더 알아보기**
근로기준법 제정 기준
"근로조건의 기준은 인간의 존엄성을 보장하도록 법률로 정한다."
(헌법 제32조 제3항)

법정근로시간 ★★★
法定勤勞時間

근로기준법에 규정된 주 단위 및 일 단위로 정해져 있는 최저 기준 근로시간

🔍 **더 알아보기**
2018년 근로기준법이 개정되면서 주당 근로시간이 68시간에서 52시간(법정근로 40시간+연장근로 12시간)으로 단축되었다.

최저임금제도 ★★★
最低賃金制度

국가가 근로자의 생활 안정 등을 위하여 임금의 최저수준을 정하고 사용자에게 그 수준 이상의 임금을 지급하도록 법으로 강제하는 제도

한국마사회
한국보훈복지의료공단
한국자산관리공사

🔍 **더 알아보기**
최저임금제도의 적용 범위
근로자를 고용하는 모든 사업 또는 사업장에 적용

숍 제도 ★★★
shop system

조합원의 조직적인 세력을 강화하고 채용·해고를 통제하기 위해 정해진 협약

경상북도개발공사
한국도로공사
한국수력원자력

🔍 **더 알아보기**
숍 제도의 종류
오픈 숍(노조 자유 가입), 클로즈드 숍(노조 의무 가입), 유니언 숍(일정 기간 내 가입), 에이전시 숍(대리)

✅ **기출**
취업 후 일정 기간이 지나면 반드시 노동조합에 가입하는 제도는?
: 유니언숍

369

타임오프 제도 ★★
time-off

노조 전임자에 대한 회사 측의 임금 지급을 원칙적으로 금지하되 노무 관리적인 업무에 한해 근무시간으로 인정해 주는 근로시간 면제 제도

국민연금공단

🔍 더 알아보기
타임오프 제도 인정 활동
근로자의 고충 처리 활동, 단체교섭 준비 및 체결, 산업재해 처리와 예방 활동 등

✅ 기출
노동조합에 관한 활동을 근무시간으로 인정해주는 제도는?
: 타임오프 제도

370

정리해고 ★
整理解雇

경영이 악화된 기업이 경쟁력 강화와 생존을 위해서 구조조정 시 종업원을 해고할 수 있는 합법적 제도

🔍 더 알아보기
정리해고의 요건
긴박한 경영상의 필요, 해고 회피 노력, 노조 또는 근로자 대표와의 협의 등

✅ 기출
경영이 악화된 기업이 합법적으로 종업원을 해고하는 제도는?
: 정리해고

371

근로장려금 ★★
勤勞獎勵金

국가가 빈곤층 근로자 가구에 현금을 지원해 근로를 장려하고 실질소득을 지원하는 근로연계형 소득지원제도

🔍 더 알아보기
근로장려금 신청 자격
근로소득 또는 사업소득이 있는 가구로서 유형별로 소득 기준, 재산 기준, 기타 요건에 맞는 가구

🗒 사용 예시
가구 유형 또는 소득 종류, 재산가액이 변동되었다면 이미 지급한 반기 근로장려금과 연간 근로장려금 산정금액을 비교하여 추가지급하거나 향후 지급할 장려금에서 차감하여 지급한다.

임금피크제 ★★★
salary peak

HF한국주택금융공사
한국마사회
한국문화예술위원회

근로자가 일정 연령에 도달하면 임금을 삭감하는 대신 정년까지의 고용을 보장하는 제도

📋 **사용 예시**
노사화합 차원에서 직원들의 임금피크제 적용 기간을 1년 늦추기로 했다.

말뫼의 눈물 ★
Tears of Malmoe

KBS

현대중공업 육상건조시설에 있는 골리앗 크레인의 별칭

🔍 **더 알아보기**
스웨덴 조선업체 코쿰스가 도산하여 골리앗 크레인을 내놓았고 2002년 현대중공업이 막대한 해체비용을 부담하는 조건으로 단돈 1달러에 사들였다. 해체 당시 말뫼 주민들이 눈물을 흘리는 모습이 방송에 나오면서 '말뫼의 눈물'이라는 별칭이 생겼다.

✅ **기출**
말뫼의 눈물을 만든 조선업체는?
: 코쿰스

사회적 기업 ★
社會的企業

한국사회적기업진흥원

이윤 극대화를 목적으로 하는 일반 기업과 달리 사회적 목적 실현을 위해 이윤의 대부분을 재투자하는 기업

🔍 **더 알아보기**
사회적 기업 육성을 위해 2010년 한국사회적기업진흥원이 설립되었고 2017년 '사회적기업 육성법'이 제정되었다.

사회적 기업

빅이슈 (Big issue)	노숙자의 경제적 독립을 위해 일자리 지원
앙비 (ENVIE)	중고 가전제품을 수집한 뒤 실업자에게 기술을 가르치고 저렴한 가격으로 판매
피프틴 레스토랑 (FIFTEEN restaurant)	불우한 청소년들을 채용하여 요리를 가르치고 레스토랑의 순이익은 기부

사회적 일자리 ★★

수익성이 낮지만 사회적으로 유용해 정부의 지원이나 비영리단체에 의하여 창출되는 일자리

Q 더 알아보기

사회적 일자리의 예시
독거노인·장애인 간호 도우미, 장애인 이동지원, 방과 후 교실 보조원, 환경오염 감시 등

광주형 일자리
기업이 기존의 절반 수준의 임금을 지급하는 대신 정부와 지방자치단체가 복리후생비용 지원을 통해 소득 부족분을 채우는 일자리 창출 사업

✓ 기출
사회적 일자리로 보기 어려운 직업은?
: 경찰

생디칼리즘 ★★★
syndicalism

KAC한국공항공사
한국자산관리공사

무정부주의를 계승한 노동자의 파업과 혁명으로 시장경제와 사회구조를 개혁하자는 사상

Q 더 알아보기
정치 운동 대신 총파업과 무장봉기 등의 직접적 행동으로 정부를 타도하고, 노동조합이 산업통제권을 장악하여 사회개조를 실현해야 한다고 주장하였다.

☰ 사용 예시
1917년 에스파냐에서 일어난 총파업은 혁명적인 생디칼리즘이라고 볼 수 있다.

와그너법 ★★
The Wagner Act

한국환경공단

1935년 미국에서 노동자의 권리 보호를 목적으로 제정된 법

Q 더 알아보기
노동3권을 보호하고 클로즈드 숍과 사용자 부당노동행위를 최초로 인정하는 내용을 담아 '노동대헌장'으로도 불린다.

✓ 기출
노동3권을 최초로 보호한 법은?
: 와그너법

블루칼라 ★★★
blue collar

작업 현장에서 일하는 육체노동자

🔍 더 알아보기
육체노동자들이 주로 청색 작업복을 입는 데서 유래하였다.
화이트칼라(white collar)
블루칼라와 대비되는 개념으로, 샐러리맨이나 사무직 노동자

그레이칼라 ★★
gray collar

기술혁신에 따라 블루칼라와 화이트칼라 간의 차이가 좁아지면서 등장한 중간 성격의 노동자

🔍 더 알아보기
논칼라와 노칼라

논칼라	컴퓨터를 사용하는 후기 산업 사회 노동자
노칼라	자율적으로 일하는 정보산업체의 고급인력

골드칼라 ★★
gold collar

영화진흥위원회
한국마사회
한국전력공사

두뇌와 정보를 기반으로 새로운 가치를 창조하는 정보화시대 전문직 종사자

🔍 더 알아보기
일렉트로칼라(electro collar)
컴퓨터 관련 기술과 지식이 뛰어나고 관련 직종에 종사하는 정보화 사회의 노동자

뉴칼라 ★★★
new collar

영화진흥위원회
한국전력공사

4차 산업혁명으로 인한 산업변화에 맞춰 ICT 또는 AI 등의 신기술을 활용하는 노동자

🔍 더 알아보기
STEAM 교육
과학, 기술, 공학, 인문·예술, 수학의 약자로 과학기술 기반의 융합적사고와 실생활에서 마주하는 문제 해결능력을 키우고 관련 분야 인재로 성장하는 것을 목표로 하는 교육

✅ 기출
전통 교육체계에서 벗어나 새로운 교육방식으로 육성된 직업계층은?
: 뉴칼라

퍼플칼라 ★★★
purple collar

일과 가정의 조화를 추구하기 위해 근무시간과 장소를 유연하게 선택하여 일하는 노동자

🗐 **사용 예시**
주 52시간 근무가 도입되면서 퍼플칼라의 노동 형태가 주목받고 있다.

핑크칼라 ★
pink collar

섬세함과 꼼꼼한 업무처리능력을 가진 여성 노동자

🔍 **더 알아보기**
원래 생계를 위해 일터로 뛰어든 미숙련 저임금 여성 노동자를 뜻했으나, 현재는 전문적인 고학력 여성인력이 다수 등장하면서 긍정적인 의미를 갖게 되었다.

다이아몬드칼라 ★
diamond collar

평택도시공사
한국농어촌공사

지 · 덕 · 체를 두루 갖추고 자기관리 능력과 인간관계 능력까지 갖춘 이상적인 노동자

🔍 **더 알아보기**
실리콘칼라(silicon collar)
창의적인 사고와 뛰어난 컴퓨터 실력으로 무장한 두뇌 노동자

르네상스칼라(renaissance collar)
정치 · 경제 · 문화 등 다양한 분야에 정통하고 컴퓨터 작업에도 뛰어나 인터넷 비즈니스에서 두각을 나타내는 노동자로, 뛰어난 업무 적응력과 잦은 이직, 다양한 분야의 경력이 특징

🗐 **사용 예시**
다이아몬드칼라는 21세기의 지도자상으로 꼽힌다.

레인보우칼라 ★★
rainbow collar

빠르게 변화하는 현실 속에서 새로운 아이디어를 만들어내는 광고 · 디자인 · 패션업계 노동자

🔍 **더 알아보기**
네오블루칼라(neo-blue collar)
블루칼라에 속하면서 소득과 삶의 질이 높은 새로운 소비계층

386

하우스푸어 ★★★
house poor

집을 소유하고 있지만 무리한 대출로 인한 이자 부담으로 인해 생활고에 시달리는 사람들

국민연금공단
서울교통공사

🔍 **더 알아보기**

카푸어와 헬스푸어

카푸어	소득에 비해 비싼 자동차를 구입했다가 빈곤층으로 전락한 사람들
헬스푸어	경제력이 부족해 아파도 병원에 가지 못하는 사람들

📋 **사용 예시**

한국자산관리공사와 한 은행이 하우스푸어와 같은 취약계층의 성공적인 재기를 위한 업무 협약을 체결했다.

387

워킹푸어 ★★★
working poor

직장이 있지만 열심히 일해도 소득이 충분하지 않아 빈곤에 허덕이는 근로 빈곤층

한국장애인고용공단

🔍 **더 알아보기**

웨딩푸어(wedding poor)
결혼비용을 마련하기 위해 대출을 받으면서 신혼을 가난하게 시작하는 사람들

✅ **기출**

아무리 일해도 자산을 모을 수 없는 일하는 빈곤층은?
: 워킹푸어

388

실버푸어 ★★
silver poor

노후 준비를 하지 못해 퇴직 후에도 생계유지를 위해 근로해야 하는 노년 빈곤층

평택도시공사
한국농어촌공사

🔍 **더 알아보기**

베이비푸어(baby poor)
출산과 육아로 인해 빚을 지면서 경제적 어려움을 겪는 가정

📋 **사용 예시**

코로나19 시대에 실버푸어는 코로나 감염 우려와 구직난이라는 이중고에 시달리고 있다.

389

퀴어 ★
queer

성 소수자를 포괄적으로 지칭하는 용어

한국언론진흥재단

🔍 **더 알아보기**
LGBT
레즈비언(lesbian), 게이(gay), 바이섹슈얼(bisexual), 트랜스젠더
(transgender)의 앞 글자를 조합한 용어로, 성 소수자를 이르는 말

390

페미니즘 ★
feminism

여성의 권리와 기회 평등을 주장하는 사회적 · 정치적
운동과 이론들

서울시설공단
전남신용보증재단

🔍 **더 알아보기**
서프러제트(suffragette)
20세기 초 영국에서 일어난 여성 참정권 운동 혹은 여성 운동가들

391

유리천장 ★★★
glass ceiling

여성과 소수민족 출신자들의 고위직 승진을 막는 보
이지 않는 인위적 장벽

KAC한국공항공사
한국농어촌공사
한국장애인고용공단

🔍 **더 알아보기**
알파걸(alpha girl)
뛰어난 학업성적, 적극적인 활동성을 갖춘 엘리트 여성

📑 **사용 예시**
중앙부처 고위공무원 중 여성 공무원의 비율은 7.9%에 불과해 공
무원 사회의 유리천장은 여전히 두껍다는 지적이 나오고 있다.

392

골든아워 ★★★
golden hour

심각한 사고 발생 후 치료가 이루어져야 하는 최소
한의 시간

KAC한국공항공사
공무원연금공단

🔍 **더 알아보기**
구급대원이나 의사들이 자주 사용하여 굳어진 말로, 흔히 골든타
임(golden time)이라고 잘못 부르는 경우가 많다.

📑 **사용 예시**
앞으로 열흘간의 대처가 코로나19 방역의 성패를 결정할 골든아워
가 될 것이다.

393

구제역 ★★
口蹄疫

부천도시공사
한국남동발전
한국노인인력개발원

소, 돼지, 염소 등 발굽이 2개인 우제류 동물이 걸리는 제1종 법정 전염병

🔍 **더 알아보기**
구제역 청정국
구제역 예방접종을 실시한 구제역 비(非)발생국가

📋 **사용 예시**
구제역 청정국 지위 회복을 위해 특별방역대책을 강구하였다.

394

아프리카 돼지열병 ★★★
African Swine Fever

돼지과에 속한 동물에게만 감염되는 바이러스성 돼지 전염병

🔍 **더 알아보기**
치사율이 거의 100%에 이르며 피부의 청색증, 림프절과 내장의 출혈 등과 같은 증상을 보인다.

📋 **사용 예시**
아프리카돼지열병(ASF)에 감염된 야생 멧돼지 수가 1천 마리를 넘겨 확산 위험이 커지고 있다.

395

광우병 ★
狂牛病

한전KPS

변형된 단백질 바이러스로 인해 발생하는 소의 전염성 뇌질환으로 사람에게까지 전염될 수 있는 질환

🔍 **더 알아보기**
스크래피(scrapie)
변형된 단백질 바이러스로 인해 발생하는 양이나 염소의 전염성 뇌질환

📋 **사용 예시**
광우병은 소의 뇌에 스펀지처럼 작은 구멍들이 뚫려, 갑자기 침을 흘리고 비틀거리다 죽어 버리는 병이다.

파킨슨병 ★★
Parkinson's disease

대한장애인체육회

뇌의 신경세포 손상으로 팔다리에 경련이 일어나고 보행이 어려워지는 신경계 퇴행성 질환

Q 더 알아보기
알츠하이머병(Alzheimer's disease)
노인성 치매를 일으키는 가장 흔한 퇴행성 뇌질환

☑ 기출
뇌 신경세포 소멸로 발생하며 무하마드 알리가 걸린 질환은?
: 파킨슨병

📄 사용 예시
운동장애 증상을 보이는 파킨슨병은 적절한 치료를 받지 않으면 일상생활을 전혀 수행할 수 없게 되기도 한다.

에볼라 바이러스 ★
Ebola virus

KOICA
경상국립대학교병원

발생 시 매우 높은 치사율을 보이는 괴질 바이러스의 일종

Q 더 알아보기
1979년 아프리카 콩고의 에볼라 강 유역에서 처음 발견되었으며, 50~90%의 치사율을 보일 뿐만 아니라 마땅한 치료와 예방이 수립되지 않아 국제기관에서 주의 깊게 관리하고 있다.

📄 사용 예시
의료진들은 출혈과 열을 동반한 이 환자가 에볼라 바이러스에 감염되었음을 짐작했다.

타미플루 ★★
Tamiflu

스위스 제약사 로슈홀딩(Roche Holding)이 독점 생산하는 인플루엔자 바이러스 감염의 치료제

Q 더 알아보기
세계보건기구(WHO)로부터 유일하게 조류인플루엔자 치료제로 인정받았으며, 세계적인 공급 부족사태를 빚기도 했으나 2017년 8월 특허 만료 후 복제약이 대거 출시되었다.

☑ 기출
타미플루는 어떤 바이러스 치료제인가?
: 인플루엔자 바이러스

바젤 협약 ★★
Basel Convention

국민연금공단
대한체육회
인천시설공단

유해 폐기물의 국제적 이동 및 처리를 통제하기 위한 협약

Q 더 알아보기
바젤 협정(Basel Agreement)
BIS(국제결제은행)의 가맹국이 체결한 가맹국 간 금융원조 및 협력 협정

✓ 기출
유해 폐기물의 국가 간 이동을 막는 환경협약은?
: 바젤 협약

제네바 협약 ★★★
Geneva Convention

전쟁으로 인한 희생자를 보호하여 전쟁의 참화를 경감하기 위해 체결된 국제조약

Q 더 알아보기
적십자의 창시자 앙리 뒤낭의 제안으로 1949년 제네바 회의에서 부상자, 병자, 포로 등을 보호하는 4개의 조약이 채택되었다.

몬트리올 의정서 ★★
Montreal Protocol

한국남동발전
한국시설안전공단
한국환경공단

1987년 비엔나 협약을 토대로 오존층 파괴물질을 규제하기 위해 몬트리올에서 체결된 국제협약

Q 더 알아보기
비엔나 협약(Vienna Convention)
1985년 오존층 파괴물질을 규제하기 위해 비엔나에서 채택된 국제 환경협약

교토 의정서 ★★★
Kyoto Protocol

KAC한국공항공사
한국토지주택공사

1997년 교토에서 개최된 제3차 기후변화협약에서 채택된 온실가스 감축목표에 관한 의정서

Q 더 알아보기
온실가스 감축대상 가스
이산화탄소(CO_2), 메탄(CH_4), 아산화질소(N_2O), 불화탄소(PFC), 수소화불화탄소(HFC), 불화유황(SF_6)

📄 사용 예시
최대 온실가스 배출국인 미국은 교토 의정서를 반대하였다.

레드리스트 ★★
Red list

국제자연보호연맹이 멸종 위기에 처한 동식물을 보호하기 위해 2~5년마다 발표하는 보고서

🔍 **더 알아보기**

CITES
멸종 위기에 처한 야생 동·식물의 과도한 국제거래를 규제하기 위한 협약

🗒 **사용 예시**

레드리스트에 포함된 동물인 농발거미를 포획하면 수백만 원 이상의 보상금을 받을 수 있다는 잘못된 정보가 퍼져 논란이 되었다.

로마클럽 ★
The Club of Rome

서유럽의 정계·재계·학계의 인사가 모여 인류와 지구의 미래에 대한 보고서를 발간하는 비영리 연구기관

도시개발공사

🔍 **더 알아보기**

1968년 이탈리아 사업가 아우렐리오 페체가 결성했으며, 1972년 경제성장의 부정적 영향을 다룬 '성장의 한계' 보고서를 발표하면서 국제적인 명성을 얻기 시작하였다.

🗒 **사용 예시**

로마클럽의 본부는 로마에 있으며, 제네바와 헤이그에 연구소를 두고 있다.

포트홀 ★★
pothole

아스팔트 도로포장이 훼손되어 생긴 냄비(pot)처럼 움푹 파인 구멍 또는 갈라진 틈

🔍 **더 알아보기**

싱크홀(sinkhole)
퇴적암이 많은 지역에서 주로 발생하는 자연 현상으로, 땅이 가라앉아 생긴 구멍을 뜻하나 최근 상하수도 공사, 지하철 공사 등의 인위적인 이유로 도시 내 싱크홀이 많이 발생하고 있음

🗒 **사용 예시**

포트홀이 생기는 원인으로는 비 또는 도로 시공 시 혼합물의 품질, 배수 구조의 불량 등이 있으며, 포트홀은 도로 위의 지뢰라고도 불린다.

앞에서 학습한 상식을 문제를 풀면서 바로 점검해보세요!

01 사회적 규범이 붕괴된 무규제 상태를 뜻하는 사회학 용어는?
① 슈퍼에고   ② 아노미
③ 문화 지체   ④ 칼뱅이즘

02 도시 중심부의 상주 인구 밀도가 감소하고 도시 주변의 인구가 증가하는 현상은?
① U턴 현상   ② 빨대 효과
③ 도넛 현상   ④ 눔프 현상

03 기득권 세력이 권력을 이용해 부정부패를 저지르는 행위는?
① 노블레스 말라드   ② 노블레스 오블리주
③ 모랄 헤저드   ④ 웰니스

평택도시공사   한국농어촌공사
04 도시의 급격한 발전으로 도시 주변이 무질서하게 확대되는 현상은?
① 도넛 현상   ② 스프롤 현상
③ J턴 현상   ④ 님비 현상

05 혐오 시설이 자기 지역에 설치되는 것을 반대하는 현상은?
① 님비 현상   ② 님투 현상
③ 핌피 현상   ④ 눔프 현상

06 전체 인구 중 65세 이상 인구의 비율이 14% 이상인 사회는?

① 고령 사회 ② 고령화 사회

③ 초고령 사회 ④ 후기 고령 사회

07 다음 중 소득 불평등을 나타내는 지표가 아닌 것은?

① 로렌츠 곡선 ② 지니계수

③ 십분위분배율 ④ GDP 디플레이터

한국농어촌공사 한국보훈복지의료공단

08 4대 사회보험에 포함되지 않는 것은?

① 국민건강보험 ② 국민기초생활보장제도

③ 산업재해보상보험 ④ 고용보험

NH농협은행 공무원연금공단 서울교통공사

09 경기침체로 인해 아예 구직활동을 포기한 실업은?

① 마찰적 실업 ② 잠재적 실업

③ 경기적 실업 ④ 실망 실업

10 다음 중 노동쟁의가 아닌 것은?

① 태업 ② 피케팅

③ 프로보노 ④ 직장폐쇄

정답 01 ② 02 ③ 03 ① 04 ② 05 ① 06 ① 07 ④ 08 ② 09 ④ 10 ③

11 다음 중 3D산업의 특징이 아닌 것은?

① Difficult ② Dynamic
③ Dirty ④ Dangerous

한국산업안전보건공단

12 근로기준법에 명시된 최대 법정근로시간은?

① 40시간 ② 52시간
③ 62시간 ④ 68시간

한국수력원자력

13 노동자가 노동조합의 가입을 자유롭게 결정할 수 있는 제도는?

① 오픈 숍 ② 클로즈드 숍
③ 유니언 숍 ④ 에이전시 숍

14 상황에 따라 다양한 정체성이 발현되는 현대인은?

① 멀티페르소나 ② 소시오패스
③ 제5인격 ④ 카리스마

15 근무시간과 장소를 유연하게 선택하여 일하는 노동자는?

① 그레이칼라 ② 퍼플칼라
③ 뉴칼라 ④ 블루칼라

16 다음 중 법정 공휴일이 아닌 것은?

① 삼일절(3월 1일)
② 식목일(4월 5일)
③ 현충일(6월 6일)
④ 한글날(10월 9일)

국민건강보험

17 인질이 인질범에게 심리적으로 동조하는 현상은?

① 스톡홀름 증후군
② 리마 증후군
③ 꾸바드 증후군
④ 샹그릴라 증후군

KBS　한국농어촌공사

18 현실에 만족하지 못하고 막연한 이상만을 추구하는 현상은?

① 번아웃 증후군
② 햄릿 증후군
③ 피터팬 증후군
④ 파랑새 증후군

19 4차 산업혁명으로 인한 산업변화에 맞춰 신기술을 활용하는 노동자는?

① 골드칼라
② 뉴칼라
③ 실리콘칼라
④ 레인보우칼라

국민연금공단　대한체육회　인천시설공단

20 유해 폐기물의 국제적 이동 및 처리를 통제하기 위한 협약은?

① 스톡홀름 협약
② 람사르 협약
③ 비엔나 협약
④ 바젤 협약

정답　11 ②　12 ②　13 ①　14 ①　15 ②　16 ②　17 ①　18 ④　19 ②　20 ④

문제를 풀면서 학습한 상식을 점검하였다면 상식 Up 완성 용어를 빠르게 훑어보면서 상식 수준을 한 단계 더 높여보세요!

팔꿈치 사회
Ellenbogengesellschaft

옆 사람을 팔꿈치로 치며 앞만 보고 달려가는 경쟁사회

처음학교로

온라인으로 유치원을 지원할 수 있는 공공 통합지원 시스템

먼지차별
Microaggression

일상생활에서 이루어지는 미묘한 차별

여피족
yuppies

전문직에 종사하는 1980년대 젊은 부자

누리과정

만 3~5세 미취학아동을 대상으로 제공하는 보육·교육 과정

노비즘
nobyism

이웃 혹은 사회에 피해가 가도 자신의 손해가 아니면 무관심한 현상

전시효과
展示效果

개인이 사회의 소비 수준에 영향을 받아 그를 모방하는 현상

클래시페이크
Classy Fake

진짜보다 가치 있는 가짜 상품 또는 그런 상품을 소비하는 추세

공해덤핑
pollution dumping

공해 방지 시설을 갖추지 않고 제품을 싼값으로 수출하는 것

패시브하우스
passive house

첨단 단열공법으로 에너지 효율을 높인 에너지 절약형 주택

지구의 시간
Earth hour

일 년에 한 번 60분 동안 전등을 끄는 국제 환경 캠페인

연앙인구
mid-year population

한 해의 중간인 7월 1일을 기준으로 한 인구수

추계인구
estimated population

장래의 인구수를 추계하기 위하여 산출한 인구수

어메니티
amenity

어떤 장소나 기후, 환경에서 느끼는 쾌적함

PPP Polluter Pays Principle	환경을 오염시키는 자가 환경 오염 방지 비용을 부담해야 한다는 원칙
VDT 증후군 Visual Display Terminal syndrome	컴퓨터를 오래 사용하여 발생하는 질환
킨포크 kinfolk	가까운 사람과 어울리며 느리고 여유로운 자연 속의 삶을 지향하는 현상
서울로 7017	서울역 고가 도로를 공중정원으로 바꾼 도심재생 프로젝트
칵테일 파티 효과 Cocktail party effect	소음 속에서도 자신에게 의미 있는 정보에만 집중하는 현상
디지털 장의사 digital undertaker	인터넷 흔적을 삭제해 주는 서비스
제로아워 계약 zero-hour contract	정해진 노동 시간 없이 고용주가 요청할 때만 일하는 비정규직
마스킹 효과 masking effect	현대 직장인들이 업무를 최우선으로 두어 건강 악화를 느끼지 못하는 현상
위키리크스 Wikileaks	정부와 기업, 단체의 비윤리적 행위를 고발하는 전문 웹사이트
잡호핑족 job hopping	경력관리나 고액연봉을 위해 2~3년 단위로 이직하는 사람들
이케아 세대 IKEA generation	스펙은 뛰어나지만 고용 불안에 시달리는 20~30대
다이옥신 dioxin	주로 쓰레기 소각장에서 발생하는 환경호르몬
던바의 법칙 Dunbar's number	진정한 사회적 관계를 맺는 사람은 최대 150명에 불과하다는 법칙
0.5인 가구 0.5人家口	두 곳 이상에 거처를 두거나 잦은 여행과 출장으로 집을 오래 비우는 혼 자 사는 사람들
슬랙티비즘 slacktivism	인터넷이나 SNS에서 말로만 세상을 바꾸려 하고 실제로는 행동하지 않 는 사람
젠더사이드 gendercide	특정 성별·인종에 대한 조직적인 박해나 살해

국제

최근 출제 비중

7%

· 국제 분야는 제도에 대한 문제가 많이 출제되는 편입니다.

· 계속해서 새로운 상식을 학습하기보다 반복해서 학습하여 뜻을 정확히 알고 있는 것이 중요한 분야입니다.

국제정치

406

국제연합 ★★
United Nations

한국마사회

국제평화와 안전 유지를 위해 국제연맹을 계승해 1945년 설립된 국제기구

🔍 **더 알아보기**

주요기구와 보조기구·전문기구로 구성되어 있으며, 본부는 뉴욕에 있고 현재 총 193개국이 가입하였다.

국제연맹(League of Nations)
1차 세계대전 후 국제평화와 안전을 지키고 경제적·사회적 국제협력을 증진하기 위해 1920년 설립된 국제평화기구

✅ **기출**
9대 국제연합(UN) 사무총장은?
: 안토니우 구테흐스

407

콘센서스 방식 ★
consensus system

어떤 결정에 있어서 의장의 제안에 반대 의사가 없으면 합의한 것으로 보는 의사결정 방식

🔍 **더 알아보기**

롤콜 방식(roll call system)
추첨으로 선정된 국가부터 알파벳순으로 호명하면 각국 대표는 찬성, 반대, 기권 의사를 표시하는 공개투표 방식

국제연합안전보장이사회 ★★★
United Nations
Security Council

국제평화와 안전 유지에 대한 일차적 책임을 지는 유엔의 실질적인 권력 기구

🔍 **더 알아보기**
거부권을 가진 상임이사국 5개국(미국, 영국, 프랑스, 러시아, 중국)과 총회에서 선출되는 비상임이사국 10개국으로 구성된다.

✅ **기출**
거부권을 가진 유엔안전보장이사회 상임이사국이 아닌 것은?
: 일본

유엔인권이사회 ★
United Nations
Human Rights Council

국제사회의 인권 보호와 개선을 위해 설립된 유엔 총회 보조기관이자 상설위원회

🔍 **더 알아보기**
국제연합총회(United Nations General Assembly)
1945년 설립된 국제연합 최고 의사결정기관

세계보건기구 ★★
World Health Organization

한국마사회

공중 보건·위생 분야의 국제협력을 위하여 설립된 유엔 전문기구

🔍 **더 알아보기**
국제노동기구(International Labour Organization)
노동조건 개선과 노동자 지위 향상을 위해 설립된 유엔 전문기구

세계지식재산권기구 ★
World Intellectual Property
Organization

지식 재산권의 국제적 보호와 협력을 위해 설립된 유엔 전문기구

🔍 **더 알아보기**
세계저작권협약(Universal Copyright Convention)
베른협약과 함께 저작권 2대 조약 중 하나로, 유네스코가 제창해 성립된 저작권 보호에 관한 국제 조약

국제

핵심상식

해커스 한 권으로 끝내는 공기업 기출 일반상식

유엔난민기구 ★
United Nations High
Commissioner for Refugees

국제 난민의 지원과 보호 임무를 수행하고 난민 조약을 실행하는 유엔 보조기구

🔍 **더 알아보기**

난민 조약(難民條約)
난민의 지위에 관한 협약으로, 제2차 세계대전 이후 난민 문제 해결을 위해 1951년 유엔에서 채택된 조약

국제사법재판소 ★★
International Court of Justice

한국마사회

국가 간 분쟁을 법적으로 해결하기 위해 설립된 유엔의 사법기관

🔍 **더 알아보기**
판결은 구속력을 가지나 유엔 전문기구의 요청에 따라 제시된 권고적 의견은 구속력이 없다.

✅ **기출**
국가 간 분쟁해결을 위해 설립된 유엔의 사법기관은?
: 국제사법재판소

국제형사재판소 ★★★
International Criminal Court

국제 인권법상의 가장 중대한 범죄를 저지른 개인을 처벌하는 최초의 상설 국제재판소

🔍 **더 알아보기**

전범재판소(戰犯裁判所)
전쟁을 범죄로 규정하고 집단살해, 반인도 범죄 등 중대한 국제법을 위반한 범죄자를 국제사회의 이름으로 처벌하기 위한 재판소

석유수출국기구 ★★★
Organization of the Petroleum
Exporting Countries

한국보훈복지의료공단
한국장애인고용공단

선진국의 국제석유자본에 대항하기 위해 결성된 국제기구

🔍 **더 알아보기**

국제석유자본(國際石油資本)
세계 석유산업을 지배하는 7개 석유회사로, 한때 중동 석유생산의 99% 이상을 장악하기도 하였지만 석유수출국기구가 결성되면서 점유율이 39%까지 내려갔다.

경제협력개발기구 ★★
Organization for Economic Cooperation and Development

경기문화재단

회원국 간의 협력을 통해 세계 경제 성장, 개발도상국 원조, 세계 무역 촉진을 목표로 하는 국제 정책연구 및 협력기구

🔍 **더 알아보기**

1961년 9월 프랑스 파리에서 발족하였으며, 우리나라는 1996년 12월 29번째 회원국으로 가입하였다.

국제앰네스티 ★★
Amnesty International

GH경기도시공사

정치·종교·이념 때문에 박해받는 정치사상범의 구제를 목적으로 설립된 세계 최대 인권단체(국제사면위원회)

🔍 **더 알아보기**

1961년 영국인 변호사 피터 베넨슨의 제의에 의해 창설되었으며, 독립성을 유지하기 위해 철저하게 회원의 회비로만 운영되고, 매년 전 세계 149개국의 인권 현황에 대해 포괄적으로 분석한 '인권 보고서: 세계인권현황'을 발표한다.

연방준비제도이사회 ★★★
Federal Reserve Board

예금보험공사

미국 연방준비제도의 의사결정기구이자 중앙은행의 역할을 하는 12개 연방준비은행 관리총괄 기구

🔍 **더 알아보기**

미국의 경제·금융 정책의 결정과 실행에서 핵심역할을 하는 기구이다.

연방공개시장위원회 ★★
Federal Open Market Committee

미국 연방준비제도이사회 산하에서 통화·금리정책을 결정하는 위원회

🔍 **더 알아보기**

연방준비제도(聯邦準備制度)
연방준비제도이사회, 연방공개시장위원회, 12개 지역의 연방준비은행 및 가맹은행 등의 기관으로 운영되는 미국의 중앙은행제도

국제

핵심상식

해커스 한 권으로 끝내는 공기업 기출 일반상식

유럽연합 ★★
European Union

KAC한국공항공사
한국환경공단

유럽의 정치 · 경제 통합을 실현하기 위한 마스트리흐트 조약에 의해 설립된 유럽 국가들의 연합기구

🔍 **더 알아보기**

유로존(Eurozone)
유럽연합의 단일 화폐인 유로를 국가 통화로 도입하여 사용하는 국가나 지역

🖹 **사용 예시**

유럽연합(UN)을 하나의 나라로 간주한다면 유럽연합은 세계 최대 규모의 에너지 수입국이다.

브렉시트 ★★★
Brexit

aT한국농수산식품유통공사
KAC한국공항공사
금융감독원
영상물등급위원회

'영국(Britain)'과 '탈퇴(exit)'의 합성어로, 2020년 1월 31일 단행된 영국의 유럽연합 탈퇴

🔍 **더 알아보기**

하드 브렉시트(Hard Brexit)
유럽연합 단일시장 및 관세동맹에서 완전히 탈퇴하는 방식

노딜 브렉시트(No Deal Brexit)
영국이 브렉시트 단행 이후 유럽연합과 아무런 합의에 이르지 못하고 탈퇴하게 되는 상황

🖹 **사용 예시**

영국을 제외한 유럽연합의 남은 27개 회원국이 2020년 1월 30일 영국의 탈퇴 협정을 최종 승인하여 마침내 브렉시트가 현실화되었다.

더블린 조약 ★★★
Dublin Regulation

KBS
영화진흥위원회

유럽연합 중 이주민이 처음 발을 디딘 나라에서 난민 신청이나 망명을 처리하도록 하는 난민 정책에 관한 조약

🔍 **더 알아보기**

국제난민기구(International Refugee Organization)
1946년 4월 설립되어 1951년 폐지될 때까지 난민과 강제 추방자를 지원한 유엔 임시전문기구

✅ **기출**

난민들이 가장 먼저 도착한 유럽 국가에 망명 신청을 하는 난민 정책을 규정한 유럽연합의 조약은?
: 더블린 조약

마스트리흐트 조약 ★★
Maastricht Treaty

대한체육회

유럽공동체가 시장통합을 넘어 정치 · 경제적 통합체로 진전하기 위한 기반을 제공하여 유럽연합의 기초가 된 조약

Q 더 알아보기

니스 조약과 리스본 조약

니스 조약	유럽연합 확대와 제도개혁에 관한 조약
리스본 조약	유럽연합의 정치통합과 무산된 유럽연합 헌법을 대체하기 위해 마련된 조약

⊘ 기출
유럽연합의 기초가 된 조약은?
: 마스트리흐트 조약

암스테르담 조약 ★
Treaty of Amsterdam

마스트리흐트 조약에 근거하여 기본적인 인권보호, 망명, 이민 등의 내용을 담은 유럽통합에 관한 기본협정

Q 더 알아보기

가중다수결(加重多數決)
암스테르담 조약에서 도입한 정책결정 절차로, EU 회원국의 규모에 따라 투표수를 차등 분배하고 가중된 투표수에 근거하여 결정하는 의사 결정 제도

🗐 사용 예시
암스테르담 조약은 가중다수결을 도입해 만장일치 방식을 채택하고 있는 분야에 혁명을 일으켰다.

피그스 ★★
Portugal Italy Ireland Greece Spain

대한체육회

2008년 세계 금융위기 이후 심각한 재정위기를 겪고 있는 유로존 중 포르투갈, 이탈리아, 그리스, 스페인, 아일랜드를 이르는 말

Q 더 알아보기

글로벌금융안전망(Global Financial Safety Net)
금융위기 이후 국가들이 대내정책 수단만으로는 위기를 극복하기 어렵다는 공통된 의견이 형성되면서 위기에 대응하기 위하여 만든 국제금융시장에서 인정한 제도

유럽중앙은행 ★
European Central Bank

유로화를 사용하는 유로존의 통화정책을 총괄하는 중앙은행

🔍 더 알아보기

단기 금리 조절 등 통화정책을 수립 및 집행하며, 유로화의 발권력을 독점하고 금융안정을 감독한다.

화이트리스트 ★★
White List

자국의 안전 보장에 위협이 될 수 있는 첨단 기술과 부품 등을 수출할 때 수출 절차 간소화 혜택을 인정하는 안전보장우호국

🔍 더 알아보기

2019년 8월 일본이 한국을 화이트리스트에서 제외하는 개정안을 의결하였으며, 한국도 이러한 조치에 맞서 일본을 화이트리스트에서 제외하기로 하였다.

국제경제

G20 ★★★
Group of 20

선진 7개국 모임인 G7을 확대·개편한 세계 경제 협의기구

🔍 더 알아보기

G20 참여국
G7(미국, 독일, 영국, 프랑스, 이탈리아, 일본, 캐나다)과 브라질, 러시아, 인도, 중국, 남아프리카공화국, 멕시코, 인도네시아, 한국, 터키, 사우디아라비아, 아르헨티나, 호주, 유럽연합 의장국

브릭스 ★★★
BRICS

농촌진흥청
한국기상산업기술원

빠른 경제성장을 보이는 브라질, 러시아, 인도, 중국, 남아프리카공화국 등 신흥경제국

🔍 더 알아보기

이머징마켓(emerging market)
안정적이지만 성장률이 낮은 선진국시장과 달리 금융시장과 자본시장에서 급성장하고 있는 국가들의 신흥시장

믹타 ★★
MIKTA

한국보훈복지의료공단

멕시코, 인도네시아, 한국, 터키, 호주로 구성된 국가 협의체

🔍 **더 알아보기**
믹타의 목적
G20 중 G7이나 BRICS에 속하지 않으면서도 경제 규모로 세계 20위 안에 드는 중견국들 간의 협력

동남아시아 국가연합 ★★
ASEAN

건설근로자공제회

급변하는 국제정세에 공동 대응을 위한 방콕 선언으로 창설된 동남아시아의 국제기구

🔍 **더 알아보기**
동남아시아국가연합 회원국
브루나이, 캄보디아, 인도네시아, 라오스, 말레이시아, 미얀마, 필리핀, 싱가포르, 태국, 베트남 등 10개국

아시아·태평양 경제협력체 ★
APEC

GH경기도시공사
한국남부발전

아시아·태평양 지역의 경제협력과 무역 증진을 위해 결성된 최초의 범정부 간 협력기구이자 세계 최대의 지역 협력체

🔍 **더 알아보기**
1989년 11월 호주에서 한국을 포함한 12개국 간 회의로 출범하였다.

아시아·유럽 정상회의 ★
ASEM

아시아와 유럽 사이의 동반자 관계를 구축하기 위해 창설된 정상회의

🔍 **더 알아보기**
아시아·유럽정상회의 참가국
아세안 10개국과 유럽연합 30개 회원국, 한국, 중국, 일본을 포함해 총 49개 국가

국제

핵심상식

해커스 한 권으로 끝내는 공기업 기출 일반상식

434

다보스포럼 ★★
Davos Forum

강원도개발공사
경기콘텐츠진흥원

WEF(세계경제포럼)라고도 불리며, 매년 1~2월 스위스의 다보스에서 개최되는 경제 토론 민간회의

🔍 더 알아보기
공식적인 의제는 없으며, 세계 각국의 저명한 인사들이 대거 참여해 자유롭게 정보와 의견을 교환하고, 세계경제 발전방안 등에 대하여 논의한다.

🗐 사용 예시
코로나19로 인해 2021년 다보스포럼은 스위스가 아닌 싱가포르에서 열리게 되었다.

435

프로수르 ★
Prosur

2019년 좌파 남미국가연합인 우나수르에 대항해 결성된 친미 우파 동맹

🔍 더 알아보기
프로수르 주축 국가
브라질, 콜롬비아, 칠레, 아르헨티나, 파라과이, 페루, 에콰도르

436

관세 및 무역에 관한 일반협정 ★
General Agreement on Tariffs and Trade

KAC한국공항공사

관세장벽과 수출입 제한을 없애고 국제무역과 물자 교류를 증진하기 위한 협정

🔍 더 알아보기
1947년 스위스 제네바에서 체결되었으며, 우리나라는 1967년 1월 정회원국이 되었다.

437

북미자유무역협정 ★★
North American Free Trade Agreement

미국, 캐나다, 멕시코 북미 3국이 자유무역지대 창설을 위해 체결한 협정

🔍 더 알아보기
2018년 9월 미국 트럼프 대통령이 미국의 일자리를 빼앗고 무역 적자를 가져온다는 입장으로 재협상을 시작해 미국, 멕시코, 캐나다 협정(USMCA)으로 대체되었다.

환태평양 경제동반자협정 ★
Trans Pacific Partnership

한국수산자원공단

아시아 · 태평양 지역을 하나의 자유무역지대로 묶는 다자간 자유무역협정

🔍 **더 알아보기**

2018년 12월 자국주의와 보호주의를 주창하는 트럼프 대통령이 미국 탈퇴를 선언하면서 총 11국이 남았으며 명칭을 '포괄적 · 점진적 환태평양경제동반자협정(CPTPP)'으로 변경하였다.

세계무역기구 ★★★
World Trade Organization

서울교통공사

무역 자유화를 통한 전 세계적인 경제 발전을 목적으로 하는 유엔 산하 전문기구

🔍 **더 알아보기**

세계 무역 분쟁 조정, 관세 인하 요구, 반덤핑규제 등 막강한 법적 권한과 구속력을 행사한다.

🗒 **사용 예시**

세계무역기구에 따르면 한국의 무역 순위가 9년 만에 세계 8위에 이름을 올렸다.

도하개발어젠다 ★
Doha Development Agenda

NIS국가정보원

세계무역기구 제4차 각료회의를 통해 출범한 새로운 다자간 무역 협상

🔍 **더 알아보기**

도하개발어젠다의 목표
농업, 서비스, 환경, 지적 재산권 등의 분야를 포함한 무역 자유화

브레턴우즈체제 ★
Bretton Woods System

HF한국주택금융공사

미 달러화를 고정환율로 고정시켜 국제통화 질서를 규정한 국제 통화제도

🔍 **더 알아보기**

신보호무역주의(新保護貿易主義)
1970년대 중반 이후 미국 등 선진국이 비관세 수단을 이용한 무역 제한조치로 보호무역주의화하는 경향

국제

핵심상식

해커스 한 권으로 끝내는 공기업 기출 일반상식

국제통화기금 ★
International Monetary Fund

한국농어촌공사
한국사회적기업진흥원

세계무역 안정을 위해 브레턴우즈협정에 따라 설립된 국제금융기구

🔍 더 알아보기
SDR(Special Drawing Rights)
국제유동성을 인출할 수 있는 국제통화기금의 특별인출권

✅ 기출
국제통화기금이 발행하는 준비자산은?
: 특별인출권

IMF 외환위기 ★★
IMF Currency Crisis

1997년 국가 부도 위기에 처한 한국이 국제통화기금(IMF)에 자금 지원을 요청한 사건

🔍 더 알아보기
금 모으기 운동
1997년 IMF 외환위기 당시 국가 부채를 갚기 위해 국민들이 자발적으로 금을 기부한 운동

국제부흥개발은행 ★
International Bank for
Reconstruction and
Development

한국보훈복지의료공단

브레턴우즈협정에 따라 전 세계의 빈곤 퇴치와 개발도상국의 경제발전을 목표로 설립된 국제연합 산하의 국제금융기관

🔍 더 알아보기
국제금융공사(International Finance Corporation)
1956년 개발도상국 민간 기업 투자를 목적으로 설립한 국제금융기구

아시아인프라투자은행 ★★
Asian Infrastructure
Investment Bank

The-K한국교직원공제회
한국환경공단

아시아·태평양 지역의 대규모 인프라 투자를 위해 중국이 주도해 설립한 다자간 개발은행

🔍 더 알아보기
아시아개발은행(Asian Development Bank)
아시아·태평양 지역의 경제성장과 협력 및 개발도상국의 경제개발을 위해 1966년 설립된 국제개발은행

일대일로 ★★★
一帶一路

KBS

2013년 시진핑 중국 국가주석이 제시한 중국 주도의 '신(新)'실크로드 전략

🔍 더 알아보기
'일대(One Belt)'는 중국에서부터 중앙아시아와 유럽을 잇는 육상 실크로드 경제벨트이고, '일로(One Road)'는 동남아시아와 유럽, 아프리카를 연결하는 21세기 해양 실크로드를 말한다.

🗒 사용 예시
일대일로를 비판했던 중국의 한 퇴직교수가 인터뷰 도중 중국 공안 당국에 연행되어 논란이 일고 있다.

일국양제 ★★
一國兩制

중국이 하나의 국가 안에 자본주의와 사회주의 체제를 모두 인정한다는 방식

🔍 더 알아보기
원래 대만 통일원칙으로 제시되었으나 1997년 중국에 귀속된 홍콩과 1999년 귀속된 마카오에 적용되고 있다.

🗒 사용 예시
시진핑 중국 국가주석은 일국양제를 충실히 지켜온 마카오를 새로운 금융 허브로 육성할 것이라고 발표했다.

국제사회

글로벌라이제이션 ★
globalization

정치 · 경제 · 사회 · 문화 등 여러 분야에서 세계 각 국가가 단일한 체계로 서로 간에 긴밀한 영향을 미치는 상황

🔍 더 알아보기
글로컬라이제이션(glocalization)
세계화를 추구하는 동시에 현지국가의 기업 풍토를 존중하는 경영 방식

🗒 사용 예시
전 세계로 퍼져나가고 있는 코로나19를 통해 글로벌라이제이션의 부작용을 절감하게 되었다.

449

슬로벌라이제이션 ★★
slowbalization

보호무역주의와 자국 우선주의가 확산되어 세계화가 둔화되는 현상

🔍 더 알아보기

달러라이제이션(dollarization)
기축통화로 자리한 미국 달러화가 자국 화폐를 대체하는 현상

450

비무장지대 ★
Demilitarized Zone

The-K한국교직원공제회
경상북도개발공사
기장군도시관리공단

국제조약이나 협약에 의해서 무장이 금지된 완충 지역

🔍 더 알아보기

군사분계선(軍事分界線)
교전국 사이에 구획된 군사 활동의 경계선으로, 한국의 경우 1953년 성립한 정전협정에 규정된 휴전선

451

북방한계선 ★★★
Northern Limited Line

경상북도개발공사
한국수산자원공단

휴전 후 정전협정의 안정적 관리를 위하여 설정한 남북한의 실질적인 해상경계선

🔍 더 알아보기

군사분계선에서 남쪽으로 2km 떨어져 동서로 그은 선을 남방한계선, 군사분계선에서 북쪽으로 2km 떨어져 동서로 그은 선을 북방한계선, 이 남방한계선과 북방한계선 사이의 4km를 남북 사이의 완충지대인 비무장지대(DMZ)라고 한다.

📋 사용 예시
북한이 서해 북방한계선을 침범하는 방식으로 우리 군을 도발하고 있다.

452

배타적 경제수역 ★★
Exclusive Economic Zone

The-K한국교직원공제회

영해기선으로부터 200해리(370.4km)까지의 자원에 대해 독점적 권리를 인정하는 수역

🔍 더 알아보기

영해(領海)
한 나라의 주권이 미치는 해양 지역으로, 국제 해양법 조약상 12해리

📋 사용 예시
서해지방해양경찰청은 우리나라 해양주권의 상징인 한·중 배타적 경제수역의 최전선을 책임지고 있다.

살라미 전술 ★
salami tactics

경기콘텐츠진흥원
부산시설공단

하나의 과제를 여러 단계별로 세분화해 하나씩 해결해 나가면서 이익을 극대화하는 협상 전술

🔍 더 알아보기
벼랑 끝 전술(brinkmanship)
북미협상 과정에서 북한이 취한 전술로, 막다른 상황으로 협상을 몰고 가 강수를 띄우는 특유의 협상 전술

7·4 남북공동성명 ★
七四南北共同聲明

1972년 7월 4일 남북한 당국이 분단 이후 최초로 통일과 관련하여 합의한 공동성명

🔍 더 알아보기
남북정상회담(南北頂上會談)
남한과 북한의 최고 지도자가 만나 남북한의 화해와 협력에 대해 논의하는 회담

6·15 남북 공동선언 ★
六一五南北共同宣言

2000년 6월 13~15일 남북정상회담을 가진 김대중 대통령과 김정일 국방위원장이 발표한 남북공동선언

🔍 더 알아보기
10·4 남북정상선언(十四南北頂上宣言)
2007년 10월 4일 노무현 대통령과 김정일 국방위원장이 합의한 2차 남북정상선언

4·27 판문점 선언 ★★
四二七板門店宣言

2018년 4월 27일 판문점 평화의 집에서 열린 남북정상회담에서 문재인 대통령과 김정은 국무위원장이 합의한 공동선언

🔍 더 알아보기
정식명칭은 '한반도의 평화와 번영, 통일을 위한 판문점 선언'이며 연내 종전 선언, 핵 없는 한반도 실현, 남북공동연락사무소 개성 설치, 이산가족 상봉 등을 천명하였다.

9월 평양공동선언 ★★★
九月平壤共同宣言

2018년 9월 18~20일 평양에서 가진 남북정상회담에서 문재인 대통령과 김정은 국무위원장이 합의해 발표한 공동선언

🔍 **더 알아보기**
한반도 전쟁 위험 제거, 비핵화 등 군사적 긴장 완화 조치, 철도·도로 구축 등 남북경제협력과 관련된 내용으로 구성되었다.

개성공단 ★★★
開城工團

근로복지공단
대구도시철도공사

6·15 남북공동선언 이후 남북경제협력사업의 하나로 개성시 봉동리 일대에 개발한 공업단지

🔍 **더 알아보기**
남북공동연락사무소(南北共同連絡事務所)
2018년 9월 14일 개성공단 내에 설치된 남북연락사무소로, 2020년 6월 16일 북한에 의해 폭파됨

6자회담 ★
六者會談

북한 핵문제를 논의하기 위하여 한반도 주변의 6개국이 참여하는 다자 회담

🔍 **더 알아보기**
6자회담 참가국
한국, 북한, 미국, 중국, 러시아, 일본

📋 **사용 예시**
북한 핵문제를 평화적으로 해결하기 위해서는 6자회담과 같은 다자 협상이 마련돼야 한다는 전문가들의 의견이 나오고 있다.

고노 담화 ★★★
河野談話

한국사회적기업진흥원

1993년 일본 정부가 일본군 위안소 설치 및 위안부 강제징집을 인정하고 사죄한 첫 담화

✅ **기출**
일본 관방장관이 위안부 강제징집을 인정한 담화는?
: 고노 담화

먼로주의 ★
Monroe Doctrine

KBS

1823년 미국 제5대 대통령 J. 먼로가 의회에 제출한 연두교서에서 밝힌 고립주의 외교방침

🔍 **더 알아보기**
닉슨주의(Nixon Doctrine)
1969년 7월 25일 발표된 아시아 방위책임을 아시아국가들이 지게 하는 대아시아 외교정책

✅ **기출**
외부 세력의 미주 대륙 간섭을 거부하는 미국의 핵심 정책은?
: 먼로주의

데탕트 ★
detente

농촌진흥청

1970년대 미국 중심의 자본주의 진영과 소련 중심의 사회주의 진영 간 긴장 완화

🔍 **더 알아보기**
1972년 미국의 닉슨 대통령이 중국 베이징과 러시아 모스크바를 방문하여 미국·소련 간의 데탕트를 실현하였다.

📋 **사용 예시**
바이든이 미 행정부에 출범하면서 미국과 중국 간의 데탕트로 국면이 전환되는지가 최대의 관심사이다.

도이모이 ★
doimoi

HUG주택도시보증공사

'변경하다(doi)'와 '새롭게(moi)'의 합성어로, 베트남의 개혁·개방 정책 슬로건

🔍 **더 알아보기**
글라스노스트(glasnost)
소련의 고르바초프가 실시한 '개방', '공개'라는 뜻의 개방 정책

페레스트로이카 ★
perestroika

1985년 4월 소련의 고르바초프 공산당 서기장이 실시한 사회주의 개혁 이데올로기

🔍 **더 알아보기**
'재건', '재편'의 뜻을 가진 러시아어로, 관료주의를 극복하고 경직된 정치 및 경제를 새로 세우는 작업으로 진행됐으며 사회주의의 붕괴를 촉발한 원인으로 여겨지고 있다.

국제

핵심상식

해커스 한 권으로 끝내는 공기업 기출 일반상식

아그레망 ★★★
agrément

한국소비자원
한전KPS

특정한 사람을 외교사절로 임명할 때 파견될 상대국에서 사전에 동의하는 의사표시

⊟ 사용 예시
신임 주미대사 내정자는 내정 이후 62일 만에 미국 정부로부터 아그레망을 받게 됐다.

페르소나 논 그라타 ★★★
persona non grata

국립공원공단

외교사절의 아그레망이 요청되었을 때 요청받은 국가가 받아들이기를 기피한 사람

Q 더 알아보기
라틴어 '좋아하지 않는 인물'이란 뜻에서 유래하였다.

⊘ 기출
아그레망을 요청받았을 때 환영받지 못하는 외교적 기피인물은?
: 페르소나 논 그라타

모두스 비벤디 ★
modus vivendi

국제법상 분쟁 해결을 위해 당사자 간 편의적으로 체결되는 잠정적 협정

Q 더 알아보기
잠정적이기 때문에 형식이 자유로우며 나중에 영속적이며 상세한 협정으로 대체되는 것이 일반적이다.

죄수의 딜레마 ★★★
prisoner's dilemma

자신의 이익만을 고려해 선택한 것이 결국에는 서로에게 불리한 결과를 유발하는 상황

Q 더 알아보기
제로섬게임과 논제로섬게임

제로섬 게임	한쪽의 이익과 다른 쪽의 손실 합계가 제로가 되는 상황
논제로섬 게임	한쪽의 이익이 다른 쪽의 손실로 이어지지 않는 것으로, 서로가 대립하였을 때 오히려 양측의 이익이 모두 감소할 수 있는 상황

최혜국 대우 ★
Most Favored Nation
treatment

통상 · 항해 조약 등에서 한 나라가 어떤 외국에 부여하고 있는 가장 유리한 대우를 상대국에도 부여하는 일

🔍 **더 알아보기**

양허관세(讓許關稅)
국가 간 협상을 통하여 관세가 공인되면 그 세율 이상으로 관세를 부과하지 않기로 한 약속

투키디데스 함정 ★★
Thucydides Trap

기존 강대국이 빠르게 부상하는 신흥 강대국과 결국 부딪칠 수밖에 없는 상황

🔍 **더 알아보기**

기존 강대국이었던 스파르타와 신흥 강대국이었던 아테네의 전쟁에서 유래한 말이며, 최근 미국과 중국의 상황을 설명하는 데 쓰여 주목받고 있다.

🗐 **사용 예시**

최근 미국과 중국의 갈등이 투키디데스 함정과 유사한 모습을 보인다.

치킨게임 ★★
chicken game

GH경기도시공사
국립공원공단
한국폴리텍대학

어느 한쪽이 양보하지 않으면 양쪽 모두 파국으로 치닫게 되는 극단적인 게임 이론

🔍 **더 알아보기**

겁쟁이 게임이라는 의미로, 충돌의 위험에도 서로를 향해 차를 돌진시켜 먼저 핸들은 꺾은 사람이 겁쟁이가 되는 1950년대 미국 젊은이들의 게임에서 유래하였다.

종속 이론 ★
dependency theory

근로복지공단

제3세계 국가의 후진성이나 그 원인을 설명한 이론

🔍 **더 알아보기**

라틴 아메리카(Latin America)
주로 제3세계로 분류되며 에스파냐 문화의 영향을 강하게 받은 아메리카 대륙 중남부 지역

동북공정 ★★
東北工程

국가철도공단

중국 동북 지역의 모든 역사를 중국 역사로 만들기 위해 2002년부터 추진된 프로젝트

🔍 **더 알아보기**

한국은 동북공정에 대처하기 위해 2004년 3월 교육부 산하의 고구려연구재단을 발족하였고, 2006년 9월 동북아역사재단이 출범하여 이를 통합하였다.

✅ **기출**

동북 3성 지역의 역사를 중국의 역사로 편입하는 프로젝트는?
: 동북공정

3통 정책 ★
三通政策

중국과 대만 양안 간의 전면적인 직접 교역·수송·서신 왕래를 요구하는 정책

🔍 **더 알아보기**

3불 정책(三不政策)
중국의 3통 정책에 맞선 대만의 통일 정책으로, 불담판·불접촉·불타협

천안문 사건 ★★★
天安門事件

LH한국토지주택공사

1989년 천안문 광장에서 민주화를 요구하던 시민들을 중국 정부가 무력 진압하면서 발생한 대규모 유혈 참사 사건

✅ **기출**

1989년 중국 정부가 민주화 세력을 무력 진압했던 사건은?
: 천안문 사건

베이다이허 회의 ★★
北戴河會議

경기콘텐츠진흥원

중국 지도부가 매년 여름 허베이성 북동쪽에 있는 휴양도시 베이다이허에 모여 국내외 주요 현안을 논의하는 회의

🔍 **더 알아보기**

1954년 마오쩌둥 주석이 베이다이허에서 연 회의에서 시작되었다.

태자당 ★★★
太子黨

중국 당·정·군·재계 원로나 고위층 인사들의 자녀들

Q 더 알아보기
공청단(共靑團)
중국 공산주의 청년단의 약자로 중국공산당의 인재 양성소 역할을
하는 청년조직

흑묘백묘론 ★★
黑猫白猫論

근로복지공단

자본주의든 사회주의든 인민을 잘살게 하면 그만이
라는 주장

Q 더 알아보기
개혁·개방을 추진하던 중국의 덩샤오핑이 펼친 주장으로 검은 고
양이든 흰 고양이든 쥐만 잘 잡으면 된다는 뜻이다.

⊘ 기출
사회주의 정치 체제에 자본주의 시장경제를 받아들인 덩샤오핑의
경제정책은?
: 흑묘백묘론

디아스포라 ★
diaspora

세계 각지에 흩어져 살면서도 유대교의 규범과 생활
관습을 유지하는 유대인

Q 더 알아보기
본토를 떠나 타지에서 자신들의 규범과 관습을 유지하며 살아가는
공동체 집단 또는 그들의 거주지를 가리키기도 한다.

세이프가드 ★★
safeguard

한국산업인력공단

특정상품의 수입 급증으로 국내산업의 심각한 피해
발생 우려가 있을 때 취하는 긴급 수입 제한 조치

🗐 사용 예시
미국이 자국 기업을 보호하기 위해 한국산 세탁기에 대한 세이프
가드를 발동하기로 결정했다.

국제

핵심상식

해커스 한 권으로 끝내는 공기업 기출 일반상식

481

발트3국 ★
Baltic States

NIS국가정보원
한국기상산업기술원

발트해 남동 해안에 위치한 에스토니아, 라트비아, 리투아니아 3국의 총칭

🔍 더 알아보기
베네룩스(Benelux)
벨기에, 네덜란드, 룩셈부르크 3국의 총칭

482

베르사유 조약 ★
Treaty of Versailles

파리평화회의의 결과로 제1차 세계대전 후 평화 유지를 위해 31개 연합국과 독일 간 체결된 조약

🔍 더 알아보기
1919년 6월 28일 프랑스 베르사유 궁전에서 체결하였다.

483

베른 조약 ★★
Berne Convention

국립공원공단
대전도시철도공사

문학 및 미술 분야의 국제적인 저작권 보호를 위해 1886년 스위스의 베른에서 체결된 조약

🔍 더 알아보기
로마 협약(Rome Convention)
저작물을 실연하는 저작 인접권자 보호를 목적으로 체결된 국제 협약

484

베세토 벨트 ★
BESETO belt

예술의전당

한국, 중국, 일본의 수도를 연결하여 하나의 경제 단위로 묶는 동북아시아 중심 도시의 연결축

🔍 더 알아보기
베이징(Beijing), 서울(Seoul), 도쿄(Tokyo)의 영문 앞자리 두 글자를 합쳐 만든 말로, 21세기 아시아·태평양 시대에 대비하자는 취지에서 맺은 협력 체제이다.

485

슈퍼 301조 ★
Super 301

무역 상대국 정부의 불공정 무역 관행에 대한 보복 조치를 규정한 미국 통상법 301조의 개정조항

🗒 사용 예시
미국이 지식재산권 침해를 이유로 슈퍼 301조에 따라 중국산 제품에 부과한 관세가 WTO 무역 규정 위반이라는 비판이 나오고 있다.

상록수부대 ★★
常綠樹部隊

한국군 최초로 유엔 평화 유지 활동에 참여해 소말리아에 파병된 부대

> Q 더 알아보기
>
> **작전계획(作戰計劃)**
> 단일 작전이나 동시 또는 연속적으로 수행되는 일련의 작전을 망라한 계획

사드 ★★
Terminal High Altitude Area Defense

aT한국농수산식품유통공사

적의 탄도미사일 공격으로부터 인구 밀집 지역과 핵심시설 등을 방어할 목적으로 제작된 미사일 요격 무기 체계

> Q 더 알아보기
>
> **대륙간탄도미사일(Intercontinental Ballistic Missile)**
> 핵탄두를 장착하고 대륙과 대륙 사이 대기권 밖을 비행하여 공격하는 탄도미사일

군사정보보호협정 ★★★
General Security of Military Information Agreement

경상북도개발공사

협정을 맺은 양국 군대가 군사 기밀을 공유할 수 있도록 맺는 협정

> 目 사용 예시
>
> 한·일 간 극심한 갈등 속에 파기 위기까지 갔던 한·일 군사정보보호협정이 사실상 유지됐다.

핵확산금지조약 ★★
Nuclear Non-Proliferation Treaty

경상국립대학교병원
인천관광공사

비핵보유국의 핵무장과 보유국의 핵 이전을 동시에 금지하는 조약

> Q 더 알아보기
>
> **핵무기금지조약(Treaty on the Prohibition of Nuclear Weapons)**
> 핵확산금지조약의 한계를 보완하고 핵무기의 개발, 사용, 거래, 보유 등을 원천적으로 금지하는 국제적 합의

국제

핵심상식

해커스 한 권으로 끝내는 공기업 기출 일반상식

핵안보정상회의 ★
核安保頂上會議

서울신용보증재단

주요 핵무기 보유국과 원전 보유국들이 참여하는 협의체

🔍 더 알아보기
2010년 4월 13일 미국 오바마 대통령이 주창하여 워싱턴에서 첫 회의가 열렸으며, 2년에 한 번씩 개최된다.

미국 국가안보국 ★
National Security Agency

국민연금공단

통신 감청을 통한 정보 수집, 암호 분석 및 해독을 주 임무로 하는 미국 국방성 특별활동국 소속 정보수집 기관

✅ 기출
통신 감청을 통한 정보 수집, 암호 해독을 전문적으로 수행하는 미국 정보기관은?
: 미국 국가안보국

데프콘 ★★
Defense Readiness Condition

워치콘의 분석 결과에 따라 정규전에 대비해 발령하는 전투준비 태세

🔍 더 알아보기
1~5단계로 나뉘고 숫자가 낮을수록 전쟁 발발 가능성이 높다는 것을 의미하며 데프콘 1이 되면 동원령이 선포되고 전시로 돌입하게 된다.
워치콘(Watch Condition)
5단계로 북한의 군사 활동을 감시하는 대북 정보 감시 태세

✅ 기출
정규전에 대비해 발령하는 전투준비 태세는?
: 데프콘

CVID ★★
Complete, Verifiable,
Irreversible Dismantlement

광주도시철도공사
농촌진흥청

완전하고 검증 가능하며 돌이킬 수 없는 비핵화 원칙

🔍 더 알아보기
FFVD(Final, Fully Verified Denuclearization)
미국 국무부가 제시한 최종적이고 충분히 검증된 비핵화

494

대량살상무기 ★
Weapons of Mass Destruction

한국장애인고용공단

핵무기, 중장거리 미사일, 생화학무기 등 단기간에 대량 살상이 가능한 무기

🔍 더 알아보기
대량살상무기 확산방지구상(Proliferation Security Initiative)
테러 및 대량살상무기의 국제적 확산을 막기 위해 발족한 국제 협력체제

495

샹그릴라 대화 ★
Shangri-La Dialogue

서울특별시농수산식품공사

영국 국제전략문제연구소의 주관하에 세계 각국 국방부 장관들이 참석하는 세계 최대 규모의 안보 회의

🔍 더 알아보기
매년 5월 말에서 6월 초에 싱가포르 샹그릴라 호텔에서 개최된다.

📋 사용 예시
코로나로 2년째 취소된 샹그릴라 대화가 2022년 싱가포르에서 개최될 예정이다.

496

집단적 자위권 ★★
集團的 自衛權

부산경제진흥원

동맹국이 제3국으로부터 무력공격을 받았을 때 이를 자국에 대한 무력공격과 동일한 것으로 간주하여 반격할 수 있는 권리

🔍 더 알아보기
유엔 헌장은 제51조에 무력공격이 발생한 경우 개별적 혹은 집단적 자위권 행사를 하는 것은 주권국가의 고유한 권리로 인정하고 있다.

497

북대서양조약기구 ★★
North Atlantic Treaty Organization

제2차 세계대전 이후 소련군과 군사 균형을 맞추기 위해 미국과 서유럽 국가들이 체결한 집단방위조약인 북대서양조약의 수행기구

🔍 더 알아보기
바르샤바조약기구(Warsaw Treaty Organization)
소련을 포함한 동유럽 국가들이 북대서양조약기구(NATO)에 대항해 만든 군사동맹 조약기구

아파르트헤이트 ★
Apartheid

근로복지공단

남아프리카공화국의 극단적인 인종차별 · 격리정책 및 제도

🔍 **더 알아보기**
넬슨 만델라(Nelson Mandela)
남아프리카공화국의 흑인 인권운동가이자 최초의 흑인 대통령

✅ **기출**
넬슨 만델라가 맞서 싸운 남아프리카공화국의 인종차별 정책은?
: 아파르트헤이트

핫라인 ★★
hot line

부천시협력기관
한국국토정보공사

사고나 착오로 인한 우발적인 전쟁을 방지할 목적으로 개설된 미국의 백악관과 러시아의 크렘린 사이의 직통 전화

📋 **사용 예시**
북한의 통지문이 신속히 전달된 점을 보아 지금까지 먹통으로 알려진 청와대와 북한 국무위원회 간 핫라인이 살아있다는 관측이 나왔다.

백색테러 ★
white terror

대전도시철도공사
대한체육회
한전KPS

정치적 목적을 달성하기 위한 우익 세력의 테러

🔍 **더 알아보기**
적색테러(red terror)
정치적 목적을 달성하기 위한 좌익의 테러

외로운 늑대 ★★
lone wolf

방송통신심의위원회

배후 세력이 없는 자생적 테러리스트

🔍 **더 알아보기**
특정 조직이나 이념이 아니라 정부에 대한 개인적 반감을 이유로 스스로 행동에 나선다는 게 특징이며, 정보 수집이 쉽지 않아 예방이 거의 불가능하다는 점에서 일반적인 테러보다 큰 위협으로 인식되고 있다.

📋 **사용 예시**
IS는 SNS를 활용해 외로운 늑대를 양성하려고 시도하고 있다.

헤즈볼라 ★
Hezbollah

레바논의 이슬람교 시아파 교전단체이자 정당조직

🔍 **더 알아보기**
무슬림형제단(Muslim Brothers)
전 세계에서 가장 오래되고 규모가 큰 이슬람주의 단체

하마스 ★★
Hamas

경상북도개발공사
한국장애인고용공단

팔레스타인의 이슬람 저항 운동단체이자 자치정부의 집권당

🔍 **더 알아보기**
팔레스타인 해방기구(Palestine Liberation Organization)
팔레스타인 독립국 건설을 목표로 결성된 비밀저항조직이자 팔레스타인 자치정부

보코하람 ★★★
Boko Haram

서구식 교육을 죄악이라 여기는 나이지리아의 이슬람 극단주의 무장단체

🔍 **더 알아보기**
알 샤바브(Al Shabaab)
소말리아에서 활동하는 극단주의 테러단체

✅ **기출**
이슬람 신정국가 건설이 목표인 나이지리아 이슬람 무장반군은?
: 보코하람

IS ★★★
Islamic State

국민연금공단
대한장애인체육회

이라크와 시리아의 주요 도시를 장악했던 이슬람 급진 수니파 무장단체

🔍 **더 알아보기**
알 카에다(Al Qaeda)
오사마 빈 라덴의 지도 아래 9·11 테러를 일으킨 과격 이슬람 테러단체

✅ **기출**
알 카에다 하부조직으로 출발한 이슬람 극단주의 무장단체는?
: 이슬람국가(IS)

506

이슬람혁명
수비대 ★
Islamic Revolutionary Guard
Corps

이란의 이슬람 체제를 수호하기 위해 창설된 국제
테러 단체

🔍 **더 알아보기**
1979년 이란혁명 이후 일반 군사조직인 이란 정규군과 함께 이원
조직으로 창설되었으며, 국가의 주요 군사 작전과 모든 해외 작전
을 맡는다.

507

쿠르드족 ★★
Kurdish

HUG주택도시보증공사

터키, 이란, 이라크, 시리아 등에 뿔뿔이 흩어져 있는
세계 최대의 유랑 민족

🔍 **더 알아보기**
기원전부터 이 지역의 국경 산악 지대에서 유목을 하며 살았으며,
단일민족이 고유문화·언어·사회구조를 유지하고 있음에도 국가
없이 중동 산악 지대에 흩어져 살고 있어 '중동의 집시'라고도 불린다.

✅ **기출**
최근 터키와 대립하고 있는 세계 최대의 유랑 민족은?
: 쿠르드족

508

로힝야족 ★★
Rohingya

미얀마에 주로 거주하는 무슬림 소수민족

🔍 **더 알아보기**
불교도가 대다수인 미얀마에서 무국적자로 차별을 받고 있다.

📋 **사용 예시**
미얀마 정부의 탄압이 이어지자 로힝야족은 태국 등 인근 국가로
탈출을 시도하고 있다.

509

이어도 ★
離於島

한국농어촌공사

국토 최남단 마라도에서 서남쪽 149km 거리에 있는
수중 암초

🔍 **더 알아보기**
파랑도
이어도의 국내 해양학계 공식 명칭

호르무즈 해협 ★★
Hormuz Strait

HUG주택도시보증공사
TS한국교통안전공단

페르시아만과 오만만을 연결하는 너비 약 50km인 중동 산유국의 중요한 원유 수송로

Q 더 알아보기

말라카 해협(Malacca Strait)
말레이시아 반도와 인도네시아 수마트라섬 사이의 좁은 해협으로, 동서 교역의 최단 항로이지만 해적들이 수시로 출몰하는 해로

✓ 기출

핵문제와 관련해 미국의 압력에 대항하기 위해 호르무즈 해협을 봉쇄하려는 국가는?
: 이란

쿠릴열도 분쟁 ★★★
Kuril Islands dispute

한국보훈복지공단

러시아 동부 사할린주에 속한 쿠릴열도 4개 섬을 둘러싼 러시아와 일본 간의 영유권 분쟁

Q 더 알아보기

쿠릴열도 4개 섬
에토로후, 쿠나시리, 하보마이, 시코탄

✓ 기출

쿠릴열도 4개 섬을 둘러싼 분쟁 당사국은?
: 러시아와 일본

센카쿠열도 분쟁 ★★★
尖閣列島紛爭

aT한국농수산식품유통공사

동중국해에 위치한 5개 섬과 3개 암초를 둘러싸고 일본과 중국, 대만이 벌이고 있는 영유권 분쟁

Q 더 알아보기

황옌다오(黃巖島)
남중국해에 위치한 암초로 중국과 필리핀이 영유권 갈등을 빚고 있는 지역

目 사용 예시

중국 해경선이 이틀 연속 센카쿠 영해에 침범하여 일본 해상보안청 순시선이 일본 어선의 안전을 확보하기 위해 중국 해경선을 향해 영해 밖으로 나갈 것을 요구하였다.

국제

핵심상식

해커스한권으로끝내는공기업기출일반상식

난사군도 분쟁 ★★
Spratly Islands dispute

남중국해에 있는 난사군도에 대한 6개국 간의 영토 분쟁

경상대학교병원
부산도시공사

🔍 **더 알아보기**
난사군도 분쟁국
중국, 대만, 베트남, 필리핀, 말레이시아, 브루나이

남중국해 분쟁 ★★★
南沙群島紛爭

남중국해의 해양 지형물에 대한 영유권 및 해양 관할권 주장에 대한 6개국 간의 해양 영토 분쟁

한국원자력환경공단

🔍 **더 알아보기**
남중국해 분쟁국
중국, 대만, 베트남, 필리핀, 말레이시아, 브루나이

재스민 혁명 ★★
Jasmin Revolution

벤 알리 독재정권에 반대해 2010년 12월 시작된 튀니지의 민주화 운동

공무원연금공단
한국마사회

🔍 **더 알아보기**
높은 실업율과 물가 상승으로 국민의 불만이 쌓여가던 상태에서 대학 졸업 후 취업을 하지 못해 채소 장사를 하던 청년 모하메드 부아지지가 경찰의 단속으로 채소 수레를 모두 빼앗기자 분신자살을 시도한 사건에서 시작되었다.

우산 혁명 ★★★
Umbrella Revolution

2014년 홍콩 행정장관 완전 직선제를 요구한 민주화 시위

한국문화예술위원회
한국산업인력공단

🔍 **더 알아보기**
색깔 혁명

카네이션 혁명	1974년 포르투갈 독재 타파 무혈 쿠데타
장미 혁명	2003년 조지아 독재 타파
오렌지 혁명	2004년 우크라이나 부정선거 규탄 시위
튤립 혁명	2005년 키르기스스탄 민주화 운동
백향목 혁명	2005년 레바논 반시리아 및 민주화 운동

✅ **기출**
레바논의 민주화 운동을 뜻하는 혁명은?
: 백향목 혁명

이집트 혁명 ★
Egyptian Revolution

2011년 이집트 무바라크 대통령 퇴진과 자유민주주의를 위한 반정부 민중 혁명

🔍 더 알아보기

튀니지에서 재스민 혁명이 발생하자 이집트에서도 청년 단체와 야당이 연합하여 전국적으로 시위가 발생하였으며, 그 결과 무바라크가 약 30년간의 독재 끝에 대통령직에서 물러났다.

연도별 이집트 혁명

1919년	영국 위임통치령에 반대하여 발생한 독립 혁명
1952년	새로운 체제 수립을 위해 자유장교단이 주축이 되어 일으킨 혁명

아랍의 봄 ★
Arab Spring

2010년 12월 북아프리카 튀니지에서 시작되어 아랍·중동 국가 및 북아프리카 일대로 확산한 반정부 시위

🔍 더 알아보기

집권세력의 부패, 빈부 격차, 청년 실업으로 인한 분노 등이 원인이 되어 발생하였다.

민주화 운동

부다페스트의 봄	1956년 헝가리 자유민주화 운동
프라하의 봄	1968년 체코슬로바키아 자유민주화 운동
서울의 봄	1979년 10·26 사건 이후 1980년 5·17 비상계엄 전국 확대 조치 전까지 민주화 운동이 전국 곳곳에서 벌어졌던 정치적 과도기

종교분쟁 ★
宗敎分爭

상대의 종교를 인정하지 않는 종교적 배타성으로 인한 분쟁

🔍 더 알아보기

중동 분쟁(中東紛爭)
이스라엘과 팔레스타인과의 종교분쟁으로, 1948년 유대인들이 이스라엘을 건국하면서 주변 이슬람 국가들과 현재까지 4차례의 중동전쟁을 치르고 있다.

📑 사용 예시

종교분쟁과 전쟁으로 인해 수많은 난민이 발생하고 있어 그 어느 때보다 이념이 아닌 인간 존엄성에 대한 이해와 존중이 필요한 때이다.

앞에서 학습한 상식을 문제를 풀면서 바로 점검해보세요!

대전도시철도공사

01 국제연합(UN)의 안전보장이사회 상임이사국이 아닌 나라는?

① 독일 ② 영국

③ 프랑스 ④ 러시아

02 무역 자유화를 통한 세계 경제 발전을 목적으로 하는 유엔(UN) 산하 전문기구는?

① 다보스포럼 ② 세계무역기구

③ 국제통화기금 ④ 세계은행

03 국가 간 분쟁의 법적 해결을 위해 설립된 유엔의 사법기관은?

① IAEA ② ICAO

③ ICC ④ ICJ

04 유럽공동체(EC)가 유럽연합(EU)으로 발전하는 데 기반이 된 유럽통합조약은?

① 더블린 조약 ② 리스본 조약

③ 마스트리흐트 조약 ④ 암스테르담 조약

KBS   영화진흥위원회

05 이주민이 처음 발을 디딘 나라에서 난민 신청을 처리하도록 하는 정책에 관한 조약은?

① 마스트리흐트 조약 ② 더블린 조약

③ 리스본 조약 ④ 니스 조약

06 중국의 주석 시진핑이 제시한 중국 주도의 신(新) 실크로드 전략은?

① 일대일로 ② 살라미 전술
③ 도하개발어젠다 ④ 일국양제

농촌진흥청 한국기상산업기술원

07 브릭스(BRICS)가 아닌 나라는?

① 호주 ② 브라질
③ 인도 ④ 중국

The-K한국교직원공제회 한국환경공단

08 아시아 · 태평양 지역의 대규모 인프라 투자를 위해 중국 주도로 설립된 기구는?

① 국제부흥개발은행(IBRD) ② 아시아개발은행(ADB)
③ 아시아인프라투자은행(AIIB) ④ 아시아태평양경제협력체(APEC)

09 남북 간 대립과 관계없는 것은?

① 군사분계선(MDL) ② 북방한계선(NLL)
③ 배타적 경제수역(EEZ) ④ 비무장지대(DMZ)

10 남북한 당국이 분단 이후 최초로 통일과 관련하여 합의한 공동성명은?

① 4·27 판문점선언 ② 6·15 남북공동선언
③ 7·4 남북공동성명 ④ 10·4 남북정상선언

정답 01 ① 02 ② 03 ④ 04 ③ 05 ② 06 ① 07 ① 08 ③ 09 ③ 10 ③

한국소비자원 한전KPS

11 외교사절을 파견할 때 상대국에 얻는 사전 동의는?

① 모두스 비벤디   ② 아타셰

③ 아그레망   ④ 페르소나 논 그라타

한국사회적기업진흥원

12 일본군 위안부 강제 동원을 인정한 일본 정부의 담화는?

① 간 나오토 담화   ② 고노 담화

③ 무라야마 담화   ④ 미야자와 담화

근로복지공단

13 흑묘백묘론을 경제 구호로 중국의 개혁과 개방을 이끈 중국의 지도자는?

① 마오쩌둥   ② 덩샤오핑

③ 장쩌민   ④ 후진타오

14 슈퍼 301조를 제정한 나라는?

① 미국   ② 일본

③ 중국   ④ 러시아

15 한국군 최초로 유엔 평화 유지 활동으로 소말리아에 파병된 부대는?

① 동의부대   ② 상록수부대

③ 아라우부대   ④ 청해부대

16 비핵보유국의 핵무장과 보유국의 핵 이전을 동시에 금지하는 조약은?

① 탄도미사일 요격용 미사일(ABM) ② 군사정보보호협정(GSOMIA)
③ 핵확산금지조약(NPT) ④ 전략무기제한협정(SALT)

17 서구식 교육을 죄악이라 여기는 나이지리아의 이슬람 무장단체는?

① 무슬림형제단 ② 보코하람
③ 알 카에다 ④ 헤즈볼라

한국보훈복지의료공단
18 쿠릴열도 분쟁 당사국을 바르게 연결한 것은?

① 말레이시아 – 베트남 ② 중국 – 필리핀
③ 중국 – 일본 ④ 러시아 – 일본

aT한국농수산식품유통공사
19 센카쿠열도 분쟁 당사국이 아닌 나라는?

① 말레이시아 ② 대만
③ 일본 ④ 중국

한국문화예술위원회 한국산업인력공단
20 혁명과 국가의 연결이 잘못된 것은?

① 오렌지 혁명 – 조지아 ② 우산 혁명 – 홍콩
③ 재스민 혁명 – 튀니지 ④ 튤립 혁명 – 키르기스스탄

정답 11 ③ 12 ② 13 ② 14 ① 15 ② 16 ③ 17 ② 18 ④ 19 ① 20 ①

문제를 풀면서 학습한 상식을 점검하였다면 상식 Up 완성 용어를 빠르게 훑어보면서 상식 수준을 한 단계 더 높여보세요!

에칭가스
hydrogen fluoride

2019년 일본이 경제보복 조치로 수출을 규제한 소재

INF
Intermediate-range Nuclear Forces treaty

미국과 소련이 체결한 중거리와 단거리 미사일 폐기에 관한 조약

동 칼리만탄
East Kalimantan

2019년 8월 26일 발표한 인도네시아의 새 수도

인도 · 태평양 전략
Indo-Pacific Strategy

미국이 중국에 대항하기 위해 세운 전략

비세그라드 그룹
Visegrad Group

체코, 헝가리, 폴란드, 슬로바키아 4개국으로 구성된 지역협력체

국제수로기구
International Hydrographic Organization

해양 명칭 표준화와 해상 교통로 안전을 위해 1970년 설립된 국제기구

상하이방
上海帮

중국의 실세를 차지하고 있는 상하이 출신 인사들

싼샤댐
三峽 dam

중국의 동부와 서부를 잇는 양쯔강 유역의 세계 최대 수력발전 댐

삼지연 관현악단
Samjiyon Orchestra

평창동계올림픽 축하공연을 위해 방남한 북한 예술단

커촹반
科創板

정보기술 관련 전문 주식을 전문으로 거래하는 중국판 나스닥 시장

엔저
円低

일본의 화폐인 엔화 가치가 떨어지는 현상

3저호황
三低好況

저달러, 저유가, 저금리의 유례없는 호황기

신창타이
新常態

고도 성장기를 지나 안전 성장 시대를 맞이한 중국의 새로운 경제 상태

친디아
Chindia

21세기 세계경제를 주도할 것으로 예상되는 중국과 인도를 지칭하는 용어

세파르디 Sephardi	2015년 스페인이 이중국적을 허용한 500년 전 스페인에서 추방된 유대인 및 그들의 후손
피봇 투 아시아 pivot to Asia	권력의 중심이 아시아·태평양 지역으로 이동하는 것
솅겐조약 Schengen Agreement	유럽연합 회원국 간 국경을 개방한 자유화 협약
세계 3대 유종	국제 원유가격의 기준인 브렌트유, 텍사스중질유, 두바이유
캐리 트레이드 carry trade	금리가 낮은 통화로 금리가 높은 나라의 금융상품에 투자하는 것
제3세계 Third World	냉전시기에 어느 진영에도 가담하지 않은 개발도상국
상호주의 相互主義	상대국의 시장 개방 정도에 따라 자국의 시장 개방 정도를 정하는 것
김치본드 kimchi bond	외화 조달을 목적으로 국내에서 발행하는 외화표시 채권
베이지 북 Beige Book	미국 연방준비제도이사회가 매년 8회 발표하는 미국 경제동향 보고서
스파게티볼 효과 spaghetti bowl effect	여러 국가와 동시에 FTA를 체결하면 국가마다 다른 규정과 절차로 인해 활용률이 낮아지는 상황
트리핀의 딜레마 Triffin's dilemma	국제 통화의 국제 유동성 유지를 위해 국제수지 적자를 지속해야 하는 상황
핵우산 nuclear umbrella	핵무기 보유국이 핵을 보유하지 않은 동맹국가의 안전을 보장하는 것
팍스 아메리카나 pax Americana	미국의 지배로 세계 평화가 유지되는 상황
세컨더리 보이콧 secondary boycott	제재국가와 거래하는 제3국의 정부, 기업, 은행에 대해서도 제재하는 방안
셔틀외교 shuttle diplomacy	대립하고 있는 양국을 중재하기 위해 제3국을 활용하는 외교
캐러밴 Caravan	범죄 및 정치적 박해를 피해 미국으로 향하는 중미 이주민 행렬

국제

핵심상식

해커스 한 권으로 끝내는 공기업 기출 일반상식

역사

최근 출제 비중

9%

- 역사 분야에서는 한국사 출제 비중이 매우 큰 편입니다.
- 한국사에서도 특히 정치사가 많이 출제되므로 왕조와 역사적 사건, 그리고 이들의 순서를 중심으로 공부하는 것이 좋습니다.

한국사

520

구석기 시대 ★★★
舊石器時代

인류가 짐승 가죽을 입고 사냥·채집·어로로 식량을 구했으며, 동굴·막집에서 생활하고 평등 사회를 이루던 시대

🔍 **더 알아보기**
'뗀석기'라 하여 돌을 깨뜨려서 특별한 가공이 없이 쓰임새에 맞는 것을 골라 그대로 사용했던 시기이다.

대표적인 유적지
연천 전곡리, 공주 석장리, 덕천 승리산, 청원 두루봉 동굴

521

신석기 시대 ★★★
新石器時代

인류가 직조기술을 사용하여 옷을 만들어 입고 농경을 시작하였으며, 움집에 정착하여 생활하고 평등 사회·씨족 사회를 이루던 시대

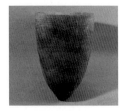

🔍 **더 알아보기**
대표적인 유적지
서울 암사동, 평양 남경 유적, 황해도 봉산 지탑리, 부산 동삼동

✅ **기출**
서울 암사동과 평양 남경 유적지와 관련된 시기는?
: 신석기 시대

청동기 시대 ★★★
青銅器時代

벼농사가 시작되었고 계급이 발생하였으며 구릉, 산간 등의 지상 가옥에서 살았던 시대

🔍 더 알아보기

청동기가 생산되어 도구로 사용하기 시작한 때부터 철기를 처음 사용하기 시작한 때까지를 가리키며 한반도에서는 철기 생산이 어려워 철기 시대 초기에도 청동기를 사용하였다.

대표적인 유물
미송리식 토기, 비파형 동검

🗐 사용 예시

해당 유적지에서 발해 유물뿐만 아니라 청동기 시대의 유적과 유물도 상당수 발견되었다.

부여 ★★★
夫餘

독립기념관
한국사회복지협의회
한국산업인력공단

BC 2세기~494년까지 북만주에 존속했던 예맥족의 국가

🔍 더 알아보기

우리나라 고대 국가의 경제와 풍습

부여	반농반목, 말, 주옥, 모피	형사취수제, 1책 12법, 우제점복, 순장
고구려	약탈경제(부경)	형사취수제, 1책 12법, 서옥제
옥저	곡식, 물고기, 소금	민며느리제, 골장제
동예	해산물, 반어피, 단궁, 과하마	책화
삼한	벼농사 발전	주구묘, 토실, 귀틀집

🗐 사용 예시

부여에서는 한 귀인이 죽자 백 명의 사람을 순장하였다는 기록이 있다.

삼한정통론 ★
三韓正統論

aT한국농수산식품유통공사
한국산업인력공단
한국중부발전
한국지역난방공사

우리나라 고대사에서 고조선의 정통이 삼한, 그중에서도 마한으로 이어진다는 학설

🔍 더 알아보기

조선 후기 이익이 최초로 주장하였으며 그의 제자인 안정복이 『동사강목』을 저술하면서 고증 사학의 토대를 마련하였다.

8조법 ★★
八條法

GH경기주택도시공사
부산항만공사
전력거래소
한국산업인력공단
한국수력원자력
한국장애인고용공단
한국지역난방공사

고조선의 8개 조항으로 된 법률

🔍 **더 알아보기**

8개 조항 중 현재 『한서』에 3개 조항만 전해지고 있다.

전해지는 내용

인간존중	살인자는 사형에 처한다.
사유재산 인정	상해를 입힌 자는 곡물로 배상한다.
계급, 노동력 중시	도둑질한 자는 노비로 삼거나 노비가 되지 않으려면 50만 전을 내야 한다.

진대법 ★
賑貸法

GH경기주택도시공사
한국산업인력공단
한국지역난방공사

194년 흉년이나 춘궁기에 국가가 농민에게 양곡을 대여해주고 수확기에 갚게 한 구휼 제도

🔍 **더 알아보기**

고구려 고국천왕 때 을파소의 건의로 시행되었으며, 비슷한 제도로는 고려의 의창, 조선의 상평창 등이 있다.

광개토대왕 ★★★
廣開土大王

KBS
한국산업인력공단
한국수력원자력
한국지역난방공사
한국폴리텍대학

고구려 19대 왕으로, 한국 최초로 연호를 사용하고 최대의 영토를 확장한 정복 군주

🔍 **더 알아보기**

연호로는 영락을 사용하였으며, 신라에 도움을 주어 왜구를 물리치고, 금관가야를 토벌하였다.

고구려왕의 업적

4세기		5세기
소수림왕	광개토대왕	장수왕
불교수용 태학설립 율령반포	연호 사용 신라에 도움 금관가야 토벌	평양천도 요동: 광개토대왕릉비 충주: 중원고구려비

☑️ **기출**

고구려의 왕 중에서 연호를 영락으로 사용하고, 금관가야를 토벌한 왕은?
: 광개토대왕

화백회의 ★★
和白會議

KBS
한국산업단지공단
한국산업인력공단
한국잡월드

진골 이상의 귀족들이 참여하여 국가 중대사를 의논한 신라 시대의 최고 회의

Q 더 알아보기

만장일치제였으며, 국왕을 추대하거나 폐위할 수 있는 등 영향력이 매우 컸다.

정사암회의와 제가회의

정사암회의	백제 귀족 회의 명칭으로, 정사암이라는 바위에 모여 중요한 안건을 논의한 회의
제가회의	고구려 회의 명칭으로, 국정의 주요 안건들을 심의·의결한 회의

📄 사용 예시

당시 신라 국법에는 화백회의에서 결정되지 않은 사안은 임금도 시행할 수 없게 되어 있었다.

녹읍 ★
祿邑

독립기념관
한국사회복지협의회
한국산업인력공단

신라 시대 국가가 관료에게 지급한 수조권과 수취권이 부여된 논밭

Q 더 알아보기

수조권과 수취권

수조권	해당 지역에서 세금을 걷을 수 있는 권리
수취권	토지에 귀속된 노동력과 공물을 모두 가질 수 있는 권리

관료전 ★
官僚田

독립기념관
한국사회복지협의회
한국산업인력공단

신라 중대 신문왕 때 녹읍을 폐지하고 관리들에게 지급한 토지

Q 더 알아보기

왕권 강화를 위한 제도로, 토지 조세만 수취할 수 있으며 토지에 딸린 노동력을 지배할 권리가 없고 관직에서 물러나면 국가에 반납해야 한다.

📄 사용 예시

삼국통일 이후 전제왕권이 강화되면서 문무관료전에 차등을 두어 지급했다.

역사

핵심상식

해커스 한 권으로 끝내는 공기업 기출 일반상식

진흥왕 ★★★
眞興王

KBS
한국산업인력공단
한국수력원자력
한국지역난방공사
한국폴리텍대학

신라의 24대 왕으로, 재위 기간 한강 유역부터 함경도 일부 지역까지 영토를 넓히며 통일 신라의 기반을 마련한 왕

🔍 **더 알아보기**

6세기 신라왕의 업적

지증왕	법흥왕	진흥왕
국호 신라 우산국과 독도 편입 우경 실시	율령 반포 불교 공인 병부 완비 공복 제정 금관가야 복속	화랑도 부활 황룡사 건립 황초령비 마운령비 창녕비 북한산비 단양적성비

✅ **기출**

화랑도를 부활시키고 황룡사를 건립한 신라 시대의 왕은?
: 진흥왕

사심관 제도 ★★★
事審官制度

KBS
한국산업인력공단
한국지역난방공사

935년 고려 태조 때 그 지방의 관리를 그 지방 사람으로 임명하는 제도

🔍 **더 알아보기**

호족 세력을 견제하기 위한 제도로, 지방에서 반역이 발생하면 연대 책임을 지게 하여 지방 세력을 약화시켰다.

기인 제도(其人制度)
지방의 호족 자제를 중앙에 머물게 하여 호족을 견제하는 제도

훈요 10조 ★★
訓要十條

경기콘텐츠진흥원
성남도시개발공사

943년 고려 태조가 치국의 근본으로 삼도록 하기 위해 남긴 열 가지 유훈

🔍 **더 알아보기**

훈요 10조의 주요 내용
'불교를 위할 것', '왕위 계승은 적자 계승을 원칙으로 할 것', '야만국의 풍속을 배격할 것', '중요한 행사를 소홀히 하지 말 것' 등

흑창 ★★
黑倉

독립기념관
한국잡월드
한국지역난방공사
한국학중앙연구원

고려 초기 궁핍한 백성에게 곡식을 빌려주었다가 추수기에 상환하도록 한 기관

🔍 더 알아보기
의창과 상평창

의창	성종 5년(986년) 흑창의 바뀐 명칭
상평창	고려 시대의 물가 조절기관

노비안검법 ★★★
奴婢按檢法

KBS
한국산업인력공단
한국지역난방공사

956년 고려 광종 때 양인이었다가 노비가 된 사람을 다시 양인이 될 수 있도록 한 법

🔍 더 알아보기
광종은 왕권 강화를 위해 과거제, 사색공복제, 칭제건원을 실시하였다.

전시과 ★★
田柴科

KBS
한국산업인력공단
한국지역난방공사

고려 초기 관리에게 곡물을 재배할 전지와 땔나무를 공급할 시지를 지급하는 제도

🔍 더 알아보기
전시과의 종류

시정전시과	토지를 관품과 인품에 따라 나눠주는 제도
개정전시과	토지를 관품에 따라 나눠주는 제도

시무 28조 ★★★
時務 二十八條

한국사회복지협의회
한국산업인력공단

고려 초기 최승로가 성종에게 올린 상소문

🔍 더 알아보기
성종이 이루어야 할 정치 개혁을 28개 조목으로 나눈 것으로, 불교 비판과 민생 안정 등의 내용이 담겨있으며 28개 조목 중 22개만 전해지고 있다.

최승로(崔承老)
6두품 출신이지만 재상의 자리까지 올랐던 인물로, 유교적 통치 이념에 입각한 정치를 실현시킴

역사

핵심상식

해커스 한 권으로 끝내는 공기업 기출 일반상식

무신정변 ★★★
武臣政變

고려 의종 때 정중부가 보현원에서 난을 일으킨 정변

한국산업인력공단
한국지역난방공사
한국폴리텍대학

Q 더 알아보기

무신정변을 계기로 문벌귀족 정치가 끝나고 이후 1세기 동안 무신 정권이 계속되었다.

무신정권의 순서
정중부 - 경대승 - 이의민 - 최충헌 - 최우 - 최항 - 최의 - 김인준 - 임연, 임유무 부자

고려 시대 주요 사건 순서
거란(요) 침입 - 여진의 침공 - 이자겸의 난 - 묘청의 난 - 무신정변 - 원의 침략

✓ 기출

원의 침략 때 일본을 치려고 만들었으나 원정에 실패하자 내정 간섭기구로 변화한 기관은?
: 정동행성

신진사대부 ★
新進士大夫

고려 후기 성리학을 공부하고 과거를 통해 관직에 진출하여 개혁을 추진한 정치 세력

Q 더 알아보기

신진사대부는 성리학을 바탕으로 토지제도 등 고려사회의 개혁을 주장하였다. 대표적인 인물로 이색, 정몽주, 길재 등이 있으며 후에 정도전, 조준 등이 이성계와 함께 조선을 건국하였다.

☰ 사용 예시

고려의 신진사대부는 망해가는 자국을 재건하기 위해 권문세족을 제거하기로 작정하였다.

고려 시대 여성의 지위 ★★

여성의 지위가 높아 여성도 호주를 할 수 있고 재산 균등 상속이 가능하며 제사를 지낼 수 있음

독립기념관
한국사회복지협의회
한국산업인력공단

Q 더 알아보기

남귀여가(男歸女家)
신랑이 신부집에서 혼례를 치르고 신부집에서 혼인생활을 하는 것으로 고려 시대부터 시작되었다.

직지심체요절 ★★★
直指心體要節

KBS
한국산업인력공단
한국수력원자력
한국지역난방공사

세계에서 가장 오래된 금속 활자

🔍 **더 알아보기**

정식 명칭은 '백운화상초록불조직지심체요절'로, 승려들의 수행을 위한 학습서로 사용되었으며 2001년 금속활자본이 유네스코 세계기록유산에 등재되었다.

✅ **기출**

세계에서 가장 오래된 금속 활자로 유네스코 세계기록유산에 등재된 것은?
: 직지심체요절

삼국유사 ★★
三國遺事

KBS
한국수력원자력
한국지역난방공사

고려 승려 일연이 고조선부터 후삼국까지의 역사를 모아 지은 역사서

🔍 **더 알아보기**

총 5권으로 이루어져 있으며 일연의 제자 무극에 의해 간행되었다.

✅ **기출**

고려 일연 스님이 고대사를 모아서 지은 역사서는?
: 삼국유사

삼국사기 ★★★
三國史記

KBS
한국산업인력공단
한국수력원자력
한국지역난방공사

1145년 고려 인종 때 김부식이 편찬한 역사서

🔍 **더 알아보기**

삼국사기의 구성

본기	임금의 일을 적은 것
지	여러 가지 제도를 적은 것
연표	과거의 사건을 순서에 맞춰 정리한 표
열전	임금 이외의 중요한 인물에 대해 적은 것

✅ **기출**

고려 인종 때 김부식이 편찬한 역사서는?
: 삼국사기

📄 **사용 예시**

『삼국유사』나 『삼국사기』는 국서로서 대단한 가치가 있다.

사대문과 사소문 ★★★
四大門 四小門

조선 건국 당시 태조 이성계가 한양으로 천도하며 세운 성곽의 문

KBS
한국산업인력공단
한국지역난방공사

Q 더 알아보기

사대문과 사소문의 명칭

사대문	동대문(흥인지문), 남대문(숭례문), 서대문(돈의문), 북대문(숙청문/숙정문)
사소문	혜화문, 소덕문, 광희문, 창의문

✓ 기출

조선 건국 당시 수도를 한양으로 옮기면서 세운 성곽의 4대문은?
: 흥인지문, 숭례문, 돈의문, 숙정문

4대 사화 ★★★
士禍

조선 시대 정계에서 선비들이 반대파에게 화를 입은 사건으로, 조선 중기 연산군 때부터 명종 즉위까지 발생한 네 번의 옥사

한국산업인력공단
한국지역난방공사
한국폴리텍대학

Q 더 알아보기

4대 사화

무오사화	연산군 시대 일어난 사화로, 김종직의 조의제문 사건과 관련됨
갑자사화	연산군 시대 일어난 사화로, 폐비 윤씨 사건과 관련됨
기묘사화	중종 때 일어난 사화로, 조광조의 위훈삭제사건과 주초위왕 사건과 관련됨
을사사화	명종 때 소윤이 대윤을 제거하면서 일어난 사화

조선 전기 왕의 업적

태조	한양천도, 경제육전(조선 최초의 법전)
태종	왕권강화(6조 직계제), 사병혁파, 신문고 설치
세종	한글창제, 4군 6진 설치, 쓰시마 정벌
세조	경국대전을 시작(성종 때 완성)

✓ 기출

폐비 윤씨 사건을 들추어내어 훈구파와 사림파를 숙청한 사건으로 연산군 때 일어난 사화는?
: 갑자사화

6조 직계제 ★
六曹直啓制

KBS
한국산업단지공단
한국산업인력공단

조선 시대 왕권을 강화하기 위해 6조의 판서들이 모든 일을 왕에게 직접 보고하도록 한 제도

Q 더 알아보기

의정부서사제(議政府署事制)
6조 직계제와 반대로 왕권을 견제하기 위해 만든 제도로, 6조가 의정부에 보고하고 의정부는 6조에서 보고한 내용을 헤아려 왕에게 보고하는 제도

目 사용 예시
6조 직계제는 왕권을 강화시킨 반면, 국왕이 막대한 업무량에 시달려야 하는 단점이 있었다.

비변사 ★★★
備邊司

한국산업인력공단
한국잡월드
한국학중앙연구원

1517년 조선 중종 때 삼포왜란이 일어나면서 국방에 관한 대책을 미리 논의하기 위해 설립한 문무 합의 기구

Q 더 알아보기

1592년 임진왜란이 일어나자 국난을 수습·타개하기 위해 비변사를 전쟁 수행을 위한 최고 기관으로 활용하면서 그 기능이 확대·강화되었다.

삼포왜란(三浦倭亂)
1510년 부산포, 내이포, 염포 등 삼포에서 거주하던 왜인들이 대마도의 사주를 받아 일으킨 난

기축옥사 ★★
己丑獄事

KBS
한국산업단지공단
한국산업인력공단

1589년 서인이 동인의 정여립이 대동계를 이끌고 반란을 꾀하고 있다고 선조에게 고하면서 동인 세력을 탄압한 사건

Q 더 알아보기

기축옥사로 인해 호남 출신의 관직 등용에 제한이 생겼으며, 동인 내에서는 남인과 북인이 분립되는 결과를 낳았다.

대동계(大同契)
1589년에 동인의 정여립이 만든 무술 수련 단체

역사

해커스한권으로끝내는공기업기출일반상식

명량해전 ★★★
鳴梁海戰

KBS
5대 발전회사
한국산업단지공단
한국산업인력공단

통제사로 돌아온 이순신이 13척의 배를 이끌고 133척과 싸워 승리한 해전

🔍 더 알아보기

이순신의 해전

옥포해전 (1592. 5.)	임진왜란이 일어난 후 바다에서 거둔 첫 승리
사천해전 (1592. 5.)	거북선을 처음으로 실전에 사용한 해전
당포해전 (1592. 6.)	거북선을 앞세워 적의 대장선에 화력을 집중한 이순신 장군의 치밀한 전략이 돋보인 해전
한산도대첩 (1592. 7.)	학익진을 펼쳐 적 함대를 격추시킨 해전으로 진주성대첩, 행주대첩과 더불어 임진왜란 3대 대첩 중 하나
부산포해전 (1592. 9.)	왜선 100여 척을 무찌른 해전으로, 전투 후 이순신은 가덕도에 이르러 3도 수군을 해체하고 그날로 귀항하였음
명량해전 (1597)	통제사로 돌아온 이순신이 13척의 배를 이끌고 133척과 싸워 승리한 해전
노량해전 (1598)	조선 수군과 일본 함대의 마지막 해전으로, 이순신 장군이 전사한 해전

✅ 기출

이순신의 해전을 순서대로 바르게 나열한 것은?
: 옥포해전 → 사천해전 → 당포해전 → 한산도대첩 → 부산포해전 → 명량해전 → 노량해전

인조반정 ★★★
仁祖反正

KBS
한국산업단지공단

1623년 이귀, 김유 등 서인 일파가 폐모살제를 빌미로 정변을 일으켜 광해군을 폐위시킨 사건

🔍 더 알아보기

폐모살제(廢母殺弟)
광해군이 영창대군을 죽이고 인목대비를 폐한 사건

📄 사용 예시

드라마 <궁중잔혹사 - 꽃들의 전쟁>은 인조반정을 자세하고 강렬하게 그려내 시청자들의 호응을 받았다.

이괄의 난 ★

1624년 인조반정 때 공을 세웠던 이괄이 선조의 아들인 흥안군을 새 임금으로 내세우며 일으킨 반란

한국산업단지공단
한국산업인력공단

🔍 더 알아보기

결국 이괄은 부하 장수에게 살해되었으며, 흥안군도 처형되었다. 또한, 이괄의 난으로 인해 북방의 방어를 담당하던 군대가 반란 진압에 동원되면서 방어 체제가 크게 약화되어 정묘호란과 병자호란에 제대로 대응하지 못한 요인이 되었다.

☑ 기출

이괄이 흥안군을 새 임금으로 내세웠으나 실패한 사건은?
: 이괄의 난

🗐 사용 예시

이괄의 난으로 인조는 서울을 떠나 공주로 피난하였으며, 지방에서 반란을 일으켜 서울을 점령한 것은 우리 역사상 처음 있는 일이었다.

삼전도의 굴욕 ★★

1637년 병자호란 당시 남한산성에서 항전하던 인조가 청나라에 항복하며 청나라 태종 앞에서 삼배구고두례를 행한 사건

🔍 더 알아보기

병자호란(丙子胡亂)
조선 인조 때 청나라가 군신 관계를 요구하며 조선을 침공한 사건
삼배구고두례(三拜九叩頭禮)
중국 청나라 시대에 황제나 대신을 만났을 때 머리를 조아려 절하는 예법

예송논쟁 ★★
禮訟論爭

효종의 어머니인 조대비의 복상을 몇 년으로 할 것인지를 두고 벌어진 성리학 논쟁

KBS
한국산업단지공단

🔍 더 알아보기

예송논쟁

1차	1659년 효종 사망 → 서인은 효종이 장자가 아니기 때문에 조대비의 복상을 1년으로 주장, 남인은 왕위를 계승했기 때문에 3년으로 주장 → 서인의 주장이 받아들여짐
2차	1674년 효종의 비 사망 → 1차 예송과 같은 이유로 서인은 조대비의 복상을 9개월로 주장, 남인은 1년으로 주장 → 남인의 주장이 받아들여짐

역사

핵심상식

책가스한 권으로 끝내는 공기업 기출 일반상식

한중록 ★
閑中錄

한국산업단지공단
한국산업인력공단

1795년 정조의 생모인 혜경궁 홍씨가 사도세자의 죽음과 조선 여성의 이면사를 밝힌 자전적 회고록

🔍 더 알아보기
사도세자 사건(思悼世子事件)
1762년 영조가 자신의 아들인 사도세자를 뒤주에 가둬 사망하게 한 사건

정약용 ★★
丁若鏞

조선 정조 때 문신으로 활약한 18세기 실학사상을 집대성한 실학자

🔍 더 알아보기
한강에 배다리를 준공하고 수원 화성을 설계하였으며, 거중기를 발명한 학자로, 대표 저서로는 『경세유표』, 『목민심서』 등이 있다.

✅ 기출
『경세유표』, 『목민심서』, 『흠흠신서』를 쓴 정조 때 문신은?
: 정약용

신해박해 ★★★
辛亥迫害

KBS
5대 발전회사
한국산업단지공단
한국산업인력공단
한국잡월드
한국학중앙연구원

진산의 양반 윤지충과 권상연을 처형한 최초의 천주교 박해사건

🔍 더 알아보기
천주교 4대 박해

신해박해 (1791)	진산의 양반 윤지충과 권상연을 처형한 최초의 천주교 박해사건
신유박해 (1801)	선교자 주문모와 신자 100여 명을 처형하고 400여 명을 유배 보낸 사건
기해박해 (1839)	프랑스 선교사를 포함한 천주교도 100여 명을 처형한 사건
병인박해 (1866)	프랑스 선교사 9명을 포함한 8,000여 명을 처형한 사건으로, 병인양요의 원인이 됨

✅ 기출
천주교 박해를 순서대로 바르게 나열한 것은?
: 신해박해 → 신유박해 → 기해박해 → 병인박해

동학 ★★★
東學

KBS
한국산업인력공단
한국지역난방공사

1860년 최제우가 인내천 사상과 인간 평등 사상을
바탕으로 창시한 민족 종교

Q 더 알아보기
인내천은 '사람이 곧 하늘'이라는 뜻이다.

✓ 기출
19세기에 서학에 대한 반발로 최제우가 창시한 종교는?
: 동학

강화도 조약 ★★★
江華島 條約

KBS
한국산업인력공단
한국지역난방공사

1876년 2월 강화도에서 체결된 한일 불평등 조약

Q 더 알아보기
공식 명칭은 조일수호조규이며, 강화도에서 운요호 사건이 발생한
것을 빌미로 조약을 체결하게 되었다.

강화도 조약의 주요 내용
부산 · 원산 · 인천항 20개월 내 개항, 일본인 치외법권 인정, 조선
연안 측량 자유화, 조선 · 일본 외교 사절 파견 및 일본 화폐 통용과
무관세 무역 인정 등

임오군란 ★★★
壬午軍亂

전력거래소
한국산업인력공단
한국장애인고용공단
한국지역난방공사

1882년 신식 군대인 별기군과 구식 군대 간 급료와
보급의 차별로 인해 구식 군대가 일으킨 병란

Q 더 알아보기
제물포조약(濟物浦條約)
1882년 임오군란에서 피해를 입은 일본이 강력한 보상을 요구한
조약

갑신정변 ★★★
甲申政變

KBS
한국산업인력공단
한국지역난방공사

1884년 청나라의 내정간섭이 심해짐에 따라 김옥균,
박영효, 홍영식 등의 개화당이 실질적인 독립과 개혁
정치를 이룩하기 위해 일으킨 정변

Q 더 알아보기
14개 개혁안을 내세웠으나 3일 만에 끝났다.

동학농민운동 ★★
東學農民運動

경기콘텐츠진흥원
성남도시개발공사

1894년 전라도 고부의 동학교도 전봉준이 중심이 되어 일으킨 반봉건 · 반외세 운동

🔍 **더 알아보기**
전주화약(全州和約)
1894년 동학농민운동 농민군이 전주를 점령하고 정부와 맺은 화약

✅ **기출**
전봉준이 중심이 되어 일으킨 반봉건 · 반외세 운동은?
: 동학농민운동

을미사변 ★★
乙未事變

경기콘텐츠진흥원
성남도시개발공사

1895년 일본 공사 미우라 고로가 주동하여 경복궁을 습격하고 명성황후를 시해한 사건

🔍 **더 알아보기**
아관파천(俄館播遷)
1896년 2월 11일 러시아 공사와 친러세력이 공모하여 고종을 러시아 공사관으로 옮긴 사건

📄 **사용 예시**
을미사변의 현장인 건천궁 옥호루를 보존함으로써 많은 사람들이 그날의 참변을 잊지 않게 되었다.

갑오개혁 ★★
甲午改革

경기콘텐츠진흥원
성남도시개발공사

1894~1896년 3차에 걸쳐 추진된 근대적 개혁 운동

🔍 **더 알아보기**
을미개혁(乙未改革)
을미사변을 계기로 추진된 제3차 갑오개혁

광무개혁 ★★
光武改革

경기콘텐츠진흥원
성남도시개발공사

1897~1904년 고종 및 대한제국 정부의 집권층이 주도한 근대적 내정개혁

🔍 **더 알아보기**
국채보상운동(國債報償運動)
1907년 일본에서 도입한 차관 1,300만 원을 갚아 주권을 회복하기 위해 시작된 주권 수호 운동

황국협회 ★
皇國協會

1898년 만민공동회를 습격하고 독립협회의 활동을 방해하는 등 독립협회에 대항하기 위해 정부가 조직한 단체

KBS
한국산업단지공단

🔍 **더 알아보기**
만민공동회(萬民共同會)
1898년 한국 역사상 최초의 근대 민중 대회로, 독립협회가 중심이 되었고 열강의 이권 침탈 반대와 자주 독립을 요구

시일야방성대곡 ★
是日也放聲大哭

1905년 황성신문에 장지연이 을사늑약의 부당함을 비판하면서 쓴 논설

KBS
한국산업인력공단
한국지역난방공사

🔍 **더 알아보기**
장지연(張志淵)
대한제국과 일제강점기 초기 황성신문 사장, 경남일보 주필 등을 역임한 언론인

3·1 운동 ★★★
三一運動

1919년 일제강점기에 있던 조선인들이 일제의 지배에 항거하여 비폭력 만세 운동을 시작한 사건

KBS
한국산업단지공단
한국산업인력공단

🔍 **더 알아보기**
3·1 운동을 계기로 대한민국 임시 정부가 수립되었고, 일본은 문화 통치로 정책을 바꾸게 되었다.

📋 **사용 예시**
3·1 운동은 11·3 광주학생항일운동, 6·10 만세운동과 함께 우리나라 3대 독립운동으로 꼽는다.

신흥무관학교 ★★
新興武官學校

1919년 독립군을 양성하기 위해 신민회가 설립한 무관학교

부산교통공사
한국산업인력공단
한국학중앙연구원

🔍 **더 알아보기**
신민회(新民會)
1907년 조직된 안창호, 양기탁, 윤치호, 김구 등이 속한 비밀결사

봉오동 전투 ★
鳳梧洞 戰鬪

경기콘텐츠진흥원
부산교통공사
성남도시개발공사

1920년 6월 7일 홍범도의 대한북로독군부와 대한신민단의 독립군 연합 부대가 일본군 19사단의 월강추격대대를 무찌르고 크게 승리한 전투

🔍 더 알아보기
대한북로독군부(大韓北路督軍府)
홍범도의 대한독립군, 안무의 국민회군, 최진동의 군무도독부가 연합한 독립군 부대

✅ 기출
홍범도가 이끈 대한독립군 및 연합군이 월강추격대대를 상대로 승리한 전투는?
: 봉오동 전투

청산리 대첩 ★★★
靑山里 大捷

부산교통공사
한국잡월드
한국학중앙연구원

북로군정서와 대한독립군 등이 주축이 된 독립군 부대가 일본군을 대파한 전투

🔍 더 알아보기
김좌진, 홍범도 등이 이끌었으며, 한국 무장 독립운동 사상 가장 빛나는 전과를 올린 대첩이다.

제주 4·3 사건 ★★★
濟州四三事件

KBS
한국산업단지공단
한국산업인력공단

1947년 3월 1일을 기점으로 하여 1954년 9월 21일까지 제주도에서 일어난 학살 사건

🔍 더 알아보기
이승만 정권 이후 미국 정부의 묵인하에 벌어진 초토화 작전 및 무장대의 학살로 많은 주민이 억울하게 희생당한 사건이다.

세계사

춘추전국시대 ★
春秋戰國時代

한국산업인력공단
한국지역난방공사

춘추 시대와 전국 시대로 나뉘는 BC 770~403년 사이의 시대

🔍 더 알아보기
주요 사건
군현제 등장, 철기 시대 시작, 우경 시작, 제자백가 사상의 발달

제자백가 ★
諸子百家

유가 · 법가 · 도가 등으로 구성된 춘추전국시대의 사상가들

Q 더 알아보기

대표적인 사상가

유가	공자, 맹자, 순자
법가	상앙, 이사, 한비자
도가	노자, 장자

📋 사용 예시

율곡 이이는 유교뿐만 아니라 불교와 제자백가의 사상에 두루 능한 유학자였다.

진나라 ★★★
秦

KBS
한국산업인력공단
한국지역난방공사

중국 최초의 통일 제국

Q 더 알아보기

중국 최초로 황제 칭호를 사용하였으며 군현제 통일, 법가사상 통일, 문자, 도량형, 화폐 통일, 흉노 정벌, 대규모 토목 공사 등을 진행하였다.

한나라 ★★
漢

KBS
한국산업단지공단
한국산업인력공단

진나라를 이어 중국의 두 번째 통일 제국이자 중국 문화의 기틀을 세운 나라

Q 더 알아보기

한족인 유방이 장안에 도읍을 세우고 건국하였으며 군국제 철폐, 유교의 국교화, 비단길 개척, 화폐 통일 등을 시행하였다.

위·진·남북조 ★
魏晉南北朝

독립기념관
한국사회복지협의회
한국산업인력공단

220년 중국 후한이 멸망하고 589년 수나라가 중국을 통일할 때까지 약 370년간의 시기

Q 더 알아보기

삼국지(三國志)
진나라의 학자 진수가 편찬한 중국 위 · 촉 · 오 3국의 정사(正史)

원나라 ★★
元

경기콘텐츠진흥원
성남도시개발공사

13~14세기 중반까지 중국 본토를 넘어 동아시아 대부분을 지배한 몽골족의 왕국

Q 더 알아보기
명나라(明)
1368년 홍무제가 몽골족이 세운 원나라를 멸망시키고 세운 나라

청나라 ★
清

KBS
한국산업인력공단
한국지역난방공사

1616년 여진족이 세운 후금으로 시작하여 1912년까지 존속한 중국의 마지막 왕조

Q 더 알아보기
당나라(唐)
수나라에 이어 618년 이연이 건국하여 907년 멸망한 중국의 왕조

目 사용 예시
청나라 왕조는 원나라 다음으로 인구가 가장 많고 영토도 넓었지만 오만하고 고립적인 나라였다는 의견도 나오고 있다.

네르친스크 조약 ★★★
Treaty of Nerchinsk

독립기념관
한국사회복지협의회
한국산업인력공단

청나라가 러시아의 아르바진성을 포위한 것이 계기가 되어 체결한 중국 최초의 근대적 국제 조약

Q 더 알아보기
캬흐타 조약(Treaty of Kyakhta)
1727년 청나라와 러시아 사이의 통상 문제 해결 및 몽골 방면의 국경확장에 관한 조약

아편전쟁 ★★★
阿片戰爭

독립기념관
한국사회복지협의회
한국산업인력공단

1840년경 중국이 영국으로부터의 아편 수입을 금지하자 영국 의회가 원정군을 파병하면서 시작된 전쟁

Q 더 알아보기
태평천국운동(太平天國運動)
1851년 홍수전이 그리스도교 비밀 결사를 만들어 청 왕조 타도를 목적으로 일으킨 농민 운동

난징조약 ★
南京條約

1842년 8월 아편전쟁 이후 맺어진 영국과 청의 강화 조약

🔍 **더 알아보기**

난징조약의 주요 내용
홍콩을 영국에 할양, 5항 개항, 개항장에 영사 설치, 전비배상금과 아편 보상금 지불, 독점상인 폐지, 수출입 상품 관세 제한 등

📄 **사용 예시**

난징조약 이후 홍콩 섬과 가우룽 사이에 영국 빅토리아 여왕의 이름을 딴 '빅토리아 항'이 건설되었다.

양무운동 ★★
洋務運動

독립기념관
한국사회복지협의회
한국산업인력공단

1861~1894년 청나라에서 일어난 서양의 문물을 수용하자는 근대화 운동

🔍 **더 알아보기**

변법자강운동(變法自彊運動)
1898년 캉유웨이 등을 중심으로 정치, 교육, 법 등 청나라 전반의 제도를 개혁하고자 한 운동

📄 **사용 예시**

양무운동은 청의 지배 체제를 안정시켰을 뿐만 아니라 중국 사회에 근대적 변화를 가져왔다.

신해혁명 ★★★
辛亥革命

독립기념관
한국사회복지협의회
한국산업인력공단

1911년 쑨원을 대총통으로 하는 중화민국을 세운 민주주의 혁명

🔍 **더 알아보기**

쑨원(孫文)
중국 공화제를 창시하고 삼민주의를 주창한 중국 혁명의 선도자이자 정치가

✅ **기출**

쑨원의 삼민주의와 관련 있는 중국의 근대화 운동은?
: 신해혁명

📄 **사용 예시**

쑨원의 삼민주의는 신해혁명의 원리 및 중화민국의 건국이념으로 자리 잡았다.

중국의 4대 발명품 ★★★

KBS
5대 발전회사
한국산업단지공단
한국산업인력공단
한국잡월드
한국지역난방공사
한국폴리텍대학
한국학중앙연구원

종이, 인쇄술, 화약, 나침반

🔍 **더 알아보기**

중국의 4대 발명품

종이	지식의 기록을 가능하게 하여 사상을 기록할 수 있게 됨
인쇄술	기록을 전파할 수 있게 하여 대중문화를 융성하게 함
화약	군사적으로 커다란 변혁을 가져옴
나침반	원양항해 개척의 큰 디딤돌이 됨

✅ **기출**

중국의 4대 발명품은?
: 종이, 인쇄술, 화약, 나침반

삼민주의 ★
三民主義

독립기념관
한국사회복지협의회
한국산업인력공단

민족 · 민권 · 민생에 대한 이야기를 담아 쑨원이 제창한 중국 근대 혁명과 건국의 기본 정치 이념

🔍 **더 알아보기**

삼민주의 핵심과제

민족주의	만주족을 타도하고 제국주의 열강으로부터의 독립
민권주의	민주 정치 실현(선거권, 파면권, 제헌권, 복결권)
민생주의	계급 사회 폐지와 국민 생활의 풍족

백화제방·백가쟁명 ★★
百花齊放 百家爭鳴

독립기념관
한국사회복지협의회
한국산업인력공단

공산당에 대한 자유로운 비판을 감내한다는 운동

🔍 **더 알아보기**

쌍백운동으로도 불리며, 1957년 2월 마오쩌둥은 중국 사회주의의 문제점을 해결하기 위해 여러 의견이 나와야 한다고 연설하였고, '언자무죄(말하는 자에게 죄를 묻지 않는다)'를 천명하여 많은 지식인이 공산당에 대한 비판과 불만을 토로할 수 있었다.

하방운동 ★
下放運動

독립기념관
한국사회복지협의회
한국산업인력공단

군대 · 경찰의 간부와 병사의 화합 및 권력층의 관료주의 타파를 위해 마오쩌둥이 도입한 제도

Q 더 알아보기
전 군대와 무장 경찰 내 55세 이하의 연대 이상 지도부 및 기관 간부, 하위직 경험이 없는 간부들이 일반 사병들과 함께 생활하면서 함께 어울리라는 내용으로 구성되어 있다.

마오쩌둥
중국의 제1대 주석으로, 장제스와의 내전에서 승리하고 베이징에 중화인민공화국 정부를 세웠으며, 문화대혁명을 일으켜 자신의 권력을 강화함

🗒 사용 예시
하방운동으로 도시의 고학력자들이 반강제적으로 변방지방에 정착했는데, 이는 청년들의 반발로 이어져 사회문제로 확신되었다.

대약진운동 ★★★
大躍進運動

7년 안에 영국을 따라잡고, 8년에서 10년 안에 미국을 따라잡는다는 목표로 마오쩌둥의 주도하에 일어난 중국의 경제성장 운동

Q 더 알아보기
농업생산력이 저하되어 농업 경제가 무너졌고 마오쩌둥은 국가 주석에서 사임하였다.

✓ 기출
마오쩌둥의 주도하에 일어난 경제성장 운동은?
: 대약진운동

문화대혁명 ★★
文化大革命

KBS
한국산업인력공단
한국지역난방공사

1966~1976년 10년간 자본주의 타파와 사회주의 실천을 목적으로 중국의 최고지도자 마오쩌둥에 의해 주도된 사회주의 운동

Q 더 알아보기
문화유산이 파괴되고 사회 혼란이 가중되면서 마오쩌둥 사후 종결되었다.

🗒 사용 예시
시진핑 주석 집권 이후 몇몇의 극좌파들이 문화대혁명을 '진보적 운동'이라고 규정하려는 움직임이 나타났다.

590

샤오캉 ★★★
小康

KBS
한국산업인력공단
한국지역난방공사

불우한 상황에 처한 사람들도 기본적인 생활을 유지하는 데 아무 문제가 없는 상황을 의미하는 중국 단어

🔍 **더 알아보기**
중국 발전의 상징어로, 이상적인 가정경제로 여겨지며, 현재 중국 정부가 궁극적인 목표로 삼고 있는 '대동 사회(완벽한 평등, 평화로운 사회)'의 전 단계이다. 중국 고전의 '과부, 고아, 홀아비 등도 각자 설 자리를 차지하는 상태'에서 유래하였다.

591

상하이 공동성명 ★★★
上海公报

KBS
한국산업인력공단
한국지역난방공사

1972년 미국의 닉슨 대통령이 마오쩌둥, 저우언라이와 회담하고 발표한 공동성명

🔍 **더 알아보기**
평화 5원칙 적용, 제3국 대리 불가, 태평양 지역에서의 지배권 포기 등의 내용으로 구성되어 있다.

592

홍콩 반환 ★★★
香港返還

KBS
한국산업단지공단
한국산업인력공단

1997년 7월 1일 영국이 식민지였던 홍콩을 중국에 반환한 사건

🔍 **더 알아보기**
1984년 12월 19일 영국과 중국 간에 홍콩반환협정이 체결되었으며, 인도의 독립에 이어서 영국의 아시아 지배를 완전히 종료한 사건으로, 사실상 대영 제국이 해체된 사건으로도 평가받는다. 홍콩 반환 이후 홍콩의 사법, 금융, 경찰, 관세 제도는 향후 최소 50년간 그대로 유지하기로 하였다.

593

마카오 반환 ★★
Transfer of sovereignty over Macau

KBS
한국산업단지공단

1999년 12월 20일 포르투갈이 식민지였던 마카오를 중국에 반환한 사건

🔍 **더 알아보기**
1987년 포르투갈과 중국 간에 마카오반환협정이 체결되었으며, 유럽의 마지막 아시아 식민지였던 마카오의 반환으로 서구 열강의 아시아 시대는 끝이 났다. 2019년 마카오 반환 20주년을 기념하여 시진핑 주석이 마카오에 방문하였다.

594

남순강화 ★
南巡讲话

KBS
한국지역난방공사

1992년 덩샤오핑이 발표한 과감한 개방 정책으로 중국의 경제 질서를 재편해 선진국 수준으로 끌어올리겠다는 취지의 담화

✔ 기출
중국 경제를 선진국 수준으로 끌어올리기 위한 덩샤오핑의 정책은?
: 남순강화

595

야마토 시대 ★
大和時代

한국산업인력공단
한국잡월드
한국학중앙연구원

불교를 중흥시키고 한반도, 중국과 교류한 일본 최초의 통일 정권 시대

Q 더 알아보기
다이카개신(大化改新)
야마토 정권의 막을 내리게 한 정치 개혁

596

아스카 문화 ★
飛鳥文化

한국산업인력공단
한국잡월드
한국학중앙연구원

7세기 전반 아스카 지역에서 발달한 일본 최초의 불교문화

Q 더 알아보기
고구려, 백제, 신라, 중국 남북조 등의 영향을 다양하게 받았으며, 국제성이 풍부한 문화였다.

✔ 기출
고구려, 백제, 신라와 중국 남북조의 영향을 받은 일본 문화는?
: 아스카 문화

597

막부 ★
幕府

한국산업인력공단
한국잡월드
한국학중앙연구원

12~19세기 쇼군(장군)이 수장이 된 일본의 군부 정권

Q 더 알아보기
막부의 종류와 초대 쇼군

가마쿠라 막부	미나모토노 요리토모
무로마치 막부	아시카가 다카우지
에도 막부	도쿠가와 이에야스

메이지 유신 ★★★
明治維新

KBS
한국산업단지공단
한국산업인력공단

1853~1877년경 일본 자본주의 형성의 기점이 된 메이지 일왕의 왕정 복고 과정

🔍 **더 알아보기**
미일화친조약(美日和親條約)
1854년 일본 가나가와에서 미국·일본이 최혜국 대우, 치외법권 등의 내용을 조인한 12개조 조약

마우리아 왕조 ★★
Maurya dynasty

한국산업단지공단
한국산업인력공단

BC 317~180년경 시조 찬드라굽타가 세운 인도 최초의 고대 통일제국 왕조

🔍 **더 알아보기**
굽타 왕조(Gupta dynasty)
320~550년경까지 쿠샨 왕조 멸망 후 북인도를 통일하고 지배한 왕조

무굴 제국 ★★
Mughal Empire

KBS
한국산업단지공단
한국산업인력공단

16~19세기 인도 지역을 지배한 시조 바부르가 창시한 이슬람 제국

🔍 **더 알아보기**
타지마할(Taj Mahal)
무굴 제국의 황제 샤 자한이 황후를 추모하기 위해 인도 아그라의 자무나강 근처에 건설한 궁전 형식의 묘지

세포이의 항쟁 ★★
Sepoy Mutiny

인도인 용병 세포이가 영국의 차별에 분노하여 일으킨 반영 항쟁

🔍 **더 알아보기**
총알을 장전하기 위해 소의 기름이 칠해진 탄약통 끝을 입으로 물어야 했지만, 인도인들은 종교적 이유로 이를 거부하여 영국에 의해 탄압받았고 이 사건을 계기로 세포이의 항쟁이 시작되었다.

602

스와라지 운동 ★
Swaraji

한국산업단지공단
한국산업인력공단

간디가 주도한 국산품 애용, 민족 교육 등으로 이루어진 인도의 비폭력 독립 자치 운동

Q 더 알아보기
벵골 분할(Bengal partition)
인도의 반(反) 영국 운동을 분열시키려는 목적으로 벵골을 두 개의 행정구역으로 나눈 것으로, 인도의 독립운동이 시작된 중요한 사건

603

라티푼디움 ★★
latifundium

KBS
한국산업인력공단
한국지역난방공사

포에니 전쟁 이후 노예 노동력으로 대토지를 경작한 로마 세력가들의 토지 경영 방식

Q 더 알아보기
포에니 전쟁(Punic Wars)
지중해 패권을 둘러싸고 BC 3~BC 2세기 중엽까지 3차에 걸쳐 일어난 고대 세계 전쟁

604

금인칙서 ★★
Goldene Bulle

1356년 신성로마제국 황제인 카를 4세가 발표한 제후의 기득권을 인정하고 신성 로마 제국의 황제 선출방식을 규정한 제국법

Q 더 알아보기
황금으로 만든 도장을 사용한 데서 유래하였다.

✅ 기출
카를 4세가 황금으로 만든 도장을 사용하여 발표한 법은?
: 금인칙서

605

아우크스부르크 화의 ★
Augsburger Religionsfrieden

KBS
한국산업인력공단
한국지역난방공사

1555년 아우크스부르크에서의 제국회의 결의

Q 더 알아보기
마르틴 루터(Martin Luther)
아우크스부르크 화의를 계기로 '95개조의 논제'라는 제목의 그 당시 교회의 부정을 비판하는 종교개혁운동을 시행하였고, 그 결과 개신교와 가톨릭의 동등함이 인정됨

606

페르시아 전쟁 ★★
Greco-Persian Wars

KBS
한국산업단지공단
한국산업인력공단

BC 492~479년 세 차례에 걸친 페르시아 제국의 그리스 원정 전쟁

🔍 더 알아보기
펠로폰네소스 전쟁(Peloponnesian War)
BC 431~404년 아테네와 스파르타가 각각 서로의 동맹과 연합하여 싸운 전쟁

607

백년전쟁 ★★★
Hundred Years' War

KBS
한국산업인력공단
한국수력원자력
한국지역난방공사

1337년에 시작되어 백년 이상 지속된 영국과 프랑스 간의 전쟁

🔍 더 알아보기
플랑드르 지방 쟁탈과 프랑스 왕위 계승 사건을 시작으로 발생하였다.
잔 다르크(Jeanne d'Arc)
백년전쟁에서 프랑스를 승리로 이끌고 샤를 7세를 즉위시킨 소녀

608

장미전쟁 ★★★
Wars of the Roses

KBS
한국산업인력공단
한국지역난방공사

1455~1485년 영국 왕위 계승 문제로 시작하여 귀족 세력이 몰락하고 튜더 왕조가 성립된 전쟁

🔍 더 알아보기
랭커스터 가와 요크 가 사이의 왕위 계승 쟁탈전으로, 랭커스터 가 문장의 붉은 장미와 요크 가 문장의 흰 장미를 본 따 장미전쟁이라 불리게 되었다.

📄 사용 예시
백년전쟁과 장미전쟁으로 영국은 중앙 집권 국가로 발전하였다.

609

청교도 혁명 ★★★
Puritan Revolution

KBS
한국산업단지공단
한국산업인력공단

1642~1649년 영국 의회의 젠트리 계층(청교도)이 영국 스튜어트 왕조에 맞서 일으킨 혁명

🔍 더 알아보기
이 혁명으로 당시 영국 왕이었던 찰스 1세가 처형되고 공화정이 수립되었다.
세계 3대 혁명
영국 명예혁명, 프랑스 혁명, 미국 독립혁명

610

트라팔가르 해전 ★★★
Battle of Trafalgar

KBS
한국산업단지공단

1805년 10월 21일 영국 함대가 프랑스·에스파냐 연합함대를 격파한 해전

Q 더 알아보기
세계 4대 해전
트라팔가르 해전(영국 vs 프랑스), 살라미스 해전(페르시아 vs 그리스), 칼레 해전(스페인 vs 영국), 한산도 대첩(한국 vs 일본)

611

러다이트 운동 ★★★
Luddite Movement

KBS
한국산업단지공단
한국산업인력공단

1810년대 영국의 중북부 공업지대에서 일어난 노동자들의 기계 파괴 운동

Q 더 알아보기
기계화된 대공장의 출현으로 생활에 위협을 느낀 수공업자가 중심이 되어 벌인 운동이다.

📋 사용 예시
전문가들은 4차 산업혁명 시대에서 로봇의 등장으로 제2의 러다이트 운동이 나올 수 있다고 말했다.

612

미국 남북전쟁 ★★★
American Civil War

KBS
한국산업인력공단
한국지역난방공사

1861~1865년 노예 노동력으로 농장을 경영하던 남부와 상공업이 발달한 북부 사이에서 일어난 전쟁

Q 더 알아보기
북부가 승리하였고 이후 민주주의의 발전과 자본주의의 발달이 가속화되었다.

613

대공황 ★★★
Great Depression

KBS
한국산업인력공단
한국지역난방공사

1929년 급격한 주가 하락으로 경제가 무너지고 실업자가 폭증해 일어난 미국의 대공황

Q 더 알아보기
계층 간 소비 불평등, 성장 정체, 주식 시장 거품 현상에 따른 주가 폭락, 기업 연쇄 파산으로 인한 실업자 폭증, 과잉 생산으로 인해 발생하여 뉴딜 정책과 선린 외교정책의 계기가 되었다.

📋 사용 예시
코로나19로 인해 전 세계적으로 경제 대공황이 시작되었다.

러시아 혁명 ★★
The Russian Revolution

KBS
한국산업인력공단
한국지역난방공사

1917년에 러시아에서 두 차례에 걸쳐 일어났으며, 노동자들이 빵과 평화를 요구하며 일으킨 혁명

🔍 **더 알아보기**

자본주의 체제의 잠재적 위험인 계급갈등이 언제라도 폭발할 수 있다는 것을 보여준 계기가 되었으며, 세계의 사상계에 큰 영향을 미쳤다.

니콜라이 2세(Nicholas II)
1917년 러시아 혁명으로 인한 제정 붕괴까지 재위한 러시아 마지막 황제

파시즘 ★
Fascism

KBS
한국산업단지공단
한국산업인력공단

1919년 이탈리아의 무솔리니가 주창한 반공주의적 · 권위주의적 운동

🔍 **더 알아보기**

나치즘(Nazism)
파시즘 중 가장 반동적이고 야수적인 독일의 반민주주의 · 반자유주의 · 반자본주의적 사상

🗒 **사용 예시**

파시즘과 공산주의는 개인의 자유와 권리를 억압한다는 점에서 상통한다.

메소포타미아 문명 ★★
Mesopotamian civilization

KBS
한국산업인력공단
한국지역난방공사

티그리스강과 유프라테스강을 중심으로 번영한 고대문명

🔍 **더 알아보기**

4대 문명의 발상지

메소포타미아 문명	티그리스강, 유프라테스강
이집트 문명	나일강
인더스 문명	인더스강, 갠지스강
황하 문명	황하

🗒 **사용 예시**

게놈 연구를 통해 메소포타미아 문명 시대 인류의 이동방향을 파악할 수 있게 되었다.

에게 문명 ★★
Aegean civilization

지중해 동부 에게해 주변에서 번성한 유럽 최초의 고대 문명

🔍 **더 알아보기**

크레타 문명과 미케네 문명

크레타 문명	전기 에게 문명으로, 크레타섬을 중심으로 크노소스 해상 왕국을 건설한 문명
미케네 문명	후기 에게 문명으로, 아카이아인들이 펠로폰네소스 반도에 건설한 해양 문명

폴리스 ★★★
polis

KBS
한국산업단지공단
한국산업인력공단

고대 그리스 시대에서 시민이 국정에 참여하는 민주 정치를 시행한 도시국가

🔍 **더 알아보기**

폴리스는 끊임없는 분립 항쟁과 내부 당파싸움 등으로 인해 쇠퇴하였다.

아테네와 스파르타의 특징

아테네	이오니아인(토착민), 해안 지역(상업, 해군 발달), 민주주의
스파르타	도리아인(정복민), 내륙 지역(농업, 육군 발달), 군국주의

📄 **사용 예시**

그리스에서는 폴리스의 다양한 유형이 있었으나, 가장 전형적인 예는 아테네이며, 이는 다른 폴리스에 커다란 영향을 끼쳤다.

공화정 ★★★
共和政

KBS
한국산업단지공단
한국산업인력공단

세습 군주나 선거로 뽑힌 군주 이외의 복수의 주권자가 통치하는 정치 형태

🔍 **더 알아보기**

귀족정과 제정

귀족정	혈통·재산 등에 의해 특권을 가지는 소수의 귀족이 통치하는 정치 형태
제정	제국의 황제가 통치하는 정치 형태

620

헬레니즘 시대 ★★★
Hellenism

KBS
한국산업단지공단
한국산업인력공단

BC 334~323년경 알렉산드로스의 동정 과정에서 발생한 동양과 서양 문명이 융합한 시대

🔍 **더 알아보기**
알렉산드로스(Alexandros the Great)
그리스 · 인도 · 페르시아에 이르는 대제국을 건설하고 헬레니즘 문화를 이룩한 마케도니아의 왕

621

프랑크 왕국 ★★
Frankenreich

KBS
한국산업인력공단
한국지역난방공사

481~843년 부족국가에서 시작하여 서유럽의 대제국이 된 게르만계 프랑크족이 세운 왕국

🔍 **더 알아보기**
봉건제도(封建制度)
군주가 토지를 제공하고 영주의 충성 서약을 받는 왕과 영주의 정치적 계약 · 주종 관계 제도

622

합스부르크 왕가 ★★★
Habsburg Haus

1273~1918년 이어진 유럽에서 가장 긴 역사와 전통을 지닌 가문

🔍 **더 알아보기**
부르봉 왕가(House of Bourbon)
1589~1792년, 1814~1830년 이어진 프랑스의 왕조

623

종교전쟁 ★★★
Wars of Religion

KBS
한국산업인력공단
한국지역난방공사

일반적으로 16~17세기 그리스도교와 관련하여 유럽에서 일어난 전쟁들

🔍 **더 알아보기**
십자군 전쟁(Crusades)
11~13세기 말 유럽의 그리스도교도들이 성지 예루살렘을 탈환하기 위해 8차례에 걸쳐 일으킨 전쟁

종교개혁 ★★★
Reformation

부산교통공사
한국산업단지공단
한국산업인력공단

16~17세기 유럽에서 로마 가톨릭교회의 부정·부패를 알리고 개혁을 요구하며 일어난 운동

🔍 **더 알아보기**
아비뇽 유수(Avignonese captivity)
1309~1377년 7대에 걸쳐 로마 교황청을 남프랑스에 위치한 아비뇽으로 이전한 사건

산업혁명 ★★★
Industrial Revolution

KBS
한국산업단지공단
한국산업인력공단
한국지역난방공사

18세기 증기기관 등의 영국 기술 혁신에 힘입어 일어난 사회·경제 구조의 변혁

🔍 **더 알아보기**
제임스 와트(James Watt)
18세기에 새로운 증기기관을 발명한 영국 스코틀랜드의 기술자

빈 체제 ★★★
Wiener System

부산교통공사
한국잡월드
한국학중앙연구원

1814~1815년 나폴레옹 전쟁의 전후 처리를 위해 열린 빈 회의 이후 30여 년 동안 지속한 반동 복고적 성격을 지닌 유럽의 국제 정치 체제

🔍 **더 알아보기**
나폴레옹 전쟁(Napoleonic Wars)
1797~1815년 나폴레옹 1세 지휘 아래 프랑스가 유럽의 여러 나라와 치른 전쟁

제1차 세계대전 ★
World War I

독립기념관
한국사회복지협의회
한국산업인력공단

1914~1918년 일어난 연합국과 동맹국 사이에 벌어진 세계적인 규모의 전쟁

🔍 **더 알아보기**
사라예보 사건으로 인해 발발하였으며, 전쟁이 끝난 후에 베르사유 조약을 맺어 패전국인 독일을 압박하였다. 전쟁 기간 동안 미국은 군수 물자를 팔아 가장 큰 이익을 보았으며, 나중에 제2차 세계대전을 치르면서 더욱 강해져 세계 최강대국으로 발전했다.

연합국과 동맹국

연합국	영국, 프랑스, 러시아 등
동맹국	독일, 오스트리아 등

역사

핵심상식

해커스 한 권으로 끝내는 공기업 기출 일반상식

베르사유 체제 ★★★
Versailles 體制

KBS
한국산업인력공단
한국지역난방공사

제1차 세계대전 이후 윌슨의 14개조 평화 원칙에 따라 실시된 파리 강화 회의에서 수립된 안전 보장 체제

🔍 **더 알아보기**

패전국인 독일에 모든 해외 식민지 상실, 프랑스에 알자스 - 로렌 양도, 군비 축소, 배상금 지급 등이 부과되었다.

파리 강화 회의(Paris Peace Conference)
1919년 1월 파리에서 개최된 회의로, 미국 대통령 윌슨이 '민족 자결주의'를 주장하였고 이것을 계기로 3·1 운동이 시작됨

제2차 세계대전 ★
World War II

1939~1945년 일어난 연합국과 추축국 사이에 벌어진 인류 역사상 가장 큰 인명·재산 피해를 낳은 세계적인 규모의 전쟁

🔍 **더 알아보기**

독일이 폴란드를 침략하면서 발발하였으며, 전쟁은 연합국의 승리로 끝이 났다. 승전국을 중심으로 국제연합이 창설되었으며, 막강한 군사력을 가진 미국의 국제 사회 영향력이 증대되었다.

연합국과 추축국

연합국	영국, 프랑스, 미국, 소련, 중국 등
추축국	독일, 이탈리아, 일본 등

냉전체제 ★
The Cold War System

KBS
한국산업단지공단

제2차 세계대전 이후 미국과 소련 및 동맹국들 사이에 전개된 제한적인 대결 상태

🔍 **더 알아보기**

제2차 세계대전 이후 약 50여 년 동안 냉전체제가 계속되었으며, 세계는 미국 중심의 자본주의와 소련 중심의 사회주의로 나뉘었고, 마침내 소련이 붕괴되면서 냉전체제가 종식되었다.

소련(Soviet Union)
1922~1991년 동유럽 - 중앙아시아에 걸친 넓은 영토를 가졌던 최초의 사회주의 연방국가로, 현재는 해체되어 러시아, 우크라이나, 에스토니아 등 15개 공화국으로 분리

631

카이로 회담 ★★★
Cairo Conference

1943년 11~12월 제2차 세계대전의 수행과 전후 처리 협의를 위해 이집트 카이로에서 개최된 회담

🔍 더 알아보기

미국 루스벨트 대통령, 영국 처칠 수상, 중화민국 장제스 총통이 참가했다. 한국의 독립에 대한 특별 조항을 포함하면서 한국의 독립이 처음으로 국제적인 보장을 받게 되었으며, 일본에 대한 공동 대응이 결정되었다.

632

테헤란 회담 ★★★
Teheran Conference

한국산업인력공단
한국학중앙연구원

1943년 11월 제2차 세계대전 중 미국, 소련, 영국이 이란의 테헤란에서 개최한 회담

🔍 더 알아보기

독일 대응 작전이 주요 내용으로, 소련의 스탈린은 노르망디 상륙작전을 주장했고 영국의 처칠은 지중해작전을 주장했다. 결국 1944년 노르망디 상륙작전이 진행되어 연합국 승리에 결정적인 역할을 하였다.

633

얄타 회담 ★★★
Yalta Conference

한국산업인력공단
한국학중앙연구원

1945년 2월 제2차 세계대전 종반 미국, 소련, 영국이 소련의 얄타에서 개최한 회담

🔍 더 알아보기

패전국인 독일에 대한 처리가 주된 내용으로, 회담 이후 독일은 미국, 프랑스, 소련, 영국에 의해 분할 점령되었다.

634

포츠담 회담 ★★★
Potsdam Conference

한국산업인력공단
한국학중앙연구원

1945년 7~8월 제2차 세계대전 종결 직전 미국, 소련, 영국이 독일 포츠담에서 개최한 회담

🔍 더 알아보기

포츠담 선언(Potsdam Declaration)
1945년 7월 26일 일본에 대한 항복을 권고하고 한국의 독립을 확인한 선언으로, 패전국인 일본에 대한 처리가 주된 내용이며 이를 일본이 거부하여 원자폭탄이 투하되었고 결국 일본도 선언을 수락하였다.

앞에서 학습한 상식을 문제를 풀면서 바로 점검해보세요!

01 일부가 소실되어 『한서』에 3개만 전해지는 고조선의 법은?

① 형조   ② 유수관

③ 8조법   ④ 국문

02 고구려 고국천왕 때에 국가가 농민에게 곡식을 빌려주고 수확기에 갚게 한 제도는?

① 의창   ② 상평창

③ 대동법   ④ 진대법

03 불교를 수용하고 태학을 설립했으며 율령을 반포한 고구려왕은?

① 소수림왕   ② 광개토대왕

③ 장수왕   ④ 고국천왕

04 고려 시대 지방관에 해당 지방 출신자를 임명하여 반역에 대한 연대 책임을 지게 한 제도는?

① 기인 제도   ② 토관 제도

③ 상수리 제도   ④ 사심관 제도

05 조선 시대 서울 도성에 세워진 사대문에 속하지 않는 것은?

① 흥인지문   ② 숭례문

③ 혜화문   ④ 돈의문

06 1517년 조선 중종 때 설립된 문무 합의 기구는?

① 성균관 ② 비변사
③ 정방 ④ 국자감

07 광해군이 영창대군을 죽이고 인목대비를 폐한 사건은?

① 이괄의 난 ② 가도 사건
③ 폐모살제 ④ 정유재란

08 강화도 조약이 체결된 연도는?

① 1865년 ② 1867년
③ 1874년 ④ 1876년

09 갑신정변을 일으킨 급진 개화파에 속하지 않는 사람은?

① 김옥균 ② 도선
③ 박영효 ④ 홍영식

10 3·1 운동이 시작된 연도는?

① 1911년 ② 1919년
③ 1921년 ④ 1924년

정답 01 ③ 02 ④ 03 ① 04 ④ 05 ③ 06 ② 07 ③ 08 ④ 09 ② 10 ②

11 다음 중 춘추전국시대에 일어난 사건이 아닌 것은?

① 우경 시작   ② 군현제 등장

③ 철기 시대 시작   ④ 황건적의 난

12 제자백가 중 유가의 사상가가 아닌 사람은?

① 노자   ② 공자

③ 맹자   ④ 순자

13 청교도 혁명과 관련이 없는 것은?

① 찰스 1세   ② 스튜어트 왕조

③ 루스탐 왕조   ④ 공화정

14 간디가 주도한 인도의 비폭력 자치 운동은?

① 차티스트 운동   ② 스와라지 운동

③ 바크티 운동   ④ 칩코 운동

15 세계 4대 해전 중 영국과 프랑스 사이에서 일어난 해전은?

① 살라미스 해전   ② 트라팔가르 해전

③ 칼레 해전   ④ 레판토 해전

16 1356년 '금인칙서'를 발표한 사람은?

① 카를 4세

② 카를 2세

③ 제임스 2세

④ 헨리 8세

17 장미전쟁으로 성립된 영국의 왕조는?

① 플랜태저넷 왕조

② 윈저 왕조

③ 스튜어트 왕조

④ 튜더 왕조

18 에도 막부의 초대 쇼군은?

① 미나모토노 요리토모

② 아시카가 다카우지

③ 도쿠가와 이에야스

④ 오다 노부나가

19 베르사유 체제의 기초가 된 평화안은?

① 대서양 헌장

② 14개조 평화 원칙

③ 포츠담 선언

④ 모스크바 선언

20 다음 중 미국 남북전쟁의 결과가 아닌 것은?

① 북부의 승리

② 남부의 승리

③ 민주주의 발전 가속화

④ 자본주의 발달 가속화

정답 11 ④ 12 ① 13 ③ 14 ② 15 ② 16 ① 17 ④ 18 ③ 19 ② 20 ②

문제를 풀면서 학습한 상식을 점검하였다면 상식 Up 완성 용어를 빠르게 훑어보면서 상식 수준을 한 단계 더 높여보세요!

호우명 그릇 壺杅銘 그릇	1946년 발굴된 신라와 고구려의 관계를 보여주는 신라 유물
도병마사 都兵馬使	고려 시대 군사 문제를 의논하던 회의 기관
공해전 公廨田	고려 시대부터 조선 전기까지 관청의 공비 충당을 위해 지급된 토지
조선왕조의궤 朝鮮王朝儀軌	조선 시대 왕실 및 국가 주요 행사를 기록한 문서
계유정난 癸酉靖難	1453년 수양대군이 조카인 단종을 몰아내고 정권을 장악한 사건
소수서원 紹修書院	1543년 경상북도 영주시에 세워진 우리나라 최초의 서원
발해고 渤海考	1784년 유득공이 저술한 발해의 역사서
박문국 博文局	조선 후기 신문 발행과 출판 업무를 맡던 출판기관
금난전권 禁亂廛權	조선 후기 육의전과 시전상인이 정부와 결탁하여 난전을 금지할 수 있었던 권리
군국기무처 軍國機務處	1894년 청일 전쟁 때 갑오개혁을 위해 일본이 설치한 임시 관청
경술국치 庚戌國恥	우리나라가 처음으로 국권을 상실한 1910년 8월 29일을 일컫는 말
김원봉 金元鳳	1919년 의열단을 조직하고 무장투쟁에 앞장선 독립운동가
산미증식계획 産米增殖計畵	일본이 조선을 식량 공급지로 만들기 위해 1920년부터 실시한 정책
태평양 전쟁 太平洋戰爭	1941년 일본이 하와이 진주만을 공격하여 벌어진 전쟁

5·10 총선거 五十總選擧	1948년 대한민국 정부 수립을 위해 남한에서 실시한 첫 국회의원 선거
한미상호방위조약 韓美相互防衛條約	1953년 남한 방위를 위해 미국과 맺은 군사 동맹조약
유신체제 維新體制	1972년 박정희 대통령이 장기집권을 목적으로 행한 초헌법적 비상 조치
12·12 사태 十二十二事態	1979년 전두환과 노태우 등 신군부세력이 일으킨 군사 반란 사건
역참제 驛站制	효율적인 물자 운송을 위해 실시한 원나라의 교통제도
알타미라 동굴 벽화 Altamira cave painting	에스파냐 북부 알타미라 동굴에서 발견된 구석기 후기 동굴 벽화
마누 법전 Code of Manu	고대 인도의 힌두 법전
호민관 護民官	고대 로마에서 평민의 권리 옹호를 위해 선출한 관직
데나리온 denarius	로마 시대에 사용한 은화
도편 추방제 ostracism	고대 그리스 아테네에서 위험 인물을 투표하여 10년간 국외로 추방한 제도
플라시 전투 Battle of Plassey	1757년 인도 지배를 두고 영국과 프랑스 간에 벌어진 전투
브나로드 운동 V narod movement	19세기 후반 러시아에서 전개된 농촌 계몽 운동
사라예보 사건 Assassination of Sarajevo	제1차 세계대전의 계기가 된 사건으로, 오스트리아 황태자 부부가 사라예보에서 암살된 사건
레지스탕스 Résistanc	제2차 세계대전 중 독일의 점령에 대항하여 프랑스에서 일어난 저항 운동
철의 장막 Iron curtain	제2차 세계대전 후 소련 진영 국가들의 폐쇄성을 풍자한 말
프랭클린 루즈벨트 Franklin Delano Roosevelt	뉴딜정책을 강력하게 시행한 미국의 32대 대통령

문화 · 미디어

15%

- 문화 · 미디어 분야는 최근 출제 비중이 높아지고 있습니다.
- 개인적인 관심도에 따라 용어 이해도에 큰 차이가 있을 수 있지만 기출 문제 위주로 자주 출제되는 용어를 학습하면 무리 없이 문제를 풀 수 있는 분야입니다.

문화

635

모더니즘 ★
Modernism

1920년대 유럽에서 발생한 근대적인 감각을 나타내는 예술 경향

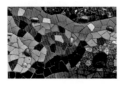

Q 더 알아보기

사실주의(Realism)에 대한 반발로 문학과 예술 전반에 걸쳐 나타났으며 합리적인 사고를 기반으로 기독교 전통을 뒤흔들고 19세기 전통과 인습을 배격하며 근대화를 지향하였다.

포스트 모더니즘(Postmodernism)
1960년대에 모더니즘에 대한 반발로 일어난 문화 운동

636

실존주의 ★
實存主義

20세기 초 합리주의와 실증주의에 반대하여 인간의 실존을 강조하는 철학 및 문예 사조

Q 더 알아보기

20세기 초 독일과 프랑스를 중심으로 일어난 철학 사조로, 분석철학과 함께 현대철학의 양대 조류를 이룬다.

실증주의(實證主義)
형이상학적 사변을 배척하고 사실에 대한 과학적 탐구를 강조하는 철학 운동

연역법 ★★
演繹法

한국보훈복지의료공단

일반적인 이론이나 원리를 바탕으로 특수한 명제를 끌어내는 추론 방법

🔍 **더 알아보기**

프랑스 철학자 데카르트의 저서 『방법서설』을 통해 구체화되었다.

귀납법(歸納法)

구체적인 사실에서 공통된 일반성을 찾아내 보편적인 원리를 끌어내는 추론 방법

플라톤의 4주덕 ★★
Four Cardinal Virtues

그리스 철학자 플라톤이 저서 『국가론』에서 주장한 각자의 덕을 행해야 하는 국가의 계급

🔍 **더 알아보기**

4주덕의 계급

통치계급	지혜	무사계급	용기
생산계급	절제	사회	정의

동굴의 우상 ★★★
洞窟偶像

영국 철학자 프랜시스 베이컨이 『국가론』의 소크라테스가 말한 비유에서 인용한 개인 특유의 편견을 의미하는 용어

🔍 **더 알아보기**

베이컨의 4대 우상

동굴의 우상	개인 특유의 편견
종족의 우상	모든 인간 종족의 공통된 편견
시장의 우상	사회적 단체와 언어에 의한 편견
극장의 우상	역사, 종교 등의 독단에 의한 편견

✅ **기출**

전통과 권위에 대한 무비판적인 믿음을 의미하는 4대 우상은?
: 극장의 우상

반달리즘 ★
vandalism

부산시설공단

문화유산 · 예술품 및 공공시설을 파괴하거나 훼손하는 행위

🔍 **더 알아보기**

5세기 게르만족의 일파인 반달족이 로마제국을 침략해 파괴와 약탈을 일삼았다는 소문에서 유래하였으며, 종교적 · 민족적 갈등이 반달리즘을 부추기는 가장 근본적인 원인이다.

🗒 **사용 예시**

숭례문 방화 사건과 창경궁 문정전 방화 사건은 대표적인 반달리즘이다.

다크투어리즘 ★★
dark tourism

역사적으로 비극적인 사건이 일어났던 장소나 재난 · 재해 현장을 돌아보고 반성과 교훈을 얻는 여행

🔍 **더 알아보기**

대표적인 다크투어리즘 여행지
아우슈비츠 수용소(홀로코스트), 그라운드 제로(9·11 테러), 킬링필드 등

✅ **기출**

역사적 비극이 발생한 장소를 돌아보며 반성과 교훈을 얻는 새로운 여행 트렌드는?
: 다크투어리즘

투어리즘 포비아 ★★★
tourism phobia

지나치게 많은 관광객으로 인해 삶과 터전을 위협받은 주민들이 관광객 유입을 반대하는 현상

🔍 **더 알아보기**

투어리피케이션(tourification)
'관광지화(touristify)'와 '젠트리피케이션(gentrification)'의 합성어로, 주거지가 관광지가 되면서 기존 주민이 내몰리는 현상

🗒 **사용 예시**

밀려드는 관광객으로 인해 지역 정체성이 사라지면서 유명 관광지 주민들 사이에서 투어리즘 포비아가 확산되고 있다.

빌바오 효과 ★★
Bilbao effect

특정 문화시설 하나가 그 도시의 이미지나 경제에 미치는 영향이나 현상

Q 더 알아보기
쇠퇴하던 스페인의 북부 소도시 빌바오에 구겐하임 미술관이 설립되자 매년 100만 명이 방문하게 된 것에서 유래하였다.

目 사용 예시
미술관 하나가 도시를 되살린 빌바오 효과를 통해 도시재생사업에 문화시설을 설치하자는 주장이 힘을 얻고 있다.

문화 상대주의 ★
文化相對主義

KOICA

특정 사회의 관습과 문화를 그 사회의 특수한 환경과 상황 및 역사적 맥락에서 이해하는 태도

Q 더 알아보기
자문화 중심주의(自文化中心主義)
자신의 문화를 가장 우수하다고 믿고 다른 문화를 부정적으로 평가하는 태도

⊘ 기출
다른 문화를 이해할 때 문화 간 우월 의식을 버리고 다양성을 인정하는 태도는?
: 문화 상대주의

目 사용 예시
문화 상대주의 관점에서 히잡을 여성에 대한 억압이 아닌 종교적 선택으로 보는 사람들도 있다.

미쉐린 가이드 ★
Michelin Guide

KAC한국공항공사
KOICA

프랑스의 타이어 제조사 미쉐린이 매년 봄 발간하는 세계 최고 권위의 여행 및 레스토랑 안내서

Q 더 알아보기
빕 구르망(Bib Gourmand)
합리적인 가격으로 훌륭한 맛을 내는 식당에 부여하는 등급

目 사용 예시
세계적인 식당 소개 안내서인 미쉐린 가이드가 별점을 주는 대가로 돈을 요구했다는 의혹이 제기되어 논란이 되고 있다.

문화 · 미디어

핵심상식

해커스 한 권으로 끝내는 공기업 기출 일반상식

646

노쇼 ★★
no-show

경기관광공사
한국문화예술위원회

예약을 해놓고 예약 취소 연락 없이 나타나지 않는 손님

📋 **사용 예시**
노쇼로 인한 피해 규모가 커지면서 보증금을 받거나 선불을 요구하는 식당이 늘어났다.

647

세렌디피티 ★
serendipity

의도하지 않게 우연으로 이뤄진 발견

🔍 **더 알아보기**
페니실린 곰팡이의 효능, 실패한 접착제를 활용한 포스트잇 등이 세렌디피티의 사례가 될 수 있다.

648

스웨그 ★★
swag

aT한국농수산식품유통공사
전남중소기업종합지원센터

자신만의 개성과 멋, 여유, 약간의 허세를 솔직하게 표현하는 현상

🔍 **더 알아보기**
윌리엄 셰익스피어의 희곡 『한여름 밤의 꿈』에서 유래하였다.

✅ **기출**
자신만의 개성과 멋을 솔직하게 표현하는 현상은?
: 스웨그

649

레트로 ★★★
retro

과거의 기억과 전통을 그리워하면서 그 시절로 돌아가려는 흐름

🔍 **더 알아보기**
뉴트로와 힙트로

뉴트로	레트로를 새롭게 즐기는 경향
힙트로	뉴트로에서 한 단계 더 나아가 복고를 최신 유행으로 즐기는 경향

650

문화가 있는 날 ★★

할인·무료개방 등을 통해 국민들이 다양한 문화시설을 쉽게 즐길 수 있도록 문화체육관광부가 지정한 매달 마지막 수요일

Q **더 알아보기**
문화가 있는 날에는 전국 주요 영화관을 비롯해 공연, 박물관, 미술관, 문화재·스포츠 관람 등을 할인 또는 무료로 즐길 수 있다.

651

스낵 컬처 ★★★
snack culture

시간과 장소에 구애받지 않고 10~15분 내외로 간편하게 문화생활을 즐기는 트렌드

Q **더 알아보기**
스낵을 먹듯 짧은 시간에 문화 콘텐츠를 소비한다는 뜻에서 유래되었으며, 스마트 기기가 대중화되면서 확산되었다.

652

인류의 3대 발명품 ★★

노벨 경제학상 수상자인 새뮤얼슨 교수가 선정한 불, 바퀴, 화폐

Q **더 알아보기**
에디슨의 3대 발명품
백열전구, 가정용 영사기, 축음기

653

4대 기서 ★★★
四大奇書

중국 원나라와 명나라 대에 걸쳐 완성된 4편의 장편소설인 『삼국지연의』, 『수호지』, 『서유기』, 『금병매』

Q **더 알아보기**
4대 기서는 공통적으로 작품 속 인물의 이미지가 명확하고, 해학적으로 표현되어 서민층 사이에서 애독되었다.

✓ **기출**
중국 4대 기서 중 유일하게 작가가 알려지지 않은 작품은?
: 금병매

654

라마단 ★★
Ramadan

KAC한국공항공사
KOICA

일출에서 일몰까지 금식하고 날마다 5번의 기도를
드려야 하는 이슬람력의 9월

🔍 **더 알아보기**
이 기간에는 해가 떠 있는 동안 음식물 섭취뿐만 아니라 성관계,
물, 담배도 금지된다.

655

메카 ★
Mecca

사우디아라비아에 위치한 무함마드의 출생지이자
이슬람교의 예배 방향인 이슬람교 최고의 성지

🔍 **더 알아보기**
이슬람 교도들은 매일 다섯 번씩 메카를 향해 기도하며, 매년 많은
순례자들이 모인다. 어떤 분야의 중심이 되어 사람들의 동경이나
숭배의 대상이 되는 곳을 뜻하는 말로도 사용한다.

656

시아파 ★★
Shi'a

EBS
한국관광공사
한국문화예술위원회

이슬람 창시자 무함마드의 사위인 알리와 그 직계 후
손 11명만을 정당한 후계자로 인정하는 이슬람 교파

🔍 **더 알아보기**
수니파(Sunni)
무함마드 사후 칼리프 왕조와 역대 칼리프를 정당한 후계자로 인
정하는 이슬람 교파

📋 **사용 예시**
현재 이슬람권에서는 시아파의 대표인 이란과 수니파의 대표인
사우디아라비아가 갈등하면서 시아파와 수니파가 패권 다툼을
벌이고 있다.

657

하람 ★
Haram

살인, 강도 등의 범죄와 문신, 음주 등을 엄격히 금지
한 이슬람교의 종교적 · 도덕적 · 윤리적 금기사항

📋 **사용 예시**
알코올이 함유된 소주는 무슬림에게 금지된 하람 식품에 속한다.

할랄 ★★★
halal

부산경제진흥원

이슬람법인 샤리아에 의해 무슬림이 먹고 쓸 수 있도록 허용된 제품

Q 더 알아보기

코셔(Kosher)
전통적인 유대교의 율법에 따라 식자재를 선정하고 조리하는 음식 계율

659

무슬림의
5대 의무 ★

신앙고백, 메카를 향한 1일 5회의 기도, 라마단 금식, 헌금, 메카 순례 등 이슬람교도가 지켜야 할 5가지의 의무

Q 더 알아보기

자카트(zakat)
이슬람의 종교세로, 성인이 된 무슬림에게는 통상 1년 소득의 2.5%를 자카트로 부과함

660

히잡 ★★
hijab

한국소비자원

무슬림 여성들이 머리와 상반신을 가리기 위해 쓰는 두건의 일종

Q 더 알아보기

부르카와 차도르

부르카	눈 부위의 망사를 제외하고 머리부터 발목까지 덮는 복장
차도르	얼굴을 제외한 전신을 가리는 복장

661

힌두교 ★
Hinduism

고대 브라만교가 토착 민간신앙과 융합하여 발전한 인도의 종교

Q 더 알아보기

카스트(Caste)
성직자인 브라만, 귀족·무사인 크샤트리아, 상인·농민인 바이샤, 소작농·노예인 수드라의 네 가지로 분류되는 인도 특유의 신분제도

문화·미디어

핵심상식

해커스 한 권으로 끝내는 공기업 기출 일반상식

662

콘클라베 ★★
conclave

The-K한국교직원공제회
전력거래소

가톨릭의 교황을 선출하는 추기경단의 비밀회의

Q 더 알아보기

'열쇠로 잠그는 방'이라는 뜻의 라틴어로, 교황 서거나 사임 후 바티칸 안의 시스티나 성당에서 진행되며, 2/3 이상의 득표수가 나올 때까지 무기명 비밀투표로 진행된다.

교황(Pope)
가톨릭교에서 인정하는 사도 베드로의 후계자이자 가톨릭교회의 수장

目 사용 예시

현재 전체 추기경의 수는 220명 안팎이고, 이 가운데 콘클라베 투표권을 가진 추기경은 120명 남짓이다.

663

리비도 ★
libido

성 본능·성 충동을 뜻하는 정신분석학 용어

Q 더 알아보기

심리학자 프로이트는 인간이 공격 욕구인 타나토스와 성 욕구인 리비도를 지니고 있다고 주장하였다.

664

원초아 ★
id

심리학자 지그문트 프로이트가 주장한 마음의 구조 중 인간의 욕구를 의미하는 용어

Q 더 알아보기
자아와 초자아

자아	원초아, 현실, 초자아를 중재하는 주체
초자아	도덕적인 양심

665

카타르시스 ★
katharsis

예술의전당

예술을 통해 감정이 정화되는 정신적 승화작용이자 콤플렉스를 발산해 정신장애를 치료하는 정신요법

目 사용 예시

연예인에게 집 정리 노하우를 알려주는 신규 방송 프로그램이 대리만족을 넘어 카타르시스까지 안기며 인기몰이 중이다.

666

메세나 ★★★
Mecenat

예술 · 문화 · 스포츠 분야나 사회적 공익사업에 대한 기업의 지원 활동

🔍 **더 알아보기**
문화예술가들을 후원한 로마제국의 정치가 마에케나스의 프랑스 발음에서 유래하였다.

🗒 **사용 예시**
경기 불황으로 인해 메세나 활동이 위축되고 있다.

667

도슨트 ★★
docent

KAC한국공항공사
인천교통공사

일정한 교육을 받고 박물관, 미술관 등에서 일반 관람객들에게 전시물을 설명하는 전문 안내인

🔍 **더 알아보기**
큐레이터(curator)
미술관, 박물관에서 전시 기획, 작품 수집 및 관리, 학술 연구, 교육 및 홍보 등 모든 일을 처리하는 사람

668

노트르담 대성당 ★★
Cathedral of Notre-Dame de Paris

프랑스 파리 센강 시테섬에 위치한 고딕 양식의 성당이자 국가 수장의 장례식 같은 행사가 열리는 장소

🔍 **더 알아보기**
나폴레옹 1세의 대관식이 열렸고 빅토르 위고의 소설 『노트르담 드 파리』의 배경이 되기도 하였다. 1991년 유네스코 세계문화유산에 등재되었으나 2019년 대규모 화재가 발생하여 폐쇄되었으며 현재 복구 중이다.

669

문화재 ★★
文化財

인위적 · 자연적으로 형성된 국가적 · 민족적 · 세계적 유산으로서 보존할 만한 가치가 있는 문화유산

🔍 **더 알아보기**
문화재의 형태와 지정

형태	유형문화재, 무형문화재, 기념물, 민속자료
지정	국보, 보물, 사적, 명승, 천연기념물, 국가무형문화재 등

유네스코 세계유산 ★★★
World Heritage

유네스코가 인류가 공통으로 보존할 가치가 있는 유산을 세계유산, 인류 구전 및 무형유산 걸작, 세계기록유산으로 구분하여 선정한 목록

Q 더 알아보기

한국의 유네스코 세계유산

세계유산	종묘, 불국사, 석굴암, 팔만대장경, 수원화성, 창덕궁, 제주 화산섬과 용암동굴, 한국의 갯벌 등
세계기록유산	훈민정음, 조선왕조실록, 직지심체요절, 승정원일기, 조선왕조의궤, 고려대장경과 제경판, 동의보감, 일성록, 난중일기 등
인류 무형 문화유산	종묘제례 및 종묘제례악, 판소리, 강릉단오제, 강강술래, 남사당놀이, 줄타기, 아리랑 등

📋 사용 예시

프랑스에 있는 유네스코 세계유산인 한국의 직지심체요절을 국내에서 전시할 수 있을지 관심이 주목된다.

한국의 갯벌 ★★★
Getbol, Korean tidal flats

서천갯벌(충남 서천), 고창갯벌(전북 고창), 신안갯벌(전남 신안), 보성 - 순천갯벌(전남 보성 · 순천) 등 5개 지자체에 걸쳐 있는 4개 갯벌

Q 더 알아보기

한국의 갯벌은 2021년 7월 유네스코 세계자연유산으로 지정되었다.

한국의 세계유산

문화유산	해인사 장경판전, 종묘, 석굴암 · 불국사, 창덕궁, 수원화성, 고창 · 화순 · 강화 고인돌 유적, 경주역사유적지구, 조선왕릉(2009년), 한국의 역사마을: 하회와 양동(2010년), 남한산성(2014년), 백제역사유적지구(2015년), 산사, 한국의 산지승원(2018년), 한국의 서원(2019년)
자연유산	제주 화산섬과 용암동굴(2007년), 한국의 갯벌(2021년)

📋 사용 예시

한국의 갯벌은 '제주 화산섬과 용암동굴(2007년)'에 이어 자연유산으로는 두 번째로 등재되었으며, 우리나라는 총 15건(문화유산 13건, 자연유산 2건)의 세계유산을 보유하고 있다.

672

노벨상 ★★★
Nobel Prizes

스웨덴의 발명가인 알프레드 노벨의 유언에 따라 인류의 복지에 공헌한 사람이나 단체에 수여되는 최고 권위의 상

국립산림과학원
부산경제진흥원
산림청
평택도시공사

🔍 더 알아보기

물리학 · 화학 · 생리학 및 의학 · 경제학 · 문학 · 평화 6개 부문으로 구성되며, 물리학 · 화학 · 생리학 및 의학 · 경제학 · 문학상은 스웨덴, 평화상은 노르웨이에서 시상한다.

예술

673

부커상 ★★★
Booker Prize

1969년 부커사(Booker)가 제정하여 만든 영국 최고 권위의 문학상

🔍 더 알아보기

세계 3대 문학상 중 하나로, 2002년부터 맨 그룹이 후원하면서 맨 부커상으로 명칭이 바뀌었으나 2019년 초 후원사가 미국 자선단체 크랭크스타트로 바뀌면서 다시 부커상으로 명칭이 변경되었다.

노벨문학상과 공쿠르상

노벨문학상	가장 널리 알려진 문학상으로, 문학 작품이 아닌 작가에게 주어지는 상
공쿠르상	프랑스를 대표하는 문학상으로, 상상력이 풍부한 작품의 작가에게 주어지는 상

674

셰익스피어 ★★
William Shakespeare

영국 출생의 세계 최고의 극작가

🔍 더 알아보기

셰익스피어 5대 희극
『한여름 밤의 꿈』, 『십이야』, 『베니스의 상인』, 『말괄량이 길들이기』, 『뜻대로 하세요』

셰익스피어 4대 비극
『햄릿』, 『오셀로』, 『리어왕』, 『맥베스』

논픽션 ★★
nonfiction

경험이나 사실을 바탕으로 시간, 장소, 인물, 사건 등의 줄거리를 사실대로 기록하는 형식

🔍 **더 알아보기**

팩션(faction)
역사적 사실이나 실존 인물의 이야기에 상상력을 덧붙인 새로운 장르

✅ **기출**

실화 바탕 소설 등 실제 경험을 바탕으로 기록하는 형식은?
: 논픽션

하드보일드 ★
hard-boiled

건설근로자공제회

1930년 전후 미국 문학에 등장한 새로운 사실주의 수법을 적용한 소설이나 영화

🔍 **더 알아보기**

'계란 완숙'이라는 뜻에서 유래한 것으로 계란을 완숙하면 단단해진다는 점에서 연관되어 '비정한, 냉혹한, 감정이 없는'이라는 뜻의 문학적 용어가 되었다.

✅ **기출**

'계란 완숙'이라는 뜻에서 유래한 것으로, 문학이나 영화에서 폭력적인 주제를 냉철하게 묘사하는 기법은?
: 하드보일드

아포리즘 ★★
aphorism

KBS
한국국토정보공사

금언 · 격언 · 경구 · 잠언 등 삶의 교훈이나 체험적 진리를 간결한 형식으로 표현한 짧은 글

🔍 **더 알아보기**

대표적인 아포리즘
니체의 『서광』, 라 로슈푸코의 『잠언집』, 콜리지의 『내성의 안내』 등

✅ **기출**

격언, 금언, 잠언 등 교훈을 주거나 사물의 이치를 표현한 문장은?
: 아포리즘

📄 **사용 예시**

마음에 와닿는 아포리즘은 우리를 위로해 준다.

678

앙가주망 ★★
engagement

학자나 예술가 등의 정치 · 사회 참여 활동이나 사회적 · 정치적 입장을 명확하게 내세우는 문학

🔍 **더 알아보기**

프랑스의 문학가 사르트르가 『존재와 무(無)』에서 사용하면서 실존주의자들에게 확산되었다.

데가주망(dégagement)
미래의 계획을 세워 나갈 때, 이전에 있었던 자기 구속에서 자기를 해방하려는 경향

📋 **사용 예시**

프랑스의 드레퓌스 사건이나 68혁명이 지식인의 앙가주망에 의해 이루어진 대표적인 사건이다.

679

앤솔로지 ★
anthology

한국언론진흥재단

편집자가 기존에 발표되었던 작품들을 모아 다시 수록한 문학 작품집

🔍 **더 알아보기**

발표되었던 곡 중에서 좋은 것들을 다시 모아 실은 음반이나 장르가 비슷한 서로 다른 프로그램을 재구성한 것을 일컫기도 한다.

📋 **사용 예시**

비틀즈의 앤솔로지 시리즈가 3부작으로 나오면서 비틀즈 붐이 다시 일어났다.

680

프리마돈나 ★★
prima donna

출처: 해외문화홍보원

오페라에서 여자 주역을 맡은 소프라노 가수

🔍 **더 알아보기**

이탈리아어 '제1의 여인'이라는 뜻에서 유래하였다.

조수미
동양인으로서 세계 5대 오페라 극장에 프리마돈나로 선 최초의 인물이며, 베이징 올림픽에서는 안젤라 게오르규, 르네 플레밍과 함께 세계 3대 소프라노로 초청되어 개막식 행사에서 공연하였음

📋 **사용 예시**

세계적인 프리마돈나 조수미가 데뷔 35주년을 맞이하여 다양한 수록곡이 담긴 LP를 최초로 발매하였다.

오페라 ★★★
opera

음악을 중심으로 문학, 연극, 미술, 무용 등이 복합적으로 이루어진 종합 무대예술

🔍 더 알아보기

대표적인 오페라 작곡가와 작품

푸치니	<투란도트>, <나비부인>, <라 보엠>, <토스카>
베르디	<리골레토>, <라 트라비아타>, <아이다>, <나부코>
모차르트	<돈 조반니>, <마술피리>, <피가로의 결혼>

오라토리오 ★★
oratorio

낭송자가 있으며 독창·합창·관현악으로 구성되고 종교적 내용을 소재로 만든 대규모 음악극

🔍 더 알아보기

대표적인 오라토리오
헨델의 <메시아>, 하이든의 <천지창조>, 오네게르의 <화형대의 잔 다르크> 등

칸타타 ★
cantata

독창, 중창, 합창으로 이루어진 바로크 시대에 성행한 규모가 큰 성악곡

🔍 더 알아보기

대표적인 칸타타
바흐의 <커피 칸타타>, <예수 나의 기쁨>, 북스테후데의 <예수님의 거룩한 지체> 등

오케스트라 ★★★
orchestra

현악기, 타악기, 관악기 등의 여러 가지 악기로 이루어진 관현악 또는 관현악단

🔍 더 알아보기

고대 그리스의 무대와 객석 사이 연주자들을 위한 공간인 오르케스트라(Orkhestra)에서 유래하였으며, 규모에 따라 100명 정도의 심포니 오케스트라(대관현악)와 15~50명 규모인 쳄버 오케스트라(실내 관현악)로 나눌 수 있다.

교향곡 ★★★
symphony

관현악 연주를 위해 작곡된 4악장 형식의 대규모 기악곡

🔍 더 알아보기
세계 3대 교향곡과 베토벤 4대 교향곡

세계 3대 교향곡	베토벤의 <운명>, 슈베르트의 <미완성>, 차이콥스키의 <비창>
베토벤 4대 교향곡	3번 <영웅>, 5번 <운명>, 6번 <전원>, 9번 <합창>

📋 사용 예시
정치용 지휘자의 고별무대로 차이콥스키의 교향곡 1번이 연주되었다.

피아노 3중주 ★★
piano trio

피아노를 중심으로 현악기 배치에 따라 구분되는 실내악 형태

🔍 더 알아보기
피아노 실내악 종류

피아노 3중주	피아노, 바이올린, 첼로
피아노 4중주	피아노, 바이올린, 비올라, 첼로
피아노 5중주	피아노, 제1바이올린, 제2바이올린, 비올라, 첼로

📋 사용 예시
부산에서 열리는 이번 연주회는 피아노 듀오, 바이올린, 노래, 피아노 3중주 등 다양한 편성으로 구성된다.

현악 3중주 ★
string trio

현악기 배치와 독주 악기 구성에 따라 구분되는 실내악 형태

🔍 더 알아보기
현악 실내악 종류

현악 3중주	바이올린, 비올라, 첼로
현악 4중주	제1바이올린, 제2바이올린, 비올라, 첼로
현악 5중주	제1바이올린, 제2바이올린, 제1비올라, 제2비올라, 첼로

문화 · 미디어

핵심상식

해커스 한 권으로 끝내는 공기업 기출 일반상식

고전파 음악 ★
classic music

18세기 중엽~19세기 초 오스트리아 빈을 중심으로 발달한 음악

Q 더 알아보기

대표적인 고전파 음악
베토벤의 <운명>과 <전원>, 모차르트의 <피가로의 결혼>, 하이든의 <사계> 등

✓ 기출

다음 중 고전파로 볼 수 없는 음악가는?
: 헨델

뮤지컬 ★★
musical

19세기 미국에서 시작된 음악극의 형태로 오락적인 성격을 가진 대중문화

Q 더 알아보기

세계 4대 뮤지컬의 원작과 작곡가

캣츠	앨리엇의 시 <지혜로운 고양이가 되기 위한 지침서> 원작, 앤드류 로이드 웨버 작곡
오페라의 유령	가스통 르루 소설 원작, 앤드류 로이드 웨버 작곡
레미제라블	빅토르 위고 소설 원작, 클로드 미셸 쇤버그 작곡
미스 사이공	클로드 미셸 쇤버그/알랭 부브리 극본, 클로드 미셸 쇤버그 작곡

✓ 기출

빅토르 위고의 소설이자 뮤지컬 <레미제라블>의 배경은?
: 프랑스 대혁명

랩소디 ★
rhapsody

형식이나 내용이 비교적 자유롭고, 민족적 또는 서사적인 성격의 멜로디를 주제로 하는 환상곡 풍의 기악곡

Q 더 알아보기

대표적인 랩소디
리스트의 <헝가리 랩소디>, 드보르자크의 <슬라브 랩소디>, 본윌리엄스의 <노퍽 랩소디 제1번>, 브람스의 <2개의 랩소디> 등

세레나데 ★★
serenade

밤에 연인의 창문 밑에서 연주하거나 부르는 조용하고 서정적인 음악

Q 더 알아보기
세레나데의 다른 뜻
18세기 중엽에 발달한 기악 양식으로, 관현악 모음곡과 고전 모음곡의 중간적 성격을 갖는 연주회용 악곡

레퀴엠 ★
requiem

대구시설공단
한국문화예술위원회

죽은 사람들을 위한 위령 미사 때 연주하는 곡

Q 더 알아보기
죽은 이를 위한 미사곡(Missa prodefunctis)
레퀴엠의 정식 명칭

레가토 ★
legato

음과 음 사이를 끊지 않고 부드럽게 연결하여 연주하는 것

Q 더 알아보기
스타카토와 포르타토

스타카토	레가토의 반대로 음을 완전히 끊어서 연주하는 것
포르타토	스타카토와 레가토의 중간 연주법으로 음을 끊되 부드럽게 연주하는 것

템포 ★★
tempo

전남신용보증재단
한국언론진흥재단

서양 음악에서 악곡 전체 분위기를 좌우하는 속도

Q 더 알아보기
Largo(아주 느리게) → Andante(느리게) → Andantino(조금 느리게) → Moderato(보통) → Allegretto(조금 빠르게) → Allegro(빠르게) → Presto(매우 빠르게)

✓ 기출
다음 악곡의 빠르기 기호 중 가장 느린 것은?
: Largo

695

장단 ★★
長短

국악에서 박자, 빠르기, 리듬의 주기 등에 따라 달라지는 리듬의 형태

Q 더 알아보기

음악의 종류와 특징, 지역에 따라 각각 다른 명칭으로 불리기도 한다.

민속악 장단

진양조(느린 장단) → 중모리(보통 속도 장단) → 중중모리(조금 빠른 장단) → 자진모리(빠른 장단) → 휘모리(제일 빠른 장단)

696

오음 ★★
五音

우리 전통음악의 음계를 구성하는 다섯 음률

Q 더 알아보기

궁(宮)·상(商)·각(角)·치(徵)·우(羽)로 구성된다.

697

사물놀이 ★★★

꽹과리·장구·북·징 네 가지 악기 연주

국립공원공단

Q 더 알아보기

야외에서 이루어지는 대규모 구성의 풍물놀이를 1978년 사물놀이라는 이름의 연주단이 무대예술로 각색한 데에서 유래하였다.

698

남사당놀이 ★

남자들로 구성된 조선 시대 유랑 광대집단인 남사당의 전통 민속공연

경기도경제과학진흥원

Q 더 알아보기

사물놀이 등의 타악기 소리가 강조되며, 하층민의 억압받는 삶을 놀이로 보여주는 등 중요한 사회적 메시지를 전달한다. 지금은 전문 극단에 의해 명맥을 이어 가고 있으며, 2009년 유네스코 인류무형문화유산에 선정되었다.

⊘ 기출

유네스코 세계무형문화유산으로 등재된 남사당놀이의 6가지 종목은?
: 풍물(농악대), 덧뵈기(가면극), 어름(조선줄타기), 덜미(꼭두각시놀음), 살판(땅재주), 버나(사발돌리기)

699

판소리 유파 ★★

전승 지역과 계보, 판소리 사설과 선율, 발성 성음과 창법 등을 전승 및 공유하는 집단

Q 더 알아보기
대표적인 판소리 유파
전라도 동북지역의 동편제, 전라도 서남지역의 서편제, 경기도 · 충청도 지역의 중고제

700

판소리 5마당 ★★

조선 숙종 무렵 성립된 12마당 중 전해지는 5마당인 춘향가, 흥부가, 심청가, 수궁가, 적벽가

Q 더 알아보기
판소리 6마당
조선 판소리 작가 신재효가 여섯 마당으로 정리한 <춘향가>, <흥부가>, <심청가>, <수궁가>, <적벽가>, <가루지기타령>

701

3대 악성 ★
三大樂聖

국가철도공단

국악에서 뛰어난 업적을 남긴 우륵 · 왕산악 · 박연 3인

Q 더 알아보기
3대 악성의 업적

우륵(가야)	12현 가야금을 만들어 신라에 전수
왕산악(고구려)	칠현금을 개조하여 거문고 제작
박연(조선)	조선 초기 음악을 정리하고 궁중음악 개혁

702

종묘제례악 ★★
宗廟祭禮樂

한국농어촌공사
한국마사회

조선 시대 역대 왕의 신위를 모신 종묘에서 제사 지낼 때 연주하는 곡

Q 더 알아보기
2001년 유네스코 인류구전 및 무형유산걸작에 선정되었다.

📄 사용 예시
김해문화재단에서 국가무형문화재 제1호인 종묘제례악을 온라인을 통해 무료 상영한다.

703

엘 시스테마 ★★
El Sistema

한국문화예술위원회

1975년 베네수엘라의 빈민층 아이들을 위해 경제학자 아브레우 박사가 설립한 무상 음악교육 프로그램

🔍 **더 알아보기**
랜드필 하모니(Landfill harmonic)
재활용 악기로 연주하는 오케스트라로, 쓰레기 매립지 근처의 마을에서 제대로 된 교육을 받지 못하고 범죄자가 되는 아이들에게 희망을 주기 위해 환경 기술자 파비오 차베스가 설립

704

레드닷 디자인 어워드 ★★★
Red dot design award

독일 베스트팔렌 디자인 센터가 주관하는 세계 최대 디자인 경연대회

🔍 **더 알아보기**
3대 디자인 어워드
레드닷 디자인 어워드, IF 디자인 어워드, IDEA

IF 디자인 어워드	독일 하노버전시센터가 주관하는 세계적 권위의 국제 디자인 공모전
IDEA	미국 산업디자인협회가 주관하는 디자인 공모전

705

비엔날레 ★★★
Biennale

근로복지공단
서울시설공단
평택도시공사
한국문화예술진흥회

2년마다 열리는 국제적인 미술 전람회

🔍 **더 알아보기**
3대 비엔날레와 3대 아트페어

3대 비엔날레	베니스 비엔날레(이탈리아), 상파울루 비엔날레(브라질), 휘트니 비엔날레(미국)
3대 아트페어	아트 바젤(스위스), 아트 시카고(미국), 아트 피악(프랑스)

✅ **기출**
국제적으로 미술 교류를 위해 2년마다 열리는 국제 미술 전시회는?
: 비엔날레

706

콰드리엔날레 ★
Quadriennale

4년마다 열리는 국제적인 미술 전람회

🔍 **더 알아보기**
도큐멘타(Documenta)
독일 중북부의 도시 카셀에서 5년마다 열리는 세계 최대 규모의
현대미술 전시회

707

데칼코마니 ★★
decalcomanie

종이 위에 물감을 바르고 반으로 접거나 다른 종이
를 덮어 대칭적인 무늬를 만드는 회화 기법

🔍 **더 알아보기**
독일의 M. 에른스트를 비롯해 초현실주의자들이 즐겨 쓴 기법이며,
무언가를 복사한 것처럼 똑같을 때도 사용하는 표현이다.

708

콜라주 ★★
collage

색종이 · 신문지 · 헝겊 · 실밥 · 깡통 등 여러 가지 재
료를 화면에 붙여서 표현하는 기법

🔍 **더 알아보기**
파피에콜레(papier colle)
색지, 벽지, 신문지, 천 등을 찢어 붙이는 콜라주의 일종

709

아상블라주 ★
assemblage

보편적인 재료가 아닌 여러 가지 폐품이나 일용품을
모아 작품을 제작하는 새로운 조형 방법

한국농어촌공사

🔍 **더 알아보기**
모자이크(mosaic)
돌이나 조개껍데기, 타일, 곡물 등을 붙여 표현하는 기법

710

르네상스 ★★
Renaissance

14~16세기 이탈리아를 중심으로 서유럽에서 일어난 문화 · 예술 부흥 운동

🔍 **더 알아보기**

르네상스 3대 화가
레오나르도 다빈치의 <최후의 만찬>, <모나리자>, 미켈란젤로의 <천지 창조>, <최후의 심판>, 라파엘로의 <아테네 학당>, <성모 자상>

711

근대미술사조 ★★
近代美術思潮

제2차 세계대전 이후 이전보다 색채의 역할을 강조한 1945년 전후의 미술사조

🔍 **더 알아보기**

주요 화가와 작품

자연주의	밀레의 <이삭줍기>, 코로의 <진주 장식을 한 여인>, 루소의 <숲의 태양>
인상주의	마네의 <풀밭 위의 식사>, 모네의 <인상>, <일출>, 드가의 <무대 위의 무희>
신인상주의	쇠라의 <그랑드자트 섬의 일요일 오후>, 시냐크의 <생 트로페의 항구>
후기인상주의	세잔의 <붉은 조끼를 입은 소년>, 고흐의 <해바라기>, 고갱의 <타히티의 여인들>

712

현대미술사조 ★★
現代美術思潮

19세기 말 정형화된 형식이나 유행이 아닌 화가마다 각기 다른 시도가 활발한 미술사조

🔍 **더 알아보기**

주요 화가와 작품

야수파	마티스의 <오달리스크>
입체파	피카소의 <아비뇽의 처녀들>
표현파	뭉크의 <절규>

📋 **사용 예시**

현대미술사조를 대표하는 명작들을 자세한 설명문과 함께 전시하여 일반 대중들도 보다 쉽게 작품을 관람할 수 있게 되었다.

713

입체파 ★★
Cubism

대상을 분해 · 해체하여 재구성하여 서구미술의 전면적 혁신을 가져온 미술 운동

🔍 더 알아보기

20세기 초 피카소, 브라크 등에 의해 일어난 회화 운동으로, 초기에는 소극적인 입체파로 시작되었으나 나아가 물체의 선이나 면을 자유롭게 처리하고 리듬감 있는 구성을 창조하였다.

아방가르드
전위주의라고도 하며, 기성의 예술 관념이나 형식을 부정하고 혁신적인 예술을 주장한 예술 운동. 제1차 세계대전 이후의 전 세계적 위기 상황에서 비롯되어 비이성주의에 근거하고 있으며, 표현주의, 입체주의, 미래주의, 다다이즘, 초현실주의 등을 통틀어 이르는 용어

714

팝아트 ★★★
pop art

1960년 미국 뉴욕을 중심으로 일어난 대중문화 속 이미지를 미술로 수용한 현대 미술의 한 경향

🔍 더 알아보기

대중예술(popular art)의 줄임말로, 전통적 예술 개념을 타파한 미술 운동이다. 세계적으로 그래픽 디자인 분야에도 큰 영향을 주고 있으며, 대표적인 팝아트 화가로 앤디 워홀, 리히텐슈타인, 키스해링, 올덴버그 등이 있다.

🗒 사용 예시

오늘날 앤디 워홀은 팝아트 운동의 상징이자 20세기 가장 영향력 있는 예술가로 평가되고 있다.

715

공공미술 ★
public art

거리, 공원 등 공개된 장소에 설치 · 전시되는 미술품

경기콘텐츠진흥원

🔍 더 알아보기

1967년 영국의 미술 행정가 존 윌렛이 고안하였으며, 우리나라에서는 1995년 문화예술진흥법으로 건축물 미술장식제도가 의무화되면서 본격화되었다.

🗒 사용 예시

정부와 지자체가 공공미술 프로젝트를 시행하면서 코로나19로 답답한 일상의 활력소가 되고 지역 예술인의 생계유지에 큰 도움이 되고 있다.

716

오브제 ★★
objet

일상적, 합리적인 의식을 파괴할 목적으로 일상 생활 용품을 미술 작품에 사용하는 방식

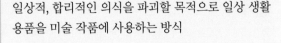

🔍 **더 알아보기**

대표적인 오브제로 마르셀 뒤샹의 <샘>, 정크 아트가 있다.

레디메이드(ready made)
마르셀 뒤샹에 의해 창조된 미적 개념으로서 예술가의 선택에 의해 예술작품의 지위까지 높여진 기성품

717

앤디 워홀 ★★★
Andy Warhol

영화, 방송, 잡지 등 다양한 분야에서 활동한 미국 팝 아트의 선구자로 화가이자 영화 제작자

🔍 **더 알아보기**

주요 작품
<캠벨 수프>, <두 개의 마릴린>, <재키>, <마오>, <자화상>

718

김환기 ★★★
金煥基

한국적 서정주의를 서구의 모더니즘과 접목하여 독보적인 예술 세계를 정립한 한국 미술계를 대표하는 추상미술의 거장

대전도시철도공사
한국언론진흥재단

✅ **기출**

국내 미술품 경매 최고가를 기록한 추상미술의 거장은?
: 김환기

719

이중섭 ★★
李仲燮

<투계>, <흰 소> 등 향토적이고 개성적인 화풍으로 한국 근대 서양화의 양대 거목으로 인정받는 화가

🔍 **더 알아보기**

박수근(朴壽根)
<빨래터>, <고목과 여인> 등 가장 한국적 독창성을 발휘한 작품을 그린 작가

서체 ★
書體

글자의 모양과 양식, 품격, 서풍을 이르는 말

Q 더 알아보기
붓글씨 서체의 종류

전서	최초로 발달된 서체로, 예술적인 서예 작품, 전각에 쓰임
예서	전서의 복잡한 점과 획을 간략화한 서체로, 일상 서사에 편리하도록 만듦
해서	예서에서 발달한 서체로, 자형이 단정하고 엄격하여 읽고 쓰기가 쉬움
초서	가장 빨리 쓸 수 있는 서체로, 실용적으로 쓰이지 않고 예술적인 면에서 많이 쓰임
행서	해서의 알아보기 쉬운 장점과 초서의 빨리 쓸 수 있는 장점을 따서 만들어진 서체로, 일상 생활에 많이 쓰임

사군자 ★★
四君子

군자의 인품에 비유되는 매화 · 난초 · 국화 · 대나무를 이르는 말

Q 더 알아보기
사군자의 의미

매화	추운 겨울을 이기고 봄에 꽃을 피우는 의지
난초	눈에 띄지 않는 그늘에 살지만 널리 향기를 퍼트리는 품격
국화	봄, 여름과 같이 따뜻한 계절이 아닌 추운 가을을 선택한 겸양
대나무	자기 자신을 비우고 사계절 내내 변함없이 푸른 절개

조선 3대 화가 ★★★
朝鮮三大畵家

조선 시대 미술의 대가(大家)로 손꼽히는 조선 전기 안견과 조선 후기 김홍도, 장승업

Q 더 알아보기
조선 3대 화가의 대표적인 작품
안견의 <몽유도원도>, 김홍도의 <단원풍속도첩>, 장승업의 <호취도> 등

3원 3재 ★★
三園三齋

조선 시대 유명한 6대 화가인 단원 김홍도, 혜원 신윤복, 오원 장승업, 겸재 정선, 현재 심사정, 관아재 조영석을 이르는 말

🔍 **더 알아보기**
삼재화첩(三齋畵帖)
삼재의 그림을 모은 책

🗐 **사용 예시**
검찰에 압수된 미술품 중에는 3원 3재의 작품도 포함되어 있는 것으로 알려졌다.

간송 전형필 ★★★
澗松 全鎣弼

일제강점기 보화각을 설립한 문화재 수집가

🔍 **더 알아보기**
간송미술관(澗松美術館)
보화각의 현재 명칭으로, 전통미술품을 주로 소장하고 있는 한국 최초의 민간 박물관

바우하우스 ★★
Bauhaus

인천관광공사
한국전력공사

건축가 발터 그로피우스가 독일 바이마르에 설립한 공예, 건축, 디자인 등의 예술·기술 통합 종합학교

✅ **기출**
예술과 기술을 통합하는 새로운 교육을 시도한 독일 건축학교는?
: 바우하우스

고딕 양식 ★
Gothic

중세 후기 서유럽에서 유행한 첨탑과 스테인드글라스를 특징으로 하는 미술 양식

🔍 **더 알아보기**
고딕 양식을 사용한 대표적인 건축물
파리의 '노트르담 대성당', '샤르트르 대성당', '랭스 대성당' 등

🗐 **사용 예시**
노트르담 대성당의 고딕 양식 아치형 구조를 지지하는 목재가 불쏘시개 역할을 하면서 화재를 진압하는 데 어려움이 컸다.

아라베스크 ★
arabesque

이슬람 사원의 벽면 장식이나 공예품 장식에서 볼 수 있는 특유의 추상적인 무늬

🔍 **더 알아보기**

르네상스 이후 유럽에도 유행해 회화나 궁전 장식에 응용되다가 바로크 시대부터 쇠퇴하였으며, 음악에서는 하나의 악상을 화려한 장식으로 전개하는 악곡을 뜻하기도 한다.

아르누보 ★
art nouveau

19~20세기 초 유럽과 미국에서 유행한 화려한 건축 · 공예 장식 양식

🔍 **더 알아보기**

'새로운 예술'이라는 뜻으로, 유럽의 전통적 예술에 반발하여 이전의 역사적인 양식을 부정하고 동식물을 주제로 한 화려한 곡선 무늬를 즐겨 사용하였다.

그래미상 ★★★
Grammy Award

KAC한국공항공사
한국수력원자력

미국 레코드 예술과학 아카데미에서 주최하는 음반 업계 최고 권위의 음악상

✅ **기출**

대중음악계의 아카데미상이라 불리는 미국 음반 업계 최고 권위의 음악상은?
: 그래미상

칸 국제영화제 ★★★
Cannes Film Festival

프랑스 칸에서 시작된 최고 권위의 국제영화제(황금종려상)

🔍 **더 알아보기**

세계 3대 영화제

칸 국제영화제, 베니스 국제영화제, 베를린 국제영화제

베니스 국제영화제	1932년 5월에 창설된 가장 오랜 역사를 가진 국제영화제(황금사자상)
베를린 국제영화제	1951년 독일통일을 기원하며 시작된 국제영화제(금곰상)

문화 · 미디어

핵심상식

해커스 한 권으로 끝내는 공기업 기출 일반상식

731

선댄스 영화제 ★★
Sundance Film Festival

영화진흥위원회
한국문화예술위원회

할리우드의 상업주의에 반발해 창설된 세계 최고 권위의 독립영화제

✓ 기출
할리우드에 반대해 설립된 세계 최고 권위의 독립영화제는?
: 선댄스 영화제

732

부산 국제영화제 ★
Busan International
Film Festival

경기콘텐츠진흥원
한국환경공단

1996년부터 매년 부산에서 열리는 우리나라 최초의 국제영화제

Q 더 알아보기
매년 10월 첫째 주 목요일 부산 해운대에서 열린다.

733

아카데미상 ★★★
Academy Awards

오스카상이라고도 불리는 미국 최대의 영화상

Q 더 알아보기
2020년 봉준호 감독의 <기생충>이 작품상, 감독상, 각본상, 국제영화상을 받았다.

734

골든글로브상 ★★★
Golden Glove Awards

할리우드 외신기자협회가 주관하는 영화상

Q 더 알아보기
아카데미 시상식 전에 개최되어 바로미터 역할을 한다.

735

골든 라즈베리상 ★★
Golden Raspberry Awards

아카데미 시상식 전날 한 해 동안의 최악의 영화와 배우를 선정하는 시상식

Q 더 알아보기
라즈베리는 입술 사이에서 혀를 빠르게 움직여 내는 야유 소리로 경멸, 냉소를 뜻하는 미국 속어이다.

대종상 ★
大鐘賞

한국에너지공단

한국영화인협회에서 주관하는 한국의 최대·최초 영화상

Q 더 알아보기

정부가 1958년 발표한 '국산 영화 보호 육성 계획'의 일환으로 시행했던 우수 국산 영화 선정 및 보상제도에서 시작되었다.

737

스핀오프 ★★★
spin-off

오리지널 영화나 드라마를 바탕으로 새로 이야기를 만든 작품

Q 더 알아보기

경제용어로는 회사 분할의 한 방법을 의미한다.

🗐 사용 예시

최근 예능 프로그램에서 스핀오프 바람이 불고 있어 시청자들의 관심이 쏠리고 있다.

738

프리퀄 ★★★
prequel

원래의 이야기에 앞서는 이전 내용을 다룬 속편

Q 더 알아보기
시퀄과 리부트

시퀄	원작의 이후 이야기를 다룬 속편
리부트	원작의 기본 설정만을 유지한 채 완전히 새로운 이야기로 창조한 작품

739

메이킹필름 ★
making film

경기콘텐츠진흥원
한국사회적기업진흥원
한국장애인고용공단

영화 제작 과정과 뒷얘기를 다큐멘터리로 엮어 케이블 TV나 비디오 등을 통해 선보이는 필름

Q 더 알아보기
박스오피스(box office)
입장권을 판매하는 매표소 혹은 영화 흥행 수익

블록버스터 ★★
blockbuster

국립공원공단

막대한 흥행 수입을 기록한 영화 혹은 제작비 규모가 크고 유명 배우가 출연하는 영화

🔍 **더 알아보기**
아트버스터(artbuster)
'예술(art)'과 '블록버스터(blockbuster)'의 합성어로, 크게 흥행에 성공한 예술 또는 독립영화

🗒 **사용 예시**
제약회사에서 국산 신약들의 치료 영역을 확대시키는 연구를 진행함으로써 국산 신약들이 블록버스터 의약품으로 성장하고 있다.

발리우드 ★★
Bollywood

인도 영화산업 중심지인 봄베이와 할리우드의 합성어로, 특유의 뮤지컬 요소가 결합한 인도의 영화산업

🔍 **더 알아보기**
날리우드(Nollywood)
할리우드에 빗댄 나이지리아의 영화산업

누벨바그 ★
Nouvelle Vague

영화진흥위원회
한국환경공단

1950년대 후반 신선한 발상과 표현 양식을 시도하여 영화계를 부흥시키려 한 프랑스 영화인들의 혁신 운동

🔍 **더 알아보기**
새로운 물결이라는 뜻에서 유래하였다.

맥거핀 ★★
macguffin

KAC한국공항공사
영화진흥위원회

영화에서 중요하지 않은 것을 중요한 것처럼 위장해 관객의 주의를 끄는 영화 구성상의 극적 장치

✅ **기출**
줄거리와 무관한데 중요한 것처럼 보여 관객을 혼란스럽게 하는 장치는?
: 맥거핀

미장센 ★
mise-en-scene

경상북도문화관광공사
신용보증재단중앙회
예술의전당

연출가가 영화 화면의 모든 시각적 요소들을 계획하고 구성하는 행위 또는 그러한 시각적 연출

🔍 **더 알아보기**

롱테이크(long take)
1~2분 이상 편집 없이 길게 촬영하는 촬영 기법

📋 **사용 예시**

신작 영화는 극도의 클로즈업 등 한국 영화에서 보기 힘든 신선한 미장센을 시도해 호평을 받았다.

몽타주 ★
montage

The-K한국교직원공제회

단편적인 영상들을 조합하여 하나의 통일된 작품을 만드는 영화 편집 기법

🔍 **더 알아보기**

딥포커스(deep focus)
광각렌즈를 이용해 앞뒤의 거리와 관계없이 화면 전체에 선명하게 나오도록 초점을 맞추는 촬영 기법

📋 **사용 예시**

몽타주 기법을 활용하면 전혀 관련 없는 두 장면을 이어서 편집함으로써 새로운 의미를 만들어낼 수 있다.

오마주 ★★★
hommage

한국연구재단

존경심을 표현하기 위해 특정한 감독 작품의 감명 깊은 주요 대사나 장면을 차용하는 일종의 헌사

🔍 **더 알아보기**

오마주를 사용한 대표적인 작품
쿠엔틴 타란티노의 <저수지의 개들>, 프랜시스 코폴라의 <도청>, 브라이언 드 팔마의 <드레스드 투 킬> 등

패러디·표절·오마주의 차이

패러디	원작을 아는 사람들에게 유희를 제공하는 것이 목적
표절	다른 사람의 창작물을 자신의 창작물인 것처럼 사용
오마주	존경의 표시로 다른 작품의 일부분을 가져오는 것

✅ **기출**

다른 작품의 주요 장면과 대사를 인용해 존경심을 표현하는 것은?
: 오마주

시놉시스 ★★
synopsis

다른 사람들이 알기 쉽게 간단하게 적은 줄거리 혹은 드라마의 개요

Q 더 알아보기
시나리오 용어
내레이션, 쇼트, 신, 시퀀스, 페이드인, 페이드아웃, 오버랩, 패닝, 트랙백, 컷백, 인서트 등

미디어

748

프레이밍 효과 ★
framing effect

동일한 장면도 제시 방법에 따라 사람들의 선택이나 판단이 달라지는 현상

Q 더 알아보기
틀짜기 효과, 구조화 효과라고도 한다.

749

엠바고 ★★★
embargo

aT한국농수산식품유통공사
인천항만공사
전남중소기업진흥원

어떤 뉴스의 보도를 일정 시간까지 유보하는 저널리즘 관행

Q 더 알아보기
본래 '통상금지'라는 뜻이나 언론에서는 정부 기관 등이 보도자료를 제보하면서 일정 시간 후 공개하도록 요청하는 것을 뜻한다.

目 사용 예시
외교부가 출입기자단과 협의해 엠바고를 걸어둔 탓에 테러 사건이 한동안 언론을 통해 보도되지 않았다.

750

오프 더 레코드 ★★★
off the record

서울특별시농수산식품공사
한국산업단지공단
한국언론진흥재단

제공자의 이름이나 내용을 공개하지 않는다는 조건으로 제공하는 비공식적 발언 혹은 정보

Q 더 알아보기
백그라운드(background)
내용은 발표하지만 취재원을 소식통 또는 정부 관계자 등으로 모호하게 쓰겠다는 취재 협정

프로파간다 ★
propaganda

한국언론진흥재단

각종 대중매체를 통해 정치적인 주장을 설명하여 설득하는 커뮤니케이션 활동

🔍 **더 알아보기**
로마 카톨릭에서 포교를 전담하는 추기경들의 위원회를 가리키는 말에서 유래하였다.

확증편향 ★★★
confirmation bias

자신의 신념·가치관과 일치하는 정보는 받아들이고 일치하지 않는 정보는 무시하는 경향 혹은 사고방식

🔍 **더 알아보기**
정보의 객관성과는 상관없이 자신의 신념이 흔들리는 것을 두려워해 반대 증거는 모두 제거하는 행동으로 나타난다.

📋 **사용 예시**
흔히 똑똑하다는 사람들이 초능력, 귀신 등 비현실적인 현상을 믿는 경우가 많은데 이는 확증편향으로 인해 그들의 지식을 과신하고 그 지식을 근거로 믿음을 공고히 하기 때문이다.

매스미디어 효과 이론 ★
EBS
한국언론진흥재단

매스미디어를 통해 전달되는 자극이나 의미, 상징들의 반응 또는 영향 등을 통칭하여 일컫는 개념

🔍 **더 알아보기**
매스미디어 효과 이론 종류

탄환 이론	사람들의 태도나 의견을 변화시킬 수 있는 힘을 가지고 있다는 이론
선별효과 이론	수용자 개개인의 상황과 상태에 따라 효과가 개별적으로 나타낸다는 이론
2단계 유통 이론	의견 지도자를 거쳐 내용이 간접적으로 유통되어 효과가 적다는 이론
의제설정 이론	특정 주제를 선택·강조하여 중요한 의제로 인식하게 한다는 이론
침묵의 나선 이론	우세한 의견은 더욱 많은 사람들이 표명하지만 열세한 의견은 침묵을 지키게 되어 우세한 의견이 실제보다 더욱 강력해진다는 이론
다원적 무지 이론	소수의 의견을 다수의 의견일 것이라고 착각하거나 반대로 다수의 의견을 소수의 의견일 것이라고 착각한다는 이론

통신사 ★
news agency

일반 독자가 아니라 미디어나 정부기관 등에 뉴스를 공급하는 언론기관

🔍 **더 알아보기**

대표적인 통신사
연합뉴스, 뉴시스, 블룸버그, 신화통신, 이타르타스, 교도통신 등

레거시 미디어 ★★
legacy media

정보화 시대 이전에 우위를 점했던 전통적인 미디어

🔍 **더 알아보기**

'과거의 유산'이라는 뜻으로, 일반적으로 TV(지상파, 케이블) · 라디오 · 신문 등 올드미디어(old media)를 지칭한다.

📋 **사용 예시**

최근 크리에이터들의 콘텐츠는 레거시 미디어만큼 강력한 영향력을 발휘하고 있다.

뉴미디어 ★
new media

정보통신 기술의 발달로 새롭게 등장하여 멀티미디어적 성격을 지닌 미디어

🔍 **더 알아보기**

미디어 리터러시(media literacy)
다양한 미디어 매체를 이해할 수 있으며 미디어가 전하는 메시지를 분석하고 평가할 수 있는 능력

📋 **사용 예시**

OTT, 1인 미디어 등 뉴미디어가 확산되면서 지상파의 경영이 어려워지고 있다.

핫미디어 ★
hot media

부천문화재단
한국언론진흥재단

라디오, 영화, 활자 등 논리적이고 정보량이 많지만 참여를 요구하지 않는 미디어

🔍 **더 알아보기**

쿨미디어(cool media)
TV, 전화, 만화 등 직관적이며 깊이 참여하고 관여하는 것을 요구하지만 정보량이 적은 미디어

디지털방송 ★
digital broadcasting

aT한국농수산식품유통공사
한국보훈복지의료공단

기존의 아날로그 방송과 달리 디지털 형태로 방송 신호를 압축해 보내는 방송기술

🔍 **더 알아보기**
지상파 DTV, DMB, IPTV, UHDTV, 3DTV 등이 있다.

4K UHD ★★★
4K Ultra High Definition

aT한국농수산식품유통공사

화면 비율 16:9, 해상도 3840 × 2160, 화소 829만여 개에 해당하는 고화질 영상 품질 규격

🔍 **더 알아보기**
해상도와 픽셀

해상도	디스플레이 1인치당 존재하는 픽셀 수
픽셀	컴퓨터, TV 등의 화면 이미지를 이루는 최소 단위의 점

IPTV ★
Internet Protocol Television

한전KDN

인터넷을 이용해 시청자가 원하는 시간에 보고 싶은 프로그램을 볼 수 있도록 제공하는 양방향 TV 서비스

🔍 **더 알아보기**
미국에서는 IPTV, 유럽에서는 ADSL TV, 일본에서는 브로드밴드 방송이라고 한다.

종합편성채널 ★★

한국문화예술위원회

케이블TV, 위성방송 등을 통해서만 시청할 수 있는 다양한 방송 프로그램이 종합적으로 편성된 채널

🔍 **더 알아보기**
지상파처럼 뉴스·교양·드라마·오락·스포츠 등 모든 장르를 편성할 수 있으나, 지상파와 달리 케이블TV와 위성방송, IPTV 등을 통해서만 시청할 수 있고, 24시간 종일 방송과 중간광고도 허용된다.

✅ **기출**
종합편성채널에 허용되지 않는 장르는?
: 없음

문화·미디어

핵심상식

해커스 한 권으로 끝내는 공기업 기출 일반상식

다중 채널 네트워크 ★★★
MCN

1인 방송 창작자들을 종합적으로 관리하며 수익을 나눠 가지는 인터넷 방송 서비스 혹은 미디어산업

KBS

Q 더 알아보기

유튜브와 함께 등장했으며, 1인 방송 창작자들의 콘텐츠 기획·유통, 저작권 관리, 광고 유치 등의 일을 대신해 주며, 매니저 역할을 맡는다.

⊘ 기출

유튜버와 같은 1인 콘텐츠 제작자를 관리하는 사업자는?
: MCN

📋 사용 예시

1인 창작자로 활동하는 유튜버도 많지만 영상 관리, 높은 품질의 영상 편집, 다양한 콘텐츠 제작 등을 위해 MCN에 가입하는 유튜버들도 늘고 있다.

N스크린 ★★
N-screen

영화, 음악 등 하나의 콘텐츠를 다양한 기기를 통해 연속적으로 즐길 수 있는 클라우드 기반의 서비스 또는 기술

KAC한국공항공사

Q 더 알아보기

N스크린의 방식

OSMU	하나의 콘텐츠를 여러 기기로 이어보는 방식
ASMD	기기별로 다양한 형태의 정보를 제공하는 방식

세컨드 스크린 ★
second screen

TV 시청 보조 기능을 수행하는 디지털 기기

한국남동발전

Q 더 알아보기

대표적인 세컨드 스크린
스마트폰, 태블릿 PC와 같은 상대적으로 작은 크기의 모바일 기기

📋 사용 예시

TV 프로그램을 보면서 페이스북이나 트위터 등을 동시에 쓰는 세컨드 스크린 사용자들이 급증하고 있다.

넷플릭스 ★★★
Netflix

방송통신심의위원회
한국영상자료원

세계 최대 온라인 동영상 서비스이자 OTT 서비스

🔍 **더 알아보기**

OTT 서비스
'Over The Top'의 약어로, 인터넷을 통해 영화, 드라마 등 각종 영상을 제공하는 서비스

빈지 워치(binge watch)
'폭음·폭식(binge)'과 '보다(watch)'의 합성어로, 휴일·주말·휴가·방학을 이용하여 TV 프로그램 전편을 몰아서 보는 경향

✅ **기출**
세계 최대 OTT 서비스이자 자체 콘텐츠를 제작하는 글로벌 엔터테인먼트 기업은?
: 넷플릭스

퓰리처상 ★★★
Pulitzer Prize

부산경제진흥원
한국언론진흥재단

1917년 J. 퓰리처의 유지에 따라 창설된 미국에서 가장 권위 있는 언론·문화·음악상

🔍 **더 알아보기**

피버디상(Peabody Awards)
'방송계의 퓰리처상'으로 불리며, 우수한 라디오·텔레비전 방송에 주어지는 국제상

✅ **기출**
미국에서 가장 권위 있는 언론상은?
: 퓰리처상

출구조사 ★★★
出口調査

aT한국농수산식품유통공사
한국보훈복지의료공단

투표를 마치고 나온 유권자를 대상으로 투표 내용을 조사하는 여론조사의 한 기법

🔍 **더 알아보기**
투표소 50m 밖에서 조사해 투표 마감 직후 발표하여 선거 결과를 가장 빨리 예측할 수 있는 조사이다.

✅ **기출**
투표를 마치고 나오는 유권자를 대상으로 하는 여론조사는?
: 출구조사

발롱데세 ★★★
ballon d'essai

경상대학교병원
국민연금공단
한국언론진흥재단

상대방의 의견이나 여론의 방향을 알아내기 위하여 고의로 흘리는 정보

Q 더 알아보기

마타도어(matador)
근거 없는 사실을 조작해 상대편을 중상모략하는 흑색선전

반론권 ★★
反論權

TS한국교통안전공단

언론 기관의 보도에 의해 명예훼손을 당한 경우 반론 보도를 청구할 수 있는 권리

Q 더 알아보기

반론보도청구권과 정정보도청구권

반론보도청구권	언론 보도로 피해를 본 사람이 반론 보도를 청구할 권리
정정보도청구권	허위 보도로 피해를 본 사람이 정정 기사를 청구할 권리

스쿠프 ★
scoop

부산교통공사

다른 경쟁 언론사보다 앞서 정보를 독점 입수 · 보도하여 사건을 폭로하거나 문제점을 재조명하기도 하는 특종기사

Q 더 알아보기

비트(beat)라고도 한다.

게이트키핑 ★★
gatekeeping

한국언론진흥재단

언론사 조직 내에서 기자나 편집자와 같은 뉴스 결정권자에 의해 뉴스가 취사 · 선택되는 과정

Q 더 알아보기

게이트키퍼(gatekeeper)
가치관, 성장 배경, 조직의 신념 등에 따라 뉴스를 선택하는 결정권자

目 사용 예시

청부 보도라는 비판에 대해 해당 언론사는 게이트키핑 과정에서 발생한 단순한 실수라고 반발했다.

루핑효과 ★
looping effect

방송통신신의위원회
한국언론진흥재단

특정 사실이 언론매체를 통해 이슈화되면 사람들이 관심을 두게 되고 그 영향이 확산하는 현상

🔍 **더 알아보기**

베르테르 효과처럼 언론이 보도한 현실이 또 다른 현실을 만들어낼 수 있어 언론의 신중한 보도 태도를 필요로 한다.

📋 **사용 예시**

루핑효과를 일으키는 언론보도는 지양해야 한다.

저널리즘 ★★
journalism

한국언론진흥재단

정기적·비정기적 매체를 통해 시사적 정보와 의견을 대중에게 전달하는 활동

🔍 **더 알아보기**

저널리즘의 유형

옐로 저널리즘	불쾌한 감정을 자극하는 범죄사건을 과대하게 취재·보도하는 경향
블랙 저널리즘	특정 집단이나 개인의 약점을 공개 보도하겠다고 협박하여 이익을 얻으려는 경향
수표 저널리즘	독점 방송하기 위해 취재원에게 돈을 지불하는 방송국 간의 경쟁적 관행

📋 **사용 예시**

저널리즘에서는 무엇을 어떻게 다룰지 선별하는 저널리즘의 윤리가 요구되지만, 일부 유튜브 콘텐츠에서는 이 점이 전혀 고려되지 않아 논란이 되고 있다.

뉴스 큐레이션 ★
news curation

사용자의 관심사와 취향에 맞게 뉴스를 제공하는 맞춤형 뉴스 서비스

🔍 **더 알아보기**

콘텐츠 큐레이션(contents curation)
다양한 정보로 이루어진 콘텐츠를 특정 주제나 관심사에 따라 수집하고 분류하여 제공하는 서비스

📋 **사용 예시**

뉴스 큐레이션 서비스가 확산됨에 따라 맞춤형 뉴스만 소비하는 이용자들이 필터 버블에 갇힐 것이라는 우려도 커지고 있다.

르포르타주 ★
reportage

전력거래소

사건 현장을 찾아 기자의 주관적인 견해를 배제하고 현장에 대해 객관적으로 기록한 방송 보도 혹은 보도 기사

🔍 더 알아보기
대표적인 르포르타주
MBC의 <PD수첩>, KBS의 <추적 60분>, <르포 60> 등

🗐 사용 예시
비윤리적인 도축 방법을 폭로한 르포르타주로 인해 많은 사람들이 동물 생명권에 대해 관심을 갖게 되었다.

ASMR ★
Autonomous Sensory Meridian Response

파도 소리, 바람 소리, 모닥불 소리 등 심리적인 안정을 유도하는 영상

🔍 더 알아보기
백색소음(白色騷音)
음폭이 넓어서 공해에 해당하지 않는 소음

CCL ★★★
Creative Commons License

한국지역난방공사

저작자의 저작물 사용 허가 표시 제도

🔍 더 알아보기
표시의 종류
저작물 공유, 저작자 표시, 비영리, 2차 변경 금지, 동일 조건 변경 허락 등

망 중립성 ★★★
network neutrality

방송통신심의위원회

인터넷서비스사업자(ISP)가 트래픽과 무관하게 모든 콘텐츠를 동등하고 차별 없이 다뤄야 한다는 원칙

🔍 더 알아보기
트래픽(traffic)
통신장치 혹은 데이터 전송로에서 일정한 시간 내에 흐르는 데이터의 양 혹은 전송량

779

홀드백 ★
hold back

지상파의 본 방송 이후 케이블TV 등 다른 방송 플랫폼에서 재방송되기까지 걸리는 기간

🔍 **더 알아보기**
한 편의 영화가 다른 수익 과정으로 중심을 이동할 때까지 걸리는 시간을 뜻하기도 한다.

780

소프오페라 ★★
soap opera

한국토지주택공사

주부를 대상으로 일정 시간에 장기적으로 방송하는 통속적인 내용의 연속극

✅ **기출**
주부를 대상으로 하는 통속적인 내용의 연속극은?
: 소프오페라

781

레인코트 프로그램 ★★
raincoat program

한국언론진흥재단

공연 또는 스포츠 중계가 날씨 등의 사정으로 인해 방송할 수 없게 되거나 예상보다 빨리 끝나는 경우를 대비해 미리 준비한 프로그램

🔍 **더 알아보기**
스탠바이 프로그램(stand by program)이라고도 한다.

✅ **기출**
날씨 등의 이유로 방송이 불가능할 경우를 대비해 미리 준비한 프로그램은?
: 레인코트 프로그램

🗒 **사용 예시**
프로야구 경기 중 우천으로 인해 취소될 경우 레인코트 프로그램을 대체 편성해야 한다.

782

미디어렙 ★★
media rep

경기콘텐츠진흥원

광고주의 압력을 차단하기 위해 방송사를 대신해 방송 광고를 판매하는 대행사

🔍 **더 알아보기**
한국방송광고진흥공사(kobaco)는 우리나라의 미디어렙이다.

중간광고 ★★★
commercial break

방송프로그램 중간에 삽입되는 광고

🔍 **더 알아보기**

2021년 6월부터 지상파 중간광고가 최대 6회까지 허용되었다.

📋 **사용 예시**

방송통신위원회가 지상파 중간광고를 추진하면서 시청자의 권익을 침해할 소지가 있다는 우려가 이어지고 있다.

PPL 광고 ★★★
Product Placement
advertisement

협찬을 대가로 영화·오락·교양 분야에서 해당 기업의 상품이나 브랜드 이미지를 끼워 넣는 광고기법

🔍 **더 알아보기**

최초의 PPL 광고
1945년 미국 워너브라더스 사가 제작한 영화 <밀드리드 피어스>에서 보여준 버번 위스키

📋 **사용 예시**

드라마의 과도한 PPL 광고로 인해 시청자들의 불만이 터져나왔다.

티저 광고 ★★
teaser advertisement

중요한 내용을 감춰 소비자들의 궁금증을 유발한 뒤 점차 본 모습을 드러내는 방식의 광고

🔍 **더 알아보기**

티저 영상
가수의 신곡이나 신작 영화의 개봉 전 궁금증을 유발하기 위해 만든 짧은 영상

시즐 광고 ★★
sizzle advertisement

소리를 통해 제품의 이미지를 연상하게 하는 광고

🔍 **더 알아보기**

시즐
소고기를 구울 때 나는 지글지글 소리를 말하는 의성어로, 맥주를 잔에 따르는 소리, 꿀꺽꿀꺽 마시는 소리 등을 넣은 맥주광고가 대표적

POP 광고 ★★
Point of Purchase
advertisement

판매점 주변에 전개되는 광고와 디스플레이 형태의
광고

Q 더 알아보기
POP 광고는 브랜드를 식별시키고 상품을 주목하게 만들며 충동적
동기를 유발하는 역할을 한다.

🗒 사용 예시
POP 광고는 소비자가 현장에서 직접 볼 수 있다는 장점이 있어, 더
욱 재치있고 기발하게 표현하는 경우가 늘고 있다.

3B 법칙 ★★
3B principle

광고에 동물(Beast), 미인(Beauty), 아기(Baby)가 등
장하면 주목도가 높아지는 현상

Q 더 알아보기
시선을 끌어주는 시각적인 3가지 요소로, 이 3가지 요소에 대한 긍
정적인 인식이 제품 또는 브랜드에 대한 긍정적인 인식으로 이어
져 향후 구매로 이어질 확률을 높여준다.

🗒 사용 예시
광고업계에는 3B 법칙을 지키면 실패하지 않는다는 불문율이 있다.

메라비언의 법칙 ★
The law of Mehrabian

경기관광공사
부산교통공사

효과적인 소통에서 비언어적 요소인 시각과 청각 이
미지가 더 중요시된다는 커뮤니케이션 이론

Q 더 알아보기
미국 심리학자 앨버트 메라비언은 상대방과의 의사소통에서 시각
은 55%, 청각은 38%, 언어는 7%의 중요도를 차지한다고 하였다.

✓ 기출
메라비언의 법칙 중 의사소통에서 가장 중요하게 평가하는 요소는?
: 시각

🗒 사용 예시
메라비언의 법칙은 현재 교육, 마케팅, 설득, 협상 등의 분야에서 활
용하고 있는 이론으로, 실무자들도 이 이론을 통해 커뮤니케이션 방
법을 익히고 있다.

문화 · 미디어

핵심상식

해커스 한 권으로 끝내는 공기업 기출 일반상식

앞에서 학습한 상식을 문제를 풀면서 바로 점검해보세요!

KOICA

01 세계 문화의 다양성을 인정하는 견해는?

① 자문화 중심주의   ② 문화 상대주의

③ 문화 절대주의   ④ 문화 제국주의

EBS KBS 경기콘텐츠진흥원

02 인터넷을 통해 양방향으로 콘텐츠를 제공하는 서비스는?

① IPTV   ② MCN

③ OTT   ④ N스크린

03 문화유산이나 공공시설을 파괴하거나 훼손하는 행위는?

① 반달리즘   ② 다크투어리즘

③ 와하비즘   ④ 포퓰리즘

04 구체적 사실로부터 일반적인 명제를 추론하는 것은?

① 귀납법   ② 연역법

③ 변증법   ④ 예시법

포항시시설관리공단

05 철학자 베이컨의 4대 우상 중 말로 인해 생기는 편견은?

① 동굴의 우상   ② 종족의 우상

③ 시장의 우상   ④ 극장의 우상

한국폴리텍대학

06 포스트잇처럼 우연으로 이루어진 발견은?

① 스웨그　　　　　　　　　　② 반달리즘

③ 세렌디피티　　　　　　　　④ 럭키백

07 이슬람교와 관계없는 용어는?

① 라마단　　　　　　　　　　② 히잡

③ 하지　　　　　　　　　　　④ 코셔

08 다음 중 유네스코가 지정한 세계기록유산 문화재가 아닌 것은?

① 동의보감　　　　　　　　　② 훈민정음

③ 승정원일기　　　　　　　　④ 무구정광대다라니경

부산경제진흥원　산림청　평택도시공사

09 노르웨이의 오슬로에서 시상하는 노벨상은?

① 문학상　　　　　　　　　　② 경제학상

③ 평화상　　　　　　　　　　④ 물리학상

세종시설공단　한국소비자원

10 다음 중 세계 3대 교향곡이 아닌 것은?

① 운명 교향곡(베토벤)　　　　② 주피터 교향곡(모차르트)

③ 비창 교향곡(차이콥스키)　　④ 미완성 교향곡(슈베르트)

정답　　**01** ②　**02** ①　**03** ①　**04** ①　**05** ③　**06** ③　**07** ④　**08** ④　**09** ③　**10** ②

11   <투란도트>, <라 보엠>, <나비부인>을 작곡한 오페라 작곡가는?

      ① 푸치니   ② 베르디

      ③ 바그너   ④ 모차르트

한국연구재단   한국환경공단

12   셰익스피어의 4대 비극에 속하지 않는 작품은?

      ① 오셀로   ② 베니스의 상인

      ③ 리어왕   ④ 맥베스

근로복지공단   서울시설공단   평택도시공사   한국문화예술위원회

13   비엔날레가 열리는 주기는?

      ① 매년   ② 2년

      ③ 3년   ④ 4년

KAC한국공항공사   KOICA   한국수력원자력

14   대중화된 소재를 이용하는 예술사조는?

      ① 다다이즘   ② 인상주의

      ③ 초현실주의   ④ 팝아트

포항시시설관리공단   한국기술교육대학교   한국문화예술위원회   한국수력원자력

15   세계 3대 영화제 중 황금종려상을 수여하는 영화제는?

      ① 베를린 영화제   ② 베니스 영화제

      ③ 칸 영화제   ④ 선댄스 영화제

16 영화와 관련 없는 상은?

① 아카데미상　　　　　　　② 골든글로브상
③ 대종상　　　　　　　　　④ 그래미상

한국연구재단

17 존경하는 감독의 작품에서 주요 장면이나 대사를 인용하는 것은?

① 오마주　　　　　　　　　② 미장센
③ 몽타주　　　　　　　　　④ 맥거핀

aT한국농수산식품유통공사　인천항만공사　전남중소기업진흥원

18 기자들을 상대로 일정 시점까지 보도 자제를 요청하는 것은?

① 엠바고　　　　　　　　　② 발롱데세
③ 딥 스로트　　　　　　　　④ 오프 더 레코드

19 여론의 방향을 알아내기 위해 고의로 흘리는 정보는?

① 마타도어　　　　　　　　② 엠바고
③ 스쿠프　　　　　　　　　④ 발롱데세

20 협찬을 대가로 영화나 드라마에서 상품이나 브랜드 이미지를 끼워 넣는 광고는?

① 시즐 광고　　　　　　　　② PPL 광고
③ 티저 광고　　　　　　　　④ 키치 광고

정답　11 ①　12 ②　13 ②　14 ④　15 ③　16 ④　17 ①　18 ①　19 ④　20 ②

문제를 풀면서 학습한 상식을 점검하였다면 상식 Up 완성 용어를 빠르게 훑어보면서 상식 수준을 한 단계 더 높여보세요!

프루갈리스타 Frugalista	검소하지만 옷을 센스있게 잘 입고 유행을 주도하는 사람
칙릿 chick lit	20~30대 미혼여성의 일과 사랑을 주제로 한 소설 장르
파일럿 프로그램 pilot program	정규 편성을 결정하기 위해 제작된 프로그램
제4의 벽 Fourth wall	연극 무대와 객석 사이에 존재하는 가상의 벽
미켈란젤로 부오나로티 Michelangelo Buonarroti	르네상스 시대의 대표적인 이탈리아 조각가이자 화가
인상주의 Impressionism	전통적 회화기법을 거부하고 빛과 색에 관한 화가의 느낌을 표현하고자 한 예술 운동
세계 3대 피아노 콩쿠르	쇼팽 국제 피아노 콩쿠르, 퀸엘리자베스 국제 음악 콩쿠르, 차이콥스키 국제 콩쿠르
퍼블릭 액세스 Public access	일반인이 직접 제작한 영상을 그대로 방영하는 것
웨비소드 Webisode	짧고 속도감 있는 여러 에피소드로 구성된 온라인 드라마
바로크 Baroque	16~18세기 유럽에서 유행한 복잡하고 화려한 예술 양식
마르카토 Marcato	하나하나 음을 명확하게 연주하는 연주법
아리아 Aria	오페라, 칸타타, 오라토리오 등에서 주인공이 부르는 독창곡
아카펠라 A cappella	반주 없이 부르는 합창곡
리하르트 바그너 Wilhelm Richard Wagner	오페라를 발전시켜 악극을 최초로 만든 독일의 작곡가

소나타 Sonata	16세기 중엽 유행한 다악장 기악곡
앙티로망 Anti-roman	전통적 소설의 형식을 부정하고 새로운 수법을 시도한 소설
앙티테아트르 Anti-theater	전통적 극작법을 부정하고 인간의 존재에 접근하는 연극
살짜기 옵서예	1966년 발표한 한국 최초의 창작 뮤지컬
라빈드라나트 타고르 Rabindranath Tagore	아시아 최초로 노벨 문학상을 수상한 인도 시인
차이콥스키 3대 발레 작품	잠자는 숲속의 미녀, 호두까기 인형, 백조의 호수
프리 북킹 free booking	영화관이 상영작을 선정하여 영화 제작사나 배급사와 계약하는 방식
키노 드라마 kino-drama	연극과 영화를 교차하여 상연하는 연극
세계 3대 단편영화제	끌레르몽 페랑 단편영화제, 템페레 국제 단편영화제, 오버하우젠 국제 단편영화제
스탕달 신드롬 Stendhal syndrome	뛰어난 예술작품을 보고 순간적으로 느끼는 이상 증세
컴캐스트 Comcast corporation	유선방송, 광대역 인터넷, 케이블 TV등을 제공하는 미국의 다국적 미디어 기업
매스티지 Masstige	비교적 값이 저렴하면서 큰 만족을 얻을 수 있는 명품을 소비하는 경향
마이스 MICE	부가가치가 큰 복합 전시 산업
스크린 쿼터 screen quota	극장의 자국 영화 의무상영 일수를 규정하는 제도
번안소설 飜案小說	외국 작품의 줄거리를 살리면서 자국에 맞게 개작한 소설
린포워드족 lean forward 族	능동적으로 콘텐츠를 골라보는 것을 선호하는 사람

스포츠

최근 출제 비중

3%

- 스포츠 분야는 스포츠 대회 개최 시기와 종목별 인기도에 따라 출제 비중이 달라지는 편입니다.
- 스포츠 분야 상식을 모두 학습했다면 사회적 관심이 몰리는 종목과 관련된 상식을 한 번 더 살펴보는 것이 좋습니다.

스포츠

790

올림픽 ★★★
Olympic

한국마사회
한국보훈복지의료공단

국제올림픽위원회(IOC)가 4년마다 개최하는 고대 그리스의 올림피아(Olympia)를 본뜬 국제스포츠 대회

Q 더 알아보기

차기 올림픽 개최지

하계	33회 파리(2024), 34회 로스앤젤레스(2028), 35회 브리즈번(2032)
동계	25회 밀라노 · 코르티나(2026)

791

오륜기 ★★
五輪旗

근로복지공단
한국산업인력공단

근대 올림픽의 아버지 피에르 쿠베르탱이 창안한 파랑 · 검정 · 빨강 · 노랑 · 초록색의 고리가 서로 얽힌 형태의 올림픽 대회기

Q 더 알아보기

올림픽 정신으로 하나가 된 유럽, 아시아, 아프리카, 오세아니아, 아메리카 5개 대륙을 상징한다.

패럴림픽 ★★
Paralympic

대전도시철도공사

국제장애인올림픽위원회(IPC)가 4년마다 개최하는
신체 장애인을 대상으로 한 올림픽

Q 더 알아보기
스페셜올림픽(Special Olympics)
4년마다 개최되는 지적발달 장애인들이 참가하는 국제경기대회

프레올림픽 ★
Pre-Olympic

근로복지공단

올림픽 개최 1년 전 경기 시설 혹은 주최국의 운영
능력 테스트를 위해 열리는 비공식적인 국제대회

Q 더 알아보기
월드게임(World Games)
국제경기연맹총연합회(GAISF)가 주최하는 비올림픽 종목 국제친
선대회

올림픽 마스코트 ★★
Olympic Mascot

영화진흥위원회
한국환경공단

올림픽의 이미지를 부각하기 위해 20회 뮌헨 올림픽
때 처음 등장한 행운의 상징물

Q 더 알아보기
올림픽 주최국 마스코트

2021년 도쿄 하계올림픽 · 패럴림픽	미라이토와(미래 로봇), 소메이티(미래 로봇)
2022년 베이징 동계올림픽 · 패럴림픽	빙둔둔(판다), 쉐룽룽(랜턴)

아시안게임 ★
Asian Games

대한체육회
수원문화재단

제2차 세계대전 후 아시아 국가 간 단결과 친선 도모
를 목적으로 창설되어 아시아올림픽평의회가 주관
하는 국제스포츠 대회

Q 더 알아보기
아시아올림픽평의회(Olympic Council of Asia)
아시아의 스포츠 및 올림픽 활성화를 위해 결성된 국제올림픽위원
회의 공인 단체

전국체육대회 ★
全國體育大會

강동구도시관리공단

대한체육회가 주최하는 국내 최고 권위의 종합경기대회

🔍 더 알아보기

전국소년체육대회(全國少年體育大會)
대한체육회가 주관하는 전국 규모의 체육대회로, 참가 가능 연령은 초등학교부는 만 12세 이하, 중학교부는 만 15세 이하

근대 5종 경기 ★★
近代五種競技

국민체육진흥공단
한국농어촌공사

고대 올림픽의 5종 경기에 바탕을 두고 쿠베르탱이 개발한 5가지 복합 스포츠 종목

🔍 더 알아보기

근대 5종 경기 종목
사격, 펜싱, 수영, 승마, 육상

고대 5종 경기 종목
멀리뛰기, 원반던지기, 창던지기, 달리기, 레슬링

✅ 기출
쿠베르탱이 개발한 5가지 복합 스포츠 종목은?
: 사격, 펜싱, 수영, 승마, 육상

펜싱 ★★★
fencing

한국소비자원
한전KPS

검을 가지고 두 경기자가 승패를 겨루는 스포츠

🔍 더 알아보기

사용하는 검에 따라 '에페', '플뢰레', '사브르' 세 종목으로 나뉘며 남녀 개인전과 단체전이 있다.

펜싱의 종류

종목	공격 유형	허용된 표적
에페	찌르기	전신
플뢰레	찌르기	상체(아랫배 포함) 머리, 사지 제외
사브르	베기, 찌르기	머리, 상체(양팔, 손목 포함) 허리뼈보다 위, 아랫배 제외

✅ 기출
펜싱 종목 중 전신을 찌를 수 있는 종목은?
: 에페

세팍타크로 ★
sepaktakraw

한국농어촌공사

네트를 사이에 두고 발로 볼을 차 승패를 겨루는 구기 종목

✓ **기출**
배구와 비슷하게 네트를 사이에 두고 축구처럼 발과 머리를 이용해 볼을 차는 경기는?
: 세팍타크로

봅슬레이 ★★★
bobsleigh

핸들과 브레이크가 있는 원통형 강철 썰매에 드라이버와 브레이크맨이 탑승하여 조종하며 하강하는 동계올림픽 정식 종목

🔍 **더 알아보기**
루지와 스켈레톤

루지	핸들과 브레이크가 없는 썰매를 타고 뒤로 누운 채로 하강하는 스포츠
스켈레톤	브레이크 없이 2개의 핸들이 있는 썰매를 타고 정면으로 엎드려 하강하는 스포츠

바이애슬론 ★
biathlon

부산교통공사

크로스컨트리 스키와 사격을 결합한 동계올림픽 정식 종목

✓ **기출**
동계올림픽 종목인 바이애슬론은 어떤 경기가 결합한 종목인가?
: 스키와 사격

컬링 ★★★
curling

대전도시철도공사
인천시설공단

빙판에서 스톤을 미끄러뜨려 어느 팀이 과녁 가까이에 넣는지 겨루는 동계올림픽 정식 종목

🔍 **더 알아보기**
휠체어 컬링(wheelchair curling)
동계스포츠 인기 종목인 컬링을 신체 장애인들도 즐길 수 있도록 정비한 스포츠로, 장애인들이 접하기 힘든 얼음 위에서 하는 경기로 운동신경이 둔하거나 체력이 약한 사람도 손쉽게 즐길 수 있음

보치아 ★★
boccia

뇌성마비 장애인을 위해 고안된 패럴림픽 종목으로, 공을 굴리거나 던져 표적에 가까운 공의 점수를 합하는 스포츠

대한장애인체육회

🔍 **더 알아보기**

골볼(goal ball)
방울이 있어 소리가 나는 공을 이용하여 상대 팀 골대에 공을 넣는 시각장애인 구기 종목으로, 1976년 토론토 패럴림픽에서 정식 종목으로 인정됨

토너먼트 ★
tournament

대진표에 따라 패하면 탈락하고 계속 이기면 결승까지 올라가는 방식

🔍 **더 알아보기**

리그전(league match)
참가자 모두 서로 한 번씩 또는 두 번씩 대전하여 승률이 높은 편을 우위로 하는 방식

e스포츠 ★
electronic sports

컴퓨터와 네트워크 장비 등을 이용해 승부를 겨루는 스포츠

🔍 **더 알아보기**

대표적인 e스포츠
스타크래프트, 리그오브레전드, 오버워치 등

럭비 월드컵 ★★
Rugby World Cup

국제럭비평의회(IRB)의 주관하에 4년마다 열리며, 우승팀에 윌리엄 웹 앨리스컵이 주어지는 럭비대회

🔍 **더 알아보기**

윌리엄 웹 앨리스컵
영국의 '윌리엄 웹 앨리스(William Webb Alice)'라는 학생이 축구 경기 도중 공을 들고 상대 진영을 돌파한 것에서 럭비가 유래되었으며, 이후 이 학생의 이름에서 따온 우승컵

807

FIFA ★★
Federation Internationale de
Football Association

월드컵 등 11개의 세계 축구 경기를 주관·총괄하는
국제단체

Q 더 알아보기

한국은 1947년 7월에 가입하였으며 2002년 일본과 함께 한일 공
동 월드컵을 개최하였다.

808

FIFA 월드컵 ★★★
FIFA World Cup

부산교통공사
한국보훈복지의료공단

FIFA 주관으로 4년마다 열리는 세계 축구대회

Q 더 알아보기

차기 월드컵 개최지(코로나19로 변동 가능성 있음)
제22회 카타르 월드컵(2022), 제23회 북중미(캐나다, 멕시코, 미
국) 월드컵(2026)

809

UEFA
챔피언스리그 ★★★
UEFA Champions League

유럽축구연맹(UEFA)이 주관하는 가장 권위 있는 클
럽 대항전

Q 더 알아보기

UEFA 유로파리그(UEFA Europa League)
유럽축구연맹(UEFA) 소속 리그 중, 상위 팀이 겨루는 클럽 대항전

810

유럽 축구
5대 리그 ★★★

LH한국토지주택공사

UEFA 리그 랭킹 1위부터 5위까지의 리그

Q 더 알아보기

유럽 축구 5대 리그
라 리가(스페인), 프리미어 리그(잉글랜드), 분데스리가(독일), 세
리에 A(이탈리아), 리그 앙(프랑스)

目 사용 예시

독일 국가대표 축구선수 출신 미드필터 사미 케디라가 10년 만에
분데스리가로 돌아왔다.

K리그 ★★
K League

국민체육진흥공단

한국프로축구연맹 산하 최상위 프로리그

🔍 **더 알아보기**
K리그 올스타전
국내의 13개 축구팀 중 선발된 선수들을 2개의 팀으로 나누어 전기 리그와 후기 리그 사이에 치러지는 이벤트성 경기

FIFA 센추리 클럽 ★★
FIFA Century Club

한국농어촌공사

FIFA가 공인하는 국가대표팀 간 경기(A매치)를 100회 이상 치른 선수 그룹

🔍 **더 알아보기**
국내 FIFA 센추리 클럽 선수
김호곤, 조영증, 박성화, 차범근, 홍명보, 황선홍, 유상철, 김태영, 이운재, 이영표, 박지성, 이동국, 기성용, 손흥민, 김영권 총 15명

가린샤 클럽 ★
Garrincha Club

KBS

월드컵 본선에서 골을 넣은 뒤 곧바로 퇴장당한 선수를 일컫는 말

🔍 **더 알아보기**
1962년 칠레 월드컵에서 브라질 축구선수 가린샤가 4강전에서 2골을 넣은 뒤 상대팀 수비수를 걷어차 퇴장당한 것에서 유래하였다.

✅ **기출**
월드컵 본선에서 골을 넣고 퇴장당한 선수는?
: 가린샤 클럽

리베로 ★
libero

근로복지공단
인천시설공단

포지션에 얽매이지 않고 자유롭게 공격 또는 수비하는 축구선수와 수비와 서브 리시브만 가능한 수비 전문 배구선수

🔍 **더 알아보기**
스토퍼(stopper)
축구에서 상대편 공격수를 전담 마크하는 중앙 수비수

엘 클라시코 ★★
El Clasico

스페인 축구 리그 라 리가에서 라이벌 구단인 레알 마드리드와 FC 바르셀로나가 대결하는 더비매치

🔍 **더 알아보기**
더비매치(derby match)
라이벌 팀 간 경기 혹은 같은 지역을 연고로 하는 두 팀의 경기

🗐 **사용 예시**
엘 클라시코는 지역 간, 계급 간 대결의 상징으로 여겨지면서 국제적으로도 인기를 끌고 있다.

와일드카드 ★
wild card

대구시설공단
서울시설공단
인천국제공항공사

출전 자격이 없지만 특별히 허용된 선수나 팀

🔍 **더 알아보기**
어드밴티지 룰(advantage rule)
구기 종목에서 수비팀의 반칙이 발생했지만, 심판이 이를 처벌하면 공격팀의 결정적인 기회가 무산되는 것을 막기 위해 그냥 경기를 속행하도록 하는 규정

더블헤더 ★★★
double header

근로복지공단
한국수력원자력

이전에 예정된 경기가 취소되어 같은 날 두 팀이 연속으로 벌이는 게임

🔍 **더 알아보기**
일반경기와 달리 연장전이 없고 1.5배 정도 높은 요금을 받으며, 일반적으로 많은 관객이 올 수 있는 주말에 행해진다.

메이저리그 ★★
Major League Baseball

부천도시공사

미국과 캐나다 도시를 연고지로 하는 아메리칸리그와 내셔널리그를 아우르는 미국 프로야구 최상위 리그

🔍 **더 알아보기**
북미 4대 프로리그
메이저리그(MLB), 프로미식축구리그(NFL), 미국프로농구(NBA), 북미아이스하키리그(NHL)

사이영상 ★★
Cy Young Award

대한체육회

미국야구기자 협회가 투표하는 메이저리그 최고 투수상

🔍 **더 알아보기**

메이저리그의 상
골드글러브상(최고 수비수상), 실버슬러거상(최고 공격수상)

최동원상 ★
崔東源賞

사이영상, 사와무라상을 표방하여 만들어진 KBO리그 최고 투수상

🔍 **더 알아보기**

한국야구를 대표하는 최동원 선수를 기리기 위해 최동원 기념사업회에서 주도하여 제정되었다.

사와무라상(Sawamura Award)
일본 프로야구에서 가장 뛰어난 활약을 한 선발투수에게 수여하는 상

📄 **사용 예시**

두산 베어스의 외국인 선수 라울 알칸타라가 라틴계 선수 최초로 최동원상을 수상하였다.

사이클링 히트 ★★
cycling hit

한국수력원자력

한 선수가 한 경기에서 단타, 2루타, 3루타, 홈런을 순서 관계없이 모두 친 기록

🔍 **더 알아보기**

신시내티 히트(Cincinnati hit)
평범한 타구를 야수끼리 서로 미루다가 놓쳐 만들어진 안타

평균자책점 ★★
平均自責点

한국전력공사

투수가 9이닝 동안 내준 자책점의 평균 수치

🔍 **더 알아보기**

이닝(inning)
스포츠 경기에서 양 팀이 교대로 공격과 수비를 하면서 생기는 경기의 단위

823

노히트노런 ★★★
No-hit No-run

투수가 9이닝까지 상대 팀을 무안타 무득점으로 막아서 이긴 경기

🔍 **더 알아보기**
퍼펙트게임(perfect game)
투수가 선발 등판해 무안타, 무실점, 무사사구, 무실책으로 이긴 경기

824

퀄리티스타트 ★★★
quality start

언론중재위원회

메이저리그 선발투수 평가 기준 중 하나로, 선발투수가 6이닝 이상 3자책점 이내로 막아낸 경기

🔍 **더 알아보기**
블론세이브(blown save)
세이브 상황에서 등판한 마무리 투수가 동점이나 역전을 허용한 경우

📋 **사용 예시**
류현진 선수가 6이닝 1실점으로 시즌 첫 퀄리티스타트를 성공하였다.

825

스토브리그 ★★
stove league

오프시즌에 선수들의 이동이나 연봉협상 등을 둘러싸고 벌어지는 팀 간 동향

🔍 **더 알아보기**
에어컨리그(air conditioner league)
스토브리그와 같은 의미로, 배구와 농구에서 사용

826

데플림픽 ★★
Deaflympics

4년마다 개최되는 청각 장애인 올림픽

🔍 **더 알아보기**
1924년 파리에서 처음 열렸으며, 데플림픽에 참가하기 위해서는 대회 시작 3개월 전까지 청력 손실 정도를 파악하는 오디오그램(audiogram) 검사를 받고 그 결과를 국제농아인스포츠위원회에 제출해야 한다.

827

그랜드슬램 ★★★
grand slam

야구의 만루홈런 혹은 테니스나 골프의 4대 메이저 대회 우승

한국전력공사

Q 더 알아보기
카드놀이인 '브리지'에서 사용된 용어로, 패 13장을 전부 따는 압승을 의미한다.

828

커리어 그랜드슬램 ★
career grand slam

골프에서 시즌에 상관없이 활동 기간 중 4대 메이저 대회에서 우승하는 기록

Q 더 알아보기
그랜드 그랜드슬램(grand grand slam)
골든 그랜드슬램이라고도 하며 테니스에서 한 시즌 동안 4대 메이저대회를 우승하고 그 해에 개최된 올림픽에서도 우승하는 기록

829

골프 ★★
golf

1번 홀부터 18번 홀까지 순서와 규칙에 맞게 클럽으로 공을 치면서 공을 가장 적게 친 사람이 승리하는 운동경기

Q 더 알아보기
PGA(미국프로골프협회) 4대 메이저 대회
마스터스, US 오픈, 브리티시 오픈, PGA 챔피언십

830

프레지던츠컵 ★★
The Presidents Cup

미국과 유럽의 골프 대항전인 라이더컵을 본떠 만들어진 미국과 인터내셔널 팀 간의 남자 프로골프 대항전

한국방송광고진흥공사

Q 더 알아보기
라이더컵(Ryder Cup)
유럽에서 2년마다 개최되는 미국과 유럽의 골프 대항전

831

LPGA 5대 메이저 대회 ★★★

부산교통공사

LPGA(미국여자프로골프협회)에서 가장 권위 있는 메이저대회

🔍 **더 알아보기**

LPGA 5대 메이저대회 종류

US 여자오픈, KPMG 위민스 PGA 챔피언십, AIG 여자오픈, ANA 인스퍼레이션, 에비앙챔피언십

🗐 **사용 예시**

1988년 LPGA 5대 메이저대회 중 하나인 US 여자오픈에서 박세리 선수가 물 속 맨발 투혼을 보여주었고 박세리 선수는 이 경기에서 20홀 연장이라는 기록적인 승부로 우승하였다.

832

골프 용어 ★★★

한국마사회

버디(birdie), 이글(eagle), 알바트로스(albatross), 파(par), 보기(bogey), 더블보기(double bogey), 트리플보기(triple bogey)

🔍 **더 알아보기**

용어별 의미

알바트로스	한 홀에서 파보다 3타 적은 타수로 홀인
이글	한 홀에서 파보다 2타 적은 타수로 홀인
버디	한 홀에서 파보다 하나 적은 타수로 홀인
파	각 홀의 기준 스코어
보기	한 홀에서 파보다 하나 많은 타수로 홀인
더블보기	한 홀에서 파보다 2타 많은 타수로 홀인
트리플보기	한 홀에서 파보다 3타 많은 타수로 홀인

833

식스맨 ★★★
sixth man

주전 선수를 제외한 선수 중 가장 뛰어난 선수로, 승패가 갈리는 결정적 상황이나 게임 흐름의 반전을 위해 기용되는 선수

🔍 **더 알아보기**

백업 멤버(back up member)

주전 선수를 대신하여 출전하는 후보 선수

834

듀스 ★★★
deuce

테니스, 배구, 탁구 등에서 승패를 결정하는 마지막 한 점을 남겨 놓고 동점을 이루는 상황

📄 **사용 예시**
1세트 첫 게임에서 40 대 15로 앞섰지만 상대 선수가 내리 3포인트를 따내 듀스 상황이 되었다.

835

테니스 ★★★
tennis

KBS

네트를 사이에 두고 라켓으로 테니스공을 치고받으며 경쟁하는 운동경기

🔍 **더 알아보기**
세계 4대 메이저 테니스 대회
ITF(국제테니스연맹)가 관장하는 윔블던, US 오픈, 프랑스 오픈, 호주 오픈

836

해트트릭 ★★
hat trick

부산교통공사
부산도시공사

축구나 아이스하키에서 한 명의 선수가 한 경기에서 3득점을 하는 기록

🔍 **더 알아보기**
크리켓(cricket)에서 3명의 타자를 연속으로 삼진 아웃시킨 투수에게 그 명예를 기리는 뜻으로 선물한 모자(hat)에서 유래하였다.

✅ **기출**
해트트릭은 축구나 아이스하키에서 한 경기에 몇 득점을 하는 기록인가?
: 3점

837

농구 ★★
basketball

5명씩 한 팀으로 이루어진 두 팀이 농구공을 상대방의 골대에 넣어 제한시간에 더 많이 넣은 팀이 승리하는 운동경기

🔍 **더 알아보기**
농구 포지션
센터, 파워포워드, 스몰포워드, 슈팅가드, 포인트가드

농구 용어 ★

트래블링(traveling), 바이얼레이션(violation), 바스켓 인터피어(basket interfere), 바스켓 굿(basket good), 스크린플레이(screen play), 트리플 더블 (triple double), 샐러리 캡(salary cap)

NIS국가정보원
부천시통합채용

Q 더 알아보기

용어별 의미

트래블링	볼을 가지고 3발 이상 걷거나 축을 두고 있는 발이 바닥에서 떨어진 경우
바이얼레이션	트래블링, 더블드리블 등 신체 접촉이 없는 상태에서 규칙을 위반하는 것
바스켓 인터피어	상대편이 슛한 공이 낙하곡선을 그릴 때 공을 건드리면 골인 여부와 관계없이 득점으로 인정되는 것
바스켓 굿	슛 동작 시 상대 수비가 반칙을 했으나 슛이 들어가면 점수로 인정이 되는 동시에 추가 자유투 하나를 획득하는 것
스크린플레이	자기편 선수에게 붙은 수비수를 몸으로 막아 슛찬스를 만들어주는 것
트리플 더블	한 경기에서 득점, 리바운드, 어시스트, 스틸, 블록슛 중 3개 부문에서 두 자릿수 이상의 숫자를 기록하는 것
샐러리 캡	팀별로 선수들에게 지불할 수 있는 연봉 총액의 상한선

⊘ 기출

상대편 수비수를 몸으로 막아 우리편 선수에게 슛찬스를 만들어주는 플레이는?
: 스크린플레이

NBA ★
National Basketball Association

미국의 프로 농구협회이자 이 단체가 개최하는 프로 농구 대회

Q 더 알아보기

1946년 6월 11개 팀으로 구성된 BAA로 출범하여 현재 30개 팀 체제를 갖추었다.

Point Quiz

앞에서 학습한 상식을 문제를 풀면서 바로 점검해보세요!

01 2026년 동계올림픽 개최 예정지는?

① 나고야   ② 밀라노 · 코르티나

③ 소치   ④ 밴쿠버

02 2024년 하계올림픽 개최 예정지는?

① 베이징   ② 로스앤젤레스

③ 남아프리카공화국   ④ 파리

근로복지공단   한국산업인력공단

03 올림픽을 상징하는 오륜기에 포함되지 않는 색은?

① 파란색   ② 검은색

③ 초록색   ④ 보라색

04 2022년 베이징 동계올림픽 마스코트 빙둔둔에 해당하는 동물은?

① 황금원숭이   ② 판다

③ 레서판다   ④ 북극곰

국민체육진흥공단   한국농어촌공사

05 근대 5종 경기에 해당하지 않는 것은?

① 승마   ② 사격

③ 수영   ④ 창던지기

한국소비자원 한전KPS

06 전신을 공격할 수 있는 펜싱 종목은?

① 알레 ② 에페
③ 플뢰레 ④ 사브르

한국수력원자력

07 머리를 정면으로 향한 채 엎드려 트랙을 활강하는 동계올림픽 썰매 경기는?

① 루지 ② 스켈레톤
③ 봅슬레이 ④ 컬링

대한장애인체육회

08 뇌성마비 장애인을 위한 패럴림픽 종목은?

① 보치아 ② 세팍타크로
③ 컬링 ④ 트램펄린

09 2026년 FIFA 월드컵 개최 예정지는?

① 북중미 ② 브라질
③ 카타르 ④ 중국

LH한국토지주택공사 영화진흥위원회

10 유럽 축구 5대 리그에 속하지 않는 것은?

① 세리에 A ② 분데스리가
③ 에레디비시 ④ 프리미어 리그

정답 **01** ② **02** ④ **03** ④ **04** ② **05** ④ **06** ② **07** ② **08** ① **09** ① **10** ③

한국농어촌공사

11 국제축구연맹이 공인하는 A매치를 100회 이상 치른 선수 그룹은?

① 로마 클럽   ② 가린샤 클럽

③ 유틸리티 클럽   ④ FIFA 센추리 클럽

근로복지공단   한국수력원자력

12 같은 날 두 팀이 연속으로 벌이는 경기는?

① 더블헤더   ② 와일드카드

③ 어드밴티지 룰   ④ 노히트노런

언론중재위원회

13 야구에서 선발투수가 6이닝 이상을 던져 3자책점 이하를 기록하는 것은?

① 퀄리티스타트   ② 노히트노런

③ 블론세이브   ④ 완봉승

대한체육회

14 미국 메이저리그 최고의 투수에게 수여하는 상은?

① 골드글러브상   ② 실버슬러거상

③ 사이영상   ④ 행크 에런상

한국수력원자력

15 야구에서 한 타자가 한 경기에서 1루타, 2루타, 3루타, 홈런을 모두 친 것은?

① 사이클링 히트   ② 퍼펙트게임

③ 버저비터   ④ 쿼드러플 더블

경상대학교병원   한국전력공사

16 테니스 대회의 그랜드슬램과 가장 관련이 적은 나라는?

① 미국 ② 영국
③ 호주 ④ 러시아

KBS

17 PGA 4대 메이저 대회에 포함되지 않는 것은?

① 마스터스 ② 프레지던츠컵
③ 브리티시 오픈 ④ US 오픈

한국마사회

18 골프에서 파 5홀인 롱홀을 3타 만에 끝냈을 때 스코어의 명칭은?

① 이글 ② 버디
③ 알바트로스 ④ 보기

19 농구에서 한 선수가 5개 부문 중 3개 부문에서 두 자릿수 이상을 기록하는 것은?

① 트래블링 ② 바스켓 굿
③ 트리플 더블 ④ 스크린플레이

NIS국가정보원   부천시통합채용

20 농구에서 주전 선수들을 제외한 선수 중 가장 기량이 뛰어난 선수는?

① 센터 ② 식스맨
③ 백업 ④ 포인트가드

정답   11 ④   12 ①   13 ①   14 ③   15 ①   16 ④   17 ②   18 ①   19 ③   20 ②

문제를 풀면서 학습한 상식을 점검하였다면 상식 Up 완성 용어를 빠르게 훑어보면서 상식 수준을 한 단계 더 높여보세요!

오프사이드 off side	상대편의 진영 안에서 공보다 앞으로 나가거나 선수가 금지된 구역에 들어갔을 때 범하는 반칙
20-20 클럽 20-20 club	야구 경기에서 한 시즌에 한 선수가 홈런 20개, 도루 20개를 기록하는 것
트리플 크라운 triple crown	스포츠 경기 세 가지 부문에서 1위를 하는 것
콜드게임 called game	경기 도중 심판이 경기 종료를 선언하는 경기
철인3종경기 triathlon	수영, 사이클, 마라톤을 연이어 실시하는 스포츠
서든데스 sudden death	연장전에서 먼저 득점한 팀이 승리하는 방식
빈볼 bean ball	투수가 고의로 타자의 머리를 향해 던지는 공
킥오프 kick off	구기 종목에서 경기 시작 및 재개를 알리는 첫 번째 킥
백투백 홈런 back to back home run	두 타자가 연달아 치는 홈런
쿠베르탱 Pierre de Coubertin	올림픽을 창시한 프랑스 출신 교육가
핫코너 hot corner	야구 경기에서 3루를 가리키는 말
소프트볼 soft ball	야구보다 큰 공을 사용하는 야구형 스포츠
더그아웃 dugout	야구 경기 진행 중 감독, 코치, 선수들이 대기하는 장소
카바디 Kabaddi	인도에서 시작된 술래잡기와 피구, 격투기가 혼합된 형태의 투기 종목

케네디 스코어 Kennedy score	야구에서 8 대 7의 득점 상황을 일컫는 말
트라이 아웃 try out	선수의 선발 또는 영입을 위한 연습 경기
바운서 bounser	양궁에서 표적에 적중한 화살이 꽂히지 않고 떨어지는 것
언플레이어블 unplayable	골프에서 공이 플레이하기 어려운 상태에 있는 것
세퍼릿 코스 separate course	육상 경기나 스피드 스케이팅에서 흰 선으로 구분한 선수의 주로
백핸드 스트로크 backhand stroke	테니스에서 라켓을 쥔 손과 반대쪽으로 공을 치는 것
테크니컬 파울 technical foul	선수 또는 팀 관계자가 스포츠맨십에 어긋나는 행동을 했을 때 부여하는 파울
바이얼레이션 violation	농구에서 테크니컬 파울, 퍼스널 파울 외 모든 규칙 위반을 일컫는 말
사우스포 southpaw	야구나 복싱에서 왼손잡이 선수를 지칭하는 말
페이서 pacer	볼링 단체 경기에서 인원수가 모자랄 때 경기 본부에서 임의로 투입하는 선수
불펜 bull pen	야구 경기 중 구원투수가 경기에 나가기 전 준비운동을 하는 곳
온유어마크 on your mark	육상경기에서 선수에게 출발선에 서라는 출발원의 구령
바이 bye	토너먼트식 경기에서 대진 상대가 없어 부전승한 경기자
스위치히터 switch hitter	야구에서 좌우 타석 어디에서든 타격할 수 있는 타자
인터피어런스 interference	경기 중에 다른 선수를 방해하는 모든 행위
홈 앤드 어웨이 home and away	상대 팀의 홈 경기장에서 번갈아 경기하는 것

과학 · IT

10%

- 과학 분야에서는 IT 및 정보통신 관련 용어 출제 비중이 높아지고 있습니다.
- 단위 용어가 자주 출제되므로 정확히 암기하는 것이 중요합니다.

과학

840

옴의 법칙 ★★
Ohm's law

SH서울주택도시공사
한국전력공사

도선에 흐르는 전류의 세기는 전압에 비례하고 저항에 반비례한다는 법칙

> **Q 더 알아보기**
> **전기에 관한 법칙**
> 쿨롱의 법칙, 앙페르의 법칙, 패러데이의 법칙, 플레밍의 법칙 등

> **🗒 사용 예시**
> 국내 연구진이 옴의 법칙이 적용되지 않는 금속을 190년 만에 처음 발견했다.

841

뉴턴의
운동 법칙 ★★★
Newton's law of motion

LH한국토지주택공사
국민연금공단
서울교통공사

제1법칙 관성의 법칙, 제2법칙 가속도의 법칙, 제3법칙 작용 반작용의 법칙으로 이루어진 물체 운동에 관한 기본 법칙

> **🗒 사용 예시**
> 타자가 공을 쳤을 때 반발력이 느껴지는 것은 뉴턴의 운동 법칙 중 작용 반작용의 법칙의 예로 볼 수 있다.

만유인력의 법칙 ★★★
The law of universal gravitation

뉴턴이 달의 운동과 케플러의 법칙과 연관시켜 정립하였으며 우주의 모든 물체 사이에는 서로 당기는 힘이 작용한다는 법칙

KAC한국공항공사
공무원연금공단
수도권매립지관리공사

🔍 더 알아보기
중력과 중력의 법칙

중력	지구가 물체를 끌어당기는 힘
중력의 법칙	만유인력의 법칙과 동일한 개념이지만 지구에 국한된 법칙

상대성 이론 ★★★
theory of relativity

아인슈타인이 정립하였으며, 관측자의 운동에 따라 시간의 흐름과 공간적 측정이 달라질 수 있다는 이론

한국광물자원공사
한국전력공사

🔍 더 알아보기
특수상대성이론은 1905년, 일반상대성이론은 1915년에 발표되었다.

빅뱅 이론 ★★
Big bang theory

우주가 어떤 한 점에서 탄생한 후에 대폭발이 발생하였고 이후 팽창하여 현재의 우주가 형성되었다는 우주 탄생에 대한 이론

🔍 더 알아보기
다양한 우주 이론
정상우주론, 가이아 이론, 초끈 이론, 막우주론 등

카오스 이론 ★★★
chaos theory

무질서하고 불규칙해 보이는 것에도 일정한 질서와 규칙이 존재한다는 것을 설명하는 이론

SH서울주택도시공사
제주국제자유도시개발센터
한국방송광고진흥공사

🔍 더 알아보기
나비 효과(butterfly effect)
초깃값의 매우 작은 차이가 결괏값에서 매우 큰 차이로 나타날 수 있다는 과학 이론

🗐 사용 예시
불규칙한 현상들이 카오스 이론으로 규명되고 있다.

과학·IT
핵심상식
해커스 한 권으로 끝내는 공기업 기출 일반상식

베르누이 정리 ★★
Bernoulli's theorem

부산교통공사

유체의 흐름이 빠른 곳의 압력은 유체의 흐름이 느린 곳의 압력보다 작아지며, 유체의 위치에너지와 운동에너지의 합은 항상 일정함을 설명하는 이론

Q 더 알아보기

스위스의 물리학자인 베르누이에 의해 설명된 법칙이다.

마그누스 효과(Magnus effect)
베르누이 정리의 사례 중 하나로, 유체 속을 회전하면서 날아가는 물체가 휘어지는 현상이며, 회전에 따라 발생하는 물체 주변 유체의 유속 차이에 의해 압력의 차이가 발생하고, 그에 따른 힘이 작용하는 원리

✅ 기출

유체의 속력과 압력, 높이의 관계를 설명하는 이론은?
: 베르누이 정리

📄 사용 예시

변화구는 기본적으로 물리학의 법칙인 베르누이의 정리를 따른다.

열역학 ★★★
熱力學

한국전력공사

제0법칙부터 제3법칙으로 구성되어 열(heat), 일(work), 에너지의 흐름을 다루는 학문

Q 더 알아보기

열역학 법칙

제0법칙	열평형 법칙으로, A와 열적 평형을 이루고 있는 각각의 물체 B, C가 존재한다면, B와 C도 서로 열적 평형을 이루고 있다는 법칙
제1법칙	에너지 보존의 법칙으로, 자연계에 존재하는 에너지는 서로 일정한 양적 관계를 가지고 변환하며 그 총량은 일정하게 유지된다는 법칙
제2법칙	엔트로피 증대의 법칙으로, 전체 시스템을 두고 보면 자연계의 현상은 항상 엔트로피가 증대되는 방향으로 나아간다는 법칙
제3법칙	절대온도 0도의 법칙으로, 물체의 온도가 절대 0도가 되면 엔트로피도 0이 된다는 법칙

📄 사용 예시

냉장고에서 얼음을 얼리는 것부터 비구름이 생기는 원리까지 열역학은 일상과 밀접한 관련이 있다.

표면장력 ★
表面張力

한국서부발전
한국환경공단

액체가 가능한 한 작은 표면을 가지기 위해 작용하는 힘

✅ **기출**
잔의 높이보다 물을 더 많이 따르더라도 물이 넘치지 않고 표면이 둥글게 되는데, 이때 표면에 작용하는 힘은?
: 표면장력

방사성 원소 ★★
放射性元素

원자핵이 불안정한 상태에 있어 안정한 원소로 변하는 과정에서 방사선을 방출하는 원소

🔍 **더 알아보기**
방사성 원소의 종류

자연적으로 존재하는 원소	우라늄, 라듐, 토륨
인공적으로 만들어진 원소	넵투늄, 테크네튬, 프로메튬 등

방사선 ★★★
放射線

HUG주택도시보증공사
SH서울주택도시공사
국립공원공단
한국문화예술위원회

알파(α) 선, 베타(β) 선, 감마(γ) 선, 엑스(x) 선, 중성자선 등이 있으며, 방사성 원소가 붕괴하면서 방출하는 파동(전자파) 또는 입자

🔍 **더 알아보기**
방사선의 단위
렘(Rem), 베크렐(Bq), 시버트(Sv), 퀴리(Ci), 그레이(Gy), 뢴트겐(R), 라드(Rad)

원자력 발전 ★★
原子力發電

인천시설공단
한국수력원자력
한국언론진흥재단

핵폭발로 발생하는 에너지를 자원으로 이용하기 위해 연쇄 반응을 강제로 천천히 일어나게 하여 전기를 생산하는 발전 방식

🔍 **더 알아보기**
냉각수 종류에 따른 원자력 발전소의 분류

	냉각수	핵원료
경수로	경수(일반적인 물)	농축 우라늄
중수로	중수(heavy water)	천연 우라늄

국제원자력기구 ★★
International Atomic
Energy Agency

원자력의 평화적 이용과 국제적인 공동관리를 위해
1957년 설립된 국제기구

🔍 더 알아보기
원자력안전위원회(NSSC)
2011년 방사선 재해로부터 국민을 보호하고 공공의 안전과 환경
보전에 이바지하기 위해 설립된 기관

도플러 효과 ★★
Doppler effect

서울교통공사
한전KDN

파원과 관찰자의 상대적인 운동에 따라 관찰자가 파
원의 진동수와 다른 진동수를 관찰하는 현상

✅ 기출
파원의 이동에 따라 진동수가 달라지는 현상은?
: 도플러 효과

📋 사용 예시
외계행성을 관측하는 데 도플러 효과라는 과학 현상이 활용된다.

원자 ★★
atom

서울교통공사

중성자와 양성자로 이루어진 원자핵과 전자로 구성
되며 원소의 화학적 성질을 잃지 않는 상태로 존재
하는 가장 작은 기본 단위

🔍 더 알아보기
쿼크(quark)
양성자와 중성자를 이루는 기본입자로, 우주를 구성하는 가장 근
본적인 입자

힉스 입자 ★★★
Higgs boson

HUG주택도시보증공사
SH서울주택도시공사

질량이 없던 기본 입자가 질량을 갖게 되는 힉스 메
커니즘을 통해 나타나며 소립자의 질량을 만들어 내
는 기본 입자

🔍 더 알아보기
소립자(elementary particle)
가장 먼저 알려진 전자를 시작으로, 양성자, 중성자, 양전자, 중간
자 등 약 300여 종류가 알려져 있으며, 물질을 구성하는 가장 기본
적인 입자의 총칭

856

플라즈마 ★★
plasma

부산교통공사

제4의 물질이라 불리며, 기체 상태의 분자나 원자가 이온화되어 양이온과 전자가 혼재되어 있는 형태

Q 더 알아보기
부분적으로는 극성을 띄지만, 전체적으로는 중성 상태인 물질을 의미하며, 일종의 기체 상태이지만 이온과 전자에 의해 전도체 성질을 가진다.

☑ 기출
부분적으로는 극성, 전체적으로는 중성인 물질로 제4의 물질이라고 불리는 것은?
: 플라즈마

🗐 사용 예시
한국남부발전이 울산시 에너지 연구기관, 민간기업 및 중소기업과 함께 플라즈마 기술을 활용해 폐자원으로 수소와 전기를 생산하는 등 청정에너지화 사업을 추진한다.

857

법정계량단위 ★★★
法定計量單位

KORAIL한국철도공사
LH한국토지주택공사
부산교통공사
새마을금고
한국전력공사

일상생활 및 과학·교육·산업 등에서 무게, 길이, 온도 등의 단위를 통일한 것으로, 1982년 이후 국제단위계(SI)를 채택하여 사용

Q 더 알아보기
국제단위계(SI) 기본단위

길이	미터(m)
질량	킬로그램(kg)
시간	초(s)
열역학적 온도	켈빈(K)
광도	칸델라(cd)
전류	암페어(A)
물질량	몰(mol)

☑ 기출
273K는 몇 ℃인가?
: 0℃

🗐 사용 예시
'평', '돈'은 비법정계량단위이므로 'm', 'kg' 등 법정계량단위를 사용해야 한다.

길이의 단위 ★★★

마이크로 미터, 나노 미터, 피코 미터, 펨토 미터, 아토 미터

부산교통공사

🔍 **더 알아보기**

단위

마이크로 미터(μm)	1 mm = 1,000 μm
나노 미터(nm)	1 μm = 1,000 nm
피코 미터(pm)	1 nm = 1,000 pm
펨토 미터(fm)	1 pm = 1,000 fm
아토 미터(am)	1 fm = 1,000 am

빛의 현상 ★★★
the phenomenon of light

빛이 공기 속을 통과할 때 혹은 빛의 파동을 전달하는 매질이 변할 때 발생하는 효과

전남개발공사
한국마사회
한국수력원자력

🔍 **더 알아보기**

빛의 현상의 종류

반사	빛이 매질의 변화를 만나게 되었을 때 진행 방향을 바꿔 원래의 매질 방향으로 되돌아오는 현상
굴절	빛이 매질의 변화를 만나게 되었을 때 경계면을 통과하면서 진행 방향이 꺾이는 현상
산란	빛이 매질을 통과할 때 매질 속의 입자와 부딪혀서 운동 방향이 바뀌고 흩어지는 현상
투과	빛이 매질의 변화를 만나게 되었을 때 반사 또는 흡수되지 않고 그 물체를 통과하는 것
분산	투명한 매질 속에서 파동이 서로 다른 빛이 통과하는 속도가 달라서 굴절 정도가 다르고 그에 따라 나누어지는 현상
직진	매질이 균일하면 빛의 방향이 바뀌지 않고 일직선으로 나아가는 현상
간섭	파장과 진폭이 같은 두 개의 빛이 만났을 때 나타나는 현상
편광	모든 방향으로 진동하는 빛을 편광판을 통해 특정 방향으로만 진동하는 빛으로 바꾸는 것

✅ **기출**

홀로그램은 빛의 어떤 특성을 활용한 기술인가?
: 간섭

가시광선 ★★
可視光線

전자기파 중 파장이 약 380~780nm 범위로 사람의 눈으로 볼 수 있으며 파장이 붉은색에서 보라색으로 갈수록 짧아지는 빛

한국중부발전

🔍 더 알아보기

적외선과 자외선

적외선	붉은색 빛보다 파장이 긴 빛으로, 자외선에 비해 열적 특성이 높아 열선이라고도 부름
자외선	보라색 빛보다 파장이 짧은 빛으로, 가시광선보다 높은 에너지를 가지고 있으며 사람의 피부를 태우거나 살균 작용함

홀로그램 ★★
hologram

빛의 상호 간섭 현상을 이용한 것으로, 보는 각도에 따라 다른 이미지를 보이게 하여 입체감을 나타내는 영상

전남개발공사
한국산업단지공단

📋 사용 예시

언택트 시대가 되면서 홀로그램은 발레나 연극 등 여러 분야에서 활용될 것이다.

메트칼프의 법칙 ★★★
Metcalfe's law

네트워크의 규모가 커지면 비용의 증가 규모는 줄어들지만 네트워크의 가치는 참여자 수의 제곱에 비례하여 증가한다는 법칙

한국농어촌공사
한전KPS

🔍 더 알아보기

인터넷 경제 3원칙
무어의 법칙, 메트칼프의 법칙, 가치사슬을 지배하는 법칙

무어의 법칙 ★★★
Moore's law

1965년 고든 무어가 처음 주창한 것으로, 반도체 집적회로 성능이 18개월마다 2배로 늘어난다는 법칙

국민연금공단

🔍 더 알아보기
1975년에 24개월마다 2배로 늘어난다는 것으로 수정되었다.

반도체 ★★
半導體

특별한 조건에서만 전기가 흐르며 전류 조절에 사용되는 물질

🔍 더 알아보기
관련 용어

도체	전기가 잘 흐르는 물질
부도체	전기가 잘 흐르지 않는 물질
메모리 반도체	RAM, ROM 등 정보 저장이 목적인 반도체 소자
비메모리 반도체	CPU, AP 등 정보 처리가 목적인 반도체 소자

SSD ★★
Solid State Drive

KAC한국공항공사
LH한국토지주택공사
서울신용보증재단

반도체를 이용하여 응답속도가 빠르고 발열량이 적은 보조기억장치

🔍 더 알아보기
컴퓨터 저장 용량 단위

최소 단위	1비트(bit)
8bit	1바이트(B, Byte)
1024B	1킬로바이트(KB, Kilo Byte)
1024KB	1메가바이트(MB, Mega Byte)
1024MB	1기가바이트(GB, Giga Byte)
1024GB	1테라바이트(TB, Tera Byte)
1024TB	1페타바이트(PB, Peta Byte)
1024PB	1엑사바이트(EB, Exa Byte)
1024EB	1제타바이트(ZB, Zeta Byte)
1024ZB	1요타바이트(YB, Yotta Byte)

중앙처리장치 ★★★
Central Proccessing Unit

LH한국토지주택공사
서울신용보증재단
한국전력공사

제어장치, 연산장치, 레지스터의 세 부분으로 구성되며 명령을 해석하고 실행하는 핵심 장치

🔍 더 알아보기
기억장치의 종류
RAM, DRAM, SRAM, ROM, EEPROM, 레지스터 등

OLED ★★★
Organic Light Emitting Diodes

스스로 빛을 내고 빠른 응답속도, 넓은 시야각, 고화질 등이 특징인 디스플레이

aT한국농수산식품유통공사
KAC한국공항공사

🔍 **더 알아보기**
OLED는 백라이트가 필요 없다는 특징 때문에 제품 두께를 더욱 얇게 만들 수 있어, 특수 유리나 플라스틱을 이용해 구부리거나 휠 수 있는 디스플레이 기기를 제작할 수 있다.

📄 **사용 예시**
국제 전자제품박람회에서 한 반도체 기업이 롤러블 기능과 투명 디스플레이로 미래 OLED의 길을 제시했다.

태양광 에너지 ★★
sunlight energy

태양의 빛 에너지를 전기 에너지로 바꾸는 태양전지를 이용해 전기를 생산하는 발전 방식

🔍 **더 알아보기**
태양열 에너지는 열 교환기를 이용한 발전 방식이다.

바이오매스 ★★
biomass

바이오에너지의 에너지원이며 식물 또는 식물을 식량으로 하는 미생물이나 동물 등의 화학적 에너지로 사용 가능한 생물체

🔍 **더 알아보기**
바이오에너지(bioenergy)
바이오매스를 연소·발효·추출하여 얻는 친환경 에너지

DNA ★★★
Deoxyribonucleic Acid

생물의 유전 현상에 큰 역할을 하는 핵산의 일종으로, 세포 내에서 생물의 유전 정보를 보관하는 2중 나선형의 분자구조 물질

SH서울주택도시공사
한국마사회
한국보훈복지의료공단

✅ **기출**
다음 중 유전정보를 보관하는 물질은?
: DNA

📄 **사용 예시**
코로나19 치료제 개발을 위해 항체 치료제와 DNA 백신 후보 물질 등이 실험 중이다.

과학·IT
핵심상식
해커스 한 권으로 끝내는 공기업 기출 일반상식

유전자 가위 ★★★
gene scissor

DNA의 특정 부위를 인식하고 2중 가닥으로 이루어진 DNA를 절단하는 분자생물학적 도구

Q 더 알아보기

유전자 가위 기술의 발전
1세대 징크 핑거 뉴클라아제(ZFN) → 2세대 탈렌(TALEN) → 3세대 크리스퍼(CRISPR) → 4세대 프라임 에디팅(Prime editing)

게놈 ★★★
genome

경기콘텐츠진흥원
국립공원공단
근로복지공단
인천도시공사

유전체라고도 하며, 한 생물이 가지는 모든 유전 정보

Q 더 알아보기

프로테옴(proteome)
인체 내 특정 세포나 상황에서 만들어지고 작용하는 모든 단백질

줄기세포 ★★★
stem cell

aT한국농수산식품유통공사
한국산업단지공단

아직 분화가 결정되지 않았기 때문에 근육, 뼈, 내장, 피부 등 각 신체 기관 조직으로 전환될 수 있는 세포

Q 더 알아보기

줄기세포의 종류

배아줄기세포	사람의 배아를 이용해 만드는 줄기세포
성체줄기세포	구체적인 장기의 세포로 분화되기 직전의 원시세포로, 성인의 골수와 혈액에서 추출하여 만드는 줄기세포

엔도르핀 ★
endorphin

뇌에서 분비되는 신경전달물질로, 모르핀과 동일한 진통 효과가 있어 기분을 좋게 하고 통증을 줄여주는 작용을 하는 물질

목 사용 예시
엔도르핀은 스트레스를 받을 때 분비가 증가하며, 출산이 시작될 때 산모와 태아의 뇌에서 최고조로 분비된다.

멘델의 유전법칙 ★★★
Mendelian genetics

SH서울주택도시공사
한국마사회
한국보훈복지의료공단
한국환경공단

식물학자인 멘델이 완두콩을 이용한 교배 실험에서 밝혀낸, 부모의 형질이 자손에게 전해지는 유전 현상에 대한 법칙

🔍 더 알아보기
유전법칙의 종류

우열의 법칙	잡종 제1대에서는 두 가지 대립형질 중 어느 한 쪽만 나타나는 법칙
분리의 법칙	순종을 교배한 잡종 제1대를 자가교배 했을 때 우성과 열성이 나뉘어 나타나는 법칙
독립의 법칙	두 쌍 이상의 대립형질이 유전될 경우에도 우열의 법칙과 독립의 법칙을 만족시키며 유전되는 법칙

돌연변이
유전자 또는 염색체 변이로 인해 새로운 형질이 나타나는 현상

✅ 기출
멘델의 법칙은 무엇이 있는가?
: 우열의 법칙, 분리의 법칙, 독립의 법칙

ABO식 혈액형 ★★
ABO blood group system

SH서울주택도시공사

적혈구 표면의 항원과 혈액 속 항체에 따라 A, B, O, AB 4가지 타입과 RH+, RH-의 2가지 타입을 결합하여 총 8가지 형식으로 혈액을 구분하는 방식

🔍 더 알아보기
O형인 사람은 항원이 없으므로 A, B, AB형 모두에게 수혈할 수 있지만 A형인 사람은 A형 항원이 있어 항 A형 항체와 만나면 안 되므로 A형, AB형에게만 수혈할 수 있다.

자오선 ★★
子午線

한국환경공단

천체의 방위각과 시각 측정의 기준이자 천구상에서 지평의 남점과 북점 및 천정과 천저를 지나는 선

🔍 더 알아보기
본초자오선(prime meridian)
영국의 그리니치 천문대를 지나는 경도 0°의 자오선

대기권 ★★
大氣圈

KORAIL한국철도공사
국토안전관리원
한국남동발전
한국농어촌공사
한국환경공단

지구를 둘러싸고 있는 공기층으로, 높이에 따라 대류권 → 오존층(성층권 내부) → 성층권 → 중간권 → 열권(우주)으로 구성

🔍 **더 알아보기**

각 층의 명칭

대류권	대기권의 가장 아래층으로 지표와 맞닿아 있는 영역
오존층	성층권 내부에 존재하는 오존이 밀집되어 있는 구간
성층권	대류권 위부터 약 50km 높이까지의 구간
중간권	성층권 위부터 약 80km 높이까지의 구간
열권	중간권 위부터 약 1,000km 높이까지의 구간

🗒 **사용 예시**
국제우주정거장에서 돌아오는 우주선은 지구 대기권에 진입하기 전에 태양광 패널, 라디에이터 등이 있는 아래쪽 트렁크 부분을 분리하여 대기 마찰열로부터 우주선을 보호한다.

지진 ★★
地震

지구 지층의 순간적인 움직임에 따라 쌓여 있던 에너지가 발현되어 지표가 흔들리거나 갈라지는 현상

🔍 **더 알아보기**

지진의 종류와 단위

종류	직하형(내륙 근처 진원, 상하 진동, 큰 충격)
	해양형(해저 진원, 수평 진동)
단위	리히터 규모(지진의 절대적 강도)
	진도(관측지점에서 느껴지는 상대적 크기나 피해 정도)

밴앨런대 ★★
Van Allen Belt

LH한국토지주택공사

적도 상공에서 지구를 이중으로 둘러싼 고리 모양의 방사능대

✅ **기출**
적도 부근에 지구를 둘러싸고 있는 방사능대는?
: 밴앨런대

환태평양 조산대 ★★★
Circum-Pacific Belt

지구상에서 일어나는 화산 분화의 70~80%를 차지하며 피해가 커 '불의 고리'라고도 하는 화산대

대구도시공사
인천서구문화재단

📋 **사용 예시**
환태평양 조산대에 속한 솔로몬 제도에서는 크고 작은 지진이 자주 발생한다.

화산암 ★★
volcanic rock

마그마가 지표 근처 또는 지표까지 올라온 뒤 온도가 하락하면서 굳어져 형성된 암석의 총칭

부산교통공사

🔍 **더 알아보기**
분출암이라고도 하며, 종류로는 현무암, 안산암, 유문암이 있다.

화성암(igneous rock)
마그마가 식으면서 형성된 암석의 총칭으로, 지표 근처에서 급격하게 온도가 하락하여 입자의 크기가 작으면 화산암, 지하 깊은 곳에서 서서히 온도가 하락하여 입자의 크기가 크면 심성암이라고 하고, 심성암의 종류로는 화강암, 섬록암, 반려암이 있음

✅ **기출**
다음 중 화산암이 아닌 것은?
: 화강암

📋 **사용 예시**
연구원들은 탐사 로버가 채취한 암석 중 일부가 화산암인지 퇴적암인지 알아내려고 노력하고 있다.

피오르 해안 ★★
fjord coast

빙하에 의해 침식된 U자형 골짜기에 해수가 침입하여 좁고 긴 만을 형성한 해안

강동구도시관리공단
대한체육회

✅ **기출**
빙하에 의해 형성된 지형으로 좁고 깊은 만을 의미하는 말은?
: 피오르 해안

📋 **사용 예시**
노르웨이와 아이슬란드는 끝없이 펼쳐진 피오르 해안의 자연 경관으로 인해 여행객의 발길이 끊이지 않고 있다.

884

해저지형 ★★
海底地形

바다 밑의 지형을 수심에 따라 나눈 것으로 대륙붕, 대륙사면, 심해저, 해구로 분류

🔍 더 알아보기
해저지형의 종류

대륙붕	해안에서부터 수심 200m까지의 평탄한 구간으로, 바닷속에 존재하지만 대륙지각에 속하는 지형
대륙사면	수심 약 200~2,000m 구간으로, 대륙붕의 끝에서 경사가 급격해지는 지형
심해저	수심 2,000m 이상의 구간으로, 대륙사면에 연결된 비교적 평탄한 형태의 지형
해구	심해저에서 凹 형태로 움푹 파인 지형

885

카르스트 지형 ★
Karst topography

LH한국토지주택공사

석회암이 빗물이나 지하수에 화학적으로 용해되면서 침식되어 나타나는 지형

🔍 더 알아보기
강수량과 식물이 많은 열대와 아열대 기후 지역에서 더욱 잘 발달되며, 종류로는 석회동굴, 돌리네, 탑 카르스트 등이 있다.

✅ 기출
용식 작용으로 카르스트 지형을 형성하는 암석은?
: 석회암

886

선상지 ★★
扇狀地

LH한국토지주택공사

경사진 산지와 평지가 만나 경사가 급변하는 지점에서 모래와 자갈 등의 물질이 퇴적하여 형성된 부채꼴 모양의 지형

🔍 더 알아보기
지형의 종류

순상지	지질학적으로 가장 오래되고 안정된 방패 모양의 땅
범람원	하천이 범람하면서 운반된 물질이 하천의 양안에 퇴적되어 형성된 평탄한 지형
삼각주	바다와 만나는 하천의 하구에서 유속 감소에 따라 모래 또는 흙이 퇴적되어 형성된 지형

887

푄 ★★★
föhn

LH한국토지주택공사
부산도시공사
영화진흥위원회
한국마사회
한국언론진흥재단
한국환경공단

산지에서 불어 내리는 건조한 열풍으로, 우리나라에서는 높새바람으로 불림

🔍 **더 알아보기**

우리나라의 바람 종류

샛바람	동풍
하늬바람	서풍
마파람	남풍 또는 앞에서 불어오는 바람
된바람	북풍

888

열대 저기압 ★★★
tropical cyclone

LH한국토지주택공사
서울시설공단
한국마사회
해양환경공단

적도 부근의 열대 지역 해상에서 발생하는 저기압

🔍 **더 알아보기**

발생 위치에 따른 분류

태풍	북태평양 서부
윌리윌리	호주 부근 남태평양
허리케인	대서양, 북태평양 동부
사이클론	인도양, 아라비아해, 벵골만

889

쾨펜의 기후 분류법 ★★
Köppen climate classification

식생 분포의 경계와 일치하는 기온과 강수량을 기준으로 5가지 기후 분류를 만들어 세계를 11개의 기후 지역으로 세분한 것

🔍 **더 알아보기**

쾨펜의 5가지 기후 분류

열대기후	가장 추운 달의 평균 기온이 18℃ 이상인 기후
온대기후	가장 추운 달의 평균 기온이 -3~18℃ 사이인 기후
냉대기후	가장 추운 달의 평균 기온은 -3℃ 미만, 가장 따뜻한 달의 평균 기온은 10℃ 이상인 기후
한대기후	가장 따뜻한 달의 평균 기온이 10℃ 미만인 기후
건조기후	연 강수량이 500mm 이하이고, 강수량보다 증발량이 많은 기후

세종과학기지 ★★
世宗科學基地

국민연금공단
부산경제진흥원

1988년 2월 우리나라가 남극대륙의 킹조지섬 남서쪽 해안에 설치한 최초의 상설 과학연구기지

🔍 더 알아보기

우리나라의 극지방 연구소

장보고과학기지	2014년 세종과학기지에 이어 남극 테라노바만 연안에 건설한 대한민국 제2의 과학기지
다산과학기지	2002년 4월 노르웨이의 영토인 북극 스발바르 군도에 완공된 대한민국 최초의 북극 해양과학기지

아라온호(Araon)
남북극 기지 물품 보급 및 연구 활동을 하는 대한민국 최초의 쇄빙연구선

이어도 해양과학기지 ★★★
離於島海洋科學基地

한국농어촌공사

2003년 6월 기상관측과 해양자원 연구를 목적으로 마라도 서남쪽 149km에 위치한 이어도에 완공한 국내 최초 해양과학기지

🔍 더 알아보기

온누리호(Onnuri)
1991년 건조된 첨단 연구 장비를 장착한 한국 최초의 해양조사선

극한기술 ★★
極限技術

국민건강보험
한국보훈복지의료공단

극저온·초고온·초고압·고진공·초청정 총 5개 분야로, 극한적인 상황을 발생시켜 응용하는 기술

🔍 더 알아보기

측정 기술 및 환경제어 기술의 발달로 극한기술 분야에 관한 연구 진행이 빨라지고 있다.

초전도 현상 ★★
超傳導現象

한전KPS

어떤 물질을 절대온도 0도에 가까운 극저온 상태로 냉각시켰을 때 전기저항이 0이 되는 현상

📄 사용 예시

영화 <아바타>의 언옵테늄은 상온 초전도 현상 물질이다.

그래핀 ★★
graphene

광주광역시도시철도공사
대한장애인체육회

탄소원자로 이루어져 있으며 세상에서 가장 얇고 단단한 물질

🔍 **더 알아보기**

탄소 나노튜브(Carbon Nanotube)
그래핀이 튜브 형태로 말려 있는 것을 말하며, 그 지름에 따라 도체가 되기도 하고 반도체가 되기도 하는 성질이 있음

희토류 ★★
稀土類

서울특별시농수산식품공사
한국산업인력공단

희소 금속의 일종으로, 안정되고 열과 전기가 잘 통하여 첨단산업에서 활용되는 소재

🔍 **더 알아보기**

희소 금속(rare metal)
수요보다 매장량이 부족하거나 추출이 어렵지만 적은 양으로도 제품의 품질을 개선할 수 있어 부가가치가 매우 높은 금속

국제 우주정거장 ★★
國際宇宙停車場

수도권매립지관리공사

우주 공간에서 인간이 장기체류하며 신물질 연구, 우주과학 및 활용 연구 등을 할 수 있는 대형 우주기지

🔍 **더 알아보기**

대표적인 국제 우주정거장
러시아의 '살류트', 미국의 '스카이랩', 중국의 '텐궁 1호'

우주조약 ★★
Outer Space Treaty

우주의 평화적 목적을 위해 체결된 최초의 국제조약으로, 우주천체조약 또는 우주공간평화이용조약이라고도 함

🔍 **더 알아보기**

우주조약의 내용
1. 우주는 모든 나라에 개방되며 어느 나라도 영유할 수 없다.
2. 달을 비롯한 모든 천체는 평화적 목적에만 이용할 수 있다.
3. 천체상이나 우주공간에서의 군사기지 설치, 핵실험 등을 금지한다.

인공위성 ★★
人工衛星

NIS국가정보원
서울교통공사
인천항만공사
한국에너지공단
한국환경공단

행성의 둘레를 원 또는 타원 궤도로 공전하도록 만든 인공 물체

🔍 더 알아보기

우리나라의 인공위성

우리별 1호	우리나라 최초 국적위성이자 과학인공위성
무궁화 1호	우리나라 최초 방송·통신 위성
아리랑 1호	우리나라 최초 다목적 실용위성
천리안 1호	우리나라 최초 정지궤도 통신해양기상위성
무궁화 5호	우리나라 최초 민·군 겸용 정지궤도 통신위성
과학기술위성 1호	우리나라 최초 우주 관측위성
나로호	우리나라 최초 우주 발사체
아나시스 2호	우리나라 최초 군사 전용 정지궤도 통신위성

✅ 기출
우리나라 최초의 다목적 실용위성은?
: 아리랑 1호

갈릴레이 위성 ★★
Galilei satellites

부산교통공사

목성의 위성 중 가장 크고 밝은 4개의 위성

🔍 더 알아보기
목성의 위성은 2020년까지 총 79개가 발견되었고, 그중 가장 크고 밝은 4개의 위성을 처음 발견한 갈릴레이의 이름을 따서 갈릴레이 위성이라고 부른다.

갈릴레이 위성

이오(Io)	갈릴레이 위성 중 목성에 가장 가까운 위성
유로파 (Europa)	갈릴레이 위성 중 가장 작은 위성
가니메데 (Ganymede)	태양계 안에서 가장 큰 위성으로, 갈릴레이 위성 중 목성으로부터 세 번째로 멀리 있는 위성
칼리스토 (Callisto)	갈릴레이 위성 중 목성에서 가장 먼 위성

✅ 기출
갈릴레이 위성 중 목성과 가장 가까운 위성은?
: 이오(Io)

큐리오시티 ★★
Curiosity

화성에서 질소를 발견하여 생명체가 살기 적합하다는 증거를 찾은 미항공우주국(NASA)의 최첨단 무인 화성 탐사로봇

Q 더 알아보기

NASA의 화성 탐사로봇과 우주 탐사계획

탐사로봇	스피릿&오퍼튜니티, 퍼서비어런스
탐사계획	아폴로 계획, 머큐리 계획

태양의 활동 ★★
solar activity

한국마사회

태양의 활동에 따라 발생하는 현상

Q 더 알아보기

태양의 활동 종류

흑점	강력한 자기장에 의해 대류 과정이 일어나지 못하고 자기장 주변의 온도가 떨어져 어둡게 보이는 현상
태양풍	태양에서 방출되는 초음속 플라스마의 흐름
코로나	개기일식 때 관측되는 태양의 가장 바깥쪽 대기
자기 폭풍	지구 자기장이 불규칙하게 일시적으로 변하는 현상
플레어	자기장 에너지가 폭발적으로 해방되면서 강한 빛과 전자 등이 방출되는 현상
오로라	플라스마의 일부가 지구 자기장에 이끌려 공기 분자와 반응하여 빛을 내는 현상
델린저 현상	단파 통신으로 수신 불능 상태가 되었다가 점차 회복되는 현상

암흑물질 ★
暗黑物質

우주를 구성하는 총물질의 23% 이상을 차지하며 전자기파로 관측되지 않고 오로지 중력을 통해서만 존재를 알 수 있는 물질

Q 더 알아보기

성간물질(星間物質)
주로 성간가스와 성간먼지로 이루어져 있으며, 별과 별 사이의 공간을 채우고 있는 물질의 총칭

903

핀테크 ★★★
Fintech

HF한국주택금융공사
부산경제진흥원

금융회사가 주도하는 금융과 IT 융합을 통해 금융서비스 및 산업에 나타나는 변화

🔍 **더 알아보기**

테크핀(Techfin)
IT 업계의 주도로 금융업과 IT를 융합한 것

904

애그테크 ★★
Agtech

한국농수산식품유통공사

'농업(agriculture)'과 '기술(technology)'의 합성어로, 4차 산업 시대가 본격화됨에 따라 농업 생산에 인공지능, 빅데이터, IoT, 머신러닝, 로봇 등의 첨단 기술을 적용하는 것

🔍 **더 알아보기**

스마트 팜(smart farm)
정보통신기술, 사물인터넷 등 첨단 기술이 접목된 농장

✅ **기출**

농업에 첨단 기술을 적용하여 농작물의 생산성 향상, 노동력 부족, 식량 부족 등의 문제를 해결할 수 있는 방안은?
: 애그테크

📋 **사용 예시**

제조업에서 활용하는 인공지능, 빅데이터, 사물인터넷(IoT) 등이 농·어업 분야에서도 상용화되면서 애그테크 투자가 증가하고 있다.

905

인슈어테크 ★★★
Insurtech

IBK기업은행
대전도시철도공사

'보험(insurance)'과 '기술(technology)'의 합성어로, IT 기술과 보험산업을 접목한 보험 서비스

🔍 **더 알아보기**

인슈어테크가 도입되면 기존의 운영방식과 상품 개발 및 고객 관리 등이 모두 재설계되어 보다 고차원적인 관리 및 서비스가 이루어질 수 있다.

📋 **사용 예시**

IT 기술이 보험 분야로 영향력을 넓히면서 여러 보험회사가 새로운 사업 모델을 통해 인슈어테크를 빠르게 도입하고 있다.

906

빅데이터 ★★★
Big data

한국농어촌공사

비정형적인 대규모 데이터를 저장 및 관리하고 가치 있는 정보를 만들기 위해 분석하는 기술

🔍 **더 알아보기**

데이터 관련 용어

데이터베이스	상호 관련된 데이터를 여러 사람이 공유하고 사용할 목적으로 만든 파일 또는 데이터의 집합체
데이터 웨어하우스	기업의 효율적인 의사결정을 위해 여러 시스템에 분산된 데이터를 통합·축적한 데이터베이스

907

인공지능 ★★★
Artificial Intelligence

서울교통공사
한국장애인고용공단

처리능력을 비약적으로 높이고 들어온 데이터가 어떤 것인지 스스로 판단하여 그에 적합한 처리를 생각하고 실행하는 컴퓨터

🔍 **더 알아보기**

딥러닝과 알파고

딥러닝	컴퓨터 스스로 외부 데이터를 조합·분석하여 학습하는 기술
알파고	구글 딥마인드사의 인공지능 바둑 프로그램

✅ **기출**
데이터를 스스로 판단하고 학습하며 스스로 처리하는 컴퓨터는?
: 인공지능

908

가상현실 ★★★
Virtual Reality

SH서울주택도시공사
경기콘텐츠진흥원
근로복지공단
방송통신위원회
부산교통공사

컴퓨터로 이미지, 주변 배경, 객체 모두를 가상의 이미지로 만들어 놓은 가상의 세계에서 사람이 실제와 같은 체험을 할 수 있는 최첨단 기술

🔍 **더 알아보기**

증강현실(Augmented Reality)
사용자의 위치, 방향, 움직임 등을 실시간으로 추적하여 사용자가 존재하는 현실 세계에 3차원 가상물체를 겹쳐 보여주는 기술로, AR은 실제 현실에 가상의 정보를 더하나, VR은 가상의 정보만 제시됨

✅ **기출**
가상의 물체를 현실에 구현해 사람이 인지하도록 하는 기술은?
: 증강현실

클라우드 컴퓨팅 ★★★
cloud computing

인터넷 서버에 데이터를 저장하여 다양한 IT 관련 서비스를 한 번에 활용하고 자신의 컴퓨터가 아닌 인터넷으로 연결된 다른 컴퓨터로 정보를 처리할 수 있는 컴퓨팅 모델

KBS
SH서울주택도시공사
광주광역시도시철도공사
한국가스공사
한전KPS

Q 더 알아보기

그리드 컴퓨팅(grid computing)
네트워크를 통해 여러 컴퓨팅 기기를 공유하여 컴퓨터의 연상 능력, 데이터 처리 능력 등을 극대화한 컴퓨팅 모델

目 사용 예시
금융사들의 클라우드 컴퓨팅 사용이 허용된 뒤 최근 이용률이 크게 늘었다.

셰어웨어 ★★
shareware

일정 기간 무료로 사용 가능하나 이후 지속 사용을 위해서는 비용 지불이 필요한 소프트웨어

Q 더 알아보기

소프트웨어의 종류

라이트웨어	무료로 사용할 수 있지만 핵심적 기능 몇 가지가 빠진 소프트웨어
애드웨어	사용 제한 없이 무료로 사용하는 대신 사용 중 반복적으로 광고에 노출되는 소프트웨어
프리웨어	개인 사용자는 누구나 무료로 사용할 수 있지만 수정, 개선, 배포는 할 수 없는 소프트웨어

프로토콜 ★★
protocol

컴퓨터 간의 원활한 정보 교환을 위한 통신규약

SH서울주택도시공사
경기신용보증재단
국민연금공단
한국수력원자력

Q 더 알아보기

WAP과 IPv6

WAP	무선 인터넷 통신규약으로, 휴대전화와 인터넷 또는 컴퓨터와의 연결을 위한 프로토콜
IPv6	인터넷 프로토콜(IP) 주소 표현 방식의 차세대 버전

프록시 서버 ★★
proxy server

한 번 접속된 외부 자료들을 저장해 두었다가 필요할 때 빠르게 제공하는 클라이언트와 인터넷 서버 사이의 중계 역할과 방화벽의 기능을 하는 서버

근로복지공단
부산교통공사
한국산업인력공단
한국수력원자력
한국전력공사

🔍 더 알아보기
쿠키(cookie)
특정 웹사이트에 접속할 때 생성되는 정보를 자동으로 저장하는 임시파일

✅ 기출
방화벽 기능을 담당하며 자료를 저장해 두고 빠르게 제공하는 서버는?
: 프록시 서버

📄 사용 예시
해외 계정으로만 볼 수 있는 콘텐츠를 한국에서 보기 위해 사용되던 프록시 서버나 VPN 등 우회 도구를 쓰는 편법이 차단되었다.

양자 컴퓨터 ★★
quantum computer

반도체가 아닌 원자를 기억소자로 활용하며, 양자역학의 원리에 따라 작동하는 미래형 첨단 컴퓨터

🔍 더 알아보기
정보의 기본 단위
일반 컴퓨터는 '비트(bit)', 양자 컴퓨터는 '큐비트(qubit)'

시카모어 프로세서(Sycamore processor)
구글이 개발한 54큐비트 양자 컴퓨터의 메인 칩

뉴로·퍼지·바이오 컴퓨터

뉴로 컴퓨터 (neuro computer)	인간의 뇌를 구성하는 신경세포와 신경회선망의 구조를 응용한 회로소자를 이용하여 만든 컴퓨터
퍼지 컴퓨터 (fuzzy computer)	인간의 지능 처리 기능을 적용하여 인간의 제어방법에 가까운 제어를 할 수 있는 컴퓨터로, 인간적인 사고나 판단기능을 특화한 컴퓨터
바이오 컴퓨터 (biocomputer)	인간의 뇌를 모방하여 만든 컴퓨터로, 유기물을 결합한 바이오칩을 컴퓨터 소자로 이용할 수 있는 컴퓨터

📄 사용 예시
2019년 구글은 슈퍼컴퓨터로 10,000년이 걸려야 해결할 수 있는 연산을 양자 컴퓨터로 200초 만에 해결하면서 양자 우월성을 입증했다고 발표했다.

과학·IT

핵심상식

해커스 한 권으로 끝내는 공기업 기출 일반상식

블록체인 ★★★
blockchain

aT한국농수산식품유통공사
경기콘텐츠진흥원
방송통신심의위원회

네트워크의 모든 사용자가 데이터를 분산하여 저장하고 거래할 때마다 이를 대조하여 데이터 위조를 막는 데이터 분산처리기술

Q 더 알아보기

비트코인(bitcoin)
개인 간에 직접 돈을 주고받을 수 있도록 블록체인 기술을 기반으로 암호화된 최초의 가상화폐

📋 사용 예시
블록체인 기술을 기반으로 한 암호화폐 투자는 위험성이 매우 크므로 유의해야 한다.

서비스형 블록체인 ★
Blockchain as a Service

기업이 손쉽게 블록체인 기술을 적용할 수 있도록 클라우드 기반의 서비스 개발 및 관리를 지원하는 서비스

Q 더 알아보기

클라우드 컴퓨팅 종류

서비스형 소프트웨어 (SaaS)	소프트웨어를 구매하지 않고 클라우드에서 빌려 쓸 수 있는 서비스
서비스형 인프라스트럭처 (IaaS)	이용자가 직접 데이터센터를 구축할 필요 없이 클라우드에서 필요한 인프라를 빌려 쓸 수 있는 서비스
서비스형 플랫폼 (PaaS)	사용자가 소프트웨어 서비스를 개발할 때 필요한 플랫폼을 클라우드에서 제공하는 서비스

📋 사용 예시
정부는 클라우드 상에서 블록체인 서비스를 개발할 수 있는 BaaS의 활용을 통해 중소기업과 창업기업을 지원하고 있다.

옵트인 ★★
opt-in

LH한국토지주택공사

수신인이 사전에 동의했을 때만 상업용 메일을 보낼 수 있는 방식

Q 더 알아보기

옵트아웃(opt-out)
수신인이 수신 거부 의사를 밝히지 않는 한 자유롭게 상업용 메일을 보낼 수 있는 방식

전자상거래 ★★
electronic commerce

부산교통공사
한국마사회
한국조폐공사

사이버 마켓이라고도 하며, 온라인 네트워크를 통해 서비스나 물건을 거래하는 행위

Q 더 알아보기

전자상거래의 종류

B2B	기업과 기업 간 전자상거래
C2B	소비자의 기업 대상 전자상거래
G2C	국가기관의 소비자 대상 전자상거래

✅ 기출

기업이 기업을 대상으로 하는 전자상거래는?
: B2B

해커 ★★
hacker

근로복지공단
한국산업단지공단
한국수력원자력
한국장애인고용공단
한국환경공단

컴퓨터 또는 프로그래밍에 뛰어난 능력이나 전문적인 지식이 있어 시스템 조작에 능숙한 사람

Q 더 알아보기

해커의 종류

그레이 햇 해커	해킹 기술을 사용하여 시스템의 취약점을 분석하고 취약점을 보완하기 위해 보안 장치를 설치하는 해커
화이트 햇 해커	공익 또는 학업을 위한 순수 목적으로 정보 시스템에 대해 해킹을 시도하며 해킹에 대한 대응전략을 구상하는 해커
블랙 햇 해커	악의적 목적으로 시스템에 침입하여 바이러스를 유포하는 등 해를 끼치는 해커

디도스 ★★
Distributed Denial of Service

한국보훈복지의료공단
한국산업단지공단
한국수력원자력

분산된 여러 대의 공격자가 특정 웹사이트에 동시에 접속하여 비정상적인 트래픽 증가를 일으켜 서버를 마비시키는 해킹 방식

✅ 기출

DDoS의 특징으로 잘못된 것은?
: 공격받은 컴퓨터의 속도가 빨라진다.

📄 사용 예시

디도스 공격에 의해 홈페이지 접속이 지연되는 현상이 발생했다.

피싱 ★★
phishing

The-K한국교직원공제회
근로복지공단
한국가스공사
한국남동발전
한국부동산원

금융기관 등의 웹사이트나 메일로 위장하여 개인의 인증번호, 신용카드번호, 계좌정보 등을 빼내 불법적으로 이용하는 범죄 수법

Q 더 알아보기
스미싱과 파밍

스미싱	휴대폰 사용자에게 웹사이트 링크 문자를 보내고 웹사이트에 접속하면 개인정보를 탈취하는 범죄 수법
파밍	진짜 사이트인 척 도메인이나 서버 주소를 변조하여 사용자들이 접속하도록 한 뒤 개인정보를 탈취하는 범죄 수법

백도어 ★★
back door

인증되지 않은 사용자도 컴퓨터나 모바일 기기에 임의로 접속할 수 있도록 보안이 제거된 시스템의 통로 혹은 구멍

Q 더 알아보기
원래는 서비스 기술자나 유지보수 프로그래머들의 편의를 위해 시스템 설계자가 고의로 만들어 놓은 것이나 컴퓨터에 존재하는 보안 취약점을 통해 전송된 트로이 목마와 같은 바이러스성 프로그램에 의해 만들어지기도 한다.

📄 사용 예시
미국은 화웨이의 5G 장비에 백도어가 설치되어 있어 보안에 취약하다는 우려를 표하고 있다.

미러사이트 ★★
mirror site

aT한국농수산식품유통공사

네트워크 효율 향상을 위해 다른 웹 사이트의 정보를 그대로 복사하여 관리하는 사이트

Q 더 알아보기
미러링(mirroring)
데이터가 손실·손상될 수 있는 사고의 대비를 위해 데이터를 여러 장치에 중복 저장하는 것 또는 스마트폰 등 모바일 기기의 표시 내용을 주변 기기에 표시하는 기술

📄 사용 예시
일부 기업에서 국내외 개발자들을 위해 한국의 공식 미러사이트를 제공한다고 밝혔다.

사이버스쿼팅 ★★
cybersquatting

LH한국토지주택공사
근로복지공단
서울특별시농수산식품공사
한국전력공사
한전KPS

유명한 기업 · 단체 · 기관 · 조직과 같은 이름의 인터넷 도메인 주소를 투기나 판매 목적으로 선점하는 행위

Q 더 알아보기
관련 용어

사이버슬래킹	업무 시간에 일과 무관한 용도로 인터넷을 사용하여 업무에 방해되는 모든 행위
사이버불링	사이버 공간에서 벌어지는 집단 따돌림이나 괴롭힘

✓ 기출
사이버 공간에서 벌어지는 따돌림을 의미하는 용어는?
: 사이버불링

디제라티 ★★★
digerati

KAC한국공항공사
한국환경공단

'디지털(digital)'과 '지식계급(literati)'의 합성어로, 디지털 시대에 새롭게 떠오르는 신지식인

Q 더 알아보기
인터넷 사업에서 성공한 기업인으로 과거의 지식인들과는 다르게 제3의 문화를 창조하고, 사회적인 영향력을 행사하며, 말보다는 행동으로 보여주고, 수평적인 네트워크를 추구한다. 디제라티 1세대로는 마이크로소프트의 빌 게이츠, 아마존의 제프 베이조스 등이 있다.

디지털 컨버전스 ★★★
digital convergence

공무원연금공단
국립공원공단
인천국제공항공사
한국수력원자력

디지털 기술의 발달로 여러 분야의 기술과 제품, 서비스가 하나로 융합되는 현상

Q 더 알아보기
관련 용어

디버전스	기기가 가지고 있는 본래의 기본 기능에 더욱 충실하자는 것으로, 디지털 컨버전스와 반대의 의미
디지털 디톡스	디지털 기기에 빠진 현대인들의 심신 치유를 위해 사용을 중단하고 휴식하는 처방 요법

✓ 기출
기술의 발달로 각종 기술이 하나로 융합되는 현상은?
: 디지털 컨버전스

RFID ★★
Radio Frequency
Identification

KAC한국공항공사
SH서울주택도시공사
한국마사회

카드 등에 내장된 반도체 칩에 데이터를 저장하고, 저장된 데이터를 무선 주파수를 이용하여 비접촉으로 읽어내는 인식 시스템

✅ 기출
바코드보다 발전된 형태로 물품에 전자칩을 부착하여 전파를 통해 사물의 정보를 읽어내는 시스템은?
: RFID

📋 사용 예시
공동주택의 음식물쓰레기 종량제가 기존의 태그 형식에서 RFID 형식으로 개선되었다.

와이파이 ★★
Wi-Fi

KAC한국공항공사
한국부동산원
한국산업단지공단
한국산업안전보건공단

무선접속장치(AP, Access Point)가 설치된 곳의 일정한 거리 내에서 초고속 무선 인터넷을 이용할 수 있는 근거리 통신망 기술

🔍 더 알아보기
와이브로(WiBro)
휴대용 인터넷 단말 장치를 통해 이동하면서 초고속 인터넷을 이용할 수 있는 무선 휴대 인터넷 기술

✅ 기출
무선접속장치를 통해 초고속 무선 인터넷을 제공하는 기술은?
: 와이파이

블루투스 ★★
Bluetooth

aT한국농수산식품유통공사
서울교통공사
한국수력원자력
한전KDN

각종 정보통신기기 및 디지털 가전제품 등을 물리적인 접속 없이 연결해 정보를 교환하는 근거리 무선 통신 방식

✅ 기출
각종 디지털 제품을 물리적인 접속 없이 무선으로 연결해주는 근거리 무선 네트워크 기술은?
: 블루투스

📋 사용 예시
블루투스, 와이파이도 지원해 TV가 아닌 다른 기기로도 오디오 컨텐츠 재생이 가능하다.

6G ★★
6th Generation

저궤도위성과 지상 통신을 연결하여 전송 속도가 초당 1Tbps 이상, 연결 밀도 성능이 5G의 10배 이상인 미래형 통신 기술

Q 더 알아보기

만물인터넷과 디스플레이 내장 안테나

만물인터넷 (IoE)	사물과 연결 가능한 모든 것이 인터넷에 연결되어 상호작용하는 세상을 만드는 기술
디스플레이 내장 안테나 (AoD)	디스플레이에 미세 전극으로 제작한 안테나를 내장하여 디스플레이의 기능과 안테나의 역할을 모두 수행하는 기술

☰ 사용 예시

국내외 다수의 IT 기업들은 이미 5G를 넘어 6G 기술 특허 출원에 열을 올리고 있다.

팝콘브레인 ★★
popcorn brain

튀어 오르는 팝콘처럼 강렬하고 자극적인 것에만 반응하고 사람의 감정이나 현실 세계의 느린 변화에는 무감각해진 뇌 구조

☰ 사용 예시

어린 나이부터 스마트폰을 통해 강렬한 시청각 자극에 오래 노출되면 팝콘브레인이 될 우려가 높다.

웨바홀리즘 ★★
Webaholism

'웹(web)'과 '알코올중독증(alcoholism)'의 합성어로, 인터넷에 접속하지 않으면 불안감을 느끼고 일상생활에 지장이 있을 정도로 지나치게 인터넷에 몰두하는 인터넷 중독증

HUG주택도시보증공사

⊘ 기출

웹과 알코올중독증의 합성어로, 인터넷 중독증을 의미하는 신조어는?
: 웨바홀리즘

과학 · IT

한국사상식

해커스 한 권으로 끝내는 공기업 기출 일반상식

932

리셋 증후군 ★★
reset syndrome

현실 세계에서의 실수나 잘못한 일도 컴퓨터를 초기화하듯 얼마든지 초기화가 가능할 것이라고 착각하는 현상

🔍 더 알아보기

가상 세계와 현실 세계를 잘 구분하지 못하며, 리셋 증후군을 보이는 범죄자는 심각한 범죄행위도 마치 게임의 일환으로 착각한다. 리셋 증후군을 치료하려면 인터넷을 이용하는 시간을 제한하고 규칙적인 운동을 하거나 사색하는 습관을 가져야 한다.

사이버 증후군의 종류

둠 증후군	게임 중독이 결근, 휴학, 이혼사태 등의 문제로 이어져 미국에서 사회문제로 대두된 적이 있는 증후군
닌텐도 증후군	전자기기의 불규칙적으로 깜박거리는 빛에 자극을 받거나 지나치게 몰입하여 생기는 발작 현상

933

데이터 3법 ★★★
Data 3法

개인정보보호법, 정보통신망법, 신용정보법 등 가명정보를 주체의 동의 없이 이용 및 제공할 수 있도록 하여 정보 활용의 폭을 넓히기 위한 개정안

🔍 더 알아보기

개인정보보호법 관련 정보의 종류

개인정보	이름, 주민등록번호 등 개인을 확인할 수 있는 정보
가명정보	개인정보 일부를 삭제·대체하여 특정 개인을 확인할 수 없는 정보 ex) 서울시 강남구에 거주 중인 30대 남성 김○○ 씨
익명정보	정보의 주체를 전혀 특정할 수 없는 정보 ex) 30대, 남성 등

마이 데이터(my data)
개인 스스로 본인 의사에 따라 정보를 통제·관리·활용할 수 있도록 정보 주권을 보장하는 것을 목적으로 하는 정보 관리 또는 그 통제 과정

📋 사용 예시
데이터 3법의 시행으로 정보 활용의 범위는 넓어졌지만, 과도한 개인정보 수집에 따른 문제점이 우려된다.

934

제로레이팅 ★★
zero rating

콘텐츠 사업자가 통신사와의 제휴를 통해 콘텐츠 이용자의 데이터 이용료를 할인해 주거나 면제해 주는 제도

방송통신심의위원회
인천서구문화재단
포항시시설관리공단

🗐 **사용 예시**
코로나19로 원격 수업이 진행됨에 따라 통신사에서 제로레이팅을 적용하는 등 지원이 강화되었다.

935

MVNO ★★★
Mobile Virtual Network Operator

이동통신망이 없어 이동통신망을 보유한 네트워크 운영사업자로부터 통신망을 빌려 무선 서비스를 제공하는 가상 이동통신망 사업자

인천항만공사

🔍 **더 알아보기**
MNO(Mobile Network Operator)
이동통신망을 보유한 기존 네트워크 운영사업자

🗐 **사용 예시**
자동차 업계에서도 커넥티드카 서비스를 위해 MVNO 사업자 지위를 확보하고 있다.

936

IoT ★★★
Internet of Things

생활 속 모든 사물을 네트워크로 연결하여 사람과 사물, 사물과 사물 간에 상호 소통이 가능한 지능형 기술 및 서비스

aT한국농수산식품유통공사
한국농어촌공사

🔍 **더 알아보기**
IoT의 종류
하이패스, 헬스케어, 원격검침, 스마트홈 등

✅ **기출**
인터넷 발전에 따라 네트워크로 사람과 사물, 사물과 사물을 연결하는 기술은?
: IoT

🗐 **사용 예시**
사물인터넷(IoT)의 발달에 따라 집 밖에서도 집 안의 가전제품을 조작할 수 있게 되었다.

유비쿼터스 ★★
Ubiquitous

사용자가 시간과 장소에 구애받지 않고 자유롭게 네트워크에 접속하도록 하는 기술

LH한국토지주택공사
광주광역시도시철도공사
국민연금공단
근로복지공단
한국국토정보공사
한국수력원자력
한전KPS

Q 더 알아보기

'언제 어디에나 존재한다'는 라틴어에서 유래하였다.

U-City(Ubiquitous-City)
첨단 IT 인프라와 유비쿼터스 정보 서비스를 도시 공간에 융합하여 도시의 제반 기능을 혁신한 21세기 미래형 도시

✅ 기출

유비쿼터스에 대한 설명으로 옳지 않은 것은?
: 생활 속 모든 사물을 네트워크로 연결하는 기술이다.

📋 사용 예시

통신사와 병원의 협약을 통해 유비쿼터스 병원 구축이 추진되고 있다.

스마트 그리드 ★★★
smart grid

전기 생산자, 운반자, 소비자를 정보통신망으로 연결함으로써 전력시스템 전체가 효율적으로 작동하게 하는 차세대 지능형 전력망

대한체육회
한국전력공사

Q 더 알아보기

에너지 저장장치(ESS, Energy Storage System)
여유 전력을 저장해 두고 전력이 부족할 때 송전해 주는 저장장치

✅ 기출

차세대 지능형 전력망으로, 발전소와 소비자를 연결하여 전력시스템 효율을 향상시키는 것은?
: 스마트 그리드

📋 사용 예시

에너지 관리 효율화를 위한 스마트 그리드 구축이 전국적인 화두로 떠오르고 있다.

OTT ★★
Over The Top

한국폴리텍대학

셋톱박스의 유무와 상관없이 온라인으로 제공하는 모든 인터넷 기반의 동영상 서비스

🔍 더 알아보기
OTT 발달에 따른 현상

코드 커팅 (cord cutting)	유료 방송 시청자가 가입을 해지하고 인터넷 TV, OTT 등의 새로운 서비스 플랫폼(넷플릭스, 크롬캐스트, 애플TV 등)으로 이동하는 현상
코드 쉐이빙 (cord shaving)	코드 커팅과 같이 유료 방송 가입을 해지하는 것은 아니지만, 가입 요금제를 낮추고 OTT 등을 선택적으로 소비하는 현상

✅ 기출
인터넷으로 미디어를 제공하는 인터넷 기반 동영상 서비스는?
: OTT

📄 사용 예시
글로벌 OTT 업체 넷플릭스에 대항하는 토종 OTT 업체의 경쟁력 강화를 위한 방안에 초점이 맞춰지고 있다.

CES ★
Consumer Electronics Show

인천서구문화재단

미국 소비자기술협회 주관으로 매년 미국 라스베이거스에서 열리는 세계 최대 규모의 가전제품 박람회

🔍 더 알아보기
세계 3대 가전 · IT 기기 박람회

CES	미국 라스베이거스에서 열리는 세계 최대 가전제품 박람회
MWC	스페인 바르셀로나에서 열리는 세계 최대 이동통신 박람회
IFA	독일 베를린에서 열리는 유럽 최대 가전제품 박람회

✅ 기출
라스베이거스에서 열리는 세계 최대 가전제품 박람회는?
: CES

📄 사용 예시
코골이 완화 베개, 스트레스 전자약, AI 클라우드 공간인식 플랫폼 등이 CES에서 혁신상을 받으면서 기술의 혁신성을 인정받았다.

과학 · IT
핵심상식
해커스 한 권으로 끝내는 공기업 기출 일반상식

Point Quiz

앞에서 학습한 상식을 문제를 풀면서 바로 점검해보세요!

LH한국토지주택공사   국민연금공단   서울교통공사

01   다음 중 뉴턴의 운동 법칙은?

① 관성의 법칙   ② 중력의 법칙
③ 끈 이론   ④ 만유인력의 법칙

교육청   영화진흥위원회   한국광물자원공사   한국마사회   한국장애인고용공단   한국전력공사

02   1905년 아인슈타인이 발표한 이론은?

① 일반상대성이론   ② 특수상대성이론
③ 빅뱅 이론   ④ 카오스 이론

HUG주택도시보증공사   SH서울주택도시공사   국립공원공단   한국문화예술위원회

03   다음 중 방사선 단위가 아닌 것은?

① 렘(Rem)   ② 시버트(Sv)
③ 그레이(Gy)   ④ 파스칼(Pa)

HUG주택도시보증공사   SH서울주택도시공사

04   원소의 화학적 성질을 갖는 가장 작은 기본 단위는?

① 중성자   ② 양성자
③ 전자   ④ 원자

LH한국토지주택공사   SH서울신용보증재단   한국전력공사

05   다음 중 기억장치가 아닌 것은?

① RAM   ② ROM
③ CPU   ④ 하드디스크

인천국제공항공사　포항시시설관리공단　한국서부발전　한국전력공사

06 다음 중 인터넷 경제 3원칙이 아닌 것은?

① 메트칼프의 법칙　　　　　　　② 무어의 법칙

③ 황의 법칙　　　　　　　　　　④ 가치사슬을 지배하는 법칙

부산교통공사

07 태양계에서 가장 큰 위성이며, 갈릴레이 위성 중 목성으로부터 세 번째로 멀리 있는 위성의 이름은?

① 이오　　　　　　　　　　　　② 유로파

③ 가니메데　　　　　　　　　　④ 칼리스토

LH한국토지주택공사　SH서울주택도시공사　한국마사회　한국보훈복지의료공단　한국환경공단

08 세포 내에서 생물의 유전 정보를 보관하는 나선형의 물질은?

① RNA　　　　　　　　　　　　② 엔도르핀

③ DNA　　　　　　　　　　　　④ 미토콘드리아

대구도시공사　인천서구문화재단

09 지구상에서 일어나는 화산 분화의 70~80%를 차지하는 화산대는?

① 로디니아　　　　　　　　　　② 환태평양 조산대

③ 산의 고리　　　　　　　　　　④ 판노티아

LH한국토지주택공사　서울시설공단　한국마사회　해양환경공단

10 다음 중 열대 저기압의 이름이 아닌 것은?

① 허리케인　　　　　　　　　　② 사이클론

③ 윌리윌리　　　　　　　　　　④ 엘레판타

정답　01 ①　02 ②　03 ④　04 ④　05 ③　06 ③　07 ③　08 ③　09 ②　10 ④

Point Quiz

LH한국토지주택공사 부산도시공사 영화진흥위원회 한국마사회 한국언론진흥재단 한국환경공단

11 우리나라에서 동풍을 부르는 이름은?

① 샛바람   ② 하늬바람

③ 마파람   ④ 된바람

국민연금공단 대한적십자사 부산경제진흥원 한국폴리텍대학

12 1991년 건조된 한국 최초의 해양조사선은?

① 온누리호   ② 이사부호

③ 삼포호   ④ 아라온호

인천서구문화재단

13 세계 3대 가전 · IT 기기 박람회에 해당하지 않는 것은?

① CES   ② MWC

③ MVNO   ④ IFA

HF한국주택금융공사 부산경제진흥원

14 IT 업계의 주도로 금융업과 IT의 융합을 통해 나타난 산업 변화는?

① 핀테크   ② 테크노라티

③ 인슈어테크   ④ 테크핀

KBS SH서울주택도시공사 광주광역시도시철도공사 한국가스공사 한전KPS

15 정보를 인터넷 서버에 저장하여 어디서든 이용할 수 있는 컴퓨팅 환경은?

① 클라우드 컴퓨팅   ② 테크프리

③ 리걸테크   ④ 프리웨어

aT한국농수산식품유통공사 경기콘텐츠진흥원 방송통신심의위원회

16 데이터를 모든 사용자에게 분산 저장하여 위조를 막는 기술은?

① 디지털 서명   ② 블록체인

③ 방화벽   ④ 유니코드

방송통신심의위원회 인천서구문화재단 포항시시설관리공단

17 콘텐츠 사업자가 통신사와의 제휴를 통해 콘텐츠 이용자의 데이터 이용료를 할인해 주거나 면제해 주는 제도는?

① 제로레이팅   ② 코드 커팅

③ 옵트인   ④ 코드 쉐이빙

LH한국토지주택공사 광주광역시도시철도공사 국민연금공단 근로복지공단 한국국토정보공사 한전KPS

18 시간과 장소에 구애받지 않고 자유롭게 네트워크에 접속할 수 있는 것은?

① 에셜론   ② 유비쿼터스

③ 미디어밸리   ④ IoT

근로복지공단 한국산업단지공단 한국수력원자력 한국장애인고용공단 한국환경공단

19 컴퓨터 혹은 프로그래밍에 전문적인 지식이 있어 시스템 조작에 능숙한 사람은?

① 프로파일러   ② 해커

③ 와이브로   ④ 팝콘브레인

SH서울주택도시공사 경기콘텐츠진흥원 근로복지공단 방송통신위원회 부산교통공사

20 사용자가 있는 현실 세계에 3차원 가상물체를 겹쳐 보여주는 기술은?

① 유비쿼터스   ② 가상현실

③ 증강현실   ④ UHD

정답   11 ①   12 ①   13 ③   14 ④   15 ①   16 ②   17 ①   18 ②   19 ②   20 ③

문제를 풀면서 학습한 상식을 점검하였다면 상식 Up 완성 용어를 빠르게 훑어보면서 상식 수준을 한 단계 더 높여보세요!

아보가드로의 법칙 Avogadro's law	동일한 온도와 압력에서 같은 부피의 기체는 같은 수의 입자가 있다는 법칙
허블의 법칙 Hubble's law	외부 은하의 후퇴 속도가 거리에 비례한다는 법칙
룩스 lux	빛의 밝은 정도를 나타내는 단위
나로우주센터 Naro Space Center	한국 최초의 우주발사체 발사기지
전향력 轉向力	지구의 자전에 의해 가해지는 가상의 힘
모스 경도계 Moh's scale	광물의 굳기를 측정하는 10종류의 표준 광물
증산작용 蒸散作用	식물의 물이 잎의 기공을 통해 공기 중으로 나오는 현상
제트기류 jet stream	대류권 상부나 성층권에서 수평축을 따라 부는 강한 서풍
질소 nitrogen	지구 대기의 약 78%를 차지하며 냄새, 색깔, 맛이 없는 기체 원소
열오염 熱汚染	온폐수로 인해 수질이 악화되어 수중 생물에 미치는 피해
인터페론 interferon	바이러스에 감염된 세포에서 만들어진 항바이러스성 단백질
게이트웨이 gateway	서로 다른 통신망에 접속하기 위한 장치
웹 2.0 web 2.0	누구나 데이터를 생산·공유할 수 있는 인터넷 환경
액티브 X Active X	일반 응용 프로그램과 웹을 연결하여 사용하는 마이크로소프트사의 기술

OA 증후군 Office Automation syndrome	컴퓨터 관련 업무를 하는 사람들에게 주로 나타나는 심신 이상 현상
ISP Internet Service Provider	인터넷 접속, 웹 호스팅 등의 서비스를 제공하는 회사
예루살렘 바이러스 Jerusalem virus	13일의 금요일에 감염되어 메모리에 상주하는 바이러스
훅스 hoax	거짓 정보로 사용자를 속이는 가짜 컴퓨터 바이러스
시멘틱 웹 semantic web	컴퓨터가 정보를 이해하고 논리적 추론을 할 수 있는 기술
비콘 beacon	위치 정보 전달을 위해 신호를 주기적으로 전송하는 기기
캄테크 Calm-tech	평소 존재를 드러내지 않으면서 사용자가 필요로 하는 서비스를 제공하는 기술
라우터 router	서로 다른 네트워크를 연결하는 장치
레퍼런스 폰 reference phone	스마트폰 제조사와 애플리케이션 개발자에게 참고 기준이 되는 휴대전화
HTML5 Hyper Text Markup Language 5	웹 문서 제작에 필요한 HTML의 최신규격
캐시 cache	주기억장치와 중앙처리장치 사이에 있는 데이터를 저장하는 임시 기억장치
에니악 ENIAC	1946년 완성된 최초의 디지털 전자 컴퓨터
디버깅 debugging	컴퓨터 프로그램의 오류를 찾아 고치는 작업
유니코드 unicode	각 나라의 언어를 통일된 방법으로 표현하기 위한 국제 문자 코드 규약
프로젝트 룬 Project Loon	전 세계에 인터넷을 보급하기 위한 구글의 프로젝트
펨토셀 femtocell	차세대 통신기술인 이동통신용 초소형 기지국

해커스 한 권으로 끝내는 공기업 기출 일반상식

공기업 취업의 모든 것, 해커스공기업
public.Hackers.com

최종 점검
기출 동형 문제

제1회 기출 동형 문제

제2회 기출 동형 문제

제3회 기출 동형 문제

분야별 기출 동형 문제 100개를 3회분으로 구성하였습니다. 실제 시험처럼 문제를 풀어보며 상식 시험에 대한 감을 키우고 실전에 대비할 수 있습니다.

한국마사회 한국산업인력공단

01 법 적용의 원칙에 대한 내용으로 옳지 않은 것은?

① 동등한 법의 사이에서는 신법이 우선 적용된다.

② 상위의 법규가 하위의 법규보다 우선 적용된다.

③ 특별법이 일반법보다 우선 적용된다.

④ 공법이 사법보다 우선 적용된다.

국립공원공단 국민연금공단 한국농어촌공사 한국장애인고용공단

02 정치가가 여론의 동향이나 주위의 반향을 살피기 위해 의도적으로 관련 정보를 흘리거나 특정 발언을 하는 것은?

① 스핀닥터

② 발롱데세

③ 앙시앙 레짐

④ 스케이프 고트

근로복지공단 인천도시공사 한국산업인력공단

03 국회의 동의가 필요 없는 대통령의 권한은?

① 법무부 장관 임명

② 국군의 해외파병

③ 선전포고 및 강화

④ 국채 모집

국민연금공단 한국마사회 한국전력공사

04 현행 헌법 개정에 대한 설명으로 옳지 않은 것은?

① 헌법 개정안의 발의는 대통령 또는 국회 재적의원 과반수의 찬성으로 가능하다.

② 제안된 헌법 개정안은 국회에서 의결되며 재적의원 3분의 2 이상의 찬성이 필요하다.

③ 국회에서 의결된 후 국민투표에 회부되며 국회의원 선거권자 과반수의 투표와 투표자 과반수의 찬성을 얻어야 한다.

④ 국민투표에서 확정되면 대통령은 15일 이내에 공포해야 한다.

05 구조조정과 조직 개혁, 경영 혁신 등을 통해 기업의 실적이 큰 폭으로 개선되는 것은?

① 턴어라운드   ② 워크아웃

③ 골든크로스   ④ 숏셀링

06 스톡옵션에 대한 설명으로 옳지 않은 것은?

① 일정 기간이 지나면 임의로 처분할 수 있다.

② 주식매수선택권이라고도 불린다.

③ 직급 또는 근속연수를 바탕으로 매입할 수 있는 권리이다.

④ 벤처기업을 중심으로 급속 확산하였다.

정답 및 해설

01 ④

공법과 사법은 영역이 다르므로 우선순위를 정할 수 없다.

02 ②

시험기구나 관측기구를 뜻하는 기상용어에서 비롯된 용어로 여론의 방향을 탐색하려는 여론 관측 수단이라는 의미를 지닌다.

오답체크

① 스핀닥터: 국민 여론을 정책에 반영하도록 설득하거나 정책을 국민들에게 설명하는 정치 홍보전문가

③ 앙시앙 레짐: 프랑스 혁명 이전의 절대왕정 체제

④ 스케이프 고트: 정부가 가상의 적을 설정하여 국민의 증오나 반감을 다른 방향으로 돌려 해소하는 정책

03 ①

대법원장·국무총리·감사원장 등의 임명은 국회의 동의가 필요하지만, 각부 장관의 임명은 국회 인사청문회를 거치기만 하면 된다.

04 ④

국민투표를 통과하면 대통령은 즉시 공포해야 한다.

05 ①

부실기업이 구조조정과 같은 경영혁신을 거쳐 회생하는 것을 턴어라운드라고 한다.

06 ③

스톡옵션은 능력 중심으로 제공되는 주식매수선택권이다.

더 알아보기

우리사주조합

직급이나 근속기간을 기준으로 근로자가 자기 회사의 주식을 취득·관리하기 위해 조직한 단체

스톡퍼처스(Stock purchase)

자사의 주식을 매입하는 임직원에게 일정 주식을 무상 지급하는 제도

07 시간당 임금 1만 원을 받는 사람이 7천 원을 주고 2시간 동안 상영하는 영화를 봤을 때의 기회비용은?

① 7,000원   ② 14,000원

③ 20,000원   ④ 27,000원

08 우리나라 주가지수선물거래의 특징과 거리가 먼 것은?

① 직접거래제도   ② 일일정산제도

③ 기본예탁금제도   ④ 마진콜제도

09 수출국이 수출품에 장려금이나 보조금을 지급할 경우 수입국이 이에 의한 경쟁력을 상쇄시키기 위해 부과하는 누진 관세는?

① 조정관세   ② 반덤핑관세

③ 상계관세   ④ 할당관세

10 디지털 경제 시대에서 정보의 빈익빈 부익부 현상을 뜻하는 용어는?

① 디지털 디바이드   ② 디지털 노마드

③ 사이버불링   ④ 빅데이터

11 공직자가 하수처리장, 쓰레기 매립지 같은 혐오 시설을 설치하지 않고 임기를 마치려는 현상은?

① 님비 현상(NIMBY) ② 님투 현상(NIMTOO)

③ 핌피 현상(PIMFY) ④ 핌투 현상(PIMTOO)

12 사회보험에 대한 설명으로 옳은 것은?

① 공공부조와는 달리 국가, 지방단체가 재원을 부담한다.

② 생활 무능력자의 불충분한 소득을 보전해 준다.

③ 개인의 자산조사를 반영한 급여가 이루어진다.

④ 국민의 부담 능력에 따라 강제 가입된다.

정답 및 해설

07 ④
기회비용은 명시적 비용과 암묵적 비용의 합이다. 문제에서 명시적 비용은 영화비 7,000원, 암묵적 비용은 2시간 일할 때 받을 수 있는 임금 20,000원(10,000원 × 2시간)이므로 기회비용은 27,000원이다.

08 ①
우리나라 주가지수선물거래는 매매당사자가 직접 거래하지 않고 거래소에서 불특정 다수를 상대로 개별경쟁매매를 한다.

09 ③

오답체크
① 조정관세: 값싼 외국의 제품이 마구 수입되어 국내 생산자들이 볼 큰 피해를 방지하기 위해 관세율을 일정 기간 상향 조정하는 제도
② 반덤핑관세: 제품이 부당하게 낮은 가격으로 수출돼 수입국의 산업이 피해를 봤을 때 수입국에서 부당가격에 관세를 부과하는 제도

④ 할당관세: 일정 기간 일정 물량의 수입 물품에 대해 관세율을 일시적으로 낮추거나 높이는 제도

10 ①
컴퓨터와 인터넷에 접근하지 못하는 계층이 있을 때 발생하며 소득과 교육 수준의 격차가 이를 더 심화시킨다.

11 ②
'Not In My Terms Of Office'의 약자이다.

오답체크
① 님비 현상: Not In My Backyard
③ 핌피 현상: Please In My Front Yard
④ 핌투 현상: Please In My Terms Of Office

12 ④
사회보험은 공공부조와 달리 일정한 조건이 되면 반드시 가입해야 하는 강제성을 원칙으로 한다.

13 인구 고령화에 대처하고 실업률을 감소시키기 위해 퇴직기에 가까운 근로자를 해고하는 대신 임금을 감액하는 제도는?

① 황견계약   ② 잡 셰어링

③ 오픈 숍   ④ 임금피크제

14 성인이 되어서도 사회에 적응하지 못하고 어린아이 같은 사고와 행동을 보이는 심리적 상태는?

① 피터팬 증후군   ② 파랑새 증후군

③ 햄릿 증후군   ④ 리셋 증후군

15 느리고 여유 있는 삶을 즐기기 위해 자연 생태 환경과 전통문화를 지키는 도시는?

① 슬로시티   ② 에코시티

③ 컬처시티   ④ 다운시티

16 국제연합(UN) 기구와 약칭이 잘못 연결된 것은?

① ICPO - 국제민간항공기구

② ILO - 국제노동기구

③ UNICEF - 유엔아동기금

④ WIPO - 세계지적재산권기구

17 200해리까지의 해양자원에 대한 경제적 권리를 인정하는 개념은?

① 중립수역

② 영해

③ 방공식별구역

④ 배타적 경제수역

18 고조선에 대한 설명으로 옳은 것을 모두 고른 것은?

> ㄱ. 한·진과의 교역을 방해하다가 한의 침공을 받고 멸망하였다.
>
> ㄴ. 약탈경제를 중심으로 경제를 발전시켰으며, 1책 12법이라는 법 제도가 있었다.
>
> ㄷ. 60조법을 통해 법의 중요성을 강조하였다.
>
> ㄹ. 요서 지방을 경계로 연나라와 대등하였다.

① ㄱ, ㄴ

② ㄱ, ㄹ

③ ㄴ, ㄹ

④ ㄷ, ㄹ

정답 및 해설

13 ④

임금피크제는 정년 연장 또는 정년 후 재고용하며 연령과 근속기간을 기준으로 임금을 감액하는 제도이다.

14 ①

제임스 매튜 배리가 쓴 동화 『피터와 웬디』의 주인공 이름에서 유래된 사회 현상이다.

15 ①

우리나라의 슬로시티는 전북 전주 한옥마을, 강원 영월군 김삿갓면, 전남 목포 등이 있다.

16 ①

ICPO(International Criminal Police Organization)는 국제형사경찰기구의 약칭이며, 국제민간항공기구의 약칭은 ICAO(International Civil Aviation Organization)이다.

17 ④

오답체크

① 중립수역: 한강에 설정한 비무장지대(DMZ)

② 영해: 나라의 주권이 미치는 해역으로, 일반적으로 12해리로 설정

③ 방공식별구역: 국가안보를 목적으로 자국 영공으로 진입하는 타국의 군용항공기를 조기에 식별하기 위해 설정한 구역

18 ②

오답체크

ㄴ. 중앙집권국가가 되기 전의 고구려 모습이다.

ㄷ. 60조법은 고조선이 멸망하고 한의 지배를 받을 때 만든 법이다.

[19-20] 다음을 읽고 물음에 답하시오.

> 장군이 말하기를 "그런 것이 아니다. 우리나라는 바로 옛 고구려를 계승한 나라이다. 그런 까닭으로 나라 이름을 고려라 하고 평양에 도읍을 정한 것이다. 만약 땅의 경계를 논한다면 상국(거란)의 동경도 모두 우리 지경에 있는데, 어찌 우리가 침식했다고 이르느냐. 더구나 압록강 안팎 또한 우리나라 경내인데, 지금 여진이 그 사이에 점거하여 교활하고 변덕스럽게 길을 막아 통하지 못하게 하여 바다를 건너기보다 더 어렵게 되었으니, 조빙이 통하지 못하는 것은 여진 때문이다. 만약 여진을 쫓아 버리고 우리의 옛 땅을 돌려주어 성보를 쌓고 도로를 통하게 한다면, 감히 조빙을 하지 않겠는가. 장군이 신의 말을 귀국의 황제에게 알린다면 어찌 딱하게 여겨 받아들이지 않겠느냐." (중략) 장군이 다시 아뢰기를, "신이 소손녕과 약속하기를, '여진을 소탕하여 평정하고 옛 땅을 수복한 후에 조빙을 통하겠다.' 하였는데 이제 겨우 압록강 안쪽만 수복하였으니, 청컨대 강 바깥쪽까지 수복하기를 기다렸다가 조빙을 하더라도 늦지 않을 것입니다." 하였으나, 왕이 말하기를 "오래도록 조빙을 하지 않으면 후환이 있을까 두렵다." 하고 마침내 박양유를 보내었다.

19 위 사건 이후에 일어난 사건이 아닌 것은?

　① 강조가 정변을 일으켜 목종을 폐위하고 현종이 즉위했다.

　② 강동 6주의 청천강 지역인 귀주에서 강감찬 장군이 거란을 물리쳤다.

　③ 윤관 장군이 별무반을 만들었다.

　④ 지방 호족 세력을 감소시키기 위해 노비안검법을 공포했다.

20 밑줄 친 '왕'의 업적으로 옳지 않은 것은?

　① 정치 조직 2성 6부를 조직하고, 지방에 12목을 설치했다.

　② 신진사대부를 등용하였다.

　③ 향리 제도를 만들었다.

　④ 흑창을 의창으로 바꾸었다.

한국학중앙연구원

21 미국이 한국에 군사 원조와 경제 원조를 약속한 브라운 각서와 관련 있는 것은?

① 주한미군 철수　　　　　　　　② 푸에블로호 사건

③ 한국군 베트남 파병　　　　　　④ 5·16 군사 정변

aT한국농수산식품유통공사

22 명예혁명에 대한 설명으로 옳은 것은?

① 1642년 발생한 영국 시민에 의한 무혈혁명이다.

② 의회가 제출한 권리청원 승인 후 의회를 탄압하였다.

③ 의회가 제임스 1세를 축출하여 메리와 윌리엄 1세를 공동 왕으로 추대하였다.

④ 명예혁명 결과 권리장전이 승인되었고 이를 통해 입헌군주정이 확립되었다.

한국에너지공단

23 중국 4대 기서에 포함되지 않는 작품은?

① 열국지　　　　　　　　　　　② 삼국지연의

③ 서유기　　　　　　　　　　　④ 금병매

정답 및 해설

19 ④

위 사건은 서희의 담판에 대한 것으로, 거란이 1차 침입을 한 시기(993)이며 광종(949~975)이 노비안검법을 공포한 것은 그 이전에 일어난 사건이다.

오답체크
① 강조의 정변은 거란 2차 침입의 배경이 되었다.
② 귀주대첩에 대한 내용으로, 거란 3차 침입 때 발생한 사건이다.
③ 윤관의 별무반은 여진족의 침입을 막기 위해 만들었다.

20 ②

밑줄 친 왕은 고려 6대 왕 성종으로, 친원파를 견제하기 위해서 신진사대부를 등용한 것은 공민왕이다.

21 ③

브라운 각서는 1966년 3월 미국 정부가 한국군의 베트남 추가 파병 전제조건에 대한 양해사항을 각서로 정리하여 당시 브라운 주한 미국 대사를 통해 한국 정부에 전달한 공식 통고서이다.

22 ④

오답체크
① 명예혁명은 1688년에 일어났다.
② 청교도혁명에 대한 설명이다.
③ 제임스 1세가 아닌 제임스 2세를 축출하였다.

23 ①

중국의 4대 기서는 『삼국지연의』, 『서유기』, 『수호지』, 『금병매』로, 『열국지』는 동주에서 진시황이 중국을 통일한 진나라까지 역사를 담은 역사소설이다.

예금보험공사 한국보훈복지의료공단 한국산업단지공단

24 예상치 못한 행운이 이어지거나 유리한 일만 계속 생기는 경험 법칙은?

① 샐리의 법칙 ② 머피의 법칙

③ 줄리의 법칙 ④ 하인리히 법칙

국립공원공단

25 한 화면이 끝나기 전에 다른 화면을 서서히 겹치며 다음 장면으로 넘기는 영화기법은?

① 페이드아웃 ② 패닝

③ 트랙백 ④ 오버랩

한국도로공사 한국수력원자력 한국전기안전공사

26 국제영화제작자연맹(FIAPF)이 공인한 세계 3대 영화제가 아닌 것은?

① 베니스 영화제 ② 베를린 영화제

③ 모스크바 영화제 ④ 칸 영화제

한국산업인력공단 한국환경공단

27 중국의 대표적인 통신사이자 관영 언론은?

① 교도통신 ② 신화통신

③ 연합뉴스 ④ 로이터

28 주요 스포츠 이벤트와 개최지를 잘못 연결한 것은?

① 2022년 22회 월드컵 - 카타르
② 2026년 23회 월드컵 - 브라질
③ 2024년 33회 하계올림픽 - 파리
④ 2022년 24회 동계올림픽 - 베이징

29 골프에서 파 4홀에서 5타만에 홀인하게 되는 경우는?

① 이글   ② 파
③ 홀인원   ④ 보기

정답 및 해설

24 ①
머피의 법칙과 반대 개념으로, 계속해서 자신에게 유리한 일만 일어나거나 나쁜 일도 전화위복이 되는 경우를 말한다.

오답체크
② 머피의 법칙: 일이 잘 풀리지 않고 꼬이기만 하는 상황을 나타내는 경험 법칙
③ 줄리의 법칙: 마음속으로 간절히 원하는 일은 반드시 이루어진다는 경험 법칙
④ 하인리히 법칙: 큰 사고가 일어나기 전 반드시 그와 관련된 경미한 사고나 징후가 있다는 경험 법칙

25 ④
하나의 화면에 다른 화면이 겹쳐지면서 교체되는 기법으로, 디졸브(dissolve)와 같은 뜻으로 쓰인다.

26 ③
모스크바 국제영화제는 동유럽 최초의 국제영화제로 세계 4대 영화제로 불리기도 했으나, 구소련 붕괴 이후 권위와 규모가 대폭 축소되어 현재는 4대 영화제로 토론토 국제영화제를 꼽는 경우가 많다.

27 ②
최근에는 AP(미국), 로이터(영국), AFP(프랑스)와 함께 세계 4대 통신사로 인정받고 있다.

28 ②
2026년 23회 월드컵 개최지는 북중미(캐나다, 멕시코, 미국)이며, 브라질은 유일하게 월드컵에서 5회 우승한 나라이다.

29 ④
파 4홀에서 2타인 경우 이글, 3타인 경우 버디, 4타인 경우 파, 5타인 경우 보기, 6타인 경우 더블보기라고 한다.

LH한국토지주택공사　근로복지공단　서울특별시농수산식품공사　한국전력공사　한전KPS

30 해킹 수법이 아닌 것은?

① 스머핑   ② 디도스

③ 스니핑   ④ 사이버스쿼팅

한국수력원자력

31 코로나19 백신 중 바이러스 벡터 백신은?

① 아스트라제네카   ② 화이자

③ 시노팜   ④ 노바벡스

KIST한국과학기술연구원　경기도통합채용

32 올바른 단어를 선택하는 과제를 수행한 내용 중 적절하게 해결하지 못한 것은?

① 철수는 넋이 나간 듯이 창밖을 보고 (우두커니, 우물쭈물) 서 있었다.

② 그 사람은 모두 잠든 틈에 (슬그머니, 다급히) 꽁무니를 뺐다.

③ 그는 어제 그녀가 눈치를 채지 못하게 (살짝, 가만히) 훔쳐보았다.

④ 내가 간곡히 부탁하자 그녀는 (불쑥, 대뜸) 이야기를 해 주었다.

33 복수 표준어에 해당하지 않는 것은?

① 넝쿨/덩쿨   ② 바른/오른

③ 멍게/우렁쉥이   ④ 관계없다/상관없다

정답 및 해설

30 ④
사이버스쿼팅은 투기나 판매 목적으로 유명한 기업·단체·기관·조직 등의 이름과 동일한 인터넷 주소를 선점하는 행위이다.

오답체크
① 스머핑: 고성능 컴퓨터로 엄청난 양의 접속 신호를 한 사이트에 집중적으로 보내 상대 컴퓨터의 서버를 접속 불능 상태로 만드는 해킹 방식
② 디도스: 여러 공격자를 분산 배치하여 동시에 특정 사이트를 공격하는 해킹 방식
③ 스니핑: 네트워크의 중간에서 남의 패킷 정보를 도청하는 해킹 방식

31 ①
바이러스 벡터 백신은 표면항원 유전자를 다른 종류의 바이러스 주형에 넣어 체내에 주입하여 표면항원 단백질 생성을 통한 면역반응을 유도하는 백신으로 아스트라제네카, 얀센이 이에 해당한다.

오답체크
② 화이자: mRNA 백신(모더나 백신도 같은 유형의 백신)
③ 시노팜: 불활화 백신
④ 노바벡스: 재조합 백신

32 ④
'불쑥'은 '갑자기 쑥 내밀거나 비어져 나오는 모양, 앞뒤를 헤아림 없이 함부로 말하는 모양'을 뜻하며 '대뜸'은 '이것저것 헤아릴 것 없이 그 자리에서 곧'을 뜻한다. 부탁하자 바로 들어주었다는 내용으로 보아 '대뜸'이 적절하다.

오답체크
① 넋이 나간 듯이 창밖을 보고 있으므로 '넋이 나간 듯이 가만히 서 있거나 앉아 있는 모양'을 뜻하는 '우두커니'가 적절하다.
② 모두 잠든 틈에 빠져나가고 있으므로 '남모르게 넌지시'를 뜻하는 '슬그머니'가 적절하다.
③ 그녀가 눈치를 채지 못하게 훔쳐보고 있으므로 '남에게 들키지 않게 얼른'을 뜻하는 '살짝'이 적절하다.

33 ①
넝쿨/덩굴이 복수 표준어이며, 덩쿨은 비표준어에 해당한다.

기출 동형 문제

서울교통공사 제주국제자유도시개발센터 한국보훈복지의료공단 한국부동산원

01 국회의원의 신분과 지위에 대한 설명으로 옳지 않은 것은?

① 국회 안에서 한 발언과 표결 행위에 대해 국회 밖에서 법적 책임을 지지 않는다.

② 내란 또는 외환의 죄를 범한 경우를 제외하고는 회기 중 형사상 소추를 받지 않는다.

③ 현행범인 경우를 제외하고는 국회 회기 중 국회의 동의 없이 체포 또는 구금할 수 없다.

④ 회기 전에 체포 또는 구금된 때에는 현행범이 아닌 한 국회의 요구가 있으면 회기 중에 석방하여야 한다.

서울특별시농수산식품공사 한국산업인력공단 한국연구재단 한국전력공사

02 헌법재판소의 권한에 속하지 않는 것은?

① 탄핵심판권 ② 선거소송심판권

③ 정당해산심판권 ④ 헌법소원심판권

HF한국주택금융공사 한국농어촌공사 한국전력공사

03 권력분립에 대한 사회계약론자의 주장으로 옳지 않은 것은?

① 권력분립은 로크의 이권 분립과 몽테스키외의 삼권 분립이 있다.

② 홉스는 자연 상태에서 만인의 만인에 대한 투쟁이 불가피해서 국가를 수립했다고 봤다.

③ 루소는 주권을 양도하거나 대표될 수 없다고 보고 직접 민주정치를 옹호하였다.

④ 로크는 정치 권력의 절대성을 강조하여 시민이 무조건 복종해야 한다고 주장했다.

04 다음 내용에서 설명하고 있는 것은?

> 범죄혐의가 충분하고 소추 조건이 구비되어 있어도 가해자의 기존 전과나 피해자의 피해 정도, 피해자와의 합의 내용, 반성 정도 등을 검사가 판단해 기소하지 않는 제도이다.

① 기소유예　　　　　　　　　　② 선고유예

③ 재정신청　　　　　　　　　　④ 공소

05 연탄과 같이 소득이 오르면 수요가 감소하는 재화는?

① 대체재　　　　　　　　　　　② 보완재

③ 열등재　　　　　　　　　　　④ 기펜재

정답 및 해설

01 ②
내란 또는 외환의 죄 이외의 범죄에 대하여 형사상 소추를 받지 않는 불소추특권은 대통령의 특권이다.

02 ②
선거소송심판권은 사법부의 권한이며, 헌법재판소는 위헌법률심판, 탄핵심판, 정당해산심판, 헌법소원심판, 권한쟁의심판 등을 관장한다.

03 ④
로크는 정치 권력은 절대성을 가질 수 없으며 정부가 시민의 신탁을 배반하면 정부를 재구성할 수 있다고 주장하였다.

04 ①
죄는 인정되지만 피의자의 연령이나 성행, 환경, 피해자와의 관계, 범행의 동기나 수단, 범행후의 정황 등을 참작하여 다시 한번 성실한 삶의 기회를 주기 위해 검사가 기소하지 않고 용서하는 것을 말한다.

더 알아보기
불기소처분
기소유예, 기소중지, 공소권 없음, 혐의 없음, 죄가 되지 않음, 공소보류 등

05 ③

오답체크
① 대체재: 버터와 마가린, 쇠고기와 돼지고기와 같이 동일한 효용을 얻을 수 있는 재화로, 일반적으로 대체 관계에 있는 두 재화는 하나의 수요가 증가하면 다른 하나는 감소함
② 보완재: 커피와 설탕, 펜과 잉크, 바늘과 실, 버터와 빵과 같이 두 재화를 동시에 소비할 때 효용이 증가하는 재화로, 한 재화의 가격이 상승하면 두 재화의 수요가 모두 감소함
④ 기펜재: 가격의 하락(상승)이 오히려 수요량의 하락(증가)을 가져오는 재화

06 한 나라가 선진국에 비해서는 품질경쟁에서 밀리고, 후발국에 비해서는 가격경쟁에서 밀리는 현상은?

① 중진국 함정　　　　　　　　　② 톱니 효과
③ 파레토 법칙　　　　　　　　　④ 넛크래커

07 적대적 M&A 위기에 봉착한 기업이 공격자 측에서 스스로 M&A를 포기하게 하는 적대적 M&A 방어전략은?

① 포이즌 필　　　　　　　　　　② 황금주
③ 황금낙하산　　　　　　　　　　④ 공개매수제도

08 M&A 대상 기업의 주식을 담보로 자금을 조달하여 회사를 합병한 뒤 회사 자산을 팔아 갚는 M&A 방식은?

① IPO　　　　　　　　　　　　② TOB
③ ERP　　　　　　　　　　　　④ LBO

09 주주의 지분율이나 지위의 변화 없이 액면가 5천 원짜리 주식 2개를 1만 원짜리 주식 1주로 변경하는 것은?

① 액면분할　　　　　　　　　　② 액면병합
③ 감자　　　　　　　　　　　　④ 배당

10 고령화 사회와 초고령 사회로 들어설 때의 65세 이상 노인 인구의 비율로 옳은 것은?

① 7%, 14%
② 7%, 20%
③ 7%, 21%
④ 14%, 21%

11 집을 소유하고 있지만 무리한 대출로 인해 생활고에 시달리는 사람은?

① 하우스푸어
② 워킹푸어
③ 렌트푸어
④ 실버푸어

정답 및 해설

06 ④
한 나라가 선진국보다는 기술과 품질경쟁에서, 후발 개발도상국에 비해서는 가격경쟁에서 밀리는 현상을 지칭할 때 쓰인다.

07 ①

오답체크
② 황금주: 단 한 주만 가지고 있어도 기업의 중요한 의사결정에 중요한 역할을 할 수 있는 주식
③ 황금낙하산: 인수대상 기업의 이사가 임기 전에 물러날 경우 일반적인 퇴직금 외에 거액의 특별 퇴직금이나 보너스, 스톡옵션 등을 주는 제도
④ 공개매수제도: 주로 경영권을 지배하기 위해 주식의 매입 희망자가 매입 기간, 주수(株數), 가격을 공표하고 증권시장 밖에서 공개적으로 매수하는 제도

08 ④
LBO(Leveraged Buy Out): 차입매수

오답체크
① IPO(Initial Public Offering): 기업공개제도
② TOB(Take Over Bid): 공개매수제도
③ ERP(Enterprise Resources Planning): 기업 내 통합정보시스템을 구축하는 전사적자원관리 또는 기업자원관리

09 ②
여러 개의 주식을 한 개로 합쳐 주식을 다시 발행하는 것을 액면병합이라고 한다. 액면병합을 하면 자본금 변동은 없으나 주식 수는 줄어든다.

10 ②
전체 인구 중 65세 이상의 인구가 7% 이상을 차지하는 사회를 고령화 사회, 14% 이상을 차지하는 사회를 고령 사회, 20% 이상을 차지하는 사회를 초고령 사회 혹은 후기 고령 사회라고 한다.

11 ①
워킹푸어(working poor)에서 파생된 용어로, 외형상 중산층이지만 대출 이자에 대한 부담으로 구매력이 떨어진 빈곤층이다.

부산교통공사

12 신규 채용할 때는 노동조합 가입 여부와 무관하지만 일단 채용하면 반드시 노동조합에 가입해야 하는 숍 제도는?

① 에이전시 숍   ② 유니언 숍

③ 오픈 숍   ④ 클로즈드 숍

국민연금공단   근로복지공단   부산교통공사   새마을금고   한국보훈복지의료공단

13 고용주가 노사협상에서 자기 뜻을 이루기 위해 일정 기간 직장 문을 닫는 노동쟁의는?

① 보이콧   ② 태업

③ 직장폐쇄   ④ 파업

한국부동산원   한국전력공사

14 환경협약과 내용이 잘못 연결된 것은?

① 기후변화협약 - 지구온난화의 원인인 온실가스 배출 규제

② 바젤 협약 - 무분별한 개발로 인한 사막화 방지

③ 람사르 협약 - 물새 서식지로서 중요한 습지 보호

④ 스톡홀름 협약 - 잔류성 유기오염물질 규제

HF한국주택금융공사   부산경제진흥원   한국수력원자력

15 낙후된 도심 부근 주거 지역에 중산층이 유입되면서 임대료가 오르고 기존 거주자 또는 임차인들이 내몰리는 현상은?

① 다운시프트   ② 슬로시티

③ 젠트리피케이션   ④ 디지털 디바이드

한국마사회   한국산업인력공단

16 아랍의 봄이 확장되는 계기가 된 튀니지의 민주화 운동은?

① 장미 혁명   ② 오렌지 혁명

③ 재스민 혁명   ④ 카네이션 혁명

17 **G20에 포함되지 않는 나라는?**

① 캐나다

② 베트남

③ 아르헨티나

④ 사우디아라비아

18 **통일 전 신라시대의 상황으로 옳지 않은 것은?**

① 6세기에 우경을 시행하면서 농업 생산량이 증가하였다.

② 우산국과 독도를 편입하였다.

③ 9주 5소경을 설치하였다.

④ 황룡사 9층 목탑을 건립하였다.

정답 및 해설

12 ②

클로즈드 숍(closed shop)과 오픈 숍(open shop)의 중간 형태로, 복수노조가 허용되면서 노조 미가입을 이유로 해고를 요구해도 다른 노조를 만들어 가입할 수 있게 되었다.

13 ③

노동조합 및 노동관계조정법은 노동조합이 쟁의 행위를 개시한 이후에만 직장폐쇄를 할 수 있도록 제한하고 있다.

14 ②

바젤 협약은 유해 폐기물의 국제적 이동 및 처리를 통제하기 위한 협약이며, 무분별한 개발로 인한 사막화 방지를 위한 협약은 사막화방지협약(UNCCD)이다.

15 ③

우리나라는 경리단길, 서촌, 상수동 등지에서 젠트리피케이션이 발생하고 있다.

16 ③

가난한 한 청년의 분신자살에서 시작되었으며, 그 결과 23년간 독재를 해 온 벤 알리 정권이 붕괴하였다.

17 ②

G20에는 미국, 프랑스, 영국, 독일, 일본, 이탈리아, 캐나다 등의 선진 7개국(G7)과 유럽연합(EU) 의장국 및 브라질, 러시아, 인도, 중국, 남아프리카공화국, 멕시코, 인도네시아, 한국, 터키, 아르헨티나, 호주, 사우디아라비아 등이 포함된다.

18 ③

신라는 통일 전 5주 2소경이었으며, 통일 후 신문왕이 9주 5소경의 중앙·지방 통치 체제를 설치하였다.

오답체크

① 우경을 시행한 것은 지증왕이다.

② 우산국과 독도를 편입한 시기는 지증왕 6세기이다.

④ 황룡사 9층 목탑을 건립한 것은 선덕여왕이다.

19 다음 글의 결과를 바르게 설명한 것은?

> 정축년(丁丑年) 10월 밀양에서 경산으로 가다가 답계역(踏溪驛)에서 잠을 잤다. 꿈속에 신선이 나타나서 "나는 초나라 회왕(懷王: 의제) 손심인데 서초패왕(西楚覇王: 항우)에게 살해되어 빈강(彬江)에 버려졌다"고 말하고 사라졌다. 잠에서 깨어나 생각해보니 회왕은 중국 초나라 사람이고, 나는 동이 사람으로 거리가 만리(萬里)나 떨어져 있는데 꿈에 나타난 징조는 무엇일까? 역사를 살펴보면 시신을 강물에 버렸다는 기록이 없으니 아마 항우가 사람을 시켜서 회왕을 죽이고 시체를 강물에 버린 것인지 알 수 없는 일이다. 이제야 글을 지어 의제를 조문한다.

① 소윤이 대윤을 처단하는 사건이 일어났다.
② 주초위왕 사건이 제기되었다.
③ 조광조의 글로 인해 기묘사화가 일어났다.
④ 무오사화가 일어났다.

20 충무공 이순신의 주요 해전을 순서대로 바르게 나열한 것은?
① 옥포해전 - 사천포해전 - 한산도대첩 - 명량대첩 - 노량해전
② 옥포해전 - 한산도대첩 - 사천포해전 - 명량대첩 - 노량해전
③ 사천포해전 - 옥포해전 - 한산도대첩 - 명량대첩 - 노량해전
④ 사천포해전 - 옥포해전 - 명량대첩 - 한산도대첩 - 노량해전

21 자오쯔양이 실각하여 가택 연금에 처하게 된 사건은?
① 법륜공 사태   ② 국공내전
③ 문화대혁명   ④ 천안문 사태

22 제1차 세계대전과 거리가 먼 것은?

① 오스트리아 황태자 부부 암살사건을 계기로 전쟁이 발발했다.

② 제국주의적 식민지 경쟁도 전쟁의 원인 중 하나였다.

③ 전후(戰後) 샌프란시스코 강화조약이 연합국과 일본 사이에 체결되었다.

④ 탱크, 독가스 등 현대적인 무기가 등장하였다.

SH서울주택도시공사 인천국제공항공사 한국산업인력공단

23 플라톤의 4주덕에 해당하지 않는 것은?

① 지혜 ② 절제

③ 관대 ④ 용기

대한장애인체육회 한국수력원자력

24 이슬람 2대 종파 중 하나로, 창시자 마호메트 사후 역대 칼리프를 정통 후계자로 인정하지 않고 4대인 알리만 정통 후계자로 인정하는 종파는?

① 카리지파 ② 와하비파

③ 수니파 ④ 시아파

정답 및 해설

19 ④

이 글은 김종직의 조의제문으로, 김종직의 제자인 김일손이 사관으로 있을 때 사초에 적어넣은 것이다. 연산군이 즉위한 뒤 성종실록을 편찬할 때 이극돈이라는 훈구파가 조의제문을 빌미로 연산군을 움직여 옥사를 일으킨 것이 무오사화이다.

오답체크

① 을사사화에 관한 내용이다.

② 주초위왕 사건으로 기묘사화가 일어났다.

③ 조광조는 위훈 삭제 사건을 일으켰다.

20 ①

옥포해전(1592. 5. 7.) - 사천포해전(1592. 5. 29.) - 한산도대첩(1592. 7. 8.) - 명량대첩(1597. 9. 16.) - 노량해전(1598. 11. 19.)

21 ④

자오쯔양은 1989년 5월 민주화 시위인 천안문 사태 당시 무력 진압에 반대하고 민주주의를 추구하는 학생들과의 대화를 모색하다 당에서 축출되었으며, 당을 전복하려는 음모에 가담했다는 비난을 받아 이후 가택 연금에 처했다.

22 ③

1918년 1월 독일의 항복으로 휴전되고 1919년 베르사유 조약으로 강화가 성립되었다.

23 ③

플라톤은 지혜·용기·절제·정의의 네 가지 덕이 필요하다고 말했다.

24 ④

시아파는 수니파 다음으로 큰 분파이나, 무슬림의 10%에 불과하다.

예술의전당 한국환경공단

25 베토벤의 교향곡인 <영웅>, <운명>, <전원>, <합창>의 교향곡 번호를 모두 합한 것은?

① 20 ② 21

③ 22 ④ 23

aT한국농수산식품유통공사 한국부동산원

26 국악의 장단을 빠른 순서대로 바르게 나열한 것은?

① 휘모리 - 자진모리 - 중중모리 - 중모리 - 진양조

② 휘모리 - 중모리 - 중중모리 - 자진모리 - 진양조

③ 자진모리 - 휘모리 - 진양조 - 중모리 - 중중모리

④ 자진모리 - 중중모리 - 중모리 - 휘모리 - 진양조

부산교통공사

27 여론 형성 과정에서 다른 사람들의 의견이 자신과 다르다고 잘못 인지하여 자신의 의견을 억제하고 다른 사람들의 의견을 추종하는 현상을 설명한 이론은?

① 2단계 유통 이론 ② 탄환 이론

③ 다원적 무지 이론 ④ 침묵의 나선 이론

한국국토정보공사 한국동서발전 한국주택보증공사

28 프랑스의 프로축구 리그는?

① 프리메라리가 ② 리그 1

③ 분데스리가 ④ 프리미어 리그

29 공이 던져진 상태에서 내려오기 시작하면 공격팀과 수비팀 중 누구도 접촉하면 안된다는 농구 규칙은?

① 트래블링   ② 샐러리 캡

③ 바스켓 인터피어   ④ 버저비터

30 무질서하고 불규칙해 보이는 것에도 일정한 질서와 규칙이 존재한다는 이론은?

① 빅뱅이론   ② 상대성이론

③ 혼돈이론   ④ 프렉탈이론

정답 및 해설

25 ④

<영웅> 3번, <운명> 5번, <전원> 6번, <합창> 9번이므로 3 + 5 + 6 + 9 = 23이다.

26 ①

가장 빠른 휘모리는 자진모리를 더 빨리 연주하는 장단이고, 가장 느린 진양조는 판소리나 산조에 주로 쓰인다.

27 ③

어떠한 문제에 대하여 소수의 의견을 다수의 의견일 것이라고 잘못 인지하거나 오히려 다수의 의견을 소수의 의견이라고 잘못 인지한다는 내용의 이론이다.

28 ②

프랑스와 모나코가 참가하는 축구 리그로, 르 샹피오나(Le Championnat)라고 불리다가 현재는 리그 1(리그 앙)이라 불린다.

29 ③

공을 건드리면 골인 여부와 관계없이 상대팀의 득점으로 인정된다.

30 ③

혼돈이론(카오스이론)에 대한 설명이다.

오답체크

① 빅뱅이론: 우주 탄생에 대한 이론으로, 우주가 어떤 한 점에서 탄생한 후에 대폭발이 발생하였고 팽창하여 현재의 우주가 형성되었다는 이론
② 상대성이론: 관측자의 운동에 따라 시간의 흐름, 공간적 측정이 달라질 수 있다는 이론
④ 프렉탈이론: 해안선이나 구름 등 자연계의 복잡하고 불규칙적인 모양은 아무리 확대해도 작은 부분에는 전체와 같은 불규칙적인 모양을 가지고 있다는 이론(기하학 이론)

31 다음 내용에서 설명하고 있는 것은?

> 1세대 붉은 눈, 1쌍의 날개를 가진 초파리와 녹색 눈, 2쌍의 날개를 가진 초파리를 교배했을 때, 붉은 눈에 2쌍의 날개를 가진 초파리가 발현되었다. 이렇게 나온 2세대 초파리를 자가 교배했을 때, 태어난 10마리의 초파리 중 2마리의 눈이 황색을 띠었고, 2쌍의 날개를 가지고 있었다. 이렇게 태어난 1마리의 초파리를 교배하였더니 황색 눈이 유전되는 것을 확인했다.

① 우열의 법칙　　　　　　　　　② 돌연변이
③ 반성유전　　　　　　　　　　　④ 한성유전

32 <보기 1>의 설명에 따라 <보기 2>의 용례를 사전에 표제어로 싣는 기준을 제시한 것으로 적절한 것은?

> <보기 1>
>
> 단어는 기본적인 의미와 이것에서 확장된 다의적 의미를 지니는데, 사전에 올릴 때는 기본적인 의미를 제일 앞에 놓고 다의적 의미를 지닌 것은 뒤에 배치한다. 그리고 동음이의어의 경우는 위첨자로 숫자를 표시하여 새로운 표제어로 제시한다.

> <보기 2>
>
> ㉠ 부모님 말씀 잘 들어라.
> ㉡ 피아노 소리를 듣고 나니 기분이 좋다.
> ㉢ 빗방울 듣는 소리에 고향 생각이 절로 난다.
> ㉣ 복통에는 이 약이 잘 듣는다.
> ㉤ 그렇게 행동하다간 싫은 소리 듣는다.

① 듣다^1 ㉡, ㉤　　　　　　　　② 듣다^1 ㉡, ㉤
　 듣다^2 ㉠, ㉢, ㉣　　　　　　　 듣다^2 ㉠, ㉢
　　　　　　　　　　　　　　　　　 듣다^3 ㉣

③ 듣다^1 ㉡, ㉤, ㉠, ㉣　　　　　④ 듣다^1 ㉡, ㉠
　 듣다^2 ㉢　　　　　　　　　　　 듣다^2 ㉤, ㉢
　　　　　　　　　　　　　　　　　 듣다^3 ㉣

33 <보기>의 ㉠~㉢에 들어갈 낱말을 바르게 나열한 것은?

<보기>
- 병원에 가려면 ㉠ _____ 얼마라도 돈이 있어야겠다는 생각이 들었다.
- 그녀가 결혼했다는 것은 ㉡ _____ 헛소문에 불과했다.
- 그는 일 년 동안 ㉢ _____ 공부에만 열중했다.

	㉠	㉡	㉢
①	다만	오직	단지
②	오직	다만	단지
③	다만	단지	오직
④	오직	단지	다만

정답 및 해설

31 ②
어버이 세대에 없던 황색 눈이 유전형질로 나타나 유전되는 현상은 유전자 또는 염색체의 변이로 인한 돌연변이 현상이다.

오답체크
① 우열의 법칙: 순종인 두 대립형질을 가진 개체를 교배했을 때, 잡종 제1대에서는 두 대립형질 중 한쪽만 나타나는데, 이때 나타나는 형질을 우성, 나타나지 않는 형질을 열성이라고 함
③ 반성유전: 색맹, 혈우병 등이 대표적인 예로, X 염색체에 유전자가 들어 있어서 XX 염색체를 가진 여성은 2개의 X 염색체 모두에 유전자가 들어 있어야 발현이 되지만, XY 염색체를 가진 남성은 1개의 X 염색체에 유전자가 들어 있으면 발현됨
④ 한성유전: 성별에 따라 제한적으로 발현되어 한쪽 성별에서만 유전자의 형질이 나타나는 것으로, 종성유전의 극단적인 형태

32 ③
㉢은 기본적 의미를 지니며, ㉠, ㉣, ㉤은 ㉡에서 확장된 다의적 의미를 지닌다. ㉢은 동음이의어

이다. 따라서 사전에는 ㉠, ㉡, ㉣, ㉤을 하나의 표제어 아래에, ㉢은 번호를 달리한 표제어로 제시해야 한다.

더 알아보기
㉠ 이르거나 시키는 대로 실천하다.
㉡ 귀로 소리를 느끼다, 소리를 감각 기관을 통해 알아차리다.
㉢ 액체가 방울방울 떨어지다.
㉣ 효험을 나타내다.
㉤ 칭찬 또는 꾸지람 따위를 받다.

33 ③
'다만'은 조사 '-라도'가 붙은 명사 앞에 쓰여 '그 이상은 아니지만, 그 정도는'의 의미로 사용되었다. '단지(但只)'는 여러 가지 대상 중에서 선택된 것이 적거나 대단찮은 범위에 국한됨을 나타내는 말로, '제한되는 대상을 대수롭지 않게 생각한다.'는 의미이다. '오직'은 여러 가지 대상 가운데서 특별히 어느 하나나 둘 정도의 것에 관심을 제한함을 나타내는 말로, '제한된 대상을 최선으로 생각한다.'는 의미이다.
따라서 ㉠에는 '다만', ㉡에는 '단지', ㉢에는 '오직'이 들어가는 것이 적절하다.

기출 동형 문제

01 보궐선거 사유에 해당하는 것은?

① 당선인 임기 중 사직

② 당선인 임기 개시 전 사망

③ 당선 무효 판결

④ 선거 결과 당선인이 없을 때

02 상대적으로 뒤처지는 후보에게 표가 쏠리는 현상은?

① 레임덕 효과

② 밴드왜건 효과

③ 언더독 효과

④ 브래들리 효과

03 범인이 유죄를 인정하는 대신 형량을 줄여주는 제도는?

① 플리바겐

② 불고불리 원칙

③ 독수독과 이론

④ 아노미

04 상황을 조작해 누군가가 현실감을 잃게 하여 지배하는 심리적 조작은?

① 소시오패스 효과

② 가스라이팅

③ 플라시보 효과

④ 후광 효과

HF한국주택금융공사 SH서울주택도시공사

05 적용되는 법적 연령 기준이 가장 낮은 것은?

① 선거법상 선거권

② 선거법상 국회의원 피선거권

③ 근로기준법상 근로 가능

④ 형법상 형사미성년

서울시설공단

06 물건을 구입하는 전자상거래에서 온라인과 오프라인이 결합하는 현상은?

① D2C

② O2O

③ B2B

④ B2C

정답 및 해설

01 ①

보궐선거는 임기 개시 후 발생하는 궐원으로 인해 실시하는 선거이다.

오답체크

②, ③, ④ 당선인이 임기 개시 전에 사퇴 혹은 사망하거나 법원의 당선무효 판결로 인해 선거가 무효가 되었을 때, 선거 결과 당선인이 없을 때 치러지는 선거는 재선거이다.

02 ③

스포츠 경기에서 특별히 응원하는 팀이 없을 때 약자를 응원하거나 선거에서 불리한 후보에게 동정표가 쏠리는 현상을 말한다.

03 ①

우리나라는 플리바겐에 대한 법적 근거는 없으나, 기소에 대한 검사의 재량을 폭넓게 인정하는 기소독점주의와 기소편의주의를 채택하고 있어 비슷한 형태의 수사가 암묵적으로 이루어지고 있다.

04 ②

1938년 영국에서 공연된 <가스등(Gas Light)>이라는 연극에서 유래되었으며, 이러한 행위를 하는 사람을 '가스라이터(gaslighter)'라고 한다.

05 ④

선거법상 선거권은 18세, 국회의원 피선거권은 25세, 근로기준법상 근로 가능 연령은 15세, 형법상 형사미성년은 14세이며, 형법상 14세 미만의 미성년이 범죄를 저지른 경우 책임이 조각되어 형법상 범죄가 성립하지 않는다.

06 ②

O2O는 'Online to Offline'의 줄임말로, 물건을 구입하는 전자상거래에서 온라인과 오프라인이 결합하는 현상을 말한다.

07 사소해 보이는 80%의 다수가 20%의 소수 핵심보다 뛰어난 가치를 창출해낸다는 이론은?

① 파레토 법칙　　　　　　　　　　② 베블런 효과

③ 롱테일 법칙　　　　　　　　　　④ 세이의 법칙

08 전환사채에 대한 설명으로 적절하지 않은 것은?

① 일정 시점부터 주식으로 전환할 수 있는 채권이다.

② 전환에 의하여 사채가 소멸하면 그 대신에 주식이 발행된다.

③ 채권발행자는 전환 사채권자가 전환권을 행사하여 주주가 되면 채권 이자를 지급하지 않아도 된다.

④ 전환사채의 지급이자는 일반적으로 회사채보다 높다.

09 기업과 비영리단체가 서로의 이익을 위하여 연계하는 것으로, 기업의 경제적 가치와 더불어 공익적 가치를 추구하는 마케팅은?

① 플래그십 마케팅　　　　　　　　② 앰부시 마케팅

③ 프로슈머 마케팅　　　　　　　　④ 코즈 마케팅

10 상품의 가격이 상승함에도 불구하고 수요가 늘어나는 현상은?

① 넛지 효과　　　　　　　　　　　② 컨벤션 효과

③ 플라시보 효과　　　　　　　　　④ 베블런 효과

근로복지공단　한국마사회　한국장학재단

11 고속철도, 도시철도 등의 개통으로 대도시가 주변 중소도시의 인구나 경제력을 흡수하는 대도시 집중 현상은?

① 젠트리피케이션　　　　　　　　② 스프롤 현상

③ 인구 공동화 현상　　　　　　　　④ 빨대 효과

한국중부발전　한국환경공단

12 다음 내용에서 설명하는 현상은?

> 개인의 수가 증가할수록 성과에 대한 개인의 공헌도가 현격히 저하되는 현상을 말한다. 이는 혼자서 일할 때보다 집단 속에서 함께 일할 때 노력을 덜 기울이기 때문이다.

① 스티그마 효과　　　　　　　　② 플라시보 효과

③ 바넘 효과　　　　　　　　　　④ 링겔만 효과

정답 및 해설

07 ③

오답체크

① 파레토 법칙: 상위 20% 사람들이 전체 부의 80%를 가지고 있거나, 상위 20% 고객이 매출의 80%를 창출한다는 법칙

② 베블런 효과: 가격이 오르는데도 일부 계층의 과시욕이나 허영심 등으로 인해 수요가 줄어들지 않는 현상

④ 세이의 법칙: 공급이 스스로 자신의 수요를 창출하여 경제 전체의 총공급이 필연적으로 동일한 양의 총수요를 만들어 낸다는 법칙

08 ④

전환사채의 지급이자는 일반적으로 회사채보다 낮다.

09 ④

오답체크

① 플래그십 마케팅: 시장에서 성공을 거둔 특정 상품을 중심으로 판촉 활동을 하는 마케팅 기법

② 앰부시 마케팅: 교묘히 규제를 피하는 마케팅 기법

③ 프로슈머 마케팅: 소비자의 아이디어가 신제품 개발에 직접 관여하는 마케팅 기법

10 ④

사회적 지위나 부를 과시하기 위한 허영심에 의해 수요가 발생하기 때문에 가격이 비쌀수록 오히려 소비가 늘어나는 효과를 말한다.

11 ④

1960년대 일본에 고속철도 신칸센이 개통된 후 연계된 중소도시가 발전할 것이라는 기대와 달리 도쿄와 오사카로 인력과 경제력이 집중되었고, 이로 인해 제3의 도시인 고베가 위축되는 현상이 발생하여 이를 빨대 효과라고 부른다.

12 ④

1913년 프랑스의 농업 전문 엔지니어 링겔만이 줄다리기 실험을 통해 개인의 집합체는 그 유형을 불문하고 잠재력을 충분히 발휘하기 어려우며, 집단의 크기가 문제를 심화시킨다는 사실을 발견하여 링겔만 효과라고 한다.

13 스페인어로 '여자아이'라는 뜻으로, 서태평양의 해수 온도가 올라가는 현상은?

① 엘니뇨 　　　　　　　　　　　　② 라니냐
③ 라마마 　　　　　　　　　　　　④ 사바나

14 유명인의 죽음 뒤 이를 동조하여 자살을 시도하는 현상은?

① 피그말리온 효과 　　　　　　　　② 플라시보 효과
③ 나비 효과 　　　　　　　　　　　④ 베르테르 효과

15 한 가지 일에 지나치게 몰두하다가 신체적·정신적 피로감과 함께 무기력증, 자기혐오 등에 빠지는 증상은?

① 리플리 증후군 　　　　　　　　　② 리셋 증후군
③ 번아웃 증후군 　　　　　　　　　④ 스탕달 증후군

16 일과 가정의 조화를 추구하기 위해 근무시간과 장소를 유연하게 선택하여 일하는 노동자는?

① 골드칼라 　　　　　　　　　　　② 퍼플칼라
③ 그레이칼라 　　　　　　　　　　④ 논칼라

17 다음 내용에서 설명하는 외교 용어는?

> 타국의 외교사절을 승인하는 절차로, 외교사절을 파견하는 데는 상대국의 사전 동의가 필요하며, 이 상대국의 동의를 뜻하는 용어이다. 사절의 임명 그 자체는 파견국의 권한에 속하나 외교사절을 받아들이는 접수국은 개인적 이유를 내세워 기피할 수 있다.

① 아그레망　　　　　　　　　　② 양해각서
③ 아타셰　　　　　　　　　　　④ 모두스 비벤디

18 국제연합(UN)에 대한 설명으로 옳지 않은 것은?

① UN 정기총회는 매년 9월 셋째 주 화요일에 개최된다.
② 주요기구는 총회, 안전보장이사회, 경제사회이사회, 신탁통치이사회, 국제보건기구(WHO), 사무국으로 구성되어 있다.
③ 남북한은 1991년에 동시 가입하였다.
④ 안전보장이사회는 미국, 영국, 프랑스, 러시아, 중국의 5개국으로 구성되어 있다.

정답 및 해설

13 ②
엘니뇨와 반대로 서태평양의 해수면 온도는 상승하고 동태평양 적도 지역의 해수면 온도는 평년보다 0.5도 이상 낮은 저수온 현상이 나타나는 것을 말한다.

14 ④
동조 자살 혹은 모방 자살이라고도 하며, 독일의 작가 괴테가 1774년 출간한 소설 『젊은 베르테르의 슬픔』에서 유래하였다.

15 ③
연소 증후군 혹은 탈진 증후군이라고도 하며, 일이 뜻대로 되지 않거나 피로가 극도로 쌓였을 때 나타난다.

16 ②

오답체크
① 골드칼라: 황금 같은 기발한 사고로 정보화 시대를 이끌어가는 전문직 종사자
③ 그레이칼라: 사무직에서 일하는 화이트칼라와 생산직에서 일하는 블루칼라의 중간 성격 노동자
④ 논칼라: 컴퓨터를 사용하는 후기 산업사회 노동자

17 ①
아그레망을 받은 사람을 페르소나 그라타(persona grata), 아그레망을 받지 못한 사람을 페르소나 논 그라타(persona non grata)라고 한다.

18 ②
국제보건기구(WHO)는 국제연합(UN)의 전문기구이다.

19 통일신라 시대 왕들의 업적으로 옳지 않은 것은?

① 신문왕은 국립대학인 국학을 설치하였다.
② 경덕왕은 녹읍을 부활시킴으로써 왕권을 강화하였다.
③ 원성왕은 독서삼품과를 실시하였으나 귀족들의 반발로 시행되지 않았다.
④ 성덕왕은 정전을 지급하여 국가의 자원을 확충하려 하였다.

20 고려 시대에 일어난 사건을 순서대로 바르게 나열한 것은?

ㄱ. 묘청의 난	ㄴ. 교정도감 설치
ㄷ. 이자겸의 난	ㄹ. 귀주대첩

① ㄴ - ㄷ - ㄹ - ㄱ   ② ㄹ - ㄷ - ㄴ - ㄱ
③ ㄹ - ㄷ - ㄱ - ㄴ   ④ ㄹ - ㄴ - ㄷ - ㄱ

21 사건을 순서대로 바르게 나열한 것은?

① 병인박해 - 오페르트 도굴사건 - 병인양요 - 신미양요
② 병인박해 - 병인양요 - 오페르트 도굴사건 - 신미양요
③ 병인양요 - 병인박해 - 오페르트 도굴사건 - 신미양요
④ 신미양요 - 병인양요 - 병인박해 - 오페르트 도굴사건

22 종교개혁에 대한 설명으로 옳지 않은 것은?

① 칼뱅은 『기독교 요강』을 저술하여 신교의 체계를 세웠다.
② 마틴 루터는 1517년 면죄부 판매를 비난하는 95개조 반박문을 발표하였다.
③ 1555년 보름스(Worms) 종교 회의에서 루터파를 선택할 자유가 인정되었다.
④ 루터의 종교개혁과 비슷한 시기에 스위스 취리히에서 츠빙글리가 면죄부 판매에 반대하여 종교개혁을 일으켰다.

23 중국의 근대화 과정을 순서대로 바르게 나열한 것은?

① 태평천국운동 - 양무운동 - 변법자강운동 - 의화단사건 - 신해혁명

② 태평천국운동 - 양무운동 - 의화단사건 - 변법자강운동 - 신해혁명

③ 양무운동 - 태평천국운동 - 변법자강운동 - 의화단사건 - 신해혁명

④ 양무운동 - 태평천국운동 - 의화단사건 - 변법자강운동 - 신해혁명

24 성공을 위해서라면 수단과 방법을 가리지 않는 반사회적 인격장애는?

① 소시오패스   ② 사이코패스

③ 사이코메트리   ④ 조울증

정답 및 해설

19 ②
녹읍은 수조권에 노동력 징발권까지 가지는 것
으로, 녹읍이 시행된다는 것은 귀족들의 권한이
강해졌다는 것임을 알 수 있다.

> **더 알아보기**
> **수조권**
> 국가가 받아야 할 토지세를 관리가 직접 걷을
> 수 있는 권리

20 ③
ㄱ. 인종 때 이자겸의 난 이후에 일어난 사건
ㄴ. 정중부의 중방을 폐지하고 최충헌이 설치한
　 최고 회의 기구
ㄷ. 인종 때 이자겸이 자신의 권력을 위해 인종
　 의 궁궐에 불을 지른 사건
ㄹ. 강감찬 장군이 거란을 막아낸 전투

> **더 알아보기**
> **고려 시대 주요 사건 순서**
> 거란의 침공 - 여진의 침공 - 이자겸의 난 - 묘
> 청의 난 - 무신정변 - 원의 침략

21 ②
병인박해(1866) - 병인양요(1866) - 오페르트
도굴사건(1868) - 신미양요(1871)

22 ③
아우크스부르크 종교 회의에서 독일의 제후와
자유도시에 루터파를 선택할 자유를 부여했다.

23 ①
태평천국운동(1851) - 양무운동(1862) - 변법자
강운동(1898) - 의화단사건(1899) - 신해혁명
(1911) - 신문화운동(1915)

24 ①

> **오답체크**
> ② 사이코패스: 평소에 잠재되어 있다가 범행을
> 　 통해 드러나는 반사회적 인격장애
> ③ 사이코메트리: 특정인의 소유물에 손을 대
> 　 관련된 정보를 읽어내는 심령 행위
> ④ 조울증: 조증과 우울증이 번갈아 나타나는
> 　 정신 질환

GH경기주택도시공사 　 인천도시공사 　 한국문화예술위원회

25 유럽의 전통적 예술에 반발하여 화려한 곡선 무늬를 즐겨 사용한 건축·공예 양식은?

① 아라베스크 　　　　　　　　 ② 아르누보

③ 키오스크 　　　　　　　　　 ④ 바우하우스

aT한국농수산식품유통공사 　 HUG주택도시보증공사 　 한국장애인고용공단

26 미국 브로드웨이 연극과 뮤지컬 분야 최고상으로, 연극의 아카데미상으로도 불리는 상은?

① 토니상 　　　　　　　　　　 ② 에미상

③ 오스카상 　　　　　　　　　 ④ 그래미상

대한체육회

27 상품에 대한 불완전한 정보를 제공하여 궁금증을 유발해 관심을 유도하는 광고 기법은?

① PPL 광고 　　　　　　　　　 ② 시즐 광고

③ POP 광고 　　　　　　　　　 ④ 티저 광고

근로복지공단 　 부산환경공단 　 한국농어촌공사 　 한국부동산원 　 한국전력공사

28 약점을 보도하겠다고 협박하거나 특정한 이익을 보도해 이익을 얻으려는 저널리즘은?

① 경마 저널리즘 　　　　　　　 ② 옐로 저널리즘

③ 팩 저널리즘 　　　　　　　　 ④ 블랙 저널리즘

부산교통공사

29 크로스컨트리 스키와 사격이 결합한 동계올림픽 종목은?

① 컬링
② 루지
③ 봅슬레이
④ 바이애슬론

aT한국농수산식품유통공사　대한장애인체육회　부산도시공사

30 시즌이 끝나고 선수들의 연봉 협상이나 트레이드에 나서는 시기 혹은 그런 동향을 뜻하는 야구 용어는?

① 스토브리그
② 윈터리그
③ 마이너리그
④ 퍼시픽리그

KORAIL한국철도공사　한국남동발전　한국농어촌공사　한국시설안전공단　한국환경공단

31 대기권 중 오로라 현상이 주로 발생하는 구간은?

① 대류권
② 성층권
③ 중간권
④ 열권

정답 및 해설

25 ②
새로운 예술이라는 뜻으로, 19~20세기 초 유럽과 미국에서 유행하였다.

26 ①
앙투아네트 페리를 기념하기 위하여 만들어 A. 페리상으로도 불린다.

27 ①
알리고자 하는 내용을 숨기고, 정식 제품 출시 전까지 조금씩 보여주며 광고 효과를 얻는 기법이다.

28 ④
사회비판 역할을 하기도 하지만, 재정적인 뒷받침이 부족하기 때문에 정당과 기업에 이용당할 수 있다는 약점이 있기도 하다.

29 ④
북유럽에서 군인들의 스포츠로 시작되었으며, 동계 근대 2종 경기라고 불리는 종목이다.

30 ①
축구에서는 프리시즌, 농구나 배구에서는 에어컨리그라고 한다.

31 ④
대기권에서 고도 80km 이상을 열권이라고 하며, 오로라는 고도 100~320km 사이에서 주로 발생한다.

[오답체크]
① 대류권: 지표와 맞닿아 있는 대기권의 가장 아래로, 대부분의 기상 현상이 일어나고 대기가 불안정한 층
② 성층권: 대류권 위부터 약 50km까지의 구간으로, 고도가 올라갈수록 온도가 올라가며 대류나 기체의 혼합이 일어나지 않는 매우 안정적인 층
③ 중간권: 성층권 위부터 약 80km까지의 구간으로, 고도가 올라갈수록 온도가 낮아지며 기상 현상은 발생하지 않고 유성이 관측되며 대기권에서 온도가 가장 낮은 층

LH한국토지주택공사 부산교통공사 새마을금고 한국전력공사

32 국제단위계(SI) 기본단위끼리 묶인 것은?

① m, s, g

② m, g, mol

③ s, cd, K

④ km, kg, A

부산교통공사

33 다음 <보기>는 띄어쓰기 사례를 사전에서 조사한 것이다. 이를 바탕으로 추리한 것으로 적절하지 않은 것은?

<보기>

- 시간이 흐르니 남는 것은 ㉠ 사진밖에 없더라.
- 무슨 일을 하든지 ㉡ 노력한 만큼의 대가를 얻을 수 있다.
- ㉢ 차 한 대의 가격이 집 한 채 가격과 맞먹기도 한다.
- 내가 ㉣ 살아 있는 한 네 은혜를 잊지 않을 거야.

---

① ㉠으로 보아, '내게는 너밖에 없어.'라고 써야 할 거야.

② ㉡에서 처럼 '나도 너 만큼 크다.'의 '너 만큼'도 띄어 써야 해.

③ ㉢의 사례로 볼 때, '북어 스무 마리'라고 적는 것이 맞아.

④ ㉣로 보아, '네가 날 돕는 한 나도 널 도울게.'에서도 '돕는 한'이라고 띄어 써야 해.

34 다음에서 설명하는 고전소설의 유형은?

> - 고귀한 혈통을 지니고 태어났다. → 어려서부터 비범했다. → 일찍 시련을 겪거나 죽을 고비에 이르렀다. → 구출·양육자의 도움으로 위기에서 벗어났다. → 자라서 다시 위기에 부딪혔다. → 위기를 극복하고 승리자가 되었다.
> - 고대 신화에서 신소설에 이르기까지 일관되게 나타나는 일정한 유형 구조이다.

① 영웅 소설　　　　　　　　　② 염정 소설
③ 가정 소설　　　　　　　　　④ 몽자류 소설

정답 및 해설

32 ③
무게를 나타내는 단위인 g(그램)과 거리를 나타내는 단위인 km(킬로미터)는 법정계량단위이다.

더 알아보기
국제단위계(SI) 기본단위

길이	미터(m)
질량	킬로그램(kg)
시간	초(s)
열역학적 온도	켈빈(K)
광도	칸델라(cd)
전류	암페어(A)
질량	몰(mol)

33 ②
<보기>의 ㉡을 보면 '만큼'이 의존 명사이면서 '그와 같은 정도나 한도'를 의미할 때, 용언 어미 '-ㄹ, -을, -ㄴ, -은'과 띄어서 쓴다는 것을 알 수 있다. 그러나 '만큼'이 조사이면서 ②와 같이 '정도가 거의 비슷함'을 의미할 때는 체언과 붙여 써야 하므로 ②에서는 '너만큼'이라고 표현해야 한다.

오답체크
① '밖에'는 조사로, '오직 그것뿐'임을 뜻하는데, 이는 체언에 붙여 쓴다.
③ 단위를 나타내는 명사는 띄어 써야 한다.
④ '한(限)'이 의존 명사로 쓰일 때는 앞말과 띄어 써야 한다.

34 ①
영웅의 일대기 구조에 대한 설명으로, 이러한 구조의 작품으로는 『유충렬전』, 『조웅전』, 『박씨전』 등이 있다.

오답체크
② 염정 소설: 남녀 사이의 사랑에 관한 내용을 중심으로 쓴 소설
③ 가정 소설: 가족들 사이에서 일어나는 갈등을 그린 소설
④ 몽자류 소설: 주인공이 꿈속에서 현실과 다른 존재로 태어나 현실과 전혀 다른 일생을 겪은 다음 꿈에서 깨어나 깨달음을 얻는 내용의 소설

더 알아보기
가정 소설

쟁총형	처첩 간의 갈등
계모형	계모와 전처 자식 간의 갈등
우애형	형제간의 우애

공기업 취업의 모든 것, **해커스공기업**
public.Hackers.com

틈새 공략
Plus 상식

공기업 일반상식 시험에는 앞서 학습한 8개 분야의 상식뿐만 아니라 일상에서 흔히 쓰이지만 정확히 알지 못하는 상식도 자주 출제됩니다. 헷갈리더라도 암기해 두면 공기업 일반상식 점수를 올릴 수 있습니다.

001 헷갈리기 쉬운 맞춤법

어휘	예문	어휘	예문
돼 되어	그러면 안 돼요. 그러면 안 되어요.	바람 바램	나의 바람은 이루어질 것이다. 저고리의 색이 바램
안 않	안 먹는다. 먹지 않는다.	왠 웬	왠지 가슴이 두근거린다. 웬 험상궂은 사람이 따라왔다.
있다가 이따가	집에 있다가 밖에 나왔다. 이따가 보자.	결제 결재	카드로 결제하다. 결재 서류를 올리다.
-던 -든	먹던 거 마저 먹어라. 먹든지 말든지 마음대로 해라.	개발 계발	광산을 개발하다. 소질을 계발하다
-데 -대	보니까 혜정이가 참 예쁘데. 혜정이가 결혼한대.	홀몸 홑몸	그는 결혼하지 않은 홀몸이다. 홑몸이 아니라 몸이 무겁다.
맞추다 맞히다	답안지와 맞추어 보다. 정답을 맞히다.	머지않아 멀지 않아	머지않은 미래 학교가 멀지 않다.
어떡해 어떻게	나 어떡해! 이게 어떻게 된 거냐!	반드시 반듯이	반드시 책을 읽어야 한다. 책을 반듯이 놓아라.
-요 -오	길이요, 진리요, 생명이다. 공사 중이니 돌아가 주십시오.	-로서 -로써	교육자로서 일생을 보내다. 도끼로(써) 나무를 찍다.

002 띄어쓰기

원칙	용례
조사는 그 앞말에 붙여 쓴다.	• 꽃이, 꽃마저, 꽃밖에, 꽃에서부터, 꽃으로만
의존 명사는 띄어 쓴다.	• 아는 것이 힘이다.
단위를 나타내는 명사는 띄어 쓴다. 단, 순서를 나타내거나 숫자와 함께 쓰이는 경우에는 붙여 쓸 수 있다.	• 한 개, 차 한 대, 금 서 돈 • 두시 삼십분 오초, 제일과, 삼학년, 10개
수를 적을 때에는 '만(萬)' 단위로 띄어 쓴다.	• 삼천사백오십육만 칠천팔백구십팔
두 말을 이어 주거나 열거할 때에 쓰이는 말들은 띄어 쓴다.	• 국장 겸 과장, 열 내지 스물, 청군 대 백군
단음절로 된 단어가 연이어 나타날 때는 붙여 쓸 수 있다.	• 좀더 큰것, 이말 저말
보조 용언은 띄어 쓴다. 단, 경우에 따라 붙여 쓸 수 있다.	• 불이 꺼져 간다. / 불이 꺼져간다.
이름 뒤에 붙는 관직명·호칭명은 띄어 쓴다.	• 충무공 이순신 장군

003 헷갈리기 쉬운 표준어

잘못된 용례	표준어	잘못된 용례	표준어
곤색	감색	가리마	가르마
강남콩	강낭콩	간지르다	간질이다
곱배기	곱빼기	객적다	객쩍다
깡총깡총	깡충깡충	거칠은	거친
찌게	찌개	구렛나루	구레나룻
끼여들기	끼어들기	깍둑이	깍두기
가랭이	가랑이	넓다랗다	널따랗다
닥달하다	닦달하다	발자욱	발자국
더우기	더욱이	늙으막	늘그막
두째	둘째	비로서	비로소
머릿말	머리말	뻑국이	뻐꾸기
모밀	메밀	삭월세	사글세
무우	무	삭	삯
숫가락	숟가락	얕트막하다	야트막하다
아지랭이	아지랑이	애닯다	애달프다
악발이	악바리	수염소	숫염소
안성마춤	안성맞춤	빠치다	빠뜨리다
방돌	구들장	안절부절하다	안절부절못하다
건빨래	마른빨래	주책이다	주책없다
알타리무	총각무	살막이	살풀이
오얏	자두	새벽별	샛별
높은밥	고봉밥	구슬사탕	알사탕
피죽	죽데기	영판	아주
푼전	푼돈	열심으로	열심히
역스럽다	역겹다	-지만서도	-지만
낫우다	고치다	부스럭지	부스러기
길앞잡이	길잡이	뒷발톱	며느리발톱
머귀나무	오동나무	다시마자반	부각

004 복수 표준어

게을러빠지다	게을러터지다	삽살개	삽사리
고깃간	푸줏간	상두꾼	상여꾼
곰곰	곰곰이	상씨름	소걸이
관계없다	상관없다	생철	양철
교정보다	준보다	서럽다	섧다
구들재	구재	서방질	화냥질
귀퉁머리	귀퉁배기	성글다	성기다
극성떨다	극성부리다	-(으)세요	-(으)셔요
기세부리다	기승부리다	꽃도미	붉돔
댓돌	툇돌	나귀	당나귀
꼬리별	살별	날걸	세뿔
중신	중매	차차	차츰
댓돌	툇돌	알은척	알은체
양념감	양념거리	애갈이	애벌갈이
내리글씨	세로글씨	애꾸눈이	외눈박이
넝쿨	덩굴	쪽	편
좀처럼	좀체	어금버금하다	어금지금하다
덧창	겉창	어기여차	어여차
독장치다	독판치다	어림잡다	어림치다
동자기둥	쪼구미	어이없다	어처구니없다
두동무니	두동사니	짚단	짚뭇
뒷말	뒷소리	자물쇠	자물통
만치	만큼	딴전	딴청
일찌감치	일찌거니	땅콩	호콩
우지	울보	우레	천둥
자리옷	잠옷	마파람	앞바람
제가끔	제각각	재롱떨다	재롱부리다
여쭈다	여쭙다	옥수수	강냉이
언덕바지	언덕배기	어저께	어제
땔감	땔거리	돼지감자	뚱딴지

표준어	추가 표준어	표준어	추가 표준어
간질이다	간지럽히다	아옹다옹	아웅다웅
남우세스럽다	남사스럽다	야멸치다	야멸차다
목물	등물	오순도순	오손도손
만날	맨날	찌뿌듯하다	찌뿌둥하다
묏자리	못자리	치근거리다	추근거리다
복사뼈	복숭아뼈	태견	택견
세간	세간살이	품세	품새
쌉싸래하다	쌉싸름하다	자장면	짜장면
고운대	토란대	마을	마실
허섭스레기	허접쓰레기	예쁘다	이쁘다
토담	흙담	차지다	찰지다
-기에	-길래	-고 싶다	-고프다
괴발개발	개발새발	가오리연	꼬리연
날개	나래	의논	의론
냄새	내음	이키	이크
눈초리	눈꼬리	잎사귀	잎새
떨어뜨리다	떨구다	푸르다	푸르르다
뜰	뜨락	마 마라 마요	말아 말아라 말아요
먹을거리	먹거리	노라네 동그라네 조그마네	노랗네 동그랗네 조그맣네
메우다	메꾸다	-에는	-엘랑
손자	손주	주책없다	주책이다
어수룩하다	어리숙하다	맨송맨송	맨숭맨숭 맹숭맹숭
두루뭉술하다	두리뭉실하다	바동바동	바둥바둥
횡허케	횡하니	새치름하다	새초롬하다
거치적거리다	걸리적거리다	끼적거리다	끄적거리다

틈새상식

해커스 한 권으로 끝내는 공기업 기출 일반상식

006 24절기

계절	절기	날짜	내용
봄(春)	입춘(立春)	양력 2월 4일경	봄의 시작
	우수(雨水)	양력 2월 18일경	비가 내리고 싹이 틈
	경칩(驚蟄)	양력 3월 5일경	동물이 겨울잠에서 깸
	춘분(春分)	양력 3월 20일경	낮이 길어지기 시작
	청명(淸明)	양력 4월 4일경	봄 농사 준비
	곡우(穀雨)	양력 4월 20일경	농사비가 내림
여름(夏)	입하(立夏)	양력 5월 5일경	여름의 시작
	소만(小滿)	양력 5월 21일경	농사의 시작
	망종(芒種)	양력 6월 5일경	씨 뿌리는 때
	하지(夏至)	양력 6월 21일경	낮이 가장 긴 때
	소서(小暑)	양력 7월 7일경	여름 더위의 시작
	대서(大暑)	양력 7월 22일경	가장 더운 때
가을(秋)	입추(立秋)	양력 8월 7일경	가을의 시작
	처서(處暑)	양력 8월 23일경	일교차가 커지기 시작
	백로(白露)	양력 9월 7일경	이슬이 내리기 시작
	추분(秋分)	양력 9월 23일경	밤이 길어지기 시작
	한로(寒露)	양력 10월 8일경	찬 이슬이 내림
	상강(霜降)	양력 10월 23일경	서리가 내리기 시작
겨울(冬)	입동(立冬)	양력 11월 7일경	겨울의 시작
	소설(小雪)	양력 11월 22일경	눈이 오기 시작
	대설(大雪)	양력 12월 7일경	눈이 가장 많이 오는 때
	동지(冬至)	양력 12월 21일경	밤이 가장 긴 때
	소한(小寒)	양력 1월 5일경	겨울 추위 시작
	대한(大寒)	양력 1월 20일경	가장 추운 때

007 나이

나이	한자어	내용
15	지학(志學)	학문에 뜻을 두는 나이
20	약관(弱冠)	갓을 쓰는 나이
30	이립(而立)	학문의 기초를 세우는 나이
40	불혹(不惑)	미혹되지 않는 나이
50	지천명(知天命)	하늘의 뜻을 깨닫는 나이
60	이순(耳順)	다른 사람의 말을 들으면 곧 이치를 깨달아 이해할 수 있는 나이
61	환갑(還甲) 회갑(回甲) 화갑(華甲)	육십갑자를 돌아 태어난 간지의 해가 돌아왔음을 의미
62	진갑(進甲)	환갑의 다음해
70	칠순(七旬) 고희(古稀) 종심(從心)	뜻대로 행해도 법도에 어긋나지 않는 나이
77	희수(喜壽)	희(喜)자를 초서체로 쓰면 칠십칠(七十七)이 되는 데서 77세를 의미
80	팔순(八旬) 산수(傘壽)	산(傘)자를 약자로 쓰면 팔(八)과 십(十)이 되는 데서 80세를 의미
88	미수(米壽)	미(米)자를 풀어쓰면 팔십팔(八十八)이 되는 데서 88세를 의미
90	졸수(卒壽)	졸(卒)자를 약자로 쓰면 구(九)와 십(十)이 되는 데서 90세를 의미
99	백수(白壽)	백(白)에서 일(一)을 빼면 99가 된다는 데서 99세를 의미
100	상수(上壽)	사람의 수명을 상·중·하로 나누었을 때 최상의 수명이라는 의미

틈새상식

해커스 한 권으로 끝내는 공기업 기출 일반상식

008 속담

속담	풀이
가는 말이 고와야 오는 말이 곱다	내가 남에게 좋게 해야 남도 내게 좋게 함
가재는 게 편이라	비슷한 사람끼리 편 되어 붙음
같은 값이면 다홍치마	값이 같다면 품질 좋은 것을 택함
개똥밭에 굴러도 이승이 좋다	아무리 고생스럽고 천하게 살더라도 죽는 것보다는 사는 게 나음
개천에서 용 난다	어려운 환경에서 훌륭한 사람이 나옴
고생 끝에 낙이 온다	어려운 일, 괴로운 일을 겪고 나면 즐겁고 좋은 일도 있음
구슬이 서 말이라도 꿰어야 보배	좋은 것도 마무리하여 완전한 것으로 만들어야 그 가치가 있음
금강산도 식후경	좋은 것이나 재미있는 것도 배가 부르고 난 뒤에라야 즐길 수 있음
기는 놈 위에 나는 놈 있다	재주가 있더라도 그보다 더 나은 사람이 있으니 너무 자랑하면 안 됨
나는 새도 떨어뜨린다	권세가 대단하여 무슨 일이든 제 뜻대로 이룰 수 있음
나 먹자니 싫고 개 주자니 아깝다	자기에게는 소용이 없는 것도 막상 남에게 주려고 하니 싫음
내 코가 석 자	사정이 너무 급박하여 남을 돌볼 겨를이 없음
냉수 먹고 이 쑤시기	실속은 아무것도 없으면서 겉으로는 대단한 것이라도 있는 체함
누워서 침 뱉기	자기가 자신을 욕보임
누이 좋고 매부 좋다	서로 다 좋은 일
달면 삼키고 쓰면 뱉는다	이해에만 밝고 의리를 돌보지 않음
대신 댁 송아지 백정 무서운 줄 모른다	제가 의지하는 자의 세력을 믿고 안하무인으로 행동함
돌다리도 두들겨 보고 건너라	잘 아는 일이라도 세심한 주의를 기울임
되로 주고 말로 받는다	조금 주고 그 대가로 몇 배를 더 받음
두 손뼉이 맞아야 소리가 난다	양편의 손이 잘 맞아야 일을 잘 할 수 있음
뒷간에 갈 적 맘 다르고 올 적 맘 다르다	긴할 때 다급히 굴다가 볼일이 끝나면 마음이 변해 쌀쌀해짐
드는 줄은 몰라도 나는 줄은 안다	재물이 줄어드는 것은 금방 알아차릴 수 있음
등잔 밑이 어둡다	가까운 곳에서 생긴 일을 도리어 잘 모름
똥 묻은 개가 겨 묻은 개 나무란다	자기가 더 큰 흉이 있으면서 도리어 남의 작은 흉을 봄
말 한 마디로 천 냥 빚을 갚는다	처세하는 데는 언변이 중요함

믿는 도끼에 발등 찍힌다	아무 염려 없다고 믿고 있던 일에 실패함
방귀 뀌고 성낸다	제가 잘못하여 놓고 도리어 성을 냄
백 번 듣는 것이 한 번 보는 것만 못하다	간접으로 듣기만 하여서는 암만해도 직접 보는 것보다 확실하지 못함
백지장도 맞들면 낫다	쉬운 일이라도 혼자 하는 것보다 협력하면 훨씬 효과적임
비단옷 입고 밤길 간다	애써 한 일이 아무 보람이 없음
사공이 많으면 배가 산으로 간다	주관하는 사람, 참견하는 사람이 많으면 일을 이루기 어려움
산 넘어 산이다	고생이 점점 더 심해짐
새 발의 피	극히 적은 분량
세 살 버릇 여든 간다	어릴 때 들인 버릇은 고치기 어려움
소 닭 보듯	아무 관심이 없이 본체만체함
소문난 잔치에 먹을 것 없다	소문에 비하여 내용이 보잘것없음
소 잃고 외양간 고친다	평소에 대비가 없었다가 실패한 다음에 뒤늦게야 깨달아 대비함
쇠귀에 경 읽기	둔한 사람은 아무리 일러 주어도 알아듣지 못함
어 다르고 아 다르다	같은 말이라도 말투에 따라 상대에게 주는 느낌이 다름
엎친 데 덮친다	어려운 일에 또 다른 일이 겹침
열 번 찍어 안 넘어가는 나무 없다	여러 번 계속하여 애쓰면 결국 뜻대로 일을 이룰 수 있음
원숭이도 나무에서 떨어질 때가 있다	아무리 능숙한 일도 실수할 때가 있음
자라 보고 놀란 가슴 솥뚜껑 보고 놀란다	무엇에 한 번 놀란 사람은 그와 비슷한 것만 보아도 겁을 냄
쥐구멍에도 볕들 날 있다	고생만 하는 사람도 좋은 시기를 만날 수 있음
지성이면 감천이다	무슨 일을 하든지 정성을 다하면 모두 이룰 수 있음
천 리 길도 한 걸음부터	무슨 일이든 시작이 중요함
콩 심은 데 콩 나고 팥 심은 데 팥 난다	모든 일은 원인에 따라 결과가 생김
평안 감사도 저 싫으면 그만이다	아무리 좋은 일이라도 제 마음에 들지 않으면 억지로 시키기 어려움
하늘이 무너져도 솟아날 구멍이 있다	아무리 어려운 처지라도 그것을 벗어나서 잘될 방법이 있음
호랑이에게 물려가도 정신 차리면 산다	아무리 위급한 상황이라도 정신만 똑바로 차리면 위기를 면할 수 있음
홍시 먹다가 이 빠진다	전혀 그렇게 될 리가 없음에도 일이 꼬임

009 한자성어

한자성어	풀이
갈이천정(渴而穿井)	목이 말라야 비로소 우물을 팜
감언이설(甘言利說)	달콤한 말과 이로운 조건을 내세워 남을 꾀는 말
갑남을녀(甲男乙女)	보통 사람들
건곤일척(乾坤一擲)	운명과 흥망을 걸고 전력을 다하여 마지막 승부를 겨룸
고장난명(孤掌難鳴)	상대가 없으면 혼자서는 일을 이루기가 어려움
고진감래(苦盡甘來)	고생 끝에 즐거움이 옴
곡학아세(曲學阿世)	자기의 신조나 소신, 철학 등을 굽히어 권세나 시세에 아첨함
과유불급(過猶不及)	정도를 지나침은 미치지 못한 것과 같음
괄목상대(刮目相對)	다른 사람의 학식이나 재주가 크게 진보함
교각살우(矯角殺牛)	잘못된 점을 고치려다 방법이 지나쳐 오히려 일을 그르침
교언영색(巧言令色)	남에게 아첨하려고 듣기 좋게 꾸미는 말과 얼굴빛
금과옥조(金科玉條)	금이나 옥같이 귀중한 법칙이나 규정
근묵자흑(近墨者黑)	나쁜 사람을 가까이하면 물들기 쉬움
남가일몽(南柯一夢)	꿈과 같이 헛된 한때의 부귀영화
다다익선(多多益善)	많으면 많을수록 더욱더 좋음
동병상련(同病相憐)	같은 병을 앓는 사람끼리 서로 불쌍히 여김
동상이몽(同床異夢)	겉으로는 같이 행동하면서도 속으로는 딴생각을 함
맥수지탄(麥秀之嘆)	고국의 멸망을 탄식함
목불식정(目不識丁)	아주 무식함
부화뇌동(附和雷同)	일정한 주견이 없이 남의 말에 덩달아 놀아남
사면초가(四面楚歌)	사면이 적에게 포위된 경우나 도움을 받을 수 없어 고립된 상태
사필귀정(事必歸正)	모든 일은 반드시 바른 대로 돌아감
살신성인(殺身成仁)	자기 몸을 희생하여 인(仁)을 이룸
삼고초려(三顧草廬)	사람을 맞이함에 진심으로 정성을 다함
새옹지마(塞翁之馬)	화도 슬퍼할 것이 못 되고 복도 기뻐할 것이 못 됨
설상가상(雪上加霜)	불행 위에 불행이 또 겹침
십시일반(十匙一飯)	여러 사람이 힘을 합하면 한 사람을 도울 수 있음
암중모색(暗中摸索)	어둠 속에서 더듬어 찾듯이 어림으로 무엇을 찾아내려 함
양두구육(羊頭狗肉)	겉으로는 그럴듯하나 속은 변변하지 않음
어부지리(漁父之利)	둘이 싸우는 틈을 이용하여 제삼자가 힘들이지 않고 이득을 챙김

역지사지(易地思之)	처지를 바꾸어 생각함
온고지신(溫故知新)	옛것을 익히고 그것을 미루어서 새것을 앎
와신상담(臥薪嘗膽)	뜻을 이루려는 일념으로 스스로 괴로움을 겪으면서 결심을 다짐
용두사미(龍頭蛇尾)	처음은 좋으나 끝이 좋지 않음
적반하장(賊反荷杖)	잘못한 사람이 도리어 잘못이 없는 사람을 나무람
전전반측(輾轉反側)	누워서 몸을 이리저리 뒤척이며 잠을 이루지 못함
전화위복(轉禍爲福)	좋지 않은 일이 바뀌어 오히려 좋은 일이 생김
절차탁마(切磋琢磨)	학문이나 덕행을 부지런히 닦음
조삼모사(朝三暮四)	눈앞에 보이는 차이만을 알고 그 결과가 같은 것을 모르는 어리석음
주객전도(主客顚倒)	사물의 경중, 선후, 완급이 서로 바뀜
천고마비(天高馬肥)	풍요로운 가을
청천벽력(靑天霹靂)	뜻밖에 일어나는 변고
청출어람(靑出於藍)	제자가 스승보다 실력이나 평판이 뛰어남
촌철살인(寸鐵殺人)	짤막한 경구로 어떤 일의 급소를 찔러 사람을 감동하게 함
타산지석(他山之石)	자기보다 부족한 사람의 언행도 품성과 지성을 연마하는 데 도움이 됨
토사구팽(兎死狗烹)	쓸모가 있을 때는 긴요하게 쓰다가 쓸모가 없어지면 버리는 것
파죽지세(破竹之勢)	세력이 강하여 막을 수 없게 맹렬히 적을 치는 기세
파천황(破天荒)	전례가 없는 일을 처음으로 시작함
팔방미인(八方美人)	여러 방면의 일에 능통한 사람
표리부동(表裏不同)	겉과 속이 다름
풍비박산(風飛雹散)	사방으로 날아 흩어짐
필부지용(匹夫之勇)	깊은 생각 없이 혈기만 믿고 함부로 부리는 용기
한마지로(汗馬之勞)	말을 달려 싸움터에서 힘을 다하여 싸운 공로
한우충동(汗牛充棟)	소에 실리면 소가 땀을 흘리고 쌓아올리면 들보에 닿을 정도로 많은 책
형설지공(螢雪之功)	갖은 고생을 하며 학문을 닦아서 이룩한 공
호가호위(狐假虎威)	남의 권세를 빌어 자기가 위세를 부리는 것
호사다마(好事多魔)	좋은 일에는 흔히 방해되는 것이 많음
호연지기(浩然之氣)	사람의 마음에 차 있는 크고 올바른 기운
호접지몽(胡蝶之夢)	인생의 덧없음
혹세무민(惑世誣民)	세상을 어지럽히고 백성을 미혹하게 하여 속임
화룡점정(畵龍點睛)	마지막으로 가장 중요한 부분을 마무리함으로써 일을 완성함

010 순우리말

순우리말	풀이
가납사니	쓸데없는 말을 잘하는 사람
가말다	일을 잘 헤아려 처리하다.
가분하다	들기에 알맞다.
객쩍다	언행이 쓸데없이 실없고 싱겁다.
게염	부러워하고 탐내는 욕심
난든집	손에 익은 재주
능갈치다	능청스럽게 잘 둘러대는 재주가 있다.
다따가	갑자기
닦아세우다	남을 꼼짝 못하게 호되게 나무라다.
더께	찌든 물건에 앉은 거친 때
덩둘하다	매우 둔하고 어리석다.
드레	사람의 됨됨이로서의 점잖음과 무게
뜨악하다	마음에 선뜻 내키지 않다.
미립	경험을 통하여 얻은 묘한 이치나 요령
벼리다	날이 무딘 연장을 불에 달구어서 두드려 날카롭게 만들다.
베돌다	한데 어울리지 않고 따로 떨어져 밖으로만 돈다.
변죽	그릇이나 세간 등의 가장자리
빙충맞다	똘똘하지 못하고 어리석다.
사재기	필요 이상으로 사서 쟁여둠
시쁘다	마음이 흡족하지 아니하다.
암팡지다	몸은 작아도 힘차고 다부지다.
자닝하다	모습이나 처지가 참혹하여 차마 볼 수 없다.
찌그렁이	남에게 무리하게 떼를 쓰는 짓
추지다	물기가 배어서 몹시 눅눅하다.
치사랑	손윗사람에 대한 사랑
킷값	키에 알맞게 하는 행동
타끈하다	인색하고 욕심이 많다.
트레바리	이유 없이 남의 말에 반대하기를 좋아하는 성격
푹하다	겨울 날씨가 춥지 아니하고 따뜻하다.
해소수	한 해가 좀 지나는 동안

작품	내용
공무도하가(公無渡河歌)	물에 빠져 죽은 남편의 죽음을 애도하는 노래
구지가(龜旨歌)	수로왕의 강림을 기원하는 주술적인 노래
황조가(黃鳥歌)	임과 이별한 슬픔을 읊은 노래
정읍사(井邑詞)	행상 나간 남편을 근심하며 부른 노래

012 향가

작품	내용
서동요(薯童謠)	서동이 선화 공주를 얻기 위해 신라 서라벌의 아이들에게 부르게 한 동요
모죽지랑가(慕竹旨郎歌)	죽지랑의 고매한 인품을 추모한 노래
도솔가(兜率歌)	해가 둘이 나타나기에 지어 불렀다는 산화공덕의 노래
헌화가(獻花歌)	소를 몰고 가던 노인이 수로 부인에게 꽃을 꺾어 바치며 부른 노래
제망매가(祭亡妹歌)	죽은 누이의 명복을 빌며 부른 추도의 노래
찬기파랑가(讚耆婆郎歌)	충담사가 기파랑의 높은 인품을 추모하며 부른 노래
안민가(安民歌)	경덕왕의 요청으로 군(君), 신(臣), 민(民)의 도리에 대해 부른 치국안민(治國安民)의 노래
처용가(處容歌)	아내를 범한 역신(疫神)을 굴복시키기 위한 주술적인 무가(巫歌)

013 고려속요

작품	내용
사모곡(思母曲)	어머니의 사랑을 호미와 낫에 비유한 노래
처용가(處容歌)	향가 처용가에서 발전되어 처용을 동원하여 역신을 몰아내는 축사의 노래
청산별곡(青山別曲)	유랑인의 생활 또는 실연의 슬픔을 노래
가시리	사랑하는 사람과의 이별의 한을 노래
서경별곡(西京別曲)	대동강을 배경으로 남녀 간의 이별의 정한을 노래
동동(動動)	월별로 변화하는 자연과 풍습에 따라 남녀 간의 애정을 노래
쌍화점(雙花店)	남녀 간의 애정을 적나라하게 노래
만전춘(滿殿春)	남녀 간의 애정을 적나라하게 노래

014 경기체가

작품	내용
한림별곡(翰林別曲)	최초의 경기체가로 시부, 서적, 명필, 명주(名酒), 화훼(花卉), 음악, 누각, 추천(鞦韆)을 노래
관동별곡(關東別曲)	관동지방의 절경을 노래
죽계별곡(竹溪別曲)	고향인 풍기 땅에 있는 죽계의 경치를 노래

015 시조

작품	내용
강호사시가(江湖四時歌)	강호에서 자연을 즐기며 임금의 은혜를 생각하며 지은 최초의 연시조
오륜가(五倫歌)	삼강오륜을 노래한 시조
어부단가(漁父短歌)	윤선도의 어부사시사에 영향을 준 시조
농암가(籠巖歌)	고향의 농암(籠巖)이란 바위에 올라가 지은 시조
도산십이곡(陶山十二曲)	전(前) 6곡은 언지(言志), 후(後) 6곡은 언학(言學)인 12수의 연시조
고산구곡가(高山九曲歌)	주자(朱子)의 무이구곡가(武夷九曲歌)를 본 뜬 10수의 연시조
매화사(梅花詞)	'영매가(詠梅歌)'라고도 하며 매화의 아름다움을 노래한 시조

016 가전체

작품	작가	내용
국순전(麴醇傳)	임춘	술(누룩)을 의인화
공방전(孔方傳)	임춘	돈을 의인화
국선생전(麴先生傳)	이규보	술(누룩)을 의인화
죽부인전(竹夫人傳)	이곡	대나무를 의인화

017 가사

작품	내용
상춘곡(賞春曲)	태인에 은거하면서 봄 경치를 노래한 가사
만분가(萬憤歌)	1498년 무오사화 때 순천에서 지은 가사
면앙정가(俛仰亭歌)	면앙정 주위의 산수의 아름다움과 정취를 노래한 가사
성산별곡(星山別曲)	김성원의 풍류와 성산의 풍물을 노래한 가사
관동별곡(關東別曲)	금강산과 관동의 산수미(山水美)에 감회를 섞은 기행 가사
사미인곡(思美人曲)	충신연주(忠信戀主)의 뜻을 노래한 가사
속미인곡(續美人曲)	두 여인의 문답으로 된 연국가로 '사미인곡'의 속편이자 송강 가사의 백미
규원가(閨怨歌)	가정에 깊이 파묻혀 있으면서 남편을 기다리는 여자의 애원을 노래한 내방 가사
선상탄(船上嘆)	전쟁의 비애와 평화를 갈망하는 뜻을 노래한 전쟁 가사
누항사(陋巷詞)	안빈낙도의 생활을 노래한 가사
농가월령가(農家月令歌)	농촌의 연중 행사와 풍경을 월령체(月令體)로 노래한 가사
일동장유가(日東壯遊歌)	일본 통신사를 수행하면서 견문을 적은 장편 기행 가사
만언사(萬言詞)	남해에 귀양 가서 겪은 심회를 적은 유배 가사
연행가(燕行歌)	청(淸)에 가는 사신의 서장관으로 북경에 다녀온 견문을 적은 기행 가사

018 설화 - 고소설 - 신소설 연결 관계

설화	고소설	신소설
구토설화(龜兎說話)	별주부전(鼈主簿傳)	토(兎)의 간
방이설화(旁耳說話)	흥부전(興夫傳)	연(燕)의 각(脚)
연권녀설화(連權女說話)	심청전(沈淸傳)	강상련(江上蓮)
열녀설화(烈女說話)	춘향전(春香傳)	옥중화(獄中花)
암행어사설화(暗行御史說話)		
신원설화(伸寃說話)		
염정설화(艶情說話)		
지하국대적퇴치설화 (地下國大賊退治說話)	홍길동전(洪吉童傳)	-
장자못설화(長者못說話)	옹고집전(雍固執傳)	-
조신설화(調信說話)	구운몽(九雲夢)	-

틈새상식

019 조선 전기 소설

작품	내용
금오신화(金鰲新話)	만복사저포기, 이생규장전, 취유부벽정기, 남염부주지, 용궁부연록 다섯 편의 이야기 수록
수성지(愁城誌)	세상에 대한 불만과 현실에 대한 저주를 의인화하여 당시 사회의 부조리를 풍자함
원생몽유록(元生夢遊錄)	세조의 왕위 찬탈을 소재로 정치 권력의 모순을 폭로함

020 조선 후기 소설

작품	내용
홍길동전(洪吉童傳)	최초의 국문 소설로 봉건제도의 모순 및 적서차별에 대한 비판의식, 이상 사회의 건설, 신분 상승의 욕구가 강하게 드러남
전우치전(田禹治傳)	홍길동전의 아류작
운영전(雲英傳)	궁녀 운영과 김 진사의 비극적인 사랑을 그린 소설로 '수성궁몽유록(壽聖宮夢遊錄)'이라고도 함
구운몽(九雲夢)	유교, 불교, 도교의 삼교 사상이 융합된 몽자류 소설
춘향전(春香傳)	인간 평등사상과 자유연애 사상이 두드러진 판소리계 소설
사씨남정기(謝氏南征記)	축첩 제도의 문제점과 권선징악의 교훈을 드러냄
창선감의록(彰善感義錄)	중국 명나라의 병부 상서인 화공의 세 부인과 그 자녀들 사이의 갈등을 다룸
유충렬전(劉忠烈傳)	영웅의 일생이라는 유형적 구조를 가장 잘 보여줌
조웅전(趙雄傳)	중국을 무대로 하여 가공적인 영웅의 무용담을 그림
배비장전(裵裨將傳)	양반의 위선을 풍자함
호질(虎叱)	도학자의 위선적인 생활을 폭로함
양반전(兩班傳)	양반사회의 허례허식 및 그 부패를 폭로함

021 고전 수필

작품	내용
조침문(弔針文)	바늘을 부러뜨린 심회를 적은 의인체 수필
한중록(閑中錄)	사도세자의 비극과 궁중의 음모, 당쟁을 적은 자전적 회고록
규중칠우쟁론기 (閨中七友爭論記)	부인들이 쓰는 바늘, 자, 가위, 인두, 다리미, 실, 골무 등의 쟁공을 쓴 수필
화왕계(花王戒)	꽃을 의인화한 의인체 수필
서포만필(西浦漫筆)	시화·수필에 관한 평론집

022 시대별 주요 국문학 작가와 작품

시대	작가	작품
1910년대	최남선	『해에게서 소년에게』
	이광수	『무정』
	김동인	『약한 자의 슬픔』
	주요한	『불놀이』
1920년대	김동인	『배따라기』, 『태형』, 『감자』, 『광염 소나타』
	염상섭	『표본실의 청개구리』, 『묘지』, 『금반지』, 『전화』
	이상화	『나의 침실로』, 『빼앗긴 들에도 봄은 오는가』
	김소월	『진달래꽃』, 『산유화』, 『초혼』
	한용운	『님의 침묵』, 『알 수 없어요』, 『나룻배와 행인』
	현진건	『빈처』, 『운수 좋은 날』, 『술 권하는 사회』
1930년대	김영랑	『모란이 피기까지는』, 『오매 단풍 들것네』
	이상	『오감도』, 『거울』, 『날개』, 『종생기』, 『동해』, 『지주회사』
	유치환	『깃발』, 『울릉도』
	이효석	『메밀꽃 필 무렵』, 『돈』, 『산』, 『들』, 『분녀』, 『장미 병들다』
	김유정	『봄봄』, 『동백꽃』, 『소나기』, 『금 따는 콩밭』
	심훈	『상록수』, 『직녀성』, 『영원의 미소』
	채만식	『레디 메이드 인생』, 『치숙』, 『탁류』, 『태평천하』
	서정주	『문둥이』, 『귀촉도』, 『화사』
	박태원	『소설가 구보 씨의 일일』, 『천변 풍경』

틈새상식

해커스한권으로끝내는공기업기출일반상식

1940년대	윤동주	『서시』, 『자화상』, 『십자가』, 『별 헤는 밤』
	이육사	『청포도』, 『절정』, 『교목』, 『광야』
	김동리	『역마』, 『흥남 철수』, 『사반의 십자가』, 『찔레꽃』, 『동구 앞길』
	채만식	『논 이야기』, 『민족의 죄인』, 『미스터 방』, 『역로』
	박목월	『길처럼』, 『산도화』, 『나그네』
	황순원	『목넘이 마을의 개』, 『사나이』, 『독 짓는 늙은이』
	유치환	『생명의 서』
	박두진	『해』
1950년대	황순원	『카인의 후예』
	안수길	『제3인간형』
	장용학	『요한 시집』, 『비인 탄생』, 『원형의 전설』
	손창섭	『비 오는 날』, 『혈서』, 『잉여 인간』
	이범선	『학마을 사람들』, 『오발탄』
	김성한	『암야행』, 『오분간』, 『바비도』
1960년대	박경리	『불신 시대』, 『표류도시』, 『시장과 전장』, 『토지』
	김승옥	『무진기행』, 『싸게 사들이기』, 『차나 한 잔』
	김수영	『어느 날 고궁을 나오면서』, 『거대한 뿌리』, 『풀』
	신동엽	『아니오』, 『껍데기는 가라』
	신경림	『농무』
1970년대	황석영	『객지』
	이문구	『장한몽』
	윤흥길	『아홉 켤레의 구두로 남은 사내』
	김지하	『오적』

023 문학 표현 기법

기법	종류
비유법	직유법, 은유법, 의인법, 활유법, 풍유법, 대유법, 상징법, 의성법, 의태법
강조법	과장법, 영탄법, 반복법, 열거법, 점층법, 점강법, 억양법, 대조법, 비교법, 미화법
변화법	대구법, 도치법, 설의법, 인용법, 반어법, 역설법, 문답법, 돈호법, 생략법

공기업 취업의 모든 것, **해커스공기업**
public.Hackers.com

공기업 취업의 모든 것, **해커스공기업**
public.Hackers.com

INDEX

해커스 한 권으로 끝내는 공기업 기출 일반상식

ㄴ

INDEX

해커스 한 권으로 끝내는 공기업 기출 일반상식

INDEX

해커스 한 권으로 끝내는 공기업 기출 일반상식

INDEX

해커스 한 권으로 끝내는 공기업 기출 일반상식

INDEX

해커스한 권으로 끝내는 공기업 기출 일반상식

INDEX

해커스 한 권으로 끝내는 공기업 기출 일반상식

INDEX

해커스 한 권으로 끝내는 공기업 기출 일반상식

INDEX

해커스 한 권으로 끝내는 공기업 기출 일반상식

ㅈ

INDEX

해커스 한 권으로 끝내는 공기업 기출 일반상식

해커스 한 권으로 끝내는 공기업 기출 일반상식

ㅍ

ㅎ

INDEX

해커스 한 권으로 끝내는 공기업 기출 일반상식

공기업 취업의 모든 것, **해커스공기업**
public.Hackers.com

해커스
한 권으로 끝내는
공기업 기출
일반상식

개정 2판 2쇄 발행 2024년 3월 4일

개정 2판 1쇄 발행 2022년 4월 4일

지은이	김태형, 김동민, 송영욱, 윤종혁, 최수지, 해커스 취업교육연구소 공저
펴낸곳	㈜챔프스터디
펴낸이	챔프스터디 출판팀

주소	서울특별시 서초구 강남대로61길 23 ㈜챔프스터디
고객센터	02-537-5000
교재 관련 문의	publishing@hackers.com
	해커스공기업 사이트(public.Hackers.com) 교재 Q&A 게시판
학원 강의 및 동영상강의	public.Hackers.com

ISBN	978-89-6965-284-3 (13030)
Serial Number	02-02-01

저작권자 © 2022, 김태형, 김동민, 송영욱, 윤종혁, 최수지, 챔프스터디

이 책의 모든 내용, 이미지, 디자인, 편집 형태는 저작권법에 의해 보호받고 있습니다.

서면에 의한 저자와 출판사의 허락 없이 내용의 일부 혹은 전부를 인용, 발췌하거나 복제, 배포할 수 없습니다.

공기업 취업의 모든 것,
해커스공기업(public.Hackers.com)

해커스공기업

· 공기업 일반상식 전문가의 **본 교재 인강**(교재 내 할인쿠폰 수록)

· 취업 무료강의, 기출면접연습, 고빈출 상식 등 다양한 무료 학습 자료

19년 연속 베스트셀러 1위*
대한민국 영어강자 해커스!

"1분 레벨테스트"로
바로 확인하는 내 토익 레벨! ▶

▌토익 교재 시리즈

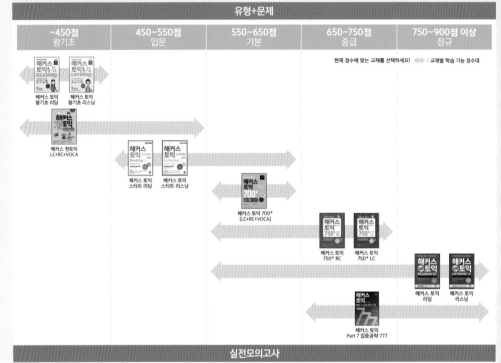

유형+문제				
~450점 왕기초	450~550점 입문	550~650점 기본	650~750점 중급	750~900점 이상 정규

현재 점수에 맞는 교재를 선택하세요! ◀▥▶ : 교재별 학습 가능 점수대

해커스 토익
왕기초 리딩 해커스 토익
왕기초 리스닝

해커스 첫토익
LC+RC+VOCA

해커스 토익
스타트 리딩 해커스 토익
스타트 리스닝

해커스 토익 700+
[LC+RC+VOCA]

해커스 토익
750+ RC 해커스 토익
750+ LC

해커스 토익
리딩 해커스 토익
리스닝

해커스
토익
Part 7 집중공략 777

실전모의고사

해커스 토익
실전 LC+RC

해커스 토익
실전 1200제 리딩

해커스 토익
실전 1200제 리스닝

해커스 토익
실전 1000제 3 리딩/리스닝
(문제집 + 해설집)

해커스 토익
실전 1000제 2 리딩/리스닝
(문제집 + 해설집)

해커스 토익
실전 1000제 3 리딩/리스닝
(문제집 + 해설집)

보카

해커스 토익
기출 보카

문법 · 독해

그래머
게이트웨이
베이직

그래머
게이트웨이
베이직
Light Version

그래머
게이트웨이
인터미디엇

해커스
그래머 스타트

해커스
구문독해 100

▌토익스피킹 교재 시리즈

해커스 토익스피킹
스타트

만능 템플릿과 위기탈출 표현으로
해커스 토익스피킹
5일 완성

해커스 토익스피킹

해커스 토익스피킹
실전모의고사 15회

▌오픽 교재 시리즈

해커스 오픽 스타트
[Intermediate 공략]

서베이부터 실전까지
해커스 오픽 매뉴얼

해커스 오픽
[Advanced 공략]

* [해커스 어학연구소] 교보문고 종합 베스트셀러 토익/토플 분야 1위
(2005~2023 연간 베스트셀러 기준, 해커스 토익 보카 11회/해커스 토익 리딩 8회)